地势坤，君子以厚德载物。

庄子的快活

王蒙解《庄子·外篇》

王蒙——著

北京联合出版公司
Beijing United Publishing Co.,Ltd.

图书在版编目（CIP）数据

庄子的快活 / 王蒙著. — 北京 : 北京联合出版公司, 2017.7

ISBN 978-7-5596-0493-4

Ⅰ. ①庄… Ⅱ. ①王… Ⅲ. ①道家②《庄子》—研究 Ⅳ. ① B223.55

中国版本图书馆 CIP 数据核字 (2017) 第 109083 号

庄子的快活

作　　者：王　蒙

责任编辑：张　萌

北京联合出版公司出版

（北京市西城区德外大街 83 号楼 9 层　100088）

河北鹏润印刷有限公司印刷　新华书店经销

字数：337 千字　880 毫米 ×1230 毫米　1/32　印张：13.5

2017 年 9 月第 1 版　2017 年 9 月第 1 次印刷

ISBN 978-7-5596-0493-4

定价：42.00 元

序诗

共舞的感觉

蓬猜、蓬猜、蓬蓬蓬猜……
可见过思想的狐步？
可见过探戈舞者亮相时的冷面？
击打的鼓槌，
嘲笑的双簧管，
另类的身姿、挪动、飞旋，
信手拈来，花落如雨，
随机滚翻，惊人惊天！
天上鹏飞，地上风旋，
魔法师文章，精灵思辨。
气势汹涌，话语闪电，
野马奔驰，明星璀璨。
好不心惊胆战——
看这厮扫荡庸凡！
鬼哭狼嚎——嗷嗷嗷……
蓬猜猜，古往今来，猜猜蓬，
谁能跟上你华丽多姿的急转？
哈哈哈哈哈……

版本与参考书说明

本书写作，我参考了中华书局版《诸子集成》第三册中的王先谦撰《庄子集解》、中华书局版郭庆藩撰《庄子集释》、中华书局版陈鼓应注译的《庄子今注今译》、中华书局版孙通海译的《庄子》，还有线装书局版《傅佩荣解读庄子》。我也参考了许多其他解庄书籍，以及互联网上的不同《庄子》版本。遇有几个版本文字不同的，则按我的意思决定取舍。尽量吸取已有的特别是比较流行的众本之长，加上老王的选择。

目录

骈拇：人类为何如此多事

马蹄：东方古典的阿凡达乌托邦

胠箧：圣人究竟为谁效劳

在宥：治理的限度与虚位有国论

天地：登高四望，满目珠玑还是满目垃圾

天道：难以用语言文字表达与传授的大道

天运：天地与生命的乐章

刻意：高论怨诽还是淡然无极

缮性：拯救你自己

秋水：灵性与思辨的一片汪洋

至乐：超越得失、生死、变易的最高端的快乐

达生：醉汉不伤与操舟若神

山木：哑雁的尴尬、黄雀的教训、空舟的浩荡

田子方：牛啊，庄生

知北游：天地有大美而不言

骈拇：人类为何如此多事

《庄子》一书，常有新论、险论、怪论、“陡峭”之论出现，如雄鹰高飞，如海潮涌起，如悬崖矗立。初读，你会一怔，有点匪夷所思。想一想，不无道理，绝了，亏他想得出，你还真驳不倒他！再想一想，觉得他老说得太绝对、太故意抬杠了，你想和他辩论，终又觉得像他这样，能与众不同地、富有挑战性地提出与讨论问题的人是太了不起了，你应该歌之咏之、舞之蹈之，为他的思想的奇葩而赞颂欢呼。

就拿外篇首章《骈拇》来说，它抨击儒学、抨击仁义道德，将一切专业、专长乃至社会分工视为节外生枝、画蛇添足、自找麻烦。其立论横扫千军如卷席，其辩才刀光剑影如入无人之境。归结到一点，仍然是自然、是大道、是本性，是人的精神上的自由与逍遥。如果没有认真阅读过，枉为中华学子了！

一般认为，《庄子》的内篇是比较靠得住的庄周作品，外篇、杂篇则多半不是出自庄周本人之手，而是弟子后学所撰。是的，外篇十五章与杂篇十一章从结构与衔接上看似不如内篇七章严谨纯正，但精彩之论，动人之语，仍然是龙飞凤舞，美不胜收，值得翻阅，值得研究，值得与之共舞，享受它们的文字与思想。

一、仁义道德的规范与说教，当真是这样多余吗

> 骈拇枝指，出乎性哉！而侈于德。附赘县疣，出乎形哉！而侈于性。多方乎仁义而用之者，列于五藏哉！而非道德之正也。是故骈于足者，连无用之肉也；枝于手者，树无用之指也；多方骈枝于五藏之情者，淫僻于仁义之行，而多方于聪明之用也。

有人足趾大拇哥与二拇指连到一起，有人手上长出第六根指头，你说这是自然而然地长出来的吧，它们却不符合常规正道。有人长疣子，长悬挂在身上的肉瘤，你说这是身体、体表自行生长出来的吧，它们却又显得那么多余累赘。有人喋喋不休地强调仁义（礼智信）的作用，并将之比附于五脏，但这并不是道德的正宗与根本。为什么说这些东西不是正宗根本呢？就像脚趾连在一块儿了，反倒没法使用了。手上多出一个六指，也是无用的废物。在正宗的道德、自然的情理和道理之外，在正宗的五脏六腑之外附加上生硬、勉强的仁义行为规范的解释，应该说这是额外的瞎忽悠，是滥用聪明、画蛇添足、庸人自扰。

庄子提出的这个问题十分有趣。原因是既然老庄都主张道法自然，主张一切的一切都是道的下载，都是天的作品，都是天的无为而无不为，都是自然而然运动作用的结果，那么，那些非自然、反自然、非道、背道而驰、逆天、忤天、天谴、伤天害理的人和事，那些荒谬绝伦的主张和异端邪说、现象和事件，又是从哪儿来的呢？

我个人早就苦苦地思考过这个问题。二三十年前有一阵子，在大反了一段人性论，视人性为不共戴天之敌之后，人性之说在我们这里大行其道，似乎只要具备了人性，世界就变成了天国乐

园。我们把什么好事都归功于人性，我们创造了“人性美”一说，美哉人性是也。那么，那些反人性、灭绝人性、反人类，以及与人类为敌的人、事、理论、邪教、黑帮，历史上、生活中那些黑暗的篇章又是从哪儿来的呢？它们是妖魔鬼怪吗？如果是，那就变成了二元论，等于承认，道以外还有非道、反道、独立于大道之外的世界与本原存在，自然以外还有脱离开自然的另一个非自然的自然（即妖魔鬼怪的自然）与反自然的自然（即自然的自我毁灭程序）存在。也就是说，天以外还有一个与此天作对，与此天不相为谋而且针锋相对的另一个天存在，如黄巾起义者所言“苍天已死，黄天当立”。那么，世界上注定充满了血腥的斗争，谁也没有办法。

这就像俄罗斯芭蕾舞剧《天鹅湖》的女主角是白天鹅，乃出现了一个对立面黑天鹅一样。二〇〇四年，我访问俄罗斯的时候，甚至看到了新的舞剧版本：黑天鹅硬是要下套，她的邪恶性感使王子迷惑了，王子落入了黑天鹅的圈套。苦苦地挣扎着的白天鹅的形象并没有能够唤醒王子，厄运却降临在白天鹅身上。这段舞剧相当刺激，令人心情久久不欢。

然而，也可以有另一种思路，老子已经指出，道的特点之一是反，是包含着、纠结着自己的反面，会转化为自己的反面。而《庄子》内篇中也天才地指出，生与死其实是一回事，叫作无为头、生为脊、死为尻，生死存亡是一体的（《大宗师》）。这就是说，道本身包含着道的对立面，包含着非道、反道、背道而驰的可能与现实。自然包含着自然的对立面，即自然的敌人，包含着对自然的破坏性、颠覆性、毁灭性因素与程序。天道、天意、天威、天命当中包含着逆天、欺天、伤天害理的因子。同样，道德当中包含着罪恶的因素，如非道德、反道德、伪道德、伪君子，以及在道德的名义下大言欺世、你争我夺、互相攻击的事实与可能。礼法当中包含着毁灭礼法的因素：礼法变成空论、变成名不副实、变成虚与委蛇、变成莫大骗局等。

也就是说，有了苍天，就必然有黄天或昏天（黑地）。有了白天鹅，就必然有黑天鹅或其他颜色的天鹅。有了五个脚趾的正常分叉，就必然有个别人两三个脚趾连接在一起，分不开叉。有了正常的五指，就必然有多出或少了一个或更多叉的异态。有了光滑、完整的皮肤，就必然有各种变态、病态：附赘悬疣，还有更普遍的有时未必被认为是病变的青春痘、神经性皮炎、牛皮癣、紫癜、白癜。它们的出现是必然的，也是病态的。病态出于自然和必然，同时自然和必然又要求矫治病态。再从另一个角度来说，要求绝对地全无病态，这才是病态，这孕育着此时有比病态更大的风险。例如，传媒上一片漆黑，固然是病态，传媒上只有“烈火烹油，鲜花着锦”，恐怕也是病态，其危险性不亚于一片漆黑。

以人来说，遗传基因会发生变异，正常的细胞存在的同时会有病态的细胞乃至于癌细胞出现：一方面，生理的正常发展、发育、繁殖造就了人体或生命的正常模式；另一方面，从受精卵到生命的每一个过程、每一段发展，以及从出生到长大到老死，每一天、每一刻都存在着变异、走向反面、病态化、恶性化的可能。也许应该说，健康与病态就像生与死一样地紧紧相依，实为一体，细胞的分裂既是生长，又是老化，更是死亡，生理过程的另一面就是病理，营养的另一面就是废物与毒素，脚趾、手指的另一面就是骈拇与枝指，完整光滑的皮肤的另一面就是附赘悬疣。自然的另一面是非自然、反自然，大道的另一面是非道、反道，天的另一面是逆天违时、倒行逆施。只有包含着自己的对立面的存在，才是全面的、平衡的和可靠的存在。只有能够包容、化解、克服、吸收，也包括在某些情况下能够抵御自己的对立面的存在才是有生命力的存在。

人性的问题也是一样，有人性美、人性善，就有人性恶、人性丑。自古以来，人们关于性恶性善的争论都是各执一词。人性中有平和就有暴烈，平和的人并不是绝对不会暴烈，而是不轻易暴烈，能控制自身，有足够的文化教养控制自己的暴烈。人性中有爱恋就有愤恨，佛家讲得好：“爱欲生嗔怨，嗔怨生烦恼。”如果不能克制嗔怨，培养与爱惜爱恋，谁和谁也生活不到一起。

说自私是本性吗？其实人的本性中也包含着助人为乐，包含着利他的高尚化倾向。人性也罢，天道也罢，自然也罢，人世也罢，并不是单行线，不是只有一个方向，你可以有所选择、有所摒弃，你可以从中判断何者为正、何者为反，何者为健康、何者为病态，你可以致力于将人性、天道、自然引向一定的方向而避免相反的方向，却不能够断定它只能是一个你所希望、你所喜欢的独向单行线。

可惜，庄子与老子部分地达到了这样一种对于天、自然、道的认识，却又常常停留在绝对的自然、天道之上。他们倾向于将天道与人道对立起来，是天而非人，从而不能正确地分析、解剖、使用“人之道”，解决人类文化的必要性、积极性与负面发展的可能性悖论。

至于将儒家的仁义道德视为六指或足趾粘连不分的淫僻：自找麻烦，画蛇添足，脱裤子放屁，违背天性，无事生非……则有它另类的尖锐与激烈。树规范还是依人性？人类一直是在这样的悖论中生活与发展的。

> 是故骈于明者，乱五色，淫文章，青黄黼黻之煌煌非乎？而离朱是已。多于聪者，乱五声，淫六律，金石丝竹黄钟大吕之声非乎？而师旷是已。枝于仁者，擢德塞性以收名声，使天下簧鼓以奉不及之法非乎？而曾、史是已。

于是乎有了骈于明者，即目光超级明利之人。他们沉醉于五颜六色，痴迷于花纹图案，用颜色鲜艳的服装耀人眼目，这不就是离朱之流吗？比旁人听觉更发达的人，沉醉于五声的起伏，痴迷于六律的变化，造出金石丝竹等不同质地的乐器和黄钟大吕等多种多样的曲调，闹腾起来没完没了，这就是师旷之类的人干的活计。画蛇添足、节外生枝地搞“仁”字当头的人呢，人为地拔高德行，生硬地堵塞天性，借以沽名钓誉，把本应该由个人的良心负责与监督的道德自律高调化、表演化，让天下人都吹吹打打地去奉行那些自己和旁人都难以做到的仁义道德。这样的人就有曾参和史鳍之流。

这一段议论对于中华传统文化来说，相当新奇。中国本来是最讲究泛道德论的，“天下唯有德者居之”（《礼记·中庸》），以德治国，修身是学习的根本，德才兼备，德在首位……这样的观念，上下已经数千年。甚至两性关系，都是要道德挂帅。泛道德论有它的力量，也有它的煽情性。皇帝可以以之要求愚忠愚孝，人民也可以以之造无道昏君的反。即使你坚决主张自由恋爱，听戏听到《韩琦杀庙》中“秦香莲手捧钢刀去喊冤，紧接着钢刀怒铡陈世美，人人敬佩秦香莲”，你也会起共鸣，更不要说各种忠臣戏了。

偏偏庄子指出了泛道德论可能的虚伪性与非操作性。“枝于仁者”，即节外生枝，把仁义道德变成外加的教条和规范。“擢德”，即拔高道德名声，将其理想化，如推举孝廉做官，导致孝与廉变成登龙升官的捷径，其实孝廉虽好，不等于能胜任公共管理。“塞性”，即矫情、堵塞天性，中国的封建社会里，这方面的记录堪称骇人听闻，如荼毒女性的节烈“道德”。“以收名声”“使天下簧鼓以奉不及之法”，即最后使道德说教变成高调伪善，还闹腾得鸡飞狗跳。关于这方面，读读明清小说就明白了。以德治国好是好，提倡德行是必要的，但必须首先是依法治国，是法制国家。文化文化，在文化中道德很重要，但同时必须辅以理性、法制、制度、以人为本的原则。现在读《庄子》，我们有可能更感到庄子的可贵，虽然还远远不够。

骈于辩者，累瓦结绳窜句，游心于坚白同异之间，而敝跬誉无用之言非乎？而杨、墨是已。故此皆多骈旁枝之道，非天下之至正也。

多言诡辩的自作聪明者，他们堆砌辞藻，像是在把瓦片叠个老高；他们罗列观点，像是把绳索系上死扣，疙里疙瘩；他们任意窜改命题、歪曲文句；他们玩弄什么坚不是白呀、同不是异呀之类的毫无意义的诡辩，声嘶力竭地自吹自擂，逞一时口舌之锐利，进行抽象无益的名词帽子之争，这不就是杨朱、墨翟等人的勾当吗？这些说起来就好比是人们的连趾、六指、附赘、悬疣，不是真正的正道啊。

这里以杨、墨为典型所做的批评，用今天的话来说，是在批判一种歪曲的学风：空谈、诡辩、累瓦（堆积名词）、结绳（疙里疙瘩）、窜句（窜改文句）。这样的学风我们也不是没有见过，毋宁说是身边就有。

庄子——某种意义上老子也是一样，他们主张天道、自然、大道。这当然很好，但是他们看多了世人特别是那些自以为是的能人、大人物、有大志之人的愚蠢与蛮横，他们干脆否定人为的一切与文化的全部。其实，人既然是自然的作品、大道的下载、天地的所生，人的一切好与坏、智与蠢、道与非道，也都是天、道、自然的运作的一个组成部分。人不一定等同于天、道、自然，但人也不可能完全脱离开天道的运行，不一定注定成为天、道、自然的敌对力量。人既然需要自然，那么说明自然也需要人。文化可能带来灾难，无文化却可能是更大的灾难。仁义道德的教育不一定完全成功，这里有伪善化、形式化、竞争化、表演化的可能，但是如果一个社会里完全没有仁义道德，只有动物本能，其后果会是什么样子，也是不难想象的。智慧有可能带来阴谋诡计、钩心斗角，愚蠢则可能带来野蛮残暴、无知迷信、自戕自灭。许多族群的古代习俗中就包括了这样的部分，例如以活人祭天、祭太阳神等。一味地提倡人定胜天，叫喊“我就是玉皇，我就是龙王”（出自“大跃进”歌谣），未必可取；一味地叫停人类的活动与文化，也颇可疑。

> 彼正正者，不失其性命之情。故合者不为骈，而枝者不为跂；长者不为有余，短者不为不足。是故凫胫虽短，续之则忧；鹤胫虽长，断之则悲。

那些最端正的正道（“正正”，或作“至正”），不违背自然天性的情理，所以本该结合在一起的地方不算粘连，本该分叉的地方也不算多出一枝来了。该长的地方就不能算多余，该短的地方也不算不够尺寸。野鸭子的腿脚虽短，给它接上一截，它就会很别扭。仙鹤的腿相当长，给它折断一截，它当然也会很痛苦。

庄子不能不面对这样一个问题，万物各不相同，如凫、鹤腿长不一，如何能区分何者为正常、何者为病态，如同骈拇、枝指呢？这里用来衡量的标准是“正正”或“至正”，是性命之情。这里埋伏下了歧义，如果一只鹤的腿没有长得够长，或者一只凫——野鸭子的腿比较长了呢？就是说，不是不同的物种间的区别而是同种间的区别呢？连天生的骈拇或枝指都会引起麻烦，何况不同的文化、不同的价值观念之间的差异呢？

> 故性长非所断，性短非所续，无所去忧也。意仁义其非人之情乎！彼仁人何其多忧也？

长了的地方不能截短、截断，短了的地方不能补长接续，我们也罢，它们自身也罢，不会为自己腿脚的长短而忧愁。万一有了这一类忧愁，谁也没有办法。这样说来，仁义并不是什么人之常情吧，瞧瞧这些提倡仁义道德的人是多么瞎费劲！活活愁死他们、累死他们啦。

庄子是怎样批评儒家的仁义道德的呢？他举的例子很有意思，人性中自然有仁义，也有不太仁义或非仁义；人有利他的地方，也有利己的地方；人有高尚的一面，也有不怎么高尚、不能免俗的一面；有见义勇为的可能，也有事不关己高高挂起的倾向。而且，人与人不一样，与鸭子腿短、仙鹤腿长一样。而儒家喋喋不休地讲究仁义道德，就是要给腿短的续长，给腿长的截短。这是自找麻烦，找人（鸟）麻烦，是多此一举，徒劳无功。

上述的话当然有偏激、片面之处，但是让我们想一想各种仁义道德的说教与实际收到的效果或者反效果，又不能不说此言也有值得深思的地方。中国自古以来讲了那么多仁义道德，中国是世界上最讲仁义道德的地方，中国至今有人自诩是精神文明最佳典范，但只需要读读《金瓶梅》《儒林外史》《红楼梦》与现代的鲁迅的作品，就会晕菜，就会惊异于礼义之邦的伟大中国，为什么明清以降腐烂堕落到如此不堪的程度！为什么仁义道德讲得越多，男盗女娼的记录就越触目惊心！儒家教训在中国有极重要的意义，有至今仍能成为我们的精神资源的珍贵传统，但总体来说，儒学在中国不能说是非常成功，毋宁说是很不成功。原因就在于，脱离了制度与法律建设，脱离了科学与民主，单纯的道德说教就变成了自欺欺人，理论与实际脱节，道德与利益脱节，圣贤与社会脱节，越弄越不成样子。庄子至少从他的角度早已看到儒学说教的不足恃、不够用，对之有所警诫，是不能不察的。

二、不合常情必然会多忧多事

> 且夫骈于拇者，决之则泣；枝于手者，龁之则啼。二者，或有余于数，或不足于数，其于忧一也。今世之仁人，蒿目而忧世之患；不仁之人，决性命之情而饕贵富。故意仁义其非人情乎！自三代以下者，天下何其嚣嚣也？

再说那些两个脚趾粘连在一起的人，如果你给他切开、剪裂，他会因疼痛而哭泣；那些多叉出一个手指的人，如果你给他咬断，他也会因疼痛而号叫不已。二者或者比正常的脚趾少了一些，或者比正常的手指多了一些，数目略有不同，就造成了这样的麻烦与忧虑。如今的仁人志士呢，大眼瞪着小眼，迷迷瞪瞪，为世上的这些忧患而焦虑，而那些不讲仁义的人呢，为了富贵荣华连小命都不要了。这样看来，是不是仁义本身就并非人之常情呢？三代（不知是指唐、虞、夏，还是夏、商、周）以来，天下是何等混乱闹腾啊。

庄子毕竟是天才，他在批评完了人为努力、人文精神与文化发展其实是骈拇枝指、附赘悬疣之后，必须面对自己的巧妙举例中的悖论：盖骈拇枝指，并不全都是人为努力的恶果，其中大部分是纯粹自然生成的。既然是自然生成的，你又有什么理由因之感到厌恶呢？《庄子》内篇中提到了支离疏（《人间世》）、王骀、申徒嘉、无趾、哀骀它（《德充符》），他们成为残疾或非正常的遭遇，比本章提到的骈拇枝指严重多了：有的被搞断了脚趾，有的被砍断了脚，有的没有脖子，五脏六腑都不待在正常的地方，有的非常丑陋，叫作“以恶骇天下”，但他们都能愉快无忧地对待自己的生理或身体方面的缺陷，不觉得自己不正常，也就没有人能伤害他们了。

任何比喻都是跛足的，以骈枝赘疣喻儒墨之论，是贬义，是恶心你，而骈枝赘疣自身却是无罪的、不足忧的，可以用平常心自然而然地对待的。当然，这也是由于庄子那个时候没有外科整形手术，否则他就不会提出这样的问题来了——科技的发展对于大道的思辨也极有用处。于是，雄辩的庄子举出了野鸭与鹤做新的例证，野鸭短鹤长，俱是自然，俱不劳忧虑，不劳喋喋不休地进行教训纠正，不劳没事找事、无事生非。

说着说着，庄子似乎有点搞混淆了，还有点双重标准：他先说仁义之说是骈拇枝指，又说不能人为地裂骈龁枝，那么仁义究竟是多余的、人为的附赘悬疣，还是如骈枝似的天生如此，不好人为地取消改变呢？不算正常人的常情，即不算手指、脚趾数目如常的人的常情，算不算骈拇枝指的略有畸形的人的常情呢？谁能断定女娲捏出来的或上帝造出来的或猴子变出来的人，个个符合全部标准，无一差错呢？

其实，这也正是庄子天才的表现，他其实已经发现：仁义的提倡也是人或有之常情，因为人之觉悟并非整齐划一，从一个模子里压出的。提倡了半天仁义，却非人人都做得到，这更是人之常情。人人做到了，世界上只有大仁大义，没有不仁不义；只有善人好人，没有恶人坏人——生活中这点对比、冲突没有了，连写小说、写话剧都找不到素材了。有人利用仁义之说作秀、作伪仍然是人之常情，这种常情不可能太多，因为整天作仁义秀也很辛苦，但不可能完全没有。有人反对仁义之说，而更提倡生命人性的自然酣畅之道，尤其是常情，认为符合了人之常情，自然万事如意、天下太平，规格统一，零件标准化，那就太小儿科了。

可惜的是，庄子其时尚无国际标准化组织，也未有学人做出这样对于天道、对于自然、对于人间人性人道的多向度的理解与分析。

庄子最后提出一个不合人情则多忧多事的判断标准，这很平实、很简单，也很管用。就是说，如果你要做的事情、你主张的理念不符合人之常情，你只能事倍功半、只能多忧多劳，叫作天下嚣嚣矣，你只能自找碰壁、只能吃力不讨好，从自找苦吃到自取灭亡。不用往远里说，就是新中国成立以来的实践中，这样的例证可谓多矣，这是很值得汲取受用的教训啊。要记住，宁可政事简陋、简便、简易行事，也不要天下嚣嚣、众生滔滔呀！

> 且夫待钩绳规矩而正者，是削其性者也；待纆索胶漆而固者，是侵其德者也；屈折礼乐，呴俞仁义，以慰天下之心者，此失其常然也。

以人为的工具、文具（线、尺、规、矩）来校正形状，会损伤万物的本性。用绳索捆绑、胶漆黏着来强化连接，是侵犯事物的品质。用礼乐来曲为规范、用仁义来安抚（糊弄）民众，告慰（讨好）天下人心，这都是失去了常态的、靠不住的做作。

这些话同样是精兵简政思想的渊薮。万物听其自然的思想当然有可爱与可贵的地方，但是这种说法又不利于生产的发展与科学技术的使用，不利于工业化与现代化。科学技术，要的是最佳值，要的是以人的、技术的精确性与标准化来取代自然的随意性与多样性。铁矿石方的方、圆的圆，大的大、小的小，但是炼出铁呀钢呀后，要成为钢材钢件，就必须有规矩，有尺寸、重量等各方面的标准，要求相当精确同一，不可错乱。强化连接，更不用说，现代工艺岂止是绳索捆绑与胶漆黏着，现在的连接技术大大发展了，可以焊接，可以用化学剂粘连，可以由其他途径创造原物件做梦也想不到的一体化功能，为人所用。庄子啊庄子，你的时代毕竟是太早太早、太老太老了。

天下有常然。常然者，曲者不以钩，直者不以绳，圆者不以规，方者不以矩，附离不以胶漆，约束不以纆索。故天下诱然皆生，而不知其所以生；同焉皆得，而不知其所以得。故古今不二，不可亏也。则仁义又奚连连如胶漆纆索而游乎道德之间为哉，使天下惑也！

天下是有自己的正常状态的。什么是这样的正常状态呢？弯曲的不是靠曲尺画出来的，直向的不是靠墨线拉出来的，圆形的不依赖圆规规划，方形的不需要角仪规范，结合者不是由于用了胶漆，聚集者不是由于用了绳索。所以，天下万物自然而然地生长发育，自己并不知道为什么要或如何才能长成这样或那样；天下万物各得其所，自己也不知道为什么得到了生存的条件。从古至今，这样的道理是一样的，也是无法改变的。那么，仁义之类的说教，又何必没完没了地往自然而然的天道天德之中费力掺和呢？只能是叫天下困惑乱套的呀。

这也叫苦口婆心。老庄不厌其烦地告诉我们，天下不需要拿尺子量直，拿圆规画圆，拿胶漆粘连，拿绳索捆绑，天下自然有道，自然该直的直、该弯的弯、该方的方、该圆的圆。你费劲越大，标准越多，衡量与提倡、努力与说教越多，世道就越乱。这个说法叫人入迷，但恰恰与仁义道德的说教一样，偏于性善论，偏于泛道主义，偏于相信人本来自己就能很好很好。这与西方的原罪观念、用法制管住罪恶的观念，大异其趣，其间是非曲直、成败利钝、轻重得失，是有案可查、有经验可总结的。

三、不认你的规矩，也就不受你的制

夫小惑易方，大惑易性。何以知其然邪？

小的无知或荒谬会影响一个人的取向立场，大的无知或荒谬会改变一个人的本性。为什么要这样说呢？

又有麻烦，惑与性的关系，可能惑大而易性，可能惑小而易方，这算不算性呢？如果性是单向的、铁一样坚强的、不可更易的，那还怕什么惑呢？如果性本身就包含着惑的因子，性与惑也正如灵与肉、理与欲、善与恶、真与伪、慧与蠢一样，它们注定了会交织在一起，共舞共鸣，造就出奇妙的、令人困惑的也是绚烂的人生乐章。

自虞氏招仁义以挠天下也，天下莫不奔命于仁义，是非以仁义易其性与？

自从虞舜以仁义为标榜而风行天下以来，天下人都急于、疲于讲仁义、行仁义、闹腾仁义，这难道不就是用仁义取代了自己的本性、天性了吗？

如果人性中本来就具有仁义的因素，讲、行、闹腾的目的只是弘扬这一面而不是让人的恶德泛滥，仁义是不是注定了会与人性相矛盾，会成为天性的六指与赘疣呢？

人性也堪称是洋洋大观：仁义、道德、爱心、欲望、利己、利人、贪婪、嫉妒、恐惧、焦躁、自保、护短、忧患、逍遥、和谐、浪漫、幻梦、好斗、记忆、遗忘……人性，这是一个内宇宙呀，抓住其中的一个方面就立论、著书、授业、宣扬，然后与抓住其他方面的论者势不两立、血战到底，陋矣哉！

完全不说仁义与完全依靠仁义，与完全否定欲望或只知一味纵欲，都是太天真了吧？完全没有道德，与视道德为万能、靠道德以救世，而忽视发展这个硬道理，都太幼稚了。

人易犯的毛病之一就是简单化，何况远在先秦，两千数百年前！

> 故尝试论之：自三代以下者，天下莫不以物易其性矣。小人则以身殉利，士则以身殉名，大夫则以身殉家，圣人则以身殉天下。
>
> 故此数子者，事业不同，名声异号，其于伤性以身为殉，一也。

所以，我曾经就此试为立论：从夏、商、周三代以来，普天之下，差不多都是用身外之物改变歪曲了自己的本性、天性。低层次的小民为了利而牺牲了自己，层次高一点的读书人为了名而不惜殉了自己，大夫——有地位、有官职的要人们将自身献给家族，圣人即少数精英代表人物呢，为了治国平天下也不惜牺牲自己。

这样几类人，事业不同，名声、说法不同，他们为了身外之物伤损了天性、牺牲了自身则是并无区别啊！

庄子的这一段关于人被外物所主宰、所牺牲的论述，非常接近后世关于异化问题的认识与争论，可以说是异化论的渊薮。在我国，异化的问题在二十多年前引起过轩然大波。此一时也，彼一时也。却原来，早在两千多年前，庄周其人已经发现、思考、讨论了关于异化的问题，关于文化与价值从为人服务变成了人为文化与价值服务的问题。当然，庄子并没有，也不可能解决这个问题。能提出这个问题，能提出这个大困惑、小困惑的问题来，已经很了不起了。

> 臧与谷，二人相与牧羊而俱亡其羊。问臧奚事，则挟筴读书；问谷奚事，则博塞以游。二人者，事业不同，其于亡羊均也。伯夷死名于首阳之下，盗跖死利于东陵之上。二人者，

所死不同，其于残生伤性均也，奚必伯夷之是而盗跖之非乎！

一个人名叫臧，一个人名叫谷，两个人一起去放羊，结果都把羊丢失了。问臧是怎么回事，原来臧是携带着竹简在那里读书（没有好好去照管羊）；问谷是怎么回事，谷是下棋玩游戏（同样没有好好照管羊）。两个人干的事不一样，但丢掉了羊是相同的。这也就像是伯夷为了名节死于首阳山之下，而盗跖为了财富死于东陵之上，两个人的死因不同，伤害毁掉了自己的性命则完全一样。我们又何必肯定赞颂伯夷，而否定唾弃盗跖呢？

七十年前，在延安文艺座谈会上，毛泽东讲过动机与效果的问题，他说："唯心论者是强调动机否认效果的，机械唯物论者是强调效果否认动机的，我们和这两者相反，我们是辩证唯物主义的动机和效果的统一论者。"他当时主要是针对有些作家认为自己的动机是好的，但写出了被认为是社会政治效果不好的作品。他强调要唯物主义地看问题，要从动机与效果的统一上来看问题。换言之，人不可以以动机的良好来拒绝对于他的效果不佳的责难。谁想得到，几千年前的庄周，已经就此动机与效果的问题发表了自己的见解，而且他的见解更极端、更坚决，他干脆认定从效果上看，伯夷与盗跖并无区别。按毛泽东的说法，他此种只承认效果的论点应属于机械唯物主义了。当然，这是笑谈。庄周的观点也够振聋发聩了，只是说得太过，共舞的感觉如同被舞伴的大靴踩痛了脚。

天下尽殉也。彼其所殉仁义也，则俗谓之君子；其所殉货财也，则俗谓之小人。其殉一也，则有君子焉，有小人焉。若其残生损性，则盗跖亦伯夷已，又恶取君子小人于其间哉！

天底下到处是送命牺牲：为了仁义而牺牲掉自己，人们就会说他是君子；为了财货而送命呢，人们就说他是小人。送掉性命是一样的，但是分成了君子与小人两类。其实，说到他们伤害生命、损害天年，盗跖也就是伯夷，命送掉了，再分别君子与小人又有什么意思！

这些议论非常大胆，富有颠覆性。这尤其可以说是对儒家主流价值观念的挑战。孔曰成仁，孟曰取义，朝闻道夕死可矣，士可杀而不可辱也……对于孔孟来说，生命、天年是从属于仁义道德的大观念、大价值系统的，性也罢，命也罢，都必须服从并升华到仁义道德的层面，才有意义，才有光彩，才是天地之正气，才能流芳百世。否则，只是苟活，只是偷生，只有耻辱，叫作生不如死。而老庄，尤其是庄子，把正常维持与养护生命提高到天道、自然、天命的高度，他坚决抨击一切不是让人好好地活下去而是让人送命的道理、主张。珍惜生命，珍惜天年，这当然是对的，但除此之外再无追求、再无底线、再无价值理念与尊严，以及再无除了个人生命安全以外的对于家庭、社会、族群、国家直到全人类，直到对于永恒与无穷的宇宙的任何责任与关心、感恩与挂牵，则也是未免偏于一隅，叫作以偏概全，叫作生硬做作，叫作难以成立。

四、不要为了后天的目标而为难自身

> 且夫属其性乎仁义者，虽通如曾、史，非吾所谓臧也；属其性于五味，虽通如俞儿，非吾所谓臧也；属其性乎五声，虽通如师旷，非吾所谓聪也；属其性乎五色，虽通如离朱，非吾所谓明也。

再说把自己的天性、本性规定为仁义的讲究与践行的人，哪怕做到了如曾参、史鳍一样彻底，我也不认为那有多么好、多么高尚；把自己的一生献给五味烹调，虽然精通如俞儿，我也不认为那有多么好、多么值得称道；把毕生的精力献给五声音乐，哪怕高明到与师旷一样，也不是我所信服的耳朵功用的极致；把毕生的精神献给五色美术，虽然高明到离朱那个样子，我也不认为那是眼目本性的极致。

这里，庄周又碰上了一个现代性的麻烦，发达的社会带来了分工的细化，传送带、生产线就更加细细分割了劳动过程，在创造了前所未有的效率与成果的同时，也造就了人的畸形。例如许多艺术家、大明星，他们的生活品质极端扭曲。某些学者的呆气，某些高级知识分子的矫情，某些政客的手段，某些商家的经济动物习气，都令人震惊。故而马克思提出了社会主义、共产主义将保证与致力于人的“全面发展”的主张。而早在庄周时期，他已经看出了分工化、专业化所带来的负面可能。烹调料理，做得太过了，如俞儿那样，对他本人，不会有好处。音律乐声，精通到了师旷那样，其实违背了人的天性，还有离朱，精通美术，从庄子的观点看，对他自己也并无益处。庄子的认识没有达到提倡全面发展的程度，他要的只是正常、逍遥、天年、自然而然地生活，不要为了某个后天的目标而扭曲自身。而仁义的事情与此类事情同理，一辈子只知道仁义，和只知道韵律一样地不正常、不全面。

但《庄子》中也时有自己与自己抬杠的地方，例如他描写的庖丁、做带钩者，其专业化、单一化，都达到了不亚于师旷、离朱的程度。

> 吾所谓臧者，非仁义之谓也，臧于其德而已矣；吾所谓臧者，非所谓仁义之谓也，任其性命之情而已矣；吾所谓聪者，非谓其闻彼也，自闻而已矣；吾所谓明者，非谓其见彼也，自见而已矣。
>
> 夫不自见而见彼，不自得而得彼者，是得人之得而不自得其得者也，适人之适而不自适其适者也。夫适人之适而不自适其适，虽盗跖与伯夷，是同为淫僻也。余愧乎道德，是以上不敢为仁义之操，而下不敢为淫僻之行也。

我所讲究的美好，并不是什么仁义的标榜，而是指自身天性的完满；我所讲究的圆满，并不是仁义的教训，而是对于人性与生命的自然而然的放手态度；我所讲究的耳聪，并不是指善于听到外物、听到万籁，而是指能够倾听自身的需要与呼声；我所希望的目明，不是指能够看得清外物与万象，而恰恰是指能够认识你自己、看见你自己。

那种看不见自身只看得到外物的人，只羡慕别人而不能自我欣悦的人，是不知道自己应该珍惜属于自己的一切，不懂得自身的内在需要，而只盯着别人的需要与别人为你所做的规范的人啊。是自己不适应自己的已成就、欲成就、自然会成就的角色，而专门去适应别人要求的角色啊。一个是盗跖，一个是伯夷，做事都很过分，为人都太别扭。唉，我面对大道玄德，深感惭愧不足，所以我是上不敢奉行仁义的节操，下不敢有别扭的行为啊。

这一段话说得简古，但含义深刻，联想的空间极大极宽。什么叫“不自见而见彼，不自得而得彼”，可以有许多解释。首先，已有这样的解释：不按自身的性情、自身的需要、自然的趋势办事，而是按他人的忽悠、他人的规范、他人的诱引行事，于是出现了过分清高的、矫情的伯夷，过分卑下的同样是矫情的（即不近情理的）盗跖。也可以解释为：看得到别人的毛病与责任，看不到自己的毛病与责任。这样的人比比皆是，所以有牢骚、有不负责任、有堕落。直到今天谈起社会风气来，差不多仍是这样，一起痛骂旁人。还可能是看不到自己的幸运与成果，而只知道羡慕、嫉妒别人的运气与成果，叫作“人比人，气死人”，也俯拾即是。这种人对自己缺乏了解也缺乏信心，老是拿别人做自己的目标、标杆说事儿。如与你一起同学的，他当上博士了，你没有当上；和你一起参加工作的，他当上老板了，你没有当上。便愤愤不平，便怨天尤人，却看不见自己已有的一切的珍贵与来之不易。不认同自己，不珍惜现有，总是认定自己冤屈倒霉，这样的感受本来可以理解、可以同情，但人人如此了，未免无益而且讨厌了。你不是西施，你是东施，如果你健康阳光，你也会有快乐的生活——比充当美人计的主角更自然、更幸福的生活。然而不，你非得以东施的形象谋西施的待遇，你可笑不可笑？可悲不可悲？我们说的这山望着那山高，我们说的“生活在别处”（语出法国诗人兰波），我们说的异化，不是庄子早就指出来了吗？

不能说人类不需要这样的反省：人类费了那么大的劲儿，为自身的美好生活创造、积累了那么多观念、理论、知识、技术，然而这一切都是必要的与聪明的吗？有没有多余，有没有骈拇与枝指？有没有自找麻烦、自寻烦恼？不想不知道，也许会一想吓一跳。而庄子那么早就想到了这样的问题。你能不佩服他吗？

老王说：以畸足与畸指为例讨论仁义道德，有趣，但没有说透。第一层含义，骈拇枝指是儒家的仁义说教，外加多余，自找麻烦，人为地把人生与社会复杂化、艰难化、空谈化、作秀化。远了不必提，我们想想“文革”期间的讲用与灵魂深处爆发革命、狠斗私字一闪念就很明白了。第二层含义，有人仁义上好一点，有人仁义上差一点，这也是自然的，就是有人很不对头，也如长了骈拇枝指一样，只能容忍，无劳大动干戈。道法自然，人有天性，各不相似，顺乎其常，第一你不要搞骈拇枝指，第二你不必急着去剪骈拇枝指。那么，我应该做什么呢？我到底能够做什么呢？仅仅一句“多一事不如少一事”，太贫乏了吧？

马蹄：东方古典的阿凡达乌托邦

这是勇敢的逆向思维，这是东方古典的阿凡达：你们都说伯乐等专家、能人伟大，我偏偏认定是伯乐给野马、天马、是木匠给林木、是陶匠给土石带来了无穷的灾难，给自然、给人类带来了无尽的麻烦；是文化尤其是儒家的仁义道德带来了虚伪、矫饰、空谈、歧义，搞得人生如此复杂而且纷扰、生硬而且痛苦。而理想的盛世是远古，是万物成群连属其乡的混沌状态；是人与草木、与鸟兽的不分彼此、共生共游、欢欢喜喜！什么时候统治者能够也明白这一点，走向恢复远古生活的大治与无为呢？

可以说，《马蹄》一章是《庄子》的准文化批判主义、准非治理主义（尚不是无政府，但多少通向无政府主义）、返璞归真主义、准泛神主义（即自然神主义），是老庄的大道乌托邦主义的宣言与标本。

一、伯乐恰是害马的罪人

马，蹄可以践霜雪，毛可以御风寒，龁草饮水，翘足而陆，此马之真性也。虽有义台路寝，无所用之。

马这种动物，它的蹄子能够走在布满霜雪的道路上，它的皮毛可以挡御风寒，饿了吃草，渴了喝水，抬起腿跃奔飞跑，这是马自来的性情。即使有高台大馆，对马来说，既没有意义，也派不上用场。

问题在于，马可能不需要星级宾馆，但是人需要，人计较规格与条件，有时候还计较得很厉害。对于某些俗劣之人来说，规格、条件、级别，甚至是他或她一辈子追求的全部。然后，人也要在马中分三六九等，而马也确实有块头、膂力、速度、体形与毛色的差别，并非天生一律。人有了级别，就要提高自己使用的马的规格与待遇，马因人贵，人以马“牛”。正如大款用的车是宝马，小民买上个夏利已经不错了。其实即使是马，也有它对厩舍的要求，包括通风、湿度、草料、牲畜密度等，未必全无所谓。当然，这里说的理想的马也许是指野马。而即使对于野马，自然条件仍然有适宜或者不适宜的差别，难以做到完全的相齐相一。

及至伯乐，曰：“我善治马。”烧之，剔之，刻之，雒之，连之以羁馽，编之以皂栈，马之死者十二三矣。饥之，渴之，驰之，骤之，整之，齐之，前有橛饰之患，而后有鞭筴之威，而马之死者已过半矣。

等到有了伯乐，他宣布说，我是善于管理马的事务的。他怎么管理呢？又是火烧，又是剪毛，又是削马蹄，又是烙印，用绳索套具把它们笼络控制起来，再将它们排列安置到马厩之中，这样马已经死掉两三成了。还要让它们饥一顿，饱一顿（喂不喂、喂多喂少全凭人意），驱赶它们快速奔跑，使它们步伐整齐、行动划一，前边是嚼子口衔的控管整治，后边是鞭子、马刺的惩罚和威胁。到这时候，马已经死了一多半了。

好厉害的庄子，这里反讽得刺激、滑稽、沉痛。这是在反讽君侯、臣子与候补官员士人的施政与管理。经过庄子这么一写，司空见惯的养马、治马的过程变得直如酷刑，充满血腥意味。用语幽默隽永，令人哭笑不得，怎么人们硬是会忽略这一点呢？伯乐伯乐，世世代代，多少人赞美伯乐、期盼伯乐，可谁往这边厢——即不是人而是马对伯乐的感受方面想过？《庄子》中所说，很有说服力与现实感，并不强词夺理，应是昭然若揭。可能问题就出在人们只会从一条道上思维，只从伯乐善于相马，能为君王、诸侯、军人挑选千里马这方面思考，为伯乐的大名所镇服，却缺少一点逆向思维。

> 陶者曰："我善治埴，圆者中规，方者中矩。"匠人曰："我善治木，曲者中钩，直者应绳。"夫埴木之性，岂欲中规矩钩绳哉？然且世世称之曰"伯乐善治马，而陶匠善治埴木"，此亦治天下者之过也。

陶器匠人说自己善于制作陶器，圆的经得起圆规的检验，方的符合直角的尺度。木匠则说自己善于制造木器，弯曲的地方符合角尺的夹角，直溜的地方符合拉线墨绳的测量。但请想想看，陶土也罢，木料也罢，它们的本性难道是要自身符合规矩、角绳的要求吗？然而，众人长期以来的说法是，伯乐善于调养马匹，而陶匠善于制陶，木匠善于做木工活儿，这与（矫情地）治天下一样，都是一样的毛病。或者说，这都是矫情地治理天下的人带头造出来的毛病。

当然，这是书生，是文章家论政、论治、论公共事务管理，做 MPA 论文。不无启发的是，管理者往往会倾向于认为，越是用强有力的规矩、钩绳进行统一而有效的管理，越是军事化、整齐化、划一化管理，就越是有政绩。庄子告诉你，未必。庄子告诉你，那样，会让被治的马、陶土、木头痛苦，会制造和激化治与被治的矛盾。

二、治理精明，仁义高唱，天下从此多事

> 吾意善治天下者不然。彼民有常性，织而衣，耕而食，是谓同德。一而不党，命曰天放。

我认为真正善于治理天下的人并不这样。他们认为，老百姓自有本身的稳定的天性，要穿衣就要织布，要吃饭就要种田。这是他们共同的本能，这叫共识、共同利益、共同的规范。在符合自身天性的活动中，他们彼此一致，却不需要结党成伙，这就叫自然而然，纵性放任于天地之中。

呜呼庄子！他抨击那些烦琐苛政、严刑峻法，他抨击当时的为政者扰民乱民、坑害百姓反而得意扬扬、吹嘘叫卖、欺世盗名。他讲的伯乐、陶匠、木匠的故事既有趣，又发人深省，令人击掌叫绝。但是，他的民有常性，只要按常性做就万事大吉的设计却未免天真幼稚、失之于幻想了。民有亿万，性有十千，地域、族群、血统、文化、观念，尤其是利益之分别无处不在、无时不在。不但民与民能够发生矛盾冲突，人与人能够发生龃龉斗争，同是一个人连自己也有找不到自己的常性的时候，陷于选择上的困惑与两难。再说，有所管理，有所主张，有所维护，有所坚守，也是人之常性，正像无为而无不为、无可而无不可、与世无争等也是常性之一种。你依常性而治，你搞常性乌托邦主义，按谁的常性呢？按庄先生的常性吗？孔先生、孟先生、墨先生、师先生、离先生等都与您常性不同，咋办？没有社会，没有家庭，个人难以存活；有了社会、家庭之累，就有人际关系的种种麻烦。庄子

关于常性的说法很漂亮，但是有点站着说话不腰疼的风凉。庄子的治国之论非常高明，高于常人常理，但是缺少成功践行的实例。

我们还可以对有关问题进行语义学的分析。国人讲风格、风度，有两组概念，A组的核心字是“谨”，包括严谨、恭谨、谨慎、拘谨，如“诸葛一生唯谨慎”。其中只有“拘谨”一词较有贬义，其他都是好词儿。B组的核心字是“放”，放手、豪放、奔放、粗放、放任、放纵、放肆。这七个“放词”中，放手、豪放、奔放三词是褒义的，粗放有轻微贬义，放任、放纵与放肆则是完全贬义的。尤其是“放肆”一词，常为尊长训斥下属时所喜用，带有一种居高临下的威猛气势。从语义的讨论上，我们可以看到中华文化的崇谨传统，尤其是官场的尚谨之风，大大咧咧的家伙不是好官。反溯到庄子，他喜欢将“放”字当好词用，不但放是好的，“遥荡（任心纵散）、恣睢（放任无拘束）”（《大宗师》），也都是他向往的。可惜，他的向往相当程度上被中华文化的传统所否定了。

故至德之世，其行填填，其视颠颠。当是时也，山无蹊隧，泽无舟梁；万物群生，连属其乡；禽兽成群，草木遂长。是故禽兽可系羁而游，乌鹊之巢可攀援而窥。

夫至德之世，同与禽兽居，族与万物并，恶乎知君子小人哉！

所以，在大德昌盛的时代，人们做事缓慢、持重，眼神也都比较专一，不怎么东张西望。（或理解为：做事的状态、看人的神态，都是自然而得意的。）那时候，山岭上没有栈路，也没有隧道，水面上没有船只，也没有桥梁；万物共生，比邻而居；鸟兽一群一群，草木也是自由自在，连成一片地茁壮生长。所以，想牵上什么鸟兽一起游玩也就一起游玩，想攀缘到哪里去看鸟鹊之窝，也可随便去。

在这样的至德之世，人和鸟兽混居、与万物并存，何从区分什么君子与小人呢?

写得真好！“填填”“颠颠”，我宁愿取前面的解释，即持重和专一。虽然解释为自然、得意，与对于放的向往较易衔接。因为庄子喜欢的放，并不是当今奔波迅捷、竞争浮躁之放，而是远古无为无欲、无争无言之放，是在大臭椿树下睡大觉之疏放，是乘大葫芦而游江湖之豪放，正好与缓慢持重、专一踏实相衔接，也正好与当今人们普遍诟病的浮躁相比对。这样的庄子的放，应该能够把持重、专一与自然、得意统一起来。至于老子，并不那么讲放，相反他要讲“豫兮若冬涉川；犹兮若畏四邻；俨兮其若客”（第十五章）：小心翼翼，好像冬天过冰河；醒觉警惕，像要提防四面之敌；还要正儿八经，像做客一般。

事物的发展与变化，文化的丰富与精微，社会生活视野的无限扩大，生产力与科学技术的日新月异，财富的核能爆炸般的增长，欲望因其不断实现所产生的无限膨胀，使人们的心态比古人浮躁得多。现代人要更心慌意乱、更顾此失彼、更疲于奔命、更丢三落四、更晕菜得多。这种信息爆炸、任务加码、动静失衡、生活混乱的痛苦，值得研究研究、分析分析了。想想庄子的有关说法，说不定对我们大有益处。

毛泽东有言，差异就是矛盾。庄子的思路则是尽最大努力抹平一切区别、一切差异，说一千道一万，还是要齐物。庄子提倡的是“平心”，这与西方思想家拼命提倡的平等各有千秋。

当然，事情没有这么简单。时至今日，要牵上一只猴子遛马路应非易事，但是我在不丹王国的经验使我相信，《庄子》的有关说法不完全是乌托邦。在不丹，由于所有的狗受到全民的爱护和喂养，于是狗没有私有被私有的意识、没有对立与警惕的意识、没有恶意的吠叫，它们在大街上任意躺卧休息，对任何人都是友好的。你即使躲来躲去还是不小心踩上了它的尾巴，它也只不过是“哼”一声，缩一缩继续睡觉而已，不会怒目相视，不会发出恶声，更不会龇牙露齿。这太惊人了，也太值得深思了，却是我亲眼见到、亲身经历的。

不丹的狗似乎是所谓的先王之世的狗，是无为而无不为的狗，它们没有主人也就没有敌人，没有任务也就没有执着，没有期待也就没有操心。当真是一种理想啊。

> 同乎无知，其德不离；同乎无欲，是谓素朴。素朴而民性得矣。及至圣人，蹩躠为仁，踶跂为义，而天下始疑矣；澶漫为乐，摘僻为礼，而天下始分矣。故纯朴不残，孰为牺尊？白玉不毁，孰为珪璋？道德不废，安取仁义？性情不离，安用礼乐？五色不乱，孰为文采？五声不乱，孰应六律？夫残朴以为器，工匠之罪也；毁道德以为仁义，圣人之过也。

保持无知的状态，也就不会脱离至德、大德、玄德；保持无欲的状态，也就会处于朴素、质朴、纯正的情况中。能够素朴，也就能使万民百姓的天性得到发挥和满足，永葆无瑕的天性。到了某些所谓圣人那里，吭哧吭哧搞出个仁来，吱扭吱扭闹出个义来，好了，这一回天下就琢磨疑惑嘀咕上了。再随心所欲地弄出点乐，别别扭扭闹出一大套礼法礼仪礼数，天下众人也就分了家：分裂，分化，互为陌路，互不理解，乃至互相敌对起来了。唉，不砍伐纯朴的树木，哪儿来的酒器？不毁坏洁白的璞玉，哪儿来的珪璋？不废弃自然而然的大道玄德，哪儿用得上仁义？不背离真实的性情，哪儿用得着礼乐？五色不错乱，哪儿能调出好看的色彩？五声不错乱，哪儿能应和六律？砍伐树木而制造器具，是工匠的罪过；毁坏道德而提倡仁义，是圣人的罪过。

文章写得真漂亮！稀奇的、与众不同的思路，写得洋洋洒洒，雄辩而情绪饱满。你说这是庄子的幻想吧，这些说法却确实不无道理。仁义的说教有时会变得虚伪、空洞，残害性灵，会成为迫害他人攻击他人的旗号。自古以来，政治斗争中的一方，总是会以对立面不仁不义、无道无德为理由号召鸣鼓而攻之。所谓鸣鼓而攻的鸣鼓，就是鸣仁义之鼓。礼法与按礼法奏乐，有时也会令人生厌，变真情为走过场。所谓行礼如仪，潜台词是并无真情实感。各种制作，不是没有可能变成造作、变成对材料的浪费和毁弃，将无数人力、物力、财力投放到莫名其妙的工艺中，成了自找苦吃、自找麻烦。人的这种“制造”的习惯，破坏了多少生态，糟蹋了多少资源！求新逐异、浮躁追风、装模作样而实际上是资质庸劣的艺术，闹出了多少混乱变态、自欺欺人的色块与音响，毁坏着而不是陶冶着人们的耳目身心。庄子太有预见了，他已经预见到二十世纪、二十一世纪的视听信息的爆炸与危殆了！他早在两千数百年前，已经呼吁原生态、呼吁回到大自然了！

这里的有了仁义天下始疑、搞了礼乐天下始分的说法也极精辟。依此而言，后天的、由圣人辛辛苦苦制定、宣讲的仁义之说，不过是凭空增添了麻烦与困惑。人做各种事情，本来靠自己的本性与良知就可以做出判断，何者可为，何者不可为，一加仁义之论，一搞外加的概念崇拜、概念统制，反而使疑义增加。例如父慈子孝、君明臣忠、夫唱妇随，一般情况下似乎比较好办，如果父子、君臣、夫妇之间出了矛盾，各说各的理，或者是君、夫的责任更大，怎样做才符合仁义的要求呢？不疑才怪，不争才怪。至于礼乐使人分家，这个思想就更先进了。这就是亨廷顿所说的文化冲突的滥觞啊，你提倡你的礼乐，我提倡我的礼乐，两者不统一，能不掐起来吗？

三、圣人之过，文明之罪，呜呼

> 夫马，陆居则食草饮水，喜则交颈相靡，怒则分背相踶。马知已此矣。夫加之以衡扼，齐之以月题，而马知介倪、闉扼、鸷曼、诡衔、窃辔。故马之知而態至盗者，伯乐之罪也。

这个马，生活在陆地上，吃草、喝水，高兴时互相用脖子抚摩，生气时背对背尥蹶子。所谓马的智力不过如此罢了。可人要给马匹加上辕木、笼头、套具、口嚼，于是马也就学会了如何折断或摆脱辕木、笼头、套具、口嚼的束缚，如何对抗逃逸。所以说，马学会了对抗人类的各种招数，这都是伯乐的罪过呀。

然而，这是从马的角度上看的，从人的角度上看呢？人是要用马的膂力的，没有那些工具，马当然舒服了，但是也就不为人所用了。还有，这里的问题是驯马过程使马也产生了被使用的需要。只有被使用，才能得到饲养，得到存活、繁殖。使用与被使用，这正是文化的起源，也是对自然的冒犯的开端。奴役者本身也是被奴役的，任何对自然的使用，其实也在使用自身，使自身的存活和繁衍大大地复杂化、人为化、困难化了。人们毁坏了原木，制造了典礼上使用的高级酒樽，从此必须在典礼上行礼如仪地饮酒，或只剩了作饮酒状、行饮酒礼，越来越多地失去了自自然然与情人、家人、好友饮酒闹酒的乐趣，却得到了参与典礼的满足感与虚荣感。

文明有文明的代价，无文明有无文明的代价。文明的代价是纯朴自然的失落、是烦琐、是走形式和走过场、虚与委蛇乃至骗局伪善的出现，是以文明、以价值为理由引出的愚蠢而残酷的纷争。无文明的代价是贫穷落后、愚昧无知、挨打受欺，被淘汰而灭亡。庄子，有时还包括老子，只谈一面的代价，但确实谈得精彩，令人耳目一新。

另一方面的意义是：这里表面上谈马，实际上是谈“治”与“治于”（如所谓的“劳心者治人，劳力者治于人”），即统治与被统治的关系。庄子的说法是：被统治的草民，本来如未遇伯乐的野马一样纯朴、简单，问题是伯乐，也就是伟大的君王与大臣太智慧也太啰唆，制定出各种招数来统治民人，制造出各种衡扼、月题（横木颈轭与马额上的装饰），如今之所谓辕木、笼头、套具、口嚼……来巧为控制马儿。与此同时，上有政策，下有对策，无政府主义是对于官僚主义的惩罚，草民们也发明了各种阳奉阴违、腹诽、口是心非的招数，伺机破坏捣乱，直到提出“王侯将相，宁有种乎”与“彼可取而代之”的造反有理论等对抗之。从此天下多事，治人是越来越难、越来越危险了。

> 夫赫胥氏之时，民居不知所为，行不知所之，含哺而熙，鼓腹而游，民能以此矣。及至圣人，屈折礼乐以匡正天下之形，县跂仁义以慰天下之心，而民乃始踶跂好知，争归于利，不可止也。此亦圣人之过也。

在那个上古赫胥氏的时代，民众安居而不知所为，没有什么一定要做、急着要做的事，出门也没有什么地方一定要去，有东西吃就很开心，吃饱了就悠游自在。大家都是这样生活的，大家要做的、能做的事止于此。等到圣人出现，费尽心力弄出些礼呀、乐呀来匡正天下的行为举止，标榜仁义来安抚天下的民心，于是民众开始奔竞用智，争逐私利，而不能休止。这些都是圣人的过失啊。

十分有趣的思路。大家浑浑噩噩，婴儿一般，饿了吃，累了睡，得空就玩，其他什么也不知道，这是理想吗？好像缺点什么。人活一辈子，还想发展自己的脑力、体力，想求知求美、求幸福求光荣、求意义求价值，并期盼这些追求的充分实现，甚至还想在各种比赛中一显身手，虽败无憾，不能不与闻人生竞争之盛况。而且，人还有智慧与灵魂，不但要知道生存诸事，还要知道点形而上，知道点开始与结束、永恒与无穷、我之外的你与他、有形之外的无形、肉身之外的灵魂。

于是，有了人类的与中华的文明文化、圣人先贤……有了信仰、价值、观念、科学、技术，各种文化的精神的与物质的成果，有了历史，有了文明的积淀……与此同时，歧义、竞争、虚伪、阴谋手段、盗窃与歪曲也在发展。世界愈来愈复杂，生活愈来愈复杂，纷争愈来愈复杂，罪恶愈来愈发展……

有两句话有点意味。一是“踶跂好知，争归于利”。“踶跂”是自矜，是得意，是臭美；“好知”是好动心眼，是搞手段。为什么好知不能是好学不倦、诲人不厌呢？为什么智慧不是首先带来文明与进步、幸福与快乐，而是首先带来了阴谋诡计呢？这是值得深思的。培根讲知识就是力量的时候，不会有这样的思路吧？而如今对于科学主义的批评，能不能从老庄那边找到源头呢？

“争归于利”的说法则比较实在。概念愈复杂，价值愈强调，说法愈发达，争执就会愈多，争来争去其实是利益的争夺。人与人、家庭与家庭、族群与族群、地域与地域、国与国的多少抽象的争论均牵连到具体的利益，争于义的实质是争于利，这话够直截了当的，也够令人叹息的啦。

二是“圣人之过”，这个说法也有内涵。此前《庄子》内篇中提到圣人，大多是褒义的，这里的圣人却成了罪魁祸首。圣人影响大、贡献大，带来的变化与付出的代价也必然大。圣人圣人，说到底都是有争议的。例如有些政治家、有些领袖人物，凡是千古留名，受到广泛尊敬的，往往是相对比较短命的，他们“适时”结束了本身的生命，留下的是功绩，带走的是缺憾。例如孙中山，甚至于还有林则徐，他已经奉诏出发去平定农民起义了，没有等到动手，死了。“寿则多辱”，不知道包含不包含这样的含义。寿了，做的事多了，必然就具有不同的方面，引起不同的评价了。岳飞屈死了，他留下来的只有忠勇抗金的功劳与记录。假如是另一种情况呢？如果他再活三十年，谁知道他会不会卷入什么内政事件呢？呜呼！

还有一点也值得研究，人们，尤其是中国的先秦诸子，怎么会如此坚信上古时期人们的生活是最好的呢？他们为什么完全没有进化观念、发展观念呢？是单纯的怀旧心理吗？倒也是，许多人相信童年是最快乐的，也许这与此章指出所谓赫胥氏之时人类的生活最幸福、最合乎大道一样。这是一种向后看的世界观，在中国竟然是源远流长。也许从文学艺术的角度看这不无可取，没有对于往日的追忆与怀念，乃至自迷迷人的眷恋，许多许多好书、好歌、好乐段都不会出现。一个作家、文艺家，高喊几句让我们回到上古时期、婴儿时期，像野马一样地生活，再不要什么圣人、仁义、知识、学问了吧，这是值得同情的，甚至是颇为令人感动的。然而，这并不等于当真认定人的幸福在往日、在古代、在婴儿时期。君王也罢，臣子也罢，社会学家也罢，都是不会这样说话的。

是老庄太天真、太激愤、太另类，太用文学艺术的想象与沉迷代替科学与理性的考察检验了？还是另有解释呢？

这是《庄子》中最美好的章节之一，不管它是否为庄子本人所作。如果是伪作，就是伟大的伪作、浪漫的伪作、潇洒的伪作。它快乐而又忧伤、惨烈而又有趣、真诚而又玄虚，就像一个关于马的世界的童话。它像一个动画片，马蹄踏着雪路，马匹昂首而行。马的毛皮抵御风寒，在严冬的大风里储存着温热，热气从皮毛下蒸腾而出。马儿高兴地交颈摩擦，马群的团结友爱令人羡煞。它们追随着草地与水洼生存，它们生活得辽阔而且自由。它们有时也闹点小矛盾，互相尥尥蹶子，嘶鸣几声，撒完了气，很快又不言而归于亲好。它们生活在最美丽的草地，不管是平原、丘陵还是山谷，皆在一片绿色之中。什么叫天堂？就是野马纵情奔驰的地方，就是绿色的牧场，就是新疆的巩乃斯、那拉提与喀纳斯，就是内蒙古的呼伦贝尔大草原！

这一章的故事又像是古代中华版的《阿凡达》，但比好莱坞大片早出现了两千多年。不是科幻，也不见得完全不科幻；不是童话，也不见得完全不童话；是寓言，但也不见得完全就是寓言。

看吧，在马匹快乐的天堂生活当中出现了不和谐的元素，随着类似“鬼子进村”的音乐伴奏，自以为是的马师伯乐出现了，他来收养、管理、分类甄别、编组编号、排列安顿、训练培育马群来了。马嗷嗷地叫着，伯乐捕捉着、鞭打着、恐吓着它们，摧毁了它们的意志，套牢了它们的脖颈。他刺伤了它们的屁股，鞭打着它们的身体，吊起马腿，给它们钉上铁掌；烧红烙铁，给它们烙上烙印；剪齐鬃毛，给它们统一形象；剪伤耳朵，给它们留下记号。还套上颈木、笼头，嘴里塞进铁嚼，屁股上扣上后鞦，肚子上打上腹带，脊梁上备好鞍桥，两边垂下铁镫，跨上骑手，塞进车辕，拉上铁犁，关进厩圈……然后是旷日持久的马人之战。马当然不是人的对手，今日之伯乐不仅有铁刺与皮鞭，而且有麻醉子弹、有畜用镇静剂、有电击强驯化手段、有“无痛阉割”的兽医技巧，而且有在驯化野生动物上取得了无限成功之后的编剧、导演、艺术家、后现代学者卡梅隆等，拍出《阿凡达》这样高文明、高技巧、高票房、悲天悯人、爱及外星的影片。人们会给众马匹，包括潘多拉星球上的六条腿的潘多拉烈马，放映人类的自省影片，让马儿们感动得涕泪横流、高呼万岁，同时向动物进行教育，人类是多么伟大、多么富有反思精神，你们万万不可有什么过激行为，你们应该等待美国海军陆战队中的伟大人道主义者杰克·萨利，幸福永远属于你们。

从《阿凡达》中，我们还会惊异于思想与利润的结合，好的思想加艺术加技术加史无前例的投资，能够获得市场上的空前成功，据说《阿凡达》的票房已经超过了《泰坦尼克号》。而如果庄子活到今天，他的著作一定可以使他进入作家富豪榜。当今的世界更乱乎了，理不出头绪来了。谁能想象庄子将如何对待市场与出版事业体制的改革呢？越是骂市场就越畅销，这是一种可能。越是不畅销就越骂市场，这也很可能。

真正到了庄子的份儿上，就不会怕市场，也不会怕不市场。他说过，成了“真人”，“入水不湿，入火不烫”（《大宗师》）。苏联歌词叫作“我们，火里不怕燃烧，水里不会下沉”。庄子后来被封为“南华真人”，他有资格加一两句歌词：“我们钱里不会发晕，没钱也不至于发狠！”

有一点值得沉思：为什么某些成功的洋大片总算还有点思想，哪怕是不无做作的思想秀，足够使全世界的中学生五体投地……而我们的一部部影片却总是要搞白痴秀呢？

老王说：向后看与向前看的乌托邦主义都很可爱。为什么我们硬是只可以从猿到人，却做不到从人到猿呢？无论如何，还不能放弃与草木鸟兽同在的美梦。换一个猛批伯乐的思路令人叫绝。其实，老王早在四分之一个世纪前就在小说《一嚏千娇》中提出过，如果阿Q会写小说，他将怎样写同胞中的伟大作家呢？

胠箧：圣人究竟为谁效劳

这是整个《庄子》一书中最“厉害”的一章。它富有颠覆性、叛逆性，它敢于立下大逆不道之论。它不但批评某个侯王大臣，而且戳穿整个封建体制、戳穿各个侯国与整个“天下”格局的意识形态基础。它揭露，大盗不仅能够盗财物，而且能够盗国家权力，能够盗用维持权力运作的仁义道德、修齐治平、君君臣臣、父父子子一套。它帮助你明白孔孟圣人的一套大道理。可以为善所用，也可以为恶所用；可以为真所用，也可以为伪所用。它打掉你的精神枷锁，它寻求个体的思想解放。

然而，它的思想解放是非常消极的，它戳穿了价值规范上的悖论与有意无意的骗局，还有实际操作上的种种危险，但是无物可以替代。它只会说“我不相信”，它只有逃避、躲藏、尚愚、槁木死灰一条路，不知道这样的路同样可以为大盗所用。

太彻底了就走向自己的反面。太看透了就走向自己的反面。它敢于否定君王、圣人、仁义、智巧、一切专长、一切教化与文明，问题是，它给自己也给读者究竟能够留下什么呢？

呜呼庄周！哀乎庄周！惜乎庄周！

一、加锁又有何用，他偷走了你整个箱子

> 将为胠箧探囊发匮之盗而为守备，则必摄缄縢，固扃鐍，此世俗之所谓知也。然而巨盗至，则负匮揭箧担囊而趋，唯恐缄縢扃鐍之不固也。然则乡之所谓知者，不乃为大盗积者也？

人们为了防备翻箱、撬柜、开包的小贼，一定会捆紧绳索，加固锁销别棍，这是世俗所谓的聪明。然而大盗一来，干脆抄起箱柜、挑起口袋就走，唯恐箱包柜子关得不严实、锁得不牢固。那么，本来所谓的聪明人，不等于是为大盗积聚财富提供方便了吗？

非常奇特的思路，想想却不无道理，只是除了庄子再没有人这样说话与说这样的话了。这样的话是庄子的一大发明。怎么那个时候的国人这样有创意，这样敢于并且善于说新鲜、惊人的话？怎么后来再没有人这样说话与说这样的话啦？是说话人胆子太小，还是语境变化太大？

《红楼梦》第一回中甄士隐吟诵道："甚荒唐，到头来，都是为他人做嫁衣裳。"在《共产党宣言》中，马恩则说："随着大工业的发展，资产阶级赖以生产和占有产品的基础本身也就从它脚下被挖掉了。它首先生产的是它自身的掘墓人。"人的行为的后果有时是行为的动机的反面，庄子发现了这个秘密、这个规律。这是惊人的发现，这个发现有助于人们更好地反思自己所做的、所忙碌的一切，会不会其效果是适得其反？

> 故尝试论之：世俗之所谓知者，有不为大盗积者乎？所谓圣者，有不为大盗守者乎？

所以，我们要发表议论：世俗所谓的聪明人，有谁不是为大盗积聚财富的呢？所谓的至圣，有谁不是为大盗看守、保护的呢？

当真令人叹息，聪明了半天，严密了半天，牢靠了半天，智是为大盗积累，圣是为大盗保管。原因在于，你只有小智小贤，你仍然是伙计、是打工仔，你是为老板在打工。所谓大盗就是盗得老板身份、老板权力的盗。所谓小盗，一般的盗，则只盗箱子、柜子、提包、口袋。人们的知识在于防小盗、保财物，而如何争夺老板权，即争夺权力，恰恰是诸子百家所回避的。包括老庄在内，他们提出了一些理想主义、乌托邦主义的命题，如“大道之行也，天下为公”（《礼记·礼运》）、“太上，不知有之……功成事遂……谓我自然”（《老子》第十七章）、“天下唯有德者居之”（《礼记·中庸》）等，但这些往往难以做到，于是变成了老板的包装。蓦然说出老板权的实质，捅破了这层窗户纸的，正是《庄子》外篇中的《胠箧》一章。

> 何以知其然邪？昔者齐国邻邑相望，鸡狗之音相闻，罔罟之所布，耒耨之所刺，方二千余里。阖四竟之内，所以立宗庙社稷，治邑屋州闾乡曲者，曷尝不法圣人哉？然而田成子一旦杀齐君而盗其国，所盗者岂独其国邪？并与其圣知之法而盗之。故田成子有乎盗贼之名，而身处尧舜之安。小国不敢非，大国不敢诛，十二世有齐国。则是不乃窃齐国并与其圣知之法以守其盗贼之身乎？

从哪里知道这个真相的呢？从前的齐国，一家连着一家，一村靠着一村，邻里间互相看得见，鸡狗之声互相听得见，方圆两千多里，到处都是捕鱼的网罗和耕作的犁锄（形容非常繁华兴旺）。在自己的四境之内，又是建立宗庙社稷，又是定规矩、制度把一家一户组织成邑屋州闾乡曲的建制，何尝不是想按圣人的教导行政，来他个长治久安、铁打的江山？但一旦田成子（原齐大夫陈恒）

杀掉了齐王，盗得了齐国，他夺到手的岂止一个国，还盗来了圣人治国的法度智谋。这样，田成子有盗贼的名分，人们会说他是窃国者。同时，他享受着尧、舜一样的安稳。小国不敢对其有什么非议，大国不敢对其用什么刀兵，他的子孙世世代代据有齐国。这不正是不但盗走了齐国，也盗走了齐国采用的圣人之智谋法度，用来保护他的盗贼之身吗？

这可坏了，却原来，知识、智慧、法度、谋略、圣人、道理、体制、学说、说法、理念都是既可以为A服务，也可以为B、C、D……服务的。庄子在这里碰到了一个复杂而深刻的问题，即智力与知识的价值中立问题。当然不可能绝对中立，得民心者的智力应对，是失民心者所无法效仿的；胸怀宽广者的智力发挥，也是心胸狭窄者所一辈子学不到手的；与人为善者的态度、举止、风范，更不是仇视人类与人为恶者所可以汲取的。但同时，有一些东西，有一些部分，又确实是有可能通用的。

尤其是我们国人所谓的“御民之术”，即驾驭人民的帝王之术。这个“术”太“伟大”、太需要包装，要讲许多高端的道理与原则，要让被驾驭者看了、听了、想了后心甘情愿地被御，要让御人者——帝王们理直气壮地去御人。这样，一接触这样的话题，从圣贤到诸子百家都要往高深、伟大里使劲。好的，驾驭人民，确实高深伟大、出神入化、感天动地、至尊至上。所有的伟大、崇高又有可能至少在特定的时间、空间范围内变成一种术、权术、机变、谋略、窍门、手段，而术——手段就像工具或武器（如手枪）一样，谁拿起谁用，谁掌握了就服务于谁：能为圣人所用，也能为盗跖所用；能为唐尧、虞舜所用，也能为夏桀、商纣所用。夏桀、商纣完蛋了，并不是因为他们拒用帝王之术，而在于他们用得太过、太笨、太片面、太粗糙或太缺乏自信。最根本的，则是他们遇到了对手、克星，遇到了道高一尺、术高一筹的商汤与周武王。而田成子用了这样的术，并且取得了成功。

这里还有一个核心秘密：在中国叫作“胜者王侯败者贼”，在英语中叫作“mightisright”——有权的人总是对的，谁有权（威力)谁有理。历史是由胜利者书写的,圣人之道几乎也是由胜利者、权威者书写的。远在先秦时期,庄子已经看透了治国之道其实是为胜利者、权威者、权力者效力的。他干脆抨击一切道道、道理、学说、说法,尤其是在治国平天下上最为致力,从老庄的观点来看是相当烦琐、矫饰的儒家学说。他们以为用无为、齐物的观点把治国平天下的学说空心化、虚无化、零点化,才能拯救世界。当然,这更是幻想。

同时,我们可以从另一个角度来思考问题。并不是一切权力运作都畅通无阻、百战百胜,有的权力系统被农民起义或宫廷政变所摧毁、所颠覆。权力受挫、权力败亡的教训也是值得总结的。所以,儒家致力于构建一套修齐治平的理念体系直到道德规范,去确定君君臣臣的道理。他们断言,君符合某种道德要求了,臣也符合某种道德要求了,就可以天下太平,权力就可以运作顺畅,这叫作邦有道。相反的情况叫作天下大乱、国将不国、气数已尽,叫作邦无道。我们可以用权力,用 might(可能)来说明理念,也可以用理念、权力的运用是否 right(正确),来说明权力的兴衰、行市与命运。所以,在历史上末代皇帝差不多都是昏庸、恶劣、愚蠢之辈,而开国皇帝都是伟大明君。

庄子居然敢于说出这样另类的话,他在为君君臣臣的一套、为儒家的一大套道理祛魅。问题是他祛完了魅,并没有货色可以代替,《论语》《孟子》的地位仍然是高于他的《南华真经》。

> 尝试论之:世俗之所谓至知者,有不为大盗积者乎?所谓至圣者,有不为大盗守者乎?何以知其然邪?昔者龙逢斩,比干剖,苌弘胣,子胥靡。故四子之贤而身不免乎戮。

我们接着试做论析:世俗所谓绝顶聪明的人,有谁不是为大盗积累财富的呢?所谓的至圣,有谁不是为大盗看守、保护的呢?从哪里知道呢?从前,夏之贤臣龙逢为桀所杀,商之贤纣王的叔叔比干被剖心,周灵王的贤臣苌弘被刳肠(一说为车裂),吴之贤臣伍子胥被杀，尸首抛到江里烂掉。他们都是按照圣人君君臣臣之法度而被害的，他们再贤明，也逃脱不了被杀害的命运呀！圣人的法度再伟大，也保不齐会用来迫害忠臣啊。

庄子相当激愤，这一段说法更像是“愤青”或愤而不青者之控诉，而绝对不是槁木死灰的此亦一是非、彼亦一是非。这里是试图抹去人们尤其是士人们的道德盲点，以为自己按道德教义行事、按圣人制定的规范行事就多么好、多么有把握成事。错啦，越是愚而德或者尤其是智而德，越是自取灭亡。痛哉！

我们现在有潜规则一说，庄子讲的就是当时的潜规则、潜理论、潜事实。从此段可以联想到许多说法，许多明言著词后边的潜道理：

第一个是以其人之道还治其人之身。这说的也是“道”，其人之道，圣人搞出来的御民之道，正好由被你御的哪个民之一用来御你，只要你们俩位置一换，你的道对他来说，完全是现成完备、得心应手。当然，也会有区别、变化乃至进步，与时俱化嘛。老子谈道，不是说一曰大二曰逝三曰远四曰反（大、多变、长远，而且反复）嘛，就是说御民之道也是可能变来变去的。但是从根本原则、根本道理上说，从圣人之所以成为圣人的基本贡献来说，例如君君臣臣、父父子子、尊卑上下、主从纲目的一套说辞直到操作，又是基本不变的。这样的一套儒家之道，只要地位一变，正好用来管制他人。

按相声的说法，这个道理可以叫作“变心板”原理。儒家道理的核心是承认人与人是不平等的，这个不平等要有一定的合情合理的规范。问题在于你能否取得君、父、师的地位。相声里说，公交高峰时期，对已经上了车门脚踏板的乘客，管理者强调的是往里走，里边空着呢；对挤在后面尚未踏上脚踏板的乘客，则需要强调：“等下辆！等下辆！”乘客呢，正相反，没有踩上车门脚踏板的，喊的是：“往里走！”踩上脚踏板的，喊的是：“等下辆！”所以说，公交车的脚踏板乃是人们的“变心板”。一个没有踩上变心板的人，可能反对君君臣臣之道，而一旦上了板，立刻就会拿过现成的其人之道为我所用了。庄子愤世嫉俗地大讲这一切道道最后都是为盗所服务，道理即在此。

当然，儒家之道在御民的同时也对皇帝提出了一些道德操守的要求，对御者也有一定的约束与监督作用。问题在于，御者、尊奉大成至圣先师者们并不老老实实地按儒家的条条做。不身体力行孔子的教导，谁也拿他没办法。

第二个是前面已经略提到的为他人作嫁衣裳。封建社会搞出来的那一套御民之术，正好提供给你的对立面、你的仇家、你的对手来收拾你。不错，资产阶级为自己培养了掘墓人无产阶级，可是，许多封建王朝、许多帝王、许多大人先生，许多能人、高人、压人一头的人，没有为自己培养掘墓人吗？大家都是这样做的。世界上既然有了以其人之道还治其人之身，就必然会有以自己之道还治自己之身。既然有可能自己为他人作嫁衣裳，也就有可能他人为自己作嫁衣裳，或办嫁衣裳、换嫁衣裳。既然圣人要一言而为天下法，匹夫而为万世师，就必然有对立面一言而破天下法，匹夫巧夺万世师。争夺是永远的，盗窃是永远的，封锁加固之法、之道也是永远的，为谁辛苦、为谁忙的困惑也是永远的——位置却是变来变去的。能不慎乎？能不疑乎？能不明乎？能永远糊涂下去乎？

还有一个在封建中国广泛流行的说法，叫作“以暴易暴”。这样的说法首先来自经验。打庄子那个时候，中国历史的特点之一就充满了争夺政权、争夺王位、争夺“龙”位的血腥斗争，改朝换代以及本朝中的政变、兵变、宫廷喋血，屡见不鲜。然而，御民之术并无大的变化，仍然是君君臣臣民民的“圣人之道”，是金字塔式的封建主义专政体系，仍然是翦除异己、血缘裙带、阶级压迫、超经济剥削那一套。不是以暴易暴，又是什么？当然，以暴易暴的另一面有对于暴的抑制与平衡作用，虽然这种平衡与多元制衡的理论不相干，这是一种在时间纵轴上的平衡，这是一种以血抵血、以命抵命的抑制。过分的昏君、暴政、佞臣，其下场是令人发抖的覆灭败亡。体制上长期停滞不前的另一面或另几面，即是除了以暴易暴这一面外，也还有以糊涂易糊涂、以凑合易凑合，乃至某种时候以旧日的太平无事，易成新朝蜜月期的太平无事的许多不同的方面。庄子的奇怪说法当中，包含了对成为争夺权力者的幌子的圣人之道的不相信、不承认，包含了对圣人之道本身的缺乏信心，包含了对国君、大臣、圣人的并不认同，是有其可贵之处的。但一味地怀疑否定的同时，庄子提不出替代的方略、原理或者体制来。庄子只能讽刺、说反话，给当时主流的一切泄气，却没有闹出一个积极的取而代之的出路。

二、庄子戳穿了一个秘密：盗亦有道，道亦可盗

> 故跖之徒问于跖曰："盗亦有道乎？"跖曰："何适而无有道邪？夫妄意室中之藏，圣也；入先，勇也；出后，义也；知可否，知也；分均，仁也。五者不备而能成大盗者，天下未之有也。"

所以，盗跖的门徒请教跖："师父您说，强盗是不是也有自己的道（规矩、法度）呢？"跖回答说："哪儿能没有道呢？揣度某一家、某一室中有无或有多少有什么样的财宝，这叫圣明；行盗时抢先入室，甘冒风险，这叫勇敢；得手后撤离，走在后边，负责断后，这是讲义气的表现；知道可做不可做，这叫智慧；有了赃物，分配平均，这叫仁德。没有这五条修养而想当成有头有脸的大强盗，普天下是找不着这样的例子的。"

太妙了，盗亦有道从此成了国人的口头禅。庄子太超前了，他早就告诉我们，千万不要以为圣人或权力或正宗或主流能够垄断道、道德、仁义礼智信、真善美……这些堂皇概念，强盗也照样会有或已经具有强盗的道、道德、仁义、智勇……这既振聋发聩，又触目惊心；既奇谈怪论，又更上一层楼。这里还真有点造反有理的意味。既然盗亦有道，当然盗亦有理。例如，按照朝廷及当时多数百姓的观点，梁山好汉是强盗，然而这些强盗，不是也特

别讲义气、讲规则，直到有的人还讲忠君、讲造反实是不得已吗？他们的排名顺序也是规规矩矩的，讲尊卑长幼，符合至少是部分地符合儒学。再说恐怖主义，从国际政治直到国内政治的维度，我们是坚定地反对恐怖主义的。但是，难道恐怖主义者就没有自己的一套精神资源、精神能力与价值悲情吗？当然有。所以，仅仅靠军事力量是无法达到反恐的目的的。只有从政治上、经济上、文化上全面地思考国际社会所面临的问题与挑战，并做出全面的、适度的与聪敏的应对，并且准备用一个相当长的历史时期，付出巨大的努力和代价，才能从根本上解决恐怖主义的问题。美国在军事上、经济上都如此强大，却在两场反恐战争之中身陷泥淖，进退维谷，他们就是太不懂得盗亦有道的道理了。

这一点启发我们，为了战胜对手，必须尊重对手。

让我们进一步分析一下，什么叫盗亦有道呢？庄子以此来说明圣人之道也可能为强盗所用，从而贬低所谓圣人之道的意义，祛除圣人之道的魅力、压力、光环与高高在上。但是，也许此篇的作者始料不及，你既然讲盗亦有道，盗做事、盗偷盗也要通晓人情世态，研究人与财宝的流动规律，团结己方人士，相互配合掩护，麻痹防盗体系，防备被警察捉住，提高“效率”，降低“成本”，也就等于说道与盗有同一性，有互相转化的可能。

盗亦有道的另一面肯定是道亦有盗，任何自以为或被以为得道者，都仍然有自己的欲望、私利与人性弱点，因此他掌握理解的大道，都有被窃取、被利用、被歪曲、被自觉不自觉地曲为解释，使之成为自己某些行为的借口、成为自欺欺人的遮羞布的可能。而道被窃取、利用、歪曲以后呢，道本身变成了强盗逻辑，圣人有可能自行变成盗跖。

而另一种情况下，胜者王侯败者贼，胜利了的有道之盗跖，也并非不可能变成圣人。王侯将相，宁有种乎？圣贤师表，宁有种乎？在一定的条件下，盗道道盗，互相否定也互相学习，互相参照也互相转化。不是吗？你以为诸侯也罢，大臣也罢，百姓也罢，圣贤能人（如屡屡被外篇抨击的那些人）也罢，他们就有权力、有能力、有威信确定盗与道的差别，划分盗与道的鸿沟吗？

先秦诸子百家，其学术盛况与争鸣氛围固有其灿烂辉煌之处，然而这些几千年前的天才人物，努力兜售的核心货色正是其帝王之术、御民之术，当然也包括了某些民本、爱民、合情合理地调节与规范君臣、君民、臣民的关系的思想（以儒家为代表）。只有庄子讲御民讲得少一点，但也没有完全死心，他在《人间世》里，在《应帝王》里，仍然没有放弃他的齐物、养生、无为、无用、无争，没有放弃任其自然的修身齐家治国平天下的奇术。但他毕竟退而求其次，他清醒地知道并不是每一种御民之术都派得上用场。有的人一生掺和不进御民大业，成不了帝王师，却成了帝王御民的法术、邪术的牺牲品。连脑袋都保不住，还御得了哪个小民小物？

庄子与其他各“子”的区别在于他实现了论说重点的转移，他更着重的是士人个人的精神与生命救赎，而不是御民上的丰功伟绩。请看，盗亦有道，那么道亦有盗——满口仁义道德的大人先生，满腹经纶的君君臣臣们，也有这样那样的一肚子男盗女娼。所以，庄子对儒家学说说：“我不相信。”他转而教给你一点终其天年之术、槁木死灰之术、在大臭椿树下高枕无忧之术，或者乘着大葫芦浮游于江河湖海的流浪之术。而且，他告诉你不要那么相信礼法，不要相信仁义说教，不要相信圣人的封锁加固，不要相信严防扒手的措施与操劳。这样，至少多一点内心的解放、自我的解放、精神的平安，直到精神上的逍遥自由。

庄子在这里又是齐物，又是胠箧。他告诉我们，御民之术，帝王之术，可以被真正的帝王所用，也可以为冒牌的盗贼如田成子之流所用。敏哉庄子！利哉庄子！澄明如镜哉庄子！目光如炬哉庄子……他热衷于祛魅。然而，又有什么办法呢？庄子于是大骂一切御民之术、之论、之道，旁及一切学问、道理、主张、文化、文明、逻辑、思辨、智谋、知识……痛哉庄子！

由是观之，善人不得圣人之道不立，跖不得圣人之道不行。天下之善人少而不善人多，则圣人之利天下也少而害天下也多。故曰：唇竭则齿寒，鲁酒薄而邯郸围，圣人生而大盗起。掊击圣人，纵舍盗贼，而天下始治矣。

这样看来，没有圣人之道的宣讲与接受，好人、善人是树立不起自己的好的、善的形象与被认同的。（王按，有这一句话已经为儒家找补回地位与贡献来了。）同样，盗跖不学会点圣人之道也是行不通的，他多少也要按圣人之道来从事盗窃活动（才能聚集同伙，达到目的，减少风险）。天下的好人、善人并不占多数，不善良、不太好的人比较多，那么圣人那一套主要是帮助了坏人、强盗，对于天下的害处是多于好处的。所以说，如果没了嘴唇，牙齿也就受凉、受伤害了〔正像晋侯假道虞去攻打虢（guó），然而虢亡了，虞也就暴露出自己来了〕；鲁国供应的酒水质量太差了，于是楚人去伐鲁，梁惠王知道此时楚无暇救赵，乃趁机包围了邯郸（天下的许多事，表面上看并无关联，从主观意愿上甚至是恰恰相反。虞同意晋侯假道伐虢，是为了不得罪晋侯，有利于自身的动机却危害了自身。鲁国的酒水质量问题，与邯郸的安危或地位无关。一些事物的因果关系可能是你想不到的）；圣人诞生，大盗反而兴起。谁想得到，只有打击与压制圣人，释放与纵容大盗，天下才有救啊！

这个逻辑振聋发聩，却又不无强词夺理。不是齐是非、同彼此吗？你庄子或假托庄子之名者，在这里掰扯善人与不善之人干啥？你要是想得通，你要是真的齐物，你的善人、圣人，与大盗盗跖，能够分得那么清楚吗？你说是提倡仁义的圣人客观上也许给伪君子提供了幌子，那么提倡齐物的庄周，会不会客观上进一步给一切坏蛋败类提供了口实呢？

这里的《庄子》有另类理论，叫作“天下之善人少而不善人多”。这似乎有点性恶论的味道。中华古圣先贤，一般是主张性善论的，就是老庄，提倡自然、提倡无为，向往婴儿、向往三代以前，也有性善论的意味。但这里突然说了一句“善人少而不善人多”，并因而断定圣人利天下少害天下多，很别致，对于泛道德论、唯道德论、修身决定论是一个有力的质疑。只是因为此说太另类了、太不正统了，故而历史上没有深入研究下去。此说也没有对社会思潮乃至文化走向发生多少影响，更没有从而通向法制思想。

这样的另类理论同时带来了逻辑上的危险。如果说天下不善人多于善人，圣人的一套是便宜了更多的不善之人，那么，岂止是圣人的法度规范，一切社会的物质财富与精神财富的产生，都可能是有利于多数的不善之人。你发展了生产力，坏人先趁机提高自己的消费水准。你制造了先进武器，更是首先便宜了坏人。你改善了信息手段，首先便利了毒贩、间谍、黑手党与恐怖集团。你发明了新药、新医疗手段，首先延长了的是坏人的寿命。按照这样的理论，人类的社会应当解散，人类的科学、文明、生产力的进步与发展应该叫停。庄子的不善人更多的发现，在带来清醒的同时，也带来了困境与窘态。这里似乎应该深入下去讨论：第一，善与不善不是绝对的，既然天下“皆知善之为善，斯不善矣”（《老子》第二章），那么天下皆知不善之为不善，斯善矣；第二，不善者也有生的权利；第三，不善者有向善的可能；第四，人群中的杰出者也好，社会精英也好，圣贤也好，他们做的不应该只是分辨谁善谁不善，何况他们的判断未必有效，他们更应该做的是通过制定法律与有效的行政管理准则来抑制恶行，通过教育来使更多的人向善，通过文明的发展与积累，使善渐渐占领精神的高地。是的，随时会有不善者利用你的文明成果的可能，但碰到什么新问题就应该解决什么新问题，而不是因噎废食，从此对人类与人类文明绝望。

这里同时不小心撞上了一个大问题，关于因果关系，关于愿望与事实、动机与效果，关于逻辑的意外性与奇异性。A果变成了B因，B因又造成了C果，C果变成了D因，又引起了E果，因因果果拐了几个弯以后，因与果的关系会变得离奇起来，例如文中所说的“鲁酒薄而邯郸围”。鲁酒质量不合格与赵国与邯郸本不相关，但是鲁酒假冒伪劣的结果使赵国的首都邯郸倒霉。这就是我们常常说的意外，就是如黑格尔所说，历史与人开玩笑，你想进一间屋子，结果进了另一间屋子。在算术运算中，1+1一定等于2，而在历史事件、政治事件中，由于因果链条的曲折与长度，1+1不一定准是2，而是1+1=X，X是个未知数。圣人之道是为了在仁义的标准与名义下实现天下太平、君君臣臣父父子子，即为尊卑长幼的社会结构制定一个合情合理的规范。他们以为，现有的君臣父子关系的存在是1，仁义道德的规范是又一个1，两个1加在一起一定是2，即国治与天下平。但是，政治、历史的因素太多，不只是一个1，而是N个1，而且政治历史当中不但有加法，更有减法：仁义道德的规范的出现正好证明了这样的规范是可以被破坏的，证明1–1是可以等于0的，这样复杂的得数就更是天知道了。想想看，如果从来没有也不可能有破坏仁义规范的事情发生，还提倡个仁义做啥？圣人不需要提倡人饿了要吃饭、渴了要喝水，因为基本上不存在反吃饭、反喝水的挑战。至今仍然是这样，着力提倡什么，往往会被认为是某方面有所缺失的症候。那么，规范的出现反而启发了乱臣贼子去破坏规范，颠覆权威与圣人之道，这样的X又是谁想得到、谁来负责呢？

这就像当时已经被人们熟知的典故——唇亡齿寒。且慢，莫非道盗也有唇齿相依的关系？圣人之道、御民之术越是讲究，越是将御民危机、道德危机、大盗纷涌而起的危机暴露在天下万民之前。唇亡齿寒，母壮儿肥，道高一尺、魔（盗）高一丈，那么道低一尺，魔（盗）低不低一丈呢？在一定的——不是绝对的、无条件的——条件下，正面的提倡、积极的概念、仁义道德的宣扬，收到的可能是负面的效果，这里还没有讲过分的提倡结果造就了虚报成绩、言行不一，一级压一级的结果多半是一级骗一级。

那么请问，绝对不宣扬仁义道德如何？不宣扬就好了？连宣扬都不宣扬，能好得了吗？如果说当今提倡见义勇为是说明了见义勇为者之缺少，不提倡了，能增加见义勇为者的出现吗？

还有，唇亡的结果如果不是齿寒，反而是脚底板寒呢？你想得到吗？鲁酒薄而围邯郸，太有趣，表面上是无厘头，是风马牛不相及，实际上是阴差阳错、歪打正着。这叫作凡因皆有果，啥果，你可不知道？连上帝都未必知道。鲁国的酒掺了水，楚国要兴师问罪，看来楚国挺牛、挺横的，梁惠王却趁机围邯郸，此时与赵国关系良好的楚国已无力救援了。这样，鲁酒的成色口感问题与邯郸与梁惠王就密切相关上了。这甚至使我想起乔治·布什总统去攻打阿富汗与伊拉克，结果反而提供了机会，出现了令美国及其盟友相当头疼的其他“大规模杀伤性武器”事件。圣人的仁义道德、御民有方，能够旁生、岔生出什么后果呢？数千年之后的读者，您就慢慢回顾历史，联系现实，咂摸这个滋味吧。

三、庄子的惊世之论：圣人不死，大盗不止

> 夫川竭而谷虚，丘夷而渊实。圣人已死，则大盗不起，天下平而无故矣！圣人不死，大盗不止。虽重圣人而治天下，则是重利盗跖也。

河水枯竭了，谷底洼地才能真正显示出它的虚空容量（或者是说，河水枯竭了，也就冲刷不成新的溪谷了）；把山丘夷平，深渊也就充实起来了，至少是不显深洼了。圣人死光了，向圣人挑战、较劲的大盗也就不需要起事和闹事了。没有挑战者、造反者、对立面，天下不就太平和顺、无故事、无事故了吗？只要圣人不死，大盗就会不断产生。所以说，谁要是尊崇圣人、提倡圣道，谁就是实际上在那里推崇盗跖，在那里创造有利于盗跖出现的环境呢。

这一段讲得绝妙而又深刻，与老子喜欢讲“天下皆知美之为美，斯恶矣；皆知善之为善，斯不善矣”是一样的道理。任何推崇、提倡、表彰、评比，老庄认为都好比把一个香饽饽摆在那里，然后号召天下人去争夺，去占有这个地形或这面旗帜、这枚金质大奖章。于是，去伪饰包装，去排除对手，去争名排名次，争奖励、奖金，至少也是去忽悠作秀。干脆没有香饽饽，干脆没有好坏香臭，没有圣贤与不肖、圣人与大盗的区别，圣人不去教训你、

约束你、包装你，你也用不着另类、逆向、挑战、叛逆。没有仁义，又何有残暴之念？没有选美，又何必有丑八怪的绝望与变态？没有礼乐等规矩，又何有各种挑剔、责备、抱怨？没有先进分子、积极分子，哪儿来的落后直到反动分子？

这里的“圣人不死，大盗不止”之言，非常极端也非常惊世骇俗。我想这里指的有几点。一、圣人是有影响力的，圣人的一套理念掌握了群众，变成了力量，变成了旗帜，于是变成了纷争的缘由，变成了假公济私的招牌，使得对于真理的探讨变成强权的较量。英国前首相布莱尔在英国国会做证时说，对于“9・11”事件的反应，必须强有力、清晰、不可抗拒，就是一例。二、原来只有窃物、窃财者，有了圣人就有了窃旗帜、窃理念、窃解释权者，叫作欺世盗名者，欺世盗名者窃的是国。三、圣人之论有其可取处，但也往往会有一厢情愿处、有薄弱处。这些弱处被糊涂人、偏执人、别有用心的人所利用，能够使圣人之道变成害人之道，如西方哲学家所言，堕入地狱的陷阱，是由升入天堂的愿望修筑而成的。四、你说你是圣人，我说我是圣人，天下岂不大乱？五、圣人之说使百姓陷于盲目期待，不相信自身却相信圣人、斗士或者大师。六、圣人高高在上，精英意识特强，肯定自命什么“思想者”，其实说不定脱离实际、脱离群众、脱离常识。肯定还有七、八、九……慢慢琢磨去吧。

这些说法都有一定根据，任何过分与超出了理性限度的提倡、推崇，都会产生弄虚作假。例如举孝廉时期有过种种不近人情的伪孝廉，例如“文革”中的讲用，更是不伦不类，大大的靠不住。

我们还可以举一个最切近的例子，各种文学奖金，在引起羡慕的同时，也引发了批评非议。大奖大争议，小奖小争议。真正的好书，例如《圣经》，例如《庄子》，例如《红楼梦》，例如《神曲》，与哪个奖有关呢？凡人发奖，必有凡俗意味。怪人定奖，必有怪诞情趣。国王发奖，必有君主陛下之风。领导批奖，则有官员味。中低档智商者营奖，最多也只是关注中低档书籍中相对好一点者，而不可能奖励真正的杰作。但是反过来说，让文学冷冷清清就一定好？也不一定。冷冷清清写作的人多如牛毛，真正写得好的绝无仅有，发发奖，热闹一下，于万民害少利多，至少有利于提倡写字、识字、读书，至少胜过黄赌毒贪渎犯罪。

所以说，如果掌权者、老板们、名人们、有影响者们全然撒手撤劲，吗事不干，其结果呢，好人出不来了，坏人照出不误，也并非不可能。一个花园，如果取消一切园丁的劳动与管理，当年的赫胥黎在《天演论》中就讲过这种情况，其结果不但是花园的荒芜，更可能是恶草的蔓延与名贵好花的灭绝。奇怪，与老庄的设想相反，许多美好的花卉，例如郁金香与百合花，需要大量劳动加以栽培、扶助、管理，一任自然的结果只能是衰败、荒芜、恶化、灭亡，而各种恶劣植物，却常常具有超强的繁衍、生存能力。动物也是这样，苍蝇比熊猫好活得多。好人是需要教育辅导的，坏蛋却容易自然产生。老庄的道理有其片面性与不可操作性，很遗憾，是这样的。

> 为之斗斛以量之，则并与斗斛而窃之；为之权衡以称之，则并与权衡而窃之；为之符玺以信之，则并与符玺而窃之；为之仁义以矫之，则并与仁义而窃之。何以知其然邪？彼窃钩者诛，窃国者为诸侯，诸侯之门而仁义存焉，则是非窃仁义圣知邪？

你制作量度容积的斗啊、斛啊，结果盗贼不仅盗窃你的粮食，连同你的斗与斛也一并盗走；你制作计斤测两的天平、杆秤，结果盗贼不仅盗窃你的金银财富，连同你的天平、杆秤也一并盗走；你制作符玺信物，大盗不仅窃取你的权力地位，连同你的符玺信物也一并盗走；你制定仁义准则以校正百姓的行为举止，大盗不仅夺取你的江山，连同仁义之类的行为准则也归了他，用来忽悠解释并衡量百姓、教导百姓啦。（圣人制定了贤愚不肖的标准尺度，大盗不但夺取财富与权力，连同标准尺度也盗走了。从此，合格不合格，够不够斤两，全听大盗的了。）从哪里知道会是这个样子呢？请看，你偷窃一只钩，会被杀掉、砍掉；你盗得一个国家，就代替原来的君侯成了新的君侯啦。你看，迈进了诸侯的门槛，到处是仁义道德的鼓吹言谈，这不就是证明吗？你只要是占据、窃取了诸侯的地位和权力，连同仁义呀、圣智呀，就都被你占有，也就是堂而皇之地窃取成功、功德圆满啦。

好厉害的庄周，他不但发现香饽饽是可以争夺、窃取的，而且他发现香不香的判断权，价值观念的解释权、衡量权与适用与否的终审权，也是可以争夺、窃取的。一切被推崇、提倡、珍爱的东西，都是祸害之源、争夺之根、虚伪之由，占有与窃取的教唆者，是一切罪恶的源头。

“诸侯之门而仁义存焉，则是非窃仁义圣知邪？”这句话说得何等锐利而沉痛！你的地位上去了，权势上去了，不但权位归了你，连仁义道德圣知的美名也归了你啦。呜呼痛哉！至于“窃钩者诛，窃国者为诸侯”的名言，甚至于常常成为革命者的动员令啦。主张大而化之、大而无当、槁木死灰，称颂闻道则眠（见后文）的《庄子》一书中竟出现了这样的“造反有理”言论。人们，我是爱你们的，你们要警惕啊！（这后面的祈使句出自捷克共产党员、烈士伏契克的书《绞索套着脖子时候的报告》。）

> 故逐于大盗，揭诸侯，窃仁义并斗斛权衡符玺之利者，虽有轩冕之赏弗能劝，斧钺之威弗能禁。此重利盗跖而使不可禁者，是乃圣人之过也。

所以说，那些追随大盗，窃国窃圣，标榜诸侯君王之位、之威，又窃取了仁义之名声、价值之解释权、符玺信物的影响力和公权力等所带来的利益的人，不会听取任何人的劝谕。有升官发达光宗耀祖的好处，他也不会改恶从善；有受到斧钺刀枪严惩的危险，他也不知止步。这样，巨大的利益使得盗跖现象成为禁止不了的了，这都是圣人的罪过呀。

现成的例子就是陈水扁，他是一个很有道道的人，而不是一个傻子。他是一个利用了许多现代之道而窃取了高位的人，他尝到了诸侯之荣威，占有了仁义、斗斛、权衡、符玺的巨大利益。绝对的权力带来绝对的腐败，到了这时候，九条牛也拉不动他，他不可能转过弯来……这是谁之过呢？当然是陈个人之过，但同时，是什么东西能被这样的人利用到这般田地呢？难道这不值得深思吗？

庄子告诉我们，能够被盗窃的不仅有物质，也有精神、理念、概念、旗帜、符号、图腾、称号，还有某种基本教义——原教旨主义。那么，那些制定基本教义的所谓圣人，不就有责任了吗？

这是庄子的一大发现、一大发明。

圣人是制造教义——意识形态——理念的人，他的理念可能很美好、很合理、很激动人心、很富有吸引力，但他的理念再好也不可能完美无缺。而当理念被放大、被实力化、被绝对化时，即使此理念上的一个小小的漏洞也可能在实践中变成大谬，甚至导致祸国殃民的灾难。例如民族感情、民族尊严、民族自觉本来是很好的东西，如果发展成了分裂主义、极端民族主义乃至法西斯主义呢？当然就很糟糕。甚至于，让我们假设，制造某种教义、理念的圣人其时的论说体系完美无缺、超级完备，比如某一种经写在那儿了，固定下来了，如何发展下去就是后人的事儿了。圣人不可能一代一代地奉陪着诸位接受他的理念的人生活下去、战斗下去，他不可能对每一个宣称信仰他、尊奉他的人负责，偏偏他的教义极受欢迎，尊奉他的人多如过江之鲫，中间什么货色都有，投机者、骗子、白痴都有，那么他的教义会起些什么样的作用呢？

故曰：“鱼不可脱于渊，国之利器不可以示人。”彼圣人者，天下之利器也，非所以明天下也。故绝圣弃知，大盗乃止；擿玉毁珠，小盗不起；焚符破玺，而民朴鄙；掊斗折衡，而民不争；殚残天下之圣法，而民始可与论议；擢乱六律，铄绝竽瑟，塞瞽旷之耳，而天下始人含其聪矣；灭文章，散五采，胶离朱之目，而天下始人含其明矣。

所以说：“鱼不能脱离开深水，而国之利器——国家最有用的致命武器，不可以拿给别人、俗人看视。”那些圣人的御民之术，是君王、大臣们取天下的看家本领啊，并不是要让天下都学得这样聪明、明白。只有再不公开地讲什么圣人呀、智慧呀，才不会有大盗谋国谋政；抛弃掉玉石，毁坏掉珍珠，小盗也就没得想了；把信符烧掉，把印玺劈烂，百姓们就会纯朴、老实了；砸掉斗器，撅折秤杆，百姓也就不会为谁多了谁少了争执不休了；毁弃天下的圣贤法制，老百姓也就能参与议政，官员也就能与百姓找到沟通的可能，用不着疲于概念的抽象争论了；打乱六律、乐谱、和声、调性，破坏掉乐器，堵塞住师旷之类的音乐大师的耳朵，天下百姓也就学会保持含蓄自身的听觉与发声能力了；毁坏各种图案、文饰、色彩，把离朱这样目光明利之人的眼睛粘封掉，天下百姓也才能懂得保养含蓄自己的观视与绘图能力、造型能力。

这里有一个重要的字：“含”。庄子提出人的智慧能力要含而不露，这才叫“鱼不可脱于渊，国之利器不可以示人”，人之耳聪目明也应该内敛积蓄、深藏不露。这有点老子说的“知其白，守其黑”（第二十八章）的意思，或者是被黑格尔赞赏的将自己隐藏在无边的黑暗中，而观察寻找光明的意思。无论如何，这更像谈兵法，而不像谈文化。也许御民与用兵一样？也许御民要反对外露张扬的视听文化？把圣人看成不可示人的国之利器，把他们隐藏起来，免得以之明示天下，这是不是有点阴谋主义加寡头政治的味道？

重含蓄，也不无重混沌的含义。不要太清晰、不要太外露，人的技能与智慧也不要太发展，这样才能做到朴鄙，保持原生态，简单化，才更有操控的空间。呜呼，妙哉亦悲哉！

前面一直在指责圣人，这一段却说圣人是国之利器，非以明天下的。那么，是否可以说，圣人的罪过是把治国平天下之道讲给了天下百姓，圣人本应该一直藏着掖着？这样的说法似乎难以苟同。但有一点是对的，如果一个国家的亿万人民都在讨论治国平天下之道，如果政治变成了全民热点狂点，不会是好事。“文革”动员了全民，尤其是动员了青少年，叫作群众真正发动起来了，如何呢？一个正常的社会，公民关心国家政治，履行公民的义务，行使公民的权利，与尊重社会分工、各司其职、恪尽职守，同时尊重旁人在自己的领域里的工作，是应该妥善地结合起来的。

有一句话很精彩，我忒想对之有所发挥：说是“殚残天下之圣法，而民始可与论议”，把圣人的那一大套毁弃掉，才好与老百姓沟通、交流，老百姓也才好参政、议政。话虽说得过一点，但很有启发，其核心含义应该是不可将治国理政过分理念化、高调化、意识形态化、价值观世界观化、豪华七彩化、概念化、教条化、念念有词化、雄心壮志冲九天化，也不要太智谋计策化与防范周严滴水不漏化。庄子要的只是施政的人性化、天性化、生活化、适当淡化、平实化，以至于低调化。否则与民论议，一张口就是空谈名词帽子抽象强辩，老百姓不明白也无兴趣，互不搭界，只能是统治脱离民众，只能是真实情况上不来。这些虽是一面之理，实有宝贵之处。

> 毁绝钩绳而弃规矩，攦工倕之指，而天下始人有其巧矣。故曰：大巧若拙。削曾、史之行，钳杨、墨之口，攘弃仁义，而天下之德始玄同矣。彼人含其明，则天下不铄矣；人含其聪，则天下不累矣；人含其知，则天下不惑矣；人含其德，则天下不僻矣。彼曾、史、杨、墨、师旷、工、离朱，皆外立其德而爚乱天下者也，法之所无用也。

毁掉直尺、角尺、钩绳、规矩，折断巧匠的手指，天下人才会有真正的巧、大巧。所以说，大巧恰似拙笨，或大巧与拙笨相通。去除掉曾参、史鳕的德行，钳制住杨朱、墨翟的雄辩，把什么仁义之类的说教远远抛到一边，普天下的价值观念才能得到根本上的统一（各种花言巧语、奇谈怪论、胡说八道、大言欺世才能得到抑制）。人们如果能够做到保藏目光之明，天下就没有花里胡哨或者奇形怪状了；人们能够保藏耳力之聪敏，天下也就没有那么多忽悠、混乱、干扰了；人们能够内敛自己的智巧，天下也就不会有那么多争论、困惑了；人们能够内聚德行，少讲一点德行啊、规范啊什么的，也就没有相反的乖戾与另类啦。所以说，那些个能人、名人，什么曾参、史鳍、杨朱、墨翟、师旷、工倕、离朱等人，都是把能耐暴露张扬到外面、表面，迷惑耳目，扰乱人心，那些都不是正宗的法度啊。

这里确有反智主义的端倪。从某一面说，或有道理。能人越多，争论越多；能人越多，挑出来的毛病也就越多。能人太多，还不好驾驭和指挥。一个和尚挑水吃，两个和尚抬水吃，三个和尚没水吃，老祖宗早总结出来了。有个把能人不可避免，关键在于他的能干不能表露出来。能人的能干一表露，庸人、蠢人、恶人也多少学会了一点皮毛手段，伪能人、伪善人、伪君子、伪巧人都出来了。他们成事不足，败事有余，不但添乱添堵、制造危殆混乱，而且他们的出现使能人、名人大大掉价。恶劣政客败坏着政治的名声。下三烂的文艺从业人员，使文坛、艺坛名声逆风臭出千里。三聚氰胺事件一出，给了牛奶业重大打击。南京某商家某次月饼用头一年馅子的事曝光，使得上海的同名品牌也跟着完蛋。能人、名人到了庄子眼里成了祸根罪首，着实令人可叹。

反过来说，如果根本取消掉、消灭掉所有将自己的能干表露出来的能人、名人，音乐界要除掉师旷，自然也就永远不会有音乐家、乐师、演奏员、歌手。工匠里去掉工倕，日后也就不可能有鲁班。学者里不可以有杨、墨，那么怎么可以有把握会留住您庄周与老子？如果中国一直保持混沌、朴鄙的原始状态，这个国家、这个民族能存在至今吗？我们的命运和美洲的印第安人、澳洲的原住民及新西兰的毛利人能有什么区别？

但是，深刻如老子、智慧如庄周的至今声名赫赫的大家，为什么会发表出这样极端、这样狠毒（如说要撅折工倕的手指）的主张呢？

四、是智巧与知识造成了乱局吗

> 子独不知至德之世乎？昔者容成氏、大庭氏、伯皇氏、中央氏、栗陆氏、骊畜氏、轩辕氏、赫胥氏、尊卢氏、祝融氏、伏牺氏、神农氏，当是时也，民结绳而用之。甘其食，美其服，乐其俗，安其居，邻国相望，鸡狗之音相闻，民至老死而不相往来。若此之时，则至治已。今遂致使民延颈举踵，曰“某所有贤者”，赢粮而趣之，则内弃其亲而外去其主之事，足迹接乎诸侯之境，车轨结乎千里之外，则是上好知之过也！

您就唯独不知道至德至圣的古代理想盛世吗？从前的（王按，应该是传说中的）容成氏、大庭氏、伯皇氏、中央氏、栗陆氏、骊畜氏、轩辕氏、赫胥氏、尊卢氏、祝融氏、伏牺氏、神农氏时期，那时候不用文字，用绳子结个扣来记载事由。那时的百姓吃得香、穿得满意，喜爱自己的风俗习惯，住得踏实，邻国互相看得见，也听得到邻国鸡呀、狗呀的叫声，但是人们到老、到死也不相往来。你看这样的治国有多么到位！现在呢，可了不得了，老百姓伸着脖子、踮着脚寻找哪儿哪儿有贤人，带上粮食前去投奔，对内不考虑自己的双亲，对外不思考对君王的义务，足迹一直达到许多侯国，车辙留在了千里之外，这都是从上头开始就喜好智巧的过错呀！

这一段更像是从《老子》讲“小国寡民”的第八十章生发出来的。只是一听说有贤人就落荒而去的说法客观上告诉我们，到了庄子之时，贤人已经成为凤毛麟角，而老百姓都是挣扎着生活在不肖的庸人、蠢人、恶人的统治之下了。

上不好智，从上就提倡无知，就行了？这样的自欺欺人的闭目塞听的主张有多么可悲！

由于对贤人的宣扬过度，又由于本地无贤人可以依靠，所以百姓千里迢迢、背井离乡去寻贤拜圣。这个描写有点政治流亡或文化流亡者古已有之的意思。贤人乌托邦、圣人乌托邦、大师乌托邦，古已有之。生活在别处，这个法国诗人兰波、捷克作家米兰·昆德拉最心仪的句子，古已有之。庄子认为，这样的蛊惑人心的句子，正是自命精英的骈拇枝指、悬疣们制造出来的祸国殃民的毒雾。与之对应的佛语“活在当下”倒还对味一点。可今天呢？古老的神州百姓，特别是神州知识分子们啊，你们什么时候能够长大成人？

> 上诚好知而无道，则天下大乱矣！何以知其然邪？夫弓弩毕弋机变之知多，则鸟乱于上矣；钩饵罔罟罾笱之知多，则鱼乱于水矣；削格罗落罝罘之知多，则兽乱于泽矣；知诈渐毒、颉滑坚白、解垢同异之变多，则俗惑于辩矣。

上层（上边、上流社会）的这些大人、先生，喜好智谋动心眼儿，却不懂得大道至道，不按大道的原则做事，只能造成天下大乱的结果。为什么这样说呢？你用弓箭、鸟网、机关器具的智巧多了，天上的鸟就吓得乱飞起来了；你精通鱼钩、钓饵、渔网、竹篓这些捕鱼工具，水里的鱼就惊恐得乱游起来了；你用木条、夹子、网罟、绊索来捕捉畜类的智巧发展了，当然，野地、湿地里的兽类就大乱了；智谋多走一米也就是欺诈，狡猾诡辩、坚白同异这一类讨论、争辩越多，人们就会越发糊涂和困惑。

有所谓智慧的痛苦，是指智者与大量的愚者打交道的困难，乃至于狼狈不堪。例如，哥白尼与伽利略这样的天才科学家被愚而“忠诚”的天主教信众所摧毁。例如，鲁迅的小说《药》里秋瑾式的革命家的壮烈与孤独、不被理解。庄子则提出智慧的罪恶的命题，表面上与痛苦说含义相反，但是同样接触到了智慧的悲剧元素。智慧对既定的秩序是一种扰乱，就像地动说对地球中心说是一种颠覆，秋瑾式的革命家对大清帝国是一种破坏。智慧在一定的意义上是一种破坏的力量。庄子的例子通俗而且雄辩，他的事例的特点是人的智慧增长了人奴役外物的本事，而毁坏了动物界的安宁。

其实，一切智慧都扰乱了既定的秩序与习惯，而且一切智慧的崭新果实都需要付出一定的代价。汽车、火车颠覆了骑马（牛、驴……）或乘坐马车的格局，汽车车祸也远比马车惨烈，火车的噪声等祸害比马车严重。飞机带来的挑战、危险、方便、迅捷与代价，超过了汽车、火车。太空的事业更是向前跨了一步。所以，到了二十世纪快要结束的时候，对于科学“过分”发展的担忧、对于科学主义批评的声浪渐渐成为时尚，以至于在还有大量人民仍然沉浸在中世纪的愚昧、迷信的中国，一些人也照葫芦画瓢地批判起科学来。

两个思路：一个是庄子太了不起了，早在两千余年前已经超前地警惕到智慧、科技可能给自然界和给人类社会带来的祸患；另一个是庄子的这一套害我们不轻，怎么能反智而求愚呢？搞得我们自古就不注意发展科学技术。

其实，前一种说法涉嫌阿Q，给老庄披上后现代的外衣就能雄踞于世界上啦？后一种说法，涉嫌假洋鬼子，庄子毕竟是两千多年前的思想者，他有天大的荒谬，后人也有足够的时间去纠正之、反其道而行之，你这一代的事情搞不好，能由两千余年前的某个文人负责吗？先秦时期，高论、怪论、妙论、谬论汗牛充栋，谁能对你此后的选择起决定作用呢？何况，老庄从未成为过中国的执牛耳者的思想主流，没有哪个皇帝、大臣直到民国时期的大总统或委员长等接受老庄的思想，并将其确立为国家政策、朝廷行为。孰能无过？孰能负责？

> 故天下每每大乱，罪在于好知。故天下皆知求其所不知，而莫知求其所已知者；皆知非其所不善，而莫知非其所已善者，是以大乱。

至今，天下大乱的局面屡屡出现，这就是好智的罪过。天下人都知道去追求他们所不知道的东西，而不知道从已经知道的道理和知识中寻找做事的指导，以应对面临的挑战；都知道否定他们所不喜欢的东西，却不知道否定与超越他们已经接受、已经入了局、已经奉为圭臬的一切，所以才会出现天下大乱的局面。

这一段论述令人拍案称奇。说智是祸害，我们今天的人恐怕难以苟同。求其不知而不求其知，太棒了，太亲切了，一直管用到今天。人们不但常常相信生活在别处，而且会倾向于相信智慧在别处、知识在别处。比如“大跃进”，有人相信粮食产量可以上卫星，深挖地可以挖到两三米，绳索牵引拉犁可以将中国直接拉入共产主义，却不相信已经种地种了几千年的农民的常识。过去，许多国人相信苏联的今天是我们的明天，幸亏不是，后来相信别的国家或地区是我们的希望与榜样，就是不珍惜我们自己已有的实践与经验……

但同时，庄子又提出了要勇于否定自身的伟大命题，你会怀疑你不习惯、不熟悉的外来的东西，但是那些你习惯、你熟悉的东西就永远那么靠得住吗？靠得住，为什么我们有时候会落后，有时候会走弯弯绕的路？人真是太需要学习长进了。某个时候、某些问题上，你好高骛远、胡作非为、自找失败；另一个时候、另一些问题上，你却抱残守缺、讳疾忌医、打肿了脸充胖子，使自己一错再错，错失良机。用毛泽东的话说是向着被开除（地）球籍的下场走去。庄子这两句话概括得精彩极了。我们的思想者们，我们对此能够提出点有创意、有针对性的见解来吗？

> 故上悖日月之明，下烁山川之精，中堕四时之施，惴耎之虫，肖翘之物，莫不失其性。甚矣，夫好知之乱天下也！自三代以下者是已！舍夫种种之民而悦夫役役之佞，释夫恬淡无为而悦夫哼哼之意，哼哼已乱天下矣！

成为祸害的智，往上说是违背了日月的光明清白，往下说是残害、干扰了山川大地的精妙格局，还影响了四季节气的运行，搞得小爬虫、小飞虫都失去了自己的生态与本性。太过分了，人们的好智把天下都搞乱了！自从夏、商、周三代以来，天下就是这个样子啦，不重视纯朴的百姓，只重视巧言令色的奸佞之人、花言巧语之人，不再恬淡无为、清静无事，而是一味地喜好喋喋不休、诲人不倦的那种意图与方式。如果到处是喋喋不休、到处是诲人不倦、到处是自以为是的兜售争强，天下能不大乱吗？

庄子的一些说法，用来谈人的活动对于环境的破坏，简直是准确极了、奇妙极了。很难说这只是巧合，庄子已经看出来了，人的活动对于自然而然地运行着的天地、大道、四时、众生，包括惴耎之虫、肖翘之物，都可能带来损伤直至灾难。也许当真可以把庄周当作绿色和平组织的思想渊薮来看。

庄子提的另一个问题是，三代以下，执掌权柄的人喜欢巧言令色、花言巧语的奸佞，而不喜欢“种种之民”，种种是纯朴的意思。啍啍，有两种解释，一是说啍啍是诲人貌，另一是说啍啍是喋喋不休的意思。其实，我是把两种解释统一起来，好为人师，好为别人制定法度、标杆的人，没完没了地挑剔着、纠正着、讲说着、指画着。他们无事生非，为旁人也为自己制造麻烦，叫作空谈误国，变国家为辩论俱乐部。庄周那么早就为这样的人——为契诃夫的普里锡叶夫中士与雨果的沙威，以及我们所熟悉的“左”爷、事儿妈们画了像，并指出了他们活跃的结果是“乱天下”三个字。

恬淡无为，想得多么好！仅仅靠恬淡无为来治天下的成功事例绝无仅有，因轻举妄动、急于求成、瞎想蛮干、一意孤行而屡干屡败的事例则比比皆是。所以说“恬淡无为”四个字是一服清火消炎的良药，尤其是对于急功近利者、想入非非者、刚愎自用者、目空一切者与斤斤计较者们来说。可行的路子应该是把有为与无为结合起来、把投入与恬淡结合起来、把热烈与虚静结合起来、把知其不可而为之与安时顺命结合起来。

恬淡无为还是我们的最后一道防线，有了恬淡无为，就有了尊严、有了主动、有了安身立命之处、有了避风港，也有了新的起跑线。远离了是非，远离了投机取巧、冒险丢丑，远离了蝇营狗苟，也远离了自取其祸。不管你取得了多么大的成功，进行着多么必须进行的搏斗，不管你的生活是多么充实、你的心态是多么自信与光明，请别忘了“恬淡无为”四个字。顺境中，恬淡无为是节奏，也是补充，是休息，也是对于不测风云的预防，是网球手的发球或接发球准备，可进可退，可攻可守，静若处子，动若脱兔。在不无凶险的逆境，恬淡无为是休眠，是自我保护而不露形迹，也是从泰坦尼克号上逃离的救生艇。那么，你是真正不可战胜的了。

老王说：有意发表怪论的人自有其过人之处。智力、体制、组织与组织化、解释权、防范与包装的设施和技术，世界上许多东西本身其实是中立的，可以为天子所用，也可以为盗贼所用。而且，用好了你也就泯灭了天子与盗贼的界限。既然盗亦有道，那么道亦有盗，那么不但道可道非常道，道可盗或盗可道也非常盗了。庄子的恬淡无为中隐匿着另类的危险念头，是不是呢？

在宥：治理的限度与虚位有国论

庄子与老子的不同处之一，是老子似乎致力于救世、致力于为王者师，把最高明的无为而治的哲学思想贡献给他们，以取代他们的相争相斗、心劳日拙、多言数穷、适得其反。而庄子则侧重于救每一个个人，主要是士人，向往逍遥齐物、避世独行、真人至人、其乐无穷。

但庄子在《人间世》《大宗师》与此章的前半部分中，对于治国理政的一些问题的论述相当精到与细腻。他不搞无政府主义，他承认权力中心存在与保有、包容的必要性，以防止失控与异化的危险。但是，他反对权力的滥用与对权力的崇拜。他提倡的其实是权力的虚位化，有权则可，弄权、耽权则为万恶之宗。他也反对儒学对权力的成套的规范与说教，因为他认为那些是空口白话、自欺欺人、唯伪唯诈、伤天害道。对权力逻辑与种种权力的说辞，他看得够透的啦。

这样的精彩、犀利之论令人击节，但本章没有能继续下去，倏地来一个向内转，他转而谈如何去做到幽深混昧、清静安详、无极玄虚、天真童蒙、独有至贵，几乎是往教门修炼上走了。

而最后又转到被疑为伪作的中庸式的擅自把握，即不助不累、不谋不恃……之论上去了，多了点平实性与可操作性，但本章开始时那种独树一帜的灵气与高高在上的霸气不知跑到哪里去了。

一、一些一心求治的人，其实是在乱天下

> 闻在宥天下，不闻治天下也。在之也者，恐天下之淫其性也；宥之也者，恐天下之迁其德也。天下不淫其性，不迁其德，有治天下者哉？

我们接受、认可、包容与保持天下本来的样子（或谓我们听说人君的存在与包容天下），而且天下也是自然而然地存在着，天下是无所不包、无所不有的，但是我们不接受并认同（圣人所讲的）还要搞什么统治管理天下。所以说，需要保持人君的存在，是怕天下万物有什么放纵过度、本性失常的情况发生；所以说需要包容万物，是怕天下万物的德行失去了本来面目，被外物、外力所歪曲。如果没有放纵性情、歪曲德行的问题发生，好模好样的，你治理天下做甚？

一个在一个宥，是指什么要存在、要宽容吗？中国的古汉语，常常有谓语明确而主语不确定的句子，这增加了理解的难度，但也增加了发挥演绎的可能。拿此段来说，这里无非有两种可能，一个是说，大道使天下得以自然而然地存在，不会发展过分，大道包容着万物，使其不迁（变异）其德。但还有一种不同的、可能的讲解法，先贤说得少的，即"在"与"宥"是指统治者的存在与包容。人君的存在，就是如老子所说："太上，下（不）知有之。"（第十七章）有个人君存在，免得你放纵过度，人君摆在那里也就行了、够用的了。北京土话说"是猫就辟鼠"，不必啰唆，不必到处找鼠清剿。这个话按老庄的逻辑很容易理解，类似见解屡屡出现。世界也罢，大道也罢，人君也罢，还要有个宽阔的包容性，免得万物的天性被人为地歪曲或彼此互不相容、互相妨碍，这个话也太容易理解了。按照中华文化的传统，人君做

的一切的根据就是天意、就是大道、就是天道，人君统治的精神资源来自天人结合或合一的哲学。

唉！可惜的是，这恰恰说明：自然而然、无所不包的天下也包括淫性与迁德的倾向。庄子把这些问题的出现归咎于圣人的自找麻烦，但是他老不想一想：远在没有圣人、法度、名教乃至远在具有人类之前，也有冰河时期之类的生物界的大灾大难，也有某个物种的过分发育与导致灭亡。恐龙太巨大了，也算是淫其性吧，就灭绝了。如果圣人的罪过是迁移掉了自然而然之德，那么圣人的出现本身又是谁改了本意、迁了德呢？圣人乃至于人君的出现与影响本身，算不算是在宥天下的表现，抑或是在宥天下的自我否定呢？

君王、统治者、政权或者老板，存在与包容，但不治理，如果此解成立，用现代语言来说，那就是提倡虚君、提倡元首虚位化。当然，《庄子》里讲的不是虚君共和，也不是总统虚位化的内阁制，而是虚位的道法自然，甚至是虚位的半无政府主义。虚位可以防止淫其性，此话有解。一些虚君国家在肯定本国的国体的时候就强调，虚君即无实权的君王的存在（如英国、北欧等君主制国家），解除了争夺大位的困扰与动乱。而包容或宽容，又可以存人性之真、免矫情与作秀之祸。当然，这也只是一种说法，中国近代的康有为、梁启超由君主立宪转变成虚君共和立场时，遭到了革命党人的坚决反对。

现代西方的所谓虚君虚位的另一面是内阁制，是由首相组阁进行行政统制的。而庄子幻想的是虚完了就自然而然地运行良好，这太乌托邦了。

庄子想得并不现实，原因是大道、玄德，包括生长也包括灭亡，包含着平衡也包含着恶斗，包括了和谐也包括了竞争，包括了无言也包括了话语大大膨胀的可能乃至必要，包含着悠游也包含着辛苦，包含着有道也包含了无道、非道、反道等各种乖戾的不可避免。

正像人的天性虽包含了利他也包含了自私，包含了爱心也包含了怨恨，包含了勤劳也包含了懒惰，文化的出现意味着进步，也意味着形式主义与作伪。而对于无文化的幻想，向后看的忽悠，包含着智慧也包含着蒙昧，意味着事出有因也意味着查无实据。无为而治的理念意味着高明也意味着虚幻，意味着针对啰里啰唆的苛政的良药。对唯意志论、独断的矫正，同时却也意味着空谈、清谈、原始乌托邦幻想。当然，还有好一点的自慰自得和逍遥。

至于不要动不动主观主义地、唯意志论地去治理管制，不要迷信治理管制的效用，而要更多地考虑一下天性、考虑一下客观、客观规律，这话是金玉良言，值得一想再想。而且，现代确有这样的理论：权力、法制与法治的要义在于运用强力和法律制止犯罪、违法、违规，在于制止、防止人们做不应该做、损害他人的事，权力无须过问人们应该做什么、需要做什么；正面的东西，应该听从与任凭百姓的需要与追求，权力、法律要保护的是合法的需要与追求的不被破坏、侵犯。此说倒是与这里的防止淫性与迁德，但是反对治理天下的说法相通。

> 昔尧之治天下也，使天下欣欣焉人乐其性，是不恬也；桀之治天下也，使天下瘁瘁焉人苦其性，是不愉也。夫不恬不愉，非德也。非德也而可长久者，天下无之。

当年，唐尧统治天下，让天下人欢欢乐乐，喜悦于自身性情的流露。这样做虽好，却是并不消停的，是一种折腾的萌芽。到了夏桀统治天下的时候呢，他整人、害人，让天下人叫苦连天，苦恼于自身性情的饱受压迫，这是很不舒心的，是一种郁闷。不能恬淡清静，或不能舒心畅快，都不是有德的结果。背离了这样的大德，而能长治久安，天底下没有这样的事。

这里最惊人也是最独特、最杰出的论点是他把唐尧和夏桀绑在一块儿批，把让人民百姓欢呼雀跃与给人民制造压制痛苦的帝王绑到一块儿批。当然，庄子这里有说得过头的地方，人们很难接受。大致的常识认为：明君与昏君、贤君与暴君，应该是不一样的。唐尧与夏桀的下场差别也很大：唐尧将天下禅让给虞舜，而夏桀被商汤的革命所推翻；唐尧是名留青史，夏桀是亡国、亡头。再说，例如一场大的历史事变，或者一场战争的胜利，能激发起人们极大的热情。开始的时刻，人们箪食壶浆，以迎王师，到处莺歌燕舞，欢声雷动，这也是天若有情天亦老，人间正道是沧桑。不能简单地否定这样的历史过程，也不要以为这样就能长治久安。

但是，庄子的说法也有特别精辟的地方。盖过分地追求与打造政绩，追求颂扬，追求光明、欢乐的气氛，以庄周的观点，并非可取。这与老子认为太上是下知有之或不知有之，下面的百姓知道有这么个头儿、这么个王，足已。其次才是亲而誉之，思路是一样的。原因在于，老庄认为，君王、百姓应该各安其位、各行其道，就像我国的某些城市，交通宣传上提倡的是机动车、非机动车、行人各行其道一样，而交警也有自己一定的位置。不要互相攻击、互相为难，也不必更不可能互相歌颂、互相吹捧。某方面与另一方面，热烈地互吹起来，容易有假、有诈，容易期望值过高，一旦有所不美，极易反目成仇，如当年的中苏关系那样。吹捧过分还会造成君王的牛气冲天、不可一世，或者造成全族群的自吹自擂、过度膨胀。用我的话来说，高潮化可能很感人，但未必持久，只有正常化、自然而然、各行其道，才是靠得住的。

天下人欣欣然乐其性，岂不甚好！为什么会从中得出“是不恬也”的结论呢？从心理卫生的角度却容易解释，按心理学专家的说法，过度地欢笑与过度地忧郁，对于人的心理健康来说都不利。还有，追求欢乐过度会出现伪欢乐、欢乐秀，会降低人们的自省、自律、自我调节能力。天天歌舞升平，全无忧患意识，当然不是好事。可能还有别的讲究，值得深思。

人大喜邪，毗于阳；大怒邪，毗于阴。阴阳并毗，四时不至，寒暑之和不成，其反伤人之形乎！使人喜怒失位，居处无常，思虑不自得，中道不成章。于是乎天下始乔诘卓鸷，而后有盗跖、曾、史之行。

一个人若是乐大发了会伤害他或她的阳气，怒大发了会伤害他或她的阴气。（疑应释为乐大发了使阳气亢进过盛、过剩，怒大发了使阴气亢进过盛、过剩。）阴阳二气亢亢虚虚，受了干扰，四时的变化失常，冷冷热热的交替与融汇也不能和顺自然，不是会反过来伤害人的形体吗？大喜与大怒使人情绪混乱，起居行止失常，思虑没有了头绪，失去了行动中、进程中有所自我调整的能力，找不到条理章法。这样，社会风气会变得矫情、伪饰、狡黠、乖戾。在这种不正常的天下无道的背景下，才会出现盗跖这样的凶恶之人，也才会出现曾参、史鳍那种好名作秀的善人。

庄子之重视平衡、均匀、正常、自然，警惕过分、过度、极端、刻意，达到了绝对化的程度。不论是正面的还是负面的、是积极的还是消极的，都不能过，最好是什么都没有。他认为任何失常、任何过度、任何迁移即变味、变质，都是灾难，用到人身上是伤身，用到时序上是伤时、伤季、伤寒暖。一个国家或一个地区出坏人、盗贼固然可悲，出圣人、道德家也绝非吉兆。那么从个人来说，无喜无悲最好，无功无过最佳，无得无失正好。这个说法有一定效用，又有些空虚，令人赞之、叹之。

> 故举天下以赏其善者不足，举天下以罚其恶者不给。故天下之大不足以赏罚。自三代以下者，匈匈焉终以赏罚为事，彼何暇安其性命之情哉！

现时，人们赏呀、罚呀的，都搞得很夸张。善起来举天下之力褒奖好像还不足以表彰其善，恶起来举天下之力惩罚好像还不足以遏止其恶。整个天下拿来做赏罚的本钱、赏罚的用途仍然嫌不够。夏、商、周以来，整天大轰大嗡地闹腾褒奖这个、惩罚那个，百姓们上哪儿能过上符合自己天性的踏实日子呀！

好人坏人、正义邪恶、得道失道、进步反动、革命反革命、民主独裁、正确谬误、友方敌方……二元对立与你死我活的划分局面久矣，似乎还没有人比庄周更早对此提出质疑。尤其是争夺天下的政治斗争，一胜一负，一正一反，一王一贼，可真够老百姓头疼的了。我想起了“文革”中一位新疆工人的话：“你说你代表毛主席革命路线，他说他代表毛主席革命路线，谁能告诉我到底谁是真正的毛主席革命路线，我给你磕个响头！”

两千余年后，在新疆的一位工人的哀叹中，保留着“匈匈（汹汹）焉终以赏罚为事，彼何暇安其性命之情哉”的回响。庄子余音绕梁，三千年而不绝！

“天下之大不足以赏罚”，这话也很深刻，这也是一种异化。诸侯君王们的赏与罚，目的是平天下，实为夺天下、得天下。为了得天下，而恨不得把天下给出去来奖励一个功臣或一种概念或一种学说。为了得到天下不惜把天下放弃，为了彰显某种治理天下的学说教义，不惜把天下搞他个天翻地覆，或者为了惩罚某个坏的集团或个人，不惜牺牲天下人的正常生活。这些都是不可思议，也是确有其事、其倾向的。

> 而且说明邪？是淫于色也；说聪邪？是淫于声也；说仁邪？是乱于德也；说义邪？是悖于理也；说礼邪？是相于技也；说乐邪？是相于淫也；说圣邪？是相于艺也；说知邪？是相于疵也。天下将安其性命之情，之八者，存可也，亡可也；天下将不安其性命之情，之八者，乃始脔卷獊囊而乱天下也。而天下乃始尊之惜之。甚矣，天下之惑也！岂直过也而去之邪！乃齐戒以言之，跪坐以进之，鼓歌以儛之。吾若是何哉？

而且，喜欢什么目明，那其实是沉醉、迷惑于颜色罢了；喜欢什么耳聪，那是沉迷于声音罢了；喜欢人为提倡的所谓仁，这样的说教起因于同时也加剧了大德的混乱。喜欢义，那是违背道理的同义语；喜欢礼，那不过是助长一套走过场的形式操作与技巧；喜爱音乐，那是助长纵欲沉沦；喜欢圣贤，那是提倡表演作秀；喜欢智谋呢，那是促进了邪门歪道。如果天下人安心地、合情合理地生活，这明、聪、仁、义、礼、乐、圣、智八者，有没有两可，无所谓，而如果是天下人不能按照自然的性情过日子了，这八者就闹哄折腾，把天下更是搅乱啦。等到天下大乱，人们也就从此学会了珍惜、尊敬这八样说辞了。太过分啦，天下人好糊涂呀，这八个词儿说说也就过去了，不就结了？不，他们还要沐浴斋戒，隆重、庄严地去讲说它们，跪坐端正地去传授它们，还要唱歌、跳舞来颂扬它们。对于这样的愚蠢，我能怎么办呢？

记得三十年前一些青年杂志上谈论过“看透论”的话题，指的是经过“文革”，各种理念与威权的公信力下降，有所谓“看透论”，即看透了一切好听的话语、原则、许诺，认为这些都不可信。庄子可能是最早看透的智者之一。尤其妙的是，他认为有些个大话、空话、漂亮话，如明、聪、仁、义、礼、乐、圣、智之属，说说也还行，说完了也就完了，别死乞白赖，别太当真，更不要就此匍匐于地，一愚到底。他的说法涉嫌奸诈，因为他是“过于聪明的中国文人”，他不但不愿意上君王、大臣的庄严昭示与永远英明的当，也不愿上圣人、贤人、独立知识分子的雄辩滔滔和天花乱坠而又一厢情愿的当。在那个封建社会的初级阶段，诸子百家谁不是舌灿莲花、善言美言大言妙言说尽？谁又真的能够给天下黎民带来些许的福祉？庄子的冷静自持也许后世鲜有其匹，也许真的做到了不上当、不膜拜、不跟着鼓点跳舞……涉嫌冰冷与自私，也许这样的人生太寂寥、太空洞、太自命清高，还不如认准了，冲上去，甘洒热血写春秋（语出样板戏《智取威虎山》）。错了就错了，殉了就殉了，血总算热过一回，头颅总算抛过一回，梦总算做过一回。俚语说“做梦娶媳妇，想得美”，是嘲笑不切实际地生活在他人忽悠当中的傻子。但是让我们想一想，如果一个人清醒、冷峻到一碰到异性就想到与之结合可能有的种种烦恼、庸俗、争执、纠纷与终将离异，如果一个人连娶媳妇的梦都一概拒之于千里之外，呜呼哀哉，您何苦到人间世辛辛苦苦地走这一趟呢？

明、聪、仁、义、礼、乐、圣、智，本来都是好词，但是到了庄子这里，看到的是它们发展为淫（过度）、乱（打乱原来的自然本性）、悖（冲突）与相（吻合、滑向、助长）的不良倾向的危险。在某种意义上，老庄都反对创造、提倡、使用许多好词儿，认为这些词儿会走向反面。这倒也有一点针对性。正因为许多词儿——概念比具体的事物更加富有概括性，人们会产生概念崇拜、名词崇拜，会产生人服从概念、概念控制了人，或人按概念而作秀的情形。例如，“孝”是一个好词，但是二十四孝不无过度失当的故事。“贞节”本来也被认为是好的概念，但是封建的中国以此二字迫害妇女达到了骇人听闻的程度。“一大二公”也是好词，但是二十世纪五十年代后期的一大二公的人民公社，却严重损害了生产力。这样的例子不胜枚举，以好字好词、好概念始，以过度失当、挫折终。

如今的西方世界似乎也有沉迷于某个字眼的情景。例如性，这本来是一个自然本能，在东方与西方中世纪，对之进行压抑，很不好。如今的性啊尤其是性感啊之类的词大行其道，是不是有人为地放大、过度、扰乱天然的与合理的分量与秩序的可能？请读者深思。再如民主、自由、价值、神圣、精英、革命、主义，以及拯救、使命等词也都很好，有没有原教旨主义、基本教义派、价值霸权与价值纷争乘机煽情惑众，也是可以考虑的。

庄子描写的煞有介事地膜拜概念的情景，幽默而苦涩。唉！

> 故君子不得已而临莅天下，莫若无为。无为也而后安其性命之情。故贵以身于为天下，则可以托天下；爱以身于为天下，则可以寄天下。故君子苟能无解其五藏，无擢其聪明，尸居而龙见，渊默而雷声，神动而天随，从容无为而万物炊累焉。吾又何暇治天下哉！

所以，真正的君子——有修养的、得道的人，不得已（不是自己追求的，更不是自己伸手生生要来抢来的）而君临天下，最好的选择就是无为、少为。只有无为、少为，才可以使天下人安心地、合情合理地生活。如果他能珍重自己的生命像珍重天下，珍惜天下如珍惜自身，人们就可以委托他来管理天下了。如果他能爱自身如爱天下，爱天下如爱护自身，人们就可以把天下交给他治理了。所以说，君子能够不释放自身的内需、能够不炫耀自己的聪明能干，平静、低调地过活而光芒自见，君子能深藏不露、不显山不露水而影响深远乃至惊天动地，精神走到哪里，想到哪里，天地万物也同样同步地发展到哪里（反过来就是说万物万象发展到哪里，就会想到哪里），不慌不忙而万物蒸蒸日上，不急不火而什么事都不耽误。谁还有工夫思量什么治理不治理天下的事儿啊！

恬淡无为的道理，在老庄著作中是反复讲述的，而在其他人尤其是欧美学人当中，很少有这样的立论。同样，强调深藏，强调守黑，强调渊深，强调不解、不擢（即不显不露），这也很独特。国人自古强调谦虚，除了人际关系的考虑，即满招损、谦受益以外，似乎也有战略、策略的考虑。要知己知彼，而不让对手知道自己，要发挥出无形的威力，要造成无声的话语、无色的美艳与无字的纪念碑。要以静制动、以无胜有、以虚破实、以退为进。尸居，一无作为，却显现出龙一样的神奇雄伟与变化莫测。要像深渊一样沉默，却又像雷霆一样地威严与惊天动地。看起来仅仅动了动意念，天下万物就跟着你走了。这里有极高明的神力，这里有对于道的赞美，这里有对于世俗的拼命显摆的蔑视，对于忙忙碌碌的嘲笑。这里有东方神秘主义，有把事功审美化以修辞学取代务实的措施与技能的理念，有源远流长的准特异功能情结。反正，它不怎么注意透明度、公开化、民主化与大众化。老庄一方面反对人事的智谋化，另一方面又不遗余力地提倡深藏，这里有他们的悖论。

二、治天下者多么愚蠢、多么狼狈、多么害人

崔瞿问于老聃曰："不治天下，安臧人心？"

> 老聃曰："汝慎无撄人心。人心排下而进上，上下囚杀，淖约柔乎刚强，廉刿雕琢，其热焦火，其寒凝冰。其疾俯仰之间而再抚四海之外。其居也渊而静，其动也县而天。偾骄而不可系者，其唯人心乎！"

崔瞿问老子："对天下不予治理，怎么样才能引导人心——人心应该走到哪里去，才能向好的方面发展呢？"

老子说："你要谨慎一些，千万可别扰乱人心啊。人心这个东西，往下走一走就很沮丧，往上抬一抬就会张扬。心往高处扬，心见低处慌，一上一下之间，这个心的难受就与被囚禁、被绞杀一样痛苦。人心可能是温柔而美丽多姿的，这样的温柔说不定来自刚强或变为刚强。本来人心是有自己的棱角的，它却受到各种雕琢磨难。人心热起来火烧火燎，冷起来能滴水成冰。它变化迅速，俯仰之间到达四海八荒。人心停顿下来，深藏广博而沉静。一旦动了心（或心被搅动了），瞬间高悬到了天际，直冲霄汉。动荡骄纵，难以约束控制的就是人心啊。"

这里说的是人的精神世界的困难与痛苦，并且稍带讲到了精神世界的美丽与强大。小心点，不要轻率地去碰撞人心、搅动人心，更不要伤害人心。人心不易安宁，人心不易清静。人心可刚可柔、可热可冷、可高可低，可静可动。人心实在伟大，人心实在能折腾，人心实在难整。

庄子总结说，人心常在一上一下中煎熬，人的心灵、人的精神能力是人的骄傲，也是人生诸苦的一个重要来源。因为人心不但能反映现实，而且能预感预想未来、念及过往、感受顺逆、有所爱憎亲疏，还能分析、综合，忧虑过去、现在、未来，并兼忧终极。古诗上的话，叫作"人生不满百，常怀千岁忧"。人心似乎能够放大、加剧乃至制造人的焦虑与煎熬，这是庄子的一大发明。

> "昔者黄帝始以仁义撄人之心，尧、舜于是乎股无胈，胫无毛，以养天下之形，愁其五藏以为仁义，矜其血气以规

> 法度。然犹有不胜也，尧于是放讙兜于崇山，投三苗于三峗，流共工于幽都，此不胜天下也。”

“从前黄帝治天下的毛病就是用仁义的说教扰乱人心，尧啊、舜啊辛苦个不住，累得大腿不长肉、小腿不长毛，只是着力于养护天下的外观，心劳日拙，累得肝疼肺衰地去推广仁义，绞尽脑汁、费尽力气地去制定法度规范，还是达不到他们所希望的愿景。尧于是把讙兜驱赶到崇山，把三苗充军到三峗，把共工流放到幽都，这正是他治不好天下、承担不起治天下的重任的表现啊。”

极力形容以德治国的辛苦与乏效，这儿不长肉那儿不长毛的说法当时应该是非常通俗的，文风像是今天的手机段子，是胆怯而又呆板的后人把《庄子》解释成了天书。“愁其五藏（脏）”“矜其血气”的说法也很生动，像日常人们说的心跳气短肝儿颤肾虚。尧如何驱逐对手的说法不知是否于史有据，但描绘出了一个权欲狂人马不停蹄地斗斗斗，令人长叹。胜与不胜的说法，应是指干得了与干不了、有信心与无信心、紧张状态与正常状态、平常心与焦躁心的划分。得了天下了，有了点权力啦，惶惶然不可终日，整天是鸡飞狗跳，应不可取。高枕无忧，麻痹大意，脑袋丢了不知怎么丢的，当然亦非好事。老庄更多的是批评前者，有他们的角度特色。

> “夫施及三王而天下大骇矣。下有桀、跖，上有曾、史，而儒墨毕起。于是乎喜怒相疑，愚知相欺，善否相非，诞信相讥，而天下衰矣；大德不同，而性命烂漫矣；天下好知，而百姓求竭矣。于是乎釿锯制焉，绳墨杀焉，椎凿决焉。天下脊脊大乱，罪在撄人心。”

“到了夏、商、周三代，天下一惊一乍，惶惶不可终日。往低下里说有夏桀、盗跖等坏人，往高往上面看有曾参、史鳝，还有儒家、墨家双双兴起。于是乎，天下人你高兴我不高兴，你犯傻我忒精，互起疑心。你善良我别扭，你诚信我忽悠地互相讥讽攻击，互相批判，天下呈现出走下坡路的光景。由于对待价值与道德根本的观点、理念相左，性情、生命的自然情理发生了混乱与分歧，天下喜好智谋，百姓也就纠纷不断了。于是乎，用重刑砍锯人体，用规条衡量处罚、揪出罪犯，用锥子、凿子要人的命，或者又钻又砸地用重刑追究罪行。天下这样纷纷乱乱起来，毛病就出在搞乱了人心上。”

中国文化对于行政、对于公共事务的管理，首重管好人心，而老庄的观点是人心本来就好，问题在于管制者是否扰乱了人心。要管人心，同时认为你管糟了、管过分了就会反而把人心搅乱。这前后两个观点都很有趣、很“中华”，也还有点互相矛盾、互相制约。

古往今来，有各种各样的统领人物，埋怨自己所负责管理的地盘、行业、时间段，百姓不好管，民风或刁悍，或狡黠，或浮躁、乖戾、奢靡，等等。尤其是我国官员，还常常倾向于认为今不如昔，越是想当初，越是相信早先百姓质朴憨厚、听喝好管。庄子则在此认定，如果某时某地发生了百姓心思被搞乱的情况，责任不在百姓，而在上层之求治太过。上边求治心切，就要说许多好听但未必现实的话，说多了这样的话，百姓也都学会了忽悠，吹泡吐沫。还有，如果上头用超高的标准求全责备百姓，百姓很快就会学会用超高标准求全责备高官。为了求治，上边还要运用绳墨到处画线，告诉百姓可以这样走，不可以那样走。线画得复杂了，引起百姓的反感、引起纠纷、引起不同的解释，制造走擦边线的狡猾，乃至造成从小纠纷开始，发展成互相举报揭发，因人画线，以踩线的罪名报私仇，等等。求治心切，反过来则觉得乱象严重，深恶痛绝之余，定要用重典酷刑，于是出现冤案、出现争执、出现公报私仇。

总之，社会风气也罢，民风也好，哪个不与头领有关？上边喜欢豪言壮语，百姓则能吹牛冒泡，而且一定逐渐学会说话、作文先扣大帽子。上边喜欢悲情煽惑，百姓则善哭闹拼命。上边喜欢阿谀奉承，百姓则会虚与委蛇。上边喜欢教条主义，下边就会懒汉习惯，吗事都是照抄、照转。如果自上而下是一级压一级，自下而上也就会是一级骗一级。上有政策，下有对策。上喜细腰，宫女饿死。上喜放火，下喜点灯，甚至上喜挂灯笼，好事者到处放火的事情也是可能发生的。

庄子来绝的、来彻底的，他干脆认为，一切关于修身齐家治国平天下的见解、标准、法度、礼仪、管制、刑罚，都是乱世先乱心之道。所有的提倡与崇信，其实都暗示着挑战的可能、颠覆的可能、作伪的可能、争执的可能。既有放大的可能，也有打折扣、走过场、应付差事的可能，因此都是在自乱阵脚，都是聪明反被聪明误，价值反被价值误，治理反被治理误。当初想忽悠百姓的，最后变成了百姓忽悠上层，乃至成了百姓忽悠、捣蛋、造反的精神武器。

而那些惩罚、刑律、规矩、礼仪呢，更是搞虚的、搞吓唬人的，至少是搞表面的文章。这些东西越多，离真正的大治就越远。

孔子喜欢例如周公时期，庄子也喜欢往日吗也不懂的时候。我从上小学就学会了“世风日下，人心不古”的说法，至今此风、此调仍然重弹不已，延续了几千年。至今仍然有所谓改革开放“搞乱了思想”的说法。看来，历史的进程，社会的发展，带来了人际关系与行政方略的某种程度的复杂化，与北京猿人、河姆渡文化、半坡村遗址的社会文化相比，现在的华北、华东、西北地区的社会结构、行政运作、人文思潮……已经不知复杂到了凡几了，这与庄子面对东周的天下大乱情况便一心向往古代的情况一样，又不一样。不管农牧民这样的思古之幽情是多么有理，历史不能回到昨天，复杂也不能依靠诅咒来消除。

人们应该正视现实，也正视历史，历史不能用美色涂抹。人还应该正视复杂化的不可避免。历史并不是直线往好了更好处变，也不可能是直线往坏了还要更坏处变。人应该活在当下，当下复杂也罢，不复杂也罢，都是你的事。

“故贤者伏处大山嵁岩之下，而万乘之君忧栗乎庙堂之上。今世殊死者相枕也，桁杨者相推也，刑戮者相望也，而儒墨乃始离跂攘臂乎桎梏之间。意，甚矣哉！其无愧而不知耻也甚矣！吾未知圣知之不为桁杨椄槢也，仁义之不为桎梏凿枘也，焉知曾、史之不为桀、跖嚆矢也！故曰：绝圣弃知，而天下大治。”

老子继续说：“这样闹的结果，是真正的贤人瑟缩到了深山高岩之中，而权势显赫的君王，忧心战栗，惶惶然处在朝廷之上。如今的世道是被斩杀砍头者你枕着我、我枕着你，戴枷扛锁的你推着我、我推着你，受到刑讯鞭打的你瞧着我、我瞧着你，而儒家呀、墨家呀就在这些桎梏囚笼之间你来我去、指手画脚。他们难道面对这样的世道而讲那些高高在上的空道理却不惭愧吗？不免太无耻了吧？我不敢肯定圣智是不是枷锁的横木，仁义是不是枷锁的孔柄，又哪里知道曾参、史鳅之流的道学家是不是夏桀、盗跖之类恶人的先导呢？所以说，只有灭绝圣人、丢弃智谋，天下才能大治呀。”

与内篇里庄子的灵动潇洒相比，外篇里的“庄子”执着了些，也啰唆了些，往往就一个话题，掰开了、揉碎了说个没完，说得太透了就露出破绽。内篇中圣人还是个好话，到了外篇，圣人就成了贬义词，大致的意思是说：圣人是一些无事生非、空谈误事、于事无补、大言欺世的人，这样的人倒也是万古不绝。这样的圣人，不错，国之贼也。

那么，贤人呢？贤而不圣为什么就好起来了？其实到了杂篇《徐无鬼》中，庄子也把贤人云云骂了一顿，此是后话。这里呢，贤人是躲藏起来的，深山老林、洞穴悬崖才是他们去的地方。躲着往后捎的人是好人，出头露面、整天曝光的人则比较讨厌，至少是涉嫌对名利斤斤求之，涉嫌爱表现、沉不住气，涉嫌，且不仅仅是涉嫌自蹈凶险、自取灭亡。那么，躲藏起来又何以知其贤呢？没说。整个来说，中华文化喜欢谦虚、深藏、躲避、归隐、内敛，不喜欢外在的积极进取。这当然有片面性，它说不定是中国封建社会长期停滞不前的原因之一。

对于那个时代各诸侯国酷法暴政的描写到位、刺激，令人触目惊心。将处于那种恶劣情况下却一味提倡仁义道德的人说成是暴君、强盗的带头人，听起来有些生硬，实际上至少有部分道理。其实，鲁迅的某些文字也是讲这个的，他老对提倡宽恕的人如此反感，就有点认定曾参、史鳝是国贼们的责任人的味道。是的，你可以，以至于你有权利骂那些离开了现实、离开了百姓的实际处境与利益，而大讲仁义道德的温馨理念的人是骗子，不过这里的问题是：如果干脆万众一心地决定来他个绝圣弃智的出奇制胜，国家能够从此大治吗？还是更加大乱了呢？

顺便说一下，这一章中首先是否定了“治天下”一说的，这里却又讲起“天下大治”来了。其实，老子也讲“无为而治”。无为而治，不仍然是治吗？否定一切的结果是否定了自己，此是绝对化论述产生悖论的一例。

批评一种说法、一种价值是无效直至适得其反的，这很好批，乃至是英明的，认为否定了涉嫌虚空伪饰的好话就天下大治，这主多半未必。批评一个英雄其实颇平凡，太容易了，批评一个老师、大师自己说的并没有百分之百地做到，这也太平常了。但从而认为一切英雄与老师都是骗子，这个群体能够更健康、更文明一些吗？还是更糟糕一些呢？

一句句好话虽然不能完全落实，毕竟还有人讲、有人谈、有人听了写学习心得，你对此痛斥猛损吗？搞到连讲也不讲的程度呢，不像是更好，而像是更坏。人们有时候常常不是在一好一坏中挑选，而是在一个坏和一个更坏、一个无效另一个更有害的情况下选择。就像美国人说他们选总统一样，只能两害相权取其轻。请想想看，一种情况是大家说许多好话，但是不能兑现，出现了虚伪、出现了言行不一，然而好话对一些善良、天真的人，尤其是对青少年多少有点教育感染的力量。另一种情况是，大家素质不高，干脆一起抨击高素质的说法是幻想、是欺骗、是虚假，以小人之心度君子之腹的结论是，世上只有小人，我们只允许小人存在，有个把君子也要坚决把他们灭掉。就是说，如果一个群体，不但做不到仁义道德，连说说仁义道德的人也没有了，这会是更好吗？会是极好吗？

昏君暴政也是一样，昏君暴政是不可取的，干脆消灭执政者，实现无政府状态，却绝对不是好事。

三、堂堂黄帝，最后还是要向广成子学道

> 黄帝立为天子十九年，令行天下。闻广成子在于空同之山，故往见之，曰："我闻吾子达于至道，敢问至道之精。吾欲取天地之精，以佐五谷，以养民人。吾又欲官阴阳，以遂群生，为之奈何？"
>
> 广成子曰："而所欲问者，物之质也；而所欲官者，物之残也。自而治天下，云气不待族而雨，草木不待黄而落，日月之光益以荒矣。而佞人之心翦翦者，又奚足以语至道？"

黄帝确立帝位已经十九年了，号令天下，正是好时候。他听说空同山上有个高人、真人广成子（王按，这个称呼更像后世有了道教以后才出现的），便前往觐见，说："听说您老已经得到了至高无上之道，特来请教关于至道的精义。我想做的是取至道的精义来推动五谷的生长，帮助人民的温饱。我还有调理安排阴阳以顺应众生的意愿。您看如何？"

广成子说："你要请教的至道精义，那正是万物的本质。而你调理、安排的责任感与自信，其实不过是万物残缺不全的枝枝节节。自从你安排这个、治理那个，什么都要管以来，云彩还没有聚拢就下起雨来了，草木还没有黄就凋落在地上了，连日月的光辉都开始减色，到处是逢迎苟且的小人，他们的见识寡陋可怜，还说什么至道？"（一般学者解释佞人是直指黄帝，我想，既然原文没有明指，转述时也就可以不明指了吧。）

外篇真敢干，一直骂到今日被奉为中华民族始祖的黄帝这里。

可惜广成子云云，此称呼压不住黄帝轩辕氏。不知道是不是中国古代文化中有喜务虚、骂务实的传统，所谓“只管粮棉油，不管敌我友”，这样的批评逻辑，似乎古已有之。问题是即使以阶级斗争为纲，粮、棉、油好好抓一抓，也是极其必要的。不论怎样革命，饭总是要吃的嘛。黄帝想抓农业、抓粮食，解决民生温饱，调理阴阳则多少有抓卫生保健之意，都是执政者的要务，却遭到广成子的嘲笑和轻视。忽悠得太大发了，有点离奇。

> 黄帝退，捐天下，筑特室，席白茅，闲居三月，复往邀之。广成子南首而卧，黄帝顺下风膝行而进，再拜稽首而问曰：“闻吾子达于至道，敢问，治身奈何而可以长久？”

黄帝退下去，不再以管理天下为念，给自己修建了一间独室，以白茅草为席，清心寡欲地过了三个月，再次去拜望广成子。黄帝逆风跪行，再拜行礼，然后请教道：“听说您得到了至道，我可不可以问一下，怎么样能够使我身存活长久？”

是“退”不是“辞”，莫非黄帝是倒着走掉的？像现在日本的大臣们对待天皇之礼？后来再来是逆风跪着走过来？怎么这样别扭？老庄不是很烦儒家那一套礼法吗？堂堂广成子，得道达到最深、最精、最全（倒是不像林彪的词：最新最活）的地步，何必计较黄帝的这套致敬礼仪，广成君太俗了吧？

请教了半天，诚意如此之大，连天下都不管了，原来就是来求一个长生之术。国人长久以来的两大情结，一是当皇帝，二是长生不老。这倒是很实惠，但未免太一般，也太缺乏想象力了，尤其是这太不实际了。那时候，全国几千万人，当皇帝的概率低于彩票中特等奖，而长生不老，根本没有可能做到。这未免是古老小儿科。再有，这三者之间有矛盾，确立帝位近二十年了，然后吗事不管修炼三个月，能不亡国吗？

人当然要保护并尽力延长生命，但是活着的目的就是活着吗？还是活着要干点自己认为有价值的事情？因事而害命损生，庄子是不赞成的，所以他前面多次说到，伯夷、叔齐为名节而死与强盗罪犯为犯罪而死，都是一样的不可取。把活仅仅定义为动物式的，乃至是植物式的槁木死灰式的存活，而根本全不在乎生活的质量，也令人无法接受。

以黄帝为例，吗也不管就能长寿？吗也不干，连饭辙都没了，维持生存都有问题，还长什么寿？

生活质量，这样的概念的引入，对于我们来说，太重要了。

> 广成子蹶然而起，曰："善哉问乎！来，吾语女至道。至道之精，窈窈冥冥；至道之极，昏昏默默。无视无听，抱神以静，形将自正。必静必清，无劳女形，无摇女精，乃可以长生。目无所见，耳无所闻，心无所知，女神将守形，形乃长生。慎女内，闭女外，多知为败。我为女遂于大明之上矣，至彼至阳之原也；为女入于窈冥之门矣，至彼至阴之原也。天地有官，阴阳有藏。慎守女身，物将自壮。我守其一，以处其和。故我修身千二百岁矣，吾形未常衰。"

果然，下面忽悠的是奇术长生。广成子一家伙挺身坐起来，说："你问得好啊（广成子怎么这样虚荣？黄帝的礼数一周到，他有点受宠若惊！要不就是问到长生，算广的本行，适销对路，劲头猛增。而问什么官管理治，他干脆没有谈兴），过来吧，听我给你讲讲至道（即道之极致）。至道的精义，幽深远大；至道的高耸，静默无声。什么也别看，什么也不听，保持元神的虚静，形体也就自然而然地符合道正、理正。虚静了也就澈清，用不着劳累自己的身形，也不必干扰你的神经，这就能做到长寿长生。有眼睛但是什么也没见，有耳朵但是什么也不听，有心与感觉，但是嘛，不知道思谋，也不知道运营。这样，你的心神守护着你的身体，你的身体可以长寿长生。对于你的内心活动，你要慎而又慎，不可胡思胡想，乱乱哄哄；对于你的外部感官，要封闭管理，越是想得多、智力用得多、知识信息多，越是失败的表征。这样，我就把你带到大光明、大畅通，也就是阳的最高情境。同样也把你带到幽深、遥远之乡，那就是阴的最深情境。天地是有自己的功能的，阴阳是有自己的内涵的，你只要小心翼翼地保护好你的身子，各方面自然都是充满活力、虎虎有生气。只要自己能经常如一、稳定如一，也就处于黄金点上，永远和谐、平衡。看，我已经一千二百岁了，形体上丝毫也不见老，仍如年轻。”（这一段文字原文大致是韵文，故我这里也用白话韵文讲解，就文读文，一咏三叹，十分有趣。）

与内篇《人间世》一章相似，一上来，《在宥》就列举了其时的苛政与乖戾，批判了圣人的高调、大言和空谈，即古已有之的假大空，描述了其时民人被折腾、被暴虐的惨状，很有几分社会批判含量与不合作的色彩。然后，猛地来了个非华丽也不理论的无奈转身，转而往玄虚养生上走，甚至是往神话（如果不是说迷信的话）上走。庄周太无奈了，无奈的表演中也有控诉的意思流露：想想看，世道恶劣到什么程度，智者如庄子才会追求视而不见、听而不闻，有头脑无思想，有身形无任何要求，好也好孬也好，能活就好的状态？这样的说法既孬种又痛心至极。庄子在逃避，是用想象与言语来自我救赎，是并非全无的狡猾，是没有出息的阿 Q 主义，却也是乱世的聪明自救，是出淤泥而不染的莲花。

> 黄帝再拜稽首曰：“广成子之谓天矣！”广成子曰：“来！余语女：彼其物无穷，而人皆以为有终；彼其物无测，而人皆以为有极。得吾道者，上为皇而下为王；失吾道者，上见光而下为土。今夫百昌皆生于土而反于土。故余将去女，入无穷之门，以游无极之野。吾与日月参光，吾与天地为常。当我，缗乎！远我，昏乎！人其尽死，而我独存乎！”

黄帝再次行礼如仪，说：“您老真是像天一样的伟大呀。”（不无肉麻。为何这样说呢？如果广成子是人，这就是当面吹捧的庸俗；如果广成子是真人或仙人，这就是毫无意义的废话。）广成子说：“过来，我再给你说，世界是没有穷尽的，而俗人们却以为什么都有个头尾；世界是无法把握清楚的，而俗人们却以为总会有个边缘端由、起始归结。获得我的至道的，高一点的能成为理想的皇帝，低一点的则成为君王。丧失了我的至道的，闹得好一点的还有点光亮，闹得差的则是一片黄土（或往上能够看到光明，往下只能看到黄土）。现在的有形的万物都是出自黄土，归于黄土。所以，我将离开你（或我将推动你），进入无穷之门，遨游于无极之野（应指得道后的欣然、阔大与贯通），我（或我们，下同）将与日月同光、与天地同在。迎面而来的，对于我来说，什么也不是；离我而去的，对于我来说，也是若存若亡。（与大道相比，一切迎面而来与离去的万物万象，都是无所谓的啦。）所有的来来往往的人与物都会死去、都会消失，而我们与我们所依托的大道——至道，是永生的啊。”

关于物的无穷无测的讲法是天才的，这是世界上最早的、明确的关于无穷大的论述之一，比《老子》中所讲又明确了一步。学道，关键在于进入无穷，进入永恒，体悟无穷，体悟永恒，与无穷结合为一体，分享无穷、共享无穷。能进入永恒之门，就能够游历无穷之野，就达到了道的极致、阳的极致与阴的极致、光明的极致与黝黯的极致、有的极致与无的极致。进入了无穷与永恒，也就是掌握了大道。想想看，你心中有了无穷与永恒，你还有什么需要刻意、需要忧心、需要负担的吗？在你的得道者的心胸之中，在你的充满至道至阳至阴的内宇宙面前，来的是泡沫，去的是阴影，对于无穷与永恒来说，一切的存在与消失，又算得了什么呢？

培养一种“无穷感”，这不是忽悠，而是扩充心胸的必需。为什么古今哲人都喜欢仰望星空、远眺沧海、思索终极、感念千古？为什么初唐诗人陈子昂的诗至今魅力不减？“前不见古人，后不见来者，念天地之悠悠，独怆然而涕下！”

四、去智去虑，解心释神，同乎混沌，你得道了

云将东游，过扶摇之枝而适遭鸿蒙。鸿蒙方将拊脾雀跃

> 而游。云将见之，倘然止，贽然立，曰："叟何人邪？叟何为此？"鸿蒙拊脾雀跃不辍，对云将曰："游！"云将曰："朕愿有问也。"鸿蒙仰而视云将曰："吁！"云将曰："天气不和，地气郁结，六气不调，四时不节。今我愿合六气之精，以育群生，为之奈何？"鸿蒙拊脾雀跃掉头曰："吾弗知！吾弗知！"云将不得问。

云人格化而称作云将——云的主将，经过神木扶摇的巨枝，遭遇到了鸿蒙——混沌的天空，类似星云的东西，鸿蒙正在那里拍着腿跳跃。云将看到了鸿蒙，马上站下，端端站立，问道："老人家，您是哪位呀？您这是在干什么？"鸿蒙照旧跳跃不止，对云将说："来玩嘛！"云将说："我有事请教啊。"鸿蒙抬起头来，看着云将。云将说："现在天气不和顺，地气不通畅，六气不协调，四时不正常。我愿意调和六气（或指风寒暑湿燥火）之精华，来帮助众生，你看怎么样好呢？"鸿蒙拍着大腿，转过头去说："我哪里知道？我哪里知道？"这样，云将就没有办法再问了。

这是一种想象力，也是一种文体，这还是一种讲故事的方法，即把一切抽象名词、自然界或精神界的名词人格化。内篇中讲倏、忽、混沌是这样的，现在讲云、鸿蒙（《红楼梦》中唱道："开辟鸿蒙，谁为情种……"）也是这样。按现在的说法，开天辟地之时的混沌的鸿蒙，应该是星云一类，而现在说的云、云霞、云层、云彩、云雾、地平线、大地等则是天地已分，盘古或上帝的最初的创世任务已经完成了第一章以后出现的气象、地貌或天象。创世第一章后的云，看到了创世序曲中的老人鸿蒙，鸿蒙却是一副老顽童的形象，而云将是类似本章中讲的黄帝一流人物，有点啰唆，有点没事找事。鸿蒙拍着腿跳跃，这个说法实在可爱。

这个拍着腿跳跃的描绘，令人想起于光远先生的发明："人之初，性本玩。"说性善性恶都是自找麻烦、自找杠抬，说性善性恶都有理也都没有理，只有说性本玩最实在。只要能活命了、温饱了，或待好了、睡够了，初人即婴儿，要干的就是玩，鸿蒙深谙此理。

> 又三年，东游，过有宋之野，而适遭鸿蒙。云将大喜，行趋而进曰："天忘朕邪？天忘朕邪？"再拜稽首，愿闻于鸿蒙。鸿蒙曰："浮游，不知所求；猖狂，不知所往；游者鞅掌，以观无妄。朕又何知！"

过了三年，云将东游，经过宋国的地盘，正好又碰到了鸿蒙。云将很高兴，快步赶上去，说："我的天爷，您没有忘记我吧？没有忘记我吧？"再次敬礼叩拜如仪，说是要聆听鸿蒙的教诲。鸿蒙说："你只须——其实我们压根儿也都是随遇而安，到处飘浮游荡，并没有什么追求、目的。任性任意，无束无拘，随意而往，想干吗就干吗，也未必知道有个什么目标方向。飘来游去，东张西望，无际无边，真相假象，虚虚实实，悠悠荡荡（或谓：我观众象，心正理正，自然是样），我又知道个啥、用心个啥呢？！"

相当于佛家的破执，人生不满百，何怀千岁忧，这里的说法是人生不必自讨苦吃，不要给自己找麻烦，要从一切有为、成心、仁义、道德、规范、使命、条条框框中解脱出来，利人利己，无忧无虑。本来嘛，人生几十年，不就是随遇而安、随意而往、随缘起止、随风飘荡嘛。新疆人的说法，人是随风刮起的流沙。英文的说法是 gone with wind——随风飘去，即电影《飘》这一标题的原文，原来《庄子》在两千多年前就有此意、此词。

当然，这样说又太虚无、太原始了，那样的话，人与一切动植物、矿物、尘埃、病毒就完全等同了。人毕竟有灵性、有自觉，有社会也有家庭、族群与国家。人并且有良知、良能、天良，有对于真善美的愿望，哪怕这种愿望还很不清晰，还存在纷争，人们还有基本上能够得到共识的价值认定与价值体悟。庄子提醒我们不要太跟自己较劲，则是有点意义的。某些时候学着点鸿蒙，多拍着腿跳跃，少装腔作势地争论你根本闹不清的大事。这也许不失为某种情况下的一个忠告。

庄子的劝告对于弱势者、老者、病人或确实不幸遭难的人，应该说不失为一种安慰。只要世界上还有你我他掌握不了的变数、意外、突然、天灾、人祸、生老病死，只要一个人的有生之年发现世界的发展变化并不可能完全称心如意，你就不可能完全用目的论、价值论、使命感、责任感取代破执与随遇而安的声明：不知所求，不知所往，以观无妄，朕又何知！

> 云将曰："朕也自以为猖狂，而民随予所往；朕也不得已于民，今则民之放也！愿闻一言。"鸿蒙曰："乱天之经，逆物之情，玄天弗成；解兽之群，而鸟皆夜鸣；灾及草木，祸及止虫。意！治人之过也。"

云将说："其实，我也就是随意而往、率性而为的，可老百姓硬是跟随着我行事呀。我是不得已才与老百姓打交道的呀。可老百姓现在已经习惯于听我的了，请给我一点忠告吧。"鸿蒙说："把天地的经纬章法搞乱，违背了万物的本性，使得伟大的自然造化也没有办法按原意运转，搞得鸡犬不宁，连草木也受害，昆虫也招灾。唉，这就是统治人的过错呀！"

云将的说法令人击节，那些进入统治者圈子的人，可能有部分人是自身孜孜以求、蝇营狗苟所得来的"成功"。还有一部分人是相对清高的人，自己率性而为，无意装腔作势，却硬是受到拥护与器重。或正因为他们的高风亮节，才进入了公众与领导层的视野，他们强调他们的入世是身不由己。但是，庄子极坚决，不是本意也不行，你只要进入了"治人"的圈子，干什么都是不对的，其恶果会侵害到鸟兽、草木、鱼虫。这些地方还真有几分无政府主义啦。

> 云将曰："然则吾奈何？"鸿蒙曰："意！毒哉！僊僊乎归矣。"云将曰："吾遇天难，愿闻一言。"鸿蒙曰："意！心养。汝徒处无为，而物自化。堕尔形体，吐尔聪明，伦与

物忘，大同乎涬溟，解心释神，莫然无魂。万物云云，各复其根，各复其根而不知。浑浑沌沌，终身不离。若彼知之，乃是离之。无问其名，无窥其情，物故自生。”云将曰：“天降朕以德，示朕以默。躬身求之，乃今也得。”再拜稽首，起辞而行。

云将问道：“虽说如此，我又能怎么办呢？”鸿蒙说：“难受啊，真为难啊，您就打道回府吧。”云将说：“我遇到您老并非易事（或是说我遇到了天大的困难），请给我一点点拨吧。”鸿蒙说：“唉，你先保养好自己的心志吧。你就是要无为，而外物将自然而然地运转正常。放下你的身段，抛弃你的聪明，与外物在一起而忘却自身，与大自然的种种阴阳之气混为一体，使自己的心志与魂灵得到释放和解脱，不再有什么执着与较劲。世上万物纷纷纭纭，还不是要各就各位、各行其道？各就各位了但是并不知道为什么、要什么、想什么，只是随其自适而已，这就对了。浑浑沌沌，终身都保持这个样子，也就不会脱离本性。如果它们要动心思去获得某种特定的想法，也就一定会脱离自身的自然状态。注意，不要给它们命名，也不必去探究它们的内情，就让它们自生自灭好了。”云将说：“您老给了我关于德的教诲，教会了我少言无言、少为无为，我恭恭敬敬地期待了那么久，今天终于得到了大道的真谛。”再次行礼叩拜，起身离去。

现在的人不是时兴讲智慧的痛苦吗？庄子的药方很彻底，干脆不要智慧。没有智慧也就没有偏见，没有知与名。大家都糊里糊涂，大家都混沌一片。这样也就没有争执、没有偏见、没有服膺、没有背叛、没有献身、没有压制、没有区别，共享万世之太平。这从理论上来看，绝对是有道理的，就是做不到。为什么呢？

庄子一再强调忘记自身，混同于万物，这里要解决的不仅是智慧与良心的痛苦，而且是要洗刷掉人的自觉、人的忧患、人的焦虑与一切痛苦。

五、什么样的境界才称得上高

世俗之人，皆喜人之同乎己，而恶人之异于己也。同于己而欲之，异于己而不欲者，以出乎众为心也。夫以出乎众为心者，曷常出乎众哉！因众以宁所闻，不如众技众矣。

世上的俗人，都喜欢别人与自己意见相同，不喜欢与自己意见不同的人。为什么要这样呢？其用心是自己的出人头地。一心想着出人头地，其实何尝能够出人头地呢？人们一般要靠众人的所知所闻来求得一己的安心，仅仅一个人的所知所闻，他的本事可就大大的不如人众啊。（最后一句，老王宁愿解释为：靠众人的认同才能安心踏实，这样的人看着是出人头地，其实他们的处境大不如人众百姓呢。）

那个时代，什么人才能出人头地呢？诸侯、君王、大臣，还有用嘴皮子立论的圣贤。这些人出人头地的前提是有人跟着他走，听他的。把一个人的成就感直到安身立命与否的判定寄托在他人的认同上，这本身就已经丧失了自己的主体性，已经被动，已经水准不高了。庄子的这个论断有点厉害。原来以掌握威权为人生标杆的人，实际上是在丧失自我。掌握威权的结果，是自己首先被威权、被一时的多数、被潮流所掌握。那就还不如“众”，不如做个老百姓，而得道得趣者，相对能自得其乐、能自我逍遥，能自得其道、能自我完成。前贤解释“因众以宁所闻，不如众技众矣”，是众人之技高于一人，是三个臭皮匠胜过一个诸葛亮，疑非。从整部《庄子》看来，《庄子》可不讲民粹主义，也不崇拜多数。

而欲为人之国者，此揽乎三王之利而不见其患者也。此以人之国侥幸也。几何侥幸而不丧人之国乎！其存人之国也，无万分之一；而丧人之国也，一不成而万有余丧矣。

还有那种图谋旁人的国家的人物，是看到了三代帝王的利益而没有看到他们留下来的后患。这是抱着侥幸、赌博的心理算计别人的国家。靠侥幸得了国，那么靠侥幸能不亡国、亡头吗？他们图谋把一个侯国掌握到自己手里的可能性，到不了一万分之一，而自己亡国、亡头的可能性超过一万倍。

可能是由于人生太短促了，可能是由于威权的吸引力太大了，可能是由于一般民人的日子太黯淡了，也可能是由于先秦时期群雄逐鹿的赌局太红火了，可能是由于我们的先秦政治生活缺少章法——法制，而太像热火朝天、千奇百怪的赌局了。还可能与我伟大中华民族自古就有嗜赌的风习有关，而赌的特点是百万分之一的成功率——中彩率足以吸引上千万人参与。那个年代的国人，所谓有出息的国人，硬是愿意去做那种成功的概率不足万一，失败的必然性大于一万的争权勾当。悲夫，人生如赌焉。

> 悲夫，有土者之不知也！夫有土者，有大物也。有大物者，不可以物。物而不物，故能物物。明乎物物者之非物也，岂独治天下百姓而已哉！出入六合，游乎九州，独往独来，是谓独有。独有之人，是谓至贵。

太可悲啦，一个拥有国土的侯王却太缺乏智慧了：有国土，也就有巨大的对象——外物（资源、责任、能量等）。有着巨大的对象的人物，不可以异化而成为自我的异物、成为自我主体的对立面。为而不为，管而不管，才能拨拉得开对象，而不是被对象所拨拉、所掌握。明白了在巨大的外物对象之中而保持道性、主体性的大道，岂止是能够治天下、管百姓这点入世的小事，更可以出入六合三维空间，遨游天下九州，想去哪儿就去哪儿，想做什么就做什么，这叫作独往独来。这叫作独有——独立。你能做到独有——独立了，这才算至高无上。

庄子认为，能够出世，能够具有出世逍遥、高端超拔、独立不羁的品格，比善于、精于入世更重要。出世的道行乃是入世的前提与基础，而保持精神的自由与主体性比治理天下、掌握威权更重要。宁愿想入非非，不可丧失主动；宁愿无为一身轻，不可为外物所物役，即不可使自己陷入被动。从某种意义上说，这也叫置之死地而后生。先把自己摆到被废黜、排斥、靠边、歇菜，或者主动自我废黜、排斥、靠边、歇菜的境遇，再考虑能否多少做点什么。你必须认清，本来世上人们并无可为、无能为、无以为、为也白为，为也是缘木求鱼、南辕北辙、画虎类犬、无事生非、庸人自扰、害人害己、自讨苦吃、自寻烦恼、咎由自取……这方面的成语、谚语、熟语之多正是老庄思想深入人心的证明，更是人众阅历、经验与老庄思想契合的证明。你很渺小，人都渺小，世界根本不会按你的意思运转。你不要抱什么希望，更不可摆出一副重任在肩的架势。有了这些冷准备、冷地基，庶几略图伸展一下，做一点有用有益有理有利有节的事，见好就收，急流勇退，独往独来，无喜无悲。能够提出独往独来，也算有中国特色的知识分子独立性的一种说法啦。有趣的是，这种独立是出世、退世、遁世的产物。早在《人间世》一章中，庄子告诉我们的是，如果你入世，你是拿威权毫无办法的。

> 大人之教，若形之于影，声之于响。有问而应之，尽其所怀，为天下配。处乎无响，行乎无方。挈汝适复之挠挠，以游无端；出入无旁，与日无始；颂论形躯，合乎大同，大同而无己。无己，恶乎得有有！睹有者，昔之君子；睹无者，天地之友。

大写的人——圣人、至人的教化如影之随形，响之随声，须臾不离不弃。有问题就有答案，有起动就有反应，全无保留，与天下相匹配、相符合。它存在（此种教化）而并无响动，运动而并无路线，带着你回到纷纷乱乱的原生状态（或带领纷纷乱乱的众生）。遨游在无边无际之中，出入是独来独往不依傍什么，也没有哪一天算开始或者算结束，永远是绵绵延延。形象身躯，合乎大同、大道、大的本体，合乎——归属于大同了，哪儿还会有什么个人、小我可言呢？没有个人的主体了，哪儿还会有什么（被观照、被区分的）客体存在？能够观察到客体存在的人，是前人中的君子；能够观察到天下的实质是虚无的，才是做到了与天地同游的天地之友、之伴呢。

刚刚讲完了有中国特色的知识分子的独立性，又大讲起无我、无存在、无一切来了。古圣先贤的悖论思维，挂上个摩登幌子就是辩证思维，太厉害了。形影声响之论似乎玄虚，然而或可理解为，对于思想者来说，问题的提出已经包含着问题的答案。正像历史提出的问题本身必然包含着解决问题的因素，历史只提出它已经能够解决的问题一样，哲学家也同样只提出能够解决的问题。万物万有，众生众灭，存在通向虚无，虚无再成存在，问题就是答案，答案再成问题。以问求答，以问作答，这是一种思辨的好方法。如我讲过，问：道到底是什么？答：到底就是道，道就是穷追到底的觉悟。问：人生的意义是什么？答：意义就是对于意义永远的追求。问：处于逆境，我如何能够活下去？答：逆境正是活着的滋味，至少是滋味之一种。问：怎样才能取得成功？答：去取得、去争取，已经是成功，或者，不成功也是成功之一种……这样的说法中既有真理，也有自我的安慰与精神享受。

观察到有，是昔日的君子。君子在这里应无贬义。承认客观世界的存在，君子们才战战兢兢、谦恭谨慎，只是不免小手小脚、哆哆嗦嗦。而看到无的人，才是大气磅礴、逍遥无极，把思想抡足，把想象用神，叫作尽其所怀，畅其心性。古往今来，有几个这样的巨鲲、神鹏式的人物呢？

六、怎么办呢，没的可做也还得做一点

> 贱而不可不任者，物也；卑而不可不因者，民也；匿而不可不为者，事也；粗而不可不陈者，法也；远而不可不居

者，义也；亲而不可不广者，仁也；节而不可不积者，礼也；中而不可不高者，德也；一而不可不易者，道也；神而不可不为者，天也。

虽然很低贱、琐碎，但是你不能不允许、任凭、承认其存在，这是外物；即使卑下，你还得因应着他们、顺依着他们，这是民人；虽然不能太张扬，不能不藏着掖着一点，但是你还得去做、去干，这是事功、事务、人事；虽然粗疏，有漏洞，有疑问，仍然不能不讲说解释、亮出来，这是法度（似是说有点猫腻的事你有时也无法一点不干，绝了。即使法度挂一漏万，有明有黑，也比完全无法无天好）；虽然听起来很陌生、遥远，但是不能不保持、保有的，是义理，即价值准则；虽然可能显得太浅显、太小儿科，乃至不无偏私，但是不能不推广的，是仁爱；虽然应该有所节制、避讳，否则很容易矫枉过正，但是不能不留存积累的，是礼仪、礼法；虽然本来它的性质是平和中庸，但是不能不高调宣扬的，是德行；既是一以贯之，又是时时变易发展的，是道；本来是形而上的概念，我们却要视之为行动的要求、行为的准则的，则是天意。

不知道这一段是不是假庄周之名而写的。它以退为进，它倾向于和个稀泥，既承认儒家提倡的许多概念，如仁、义、礼、法、事、民等，也承认儒道皆喜用的概念道、德、天等，皆不甚纯粹，可能走向反面，但还是不能不用，不能不认真考虑与恰到好处地把握之。其实，不仅是这些概念名词，一切概念名词，包括崇高、伟大、永恒、信念、理想、主义、献身、光明、神圣、友谊、天堂、幸福、人民、事业等，都是一样，不可不用不信，不可自己跟自己较劲，不可反过来被概念名词所统治、所异化，不可为了崇高、伟大的名词而做蠢事。

故圣人观于天而不助，成于德而不累，出于道而不谋，会于仁而不恃，薄于义而不积，应于礼而不讳，接于事而不辞，齐于法而不乱，恃于民而不轻，因于物而不去。

所以，圣人注意体察天意、天理，但是并不以为自己可以助天行事、可以掺和天的所为（或者可以释为并不希图天助自身）；圣人成就德行，但不是也不为其所累，不会为了践行德行而勉强造作，不会给玄德留下瑕疵；圣人能够吃透大道，但是绝对不以之谋划什么；圣人符合仁爱，但不依仗着它自我膨胀；圣人能够仗义行事，但不是用来积累个人的道德资本，不是道德投资；圣人也注意符合礼仪，但不刻意避讳什么；圣人遭遇到事务，并不推辞；圣人同样注意不触犯法度，而不是扰乱法度；圣人做事注意民意，而不会掉以轻心；圣人做事注意因应客观状况，而不会拒绝承认外物。

这里提出了十个字：天、德、道、仁、义、礼、事、法、民、物。这基本上是讲作为而不是讲无为，并不将其中的天与道特别抬举起来。你要注意体察天意，但对天意的了解不可抱实用主义的态度，不可以天意的名义去办自己想办的事。这样，既不误以为天意助己，忘乎所以，也不至于以为自己可以助天，为自己提出不可能实现的任务。你要自然而然地成就德行，不是作状，不背包袱。要懂得万物发展变化的规律，但不可以之谋私。有爱心但同样不卖弄，不以之做本钱捞取回报，等等。不再痛骂仁义礼法，而是以平常心、以自然的态度做一点能够做的。这也是一种不尽相同的说法与做法。

物者莫足为也，而不可不为。不明于天者，不纯于德；不通于道者，无自而可；不明于道者，悲夫！何谓道？有天道，有人道。无为而尊者，天道也；有为而累者，人道也。主者，天道也；臣者，人道也。天道之与人道也，相去远矣，不可不察也。

外物并不值得人们去做多少事情，但是不能不做。如果你不明白天道、天意，你的德行也就不会纯粹、专一。搞不通大道，也就不知道什么事情是可以做、应该做的，就没有什么要做、什么不要做的自觉、自持与自主。如果硬是搞不明白大道，也就很可悲了。什么叫道呢？有天道，也有人道。无为而至高无上的是天道，有为而牵扯不清，反过来成为负担的是人道。天道是主宰，人道只能臣服天道。天道与人道相差甚远，不能不弄清楚。

用今天的话来说，这讲的似乎是一种内功。“物者莫足为”，可以解释为外物不足以使人有什么作为，外物自有其规律，人为地去干预它，害多利少。外物并不是嗷嗷待哺地期待着君王啊、圣人啊的作为，自以为是的人们的作为常常是庸人自扰。这似乎有点遵行客观规律的意味。“无自而可”的说法回溯一下，等于是说人如果搞通了大道，自然知道该为什么，与不为、无为什么。为应该有一种自然的、自行正确选择的能力，既不妄为，又不失去机会，该为的时候硬是不作为。弄清天道与人道的区分，很好。犹如说是最高的技巧是无技巧，是浑然天成、行云流水，那么低一点的技巧，就是苦心孤诣与雕虫小技。又犹如说某某的成功如有天助，那么差一点的成功就是苦战后的惨胜。最高级的哲人，应该是深入浅出、循循善诱、如谈家常、清水芙蓉、触手生春；那么差一点的思想者呢，则是牛皮轰响、装腔作势、咬文嚼字、握拳瞪眼、便秘干燥了。

以上三段，古今之识者或认为与庄子一贯说法不合，认定是伪作，不取。确实，法呀，义呀，为呀，都是庄子前边所猛烈抨击与嘲笑的，怎么到了这里又讲它们虽然无根本的价值，却是不可不有的呢？然而无妨，作者问题只能存疑，这个段落的思想，用相对比较中庸的态度解决庄学与儒学的激烈矛盾，有可欣赏处。

“贱而不可不任”一段，很有点多元共处的观念、务实的观念，低贱有低贱存在的权利，卑下有卑下必须正视的地位……如此这般，甚至像丘吉尔的说法：“……民主很糟糕，没有民主更糟糕。”这是一种低调的治国平天下的理论，比神魔对立模式更接近实际。

“物者莫足为也”的说法更加老到、高明。从理想主义的高度来看，从唯美主义的角度来看，从大道、无穷、永恒的观点来看，世事无可为者也。从政可能言行不一、心口难调、好心无好报。从艺可能虚夸、神经质、装腔作势加雕虫小技，其实没有几个人真拿你当回事儿。从医可能大病治不了，小病治大了，很难说清楚你是给病人及其家属解除的痛苦多，还是增加的痛苦与麻烦多。从商可能是铜臭熏人、盘剥投机、为富不仁。从教可能是拉平智力、培养庸才、误人子弟。从工可能是污染环境、贻害后人。讲话多了滔滔不绝，叫作嘴把式。讲话少了，叫作无一技之长却要装大头菜……但是，怎么办呢？什么事都不干吗？人活一世，还是得干点事。先看清一切失算的可能，看清一切的龌龊与危险，再力求"观于天而不助，成于德而不累，出于道而不谋……"就是说尽量避免走向自己的反面，尽量避免目的与追求异化为自己的对立面。要投入、要敢拼，又要留下回旋与应对的空间，以打网球、乒乓球为例，要避免失掉重心跌倒在自己的发球、击球、抽杀之后。

这是非常中国的智慧，你要做事，不能只是躺在大臭椿树下睡大觉，但又不能太在乎、太急于求成、太孤注一掷、太拼死拼活，你要悠着点儿，在努力中因应自然，尽人事而听天命，随时自我调整。除了在战争中、法庭上等特殊情况外，这样的态度还是比较聪明的。

老王说：一上来几乎来了一个彻底否定，黄帝、唐尧、虞舜以及种种治国理念，全否了。对庄子来说，这一切多是扰民，是穷折腾，是南辕北辙、缘木求鱼。痛快淋漓，写文章的长项是批判而不是建设，站着说话是不腰疼的。奈何？但他的思路并非空穴来风。修齐治平的说法有夸张与不量力处，于是干脆自救，连黄帝也休养生息、面壁思道思寿去了。叫作"入无穷之门，以游无极之野。吾与日月参光，吾与天地为常……"这词可真好！不知道陈凯歌电影《无极》的标题是否受过《庄子》的启发。再往下走，又和起稀泥了。华丽的无奈，无奈的辉煌，庄兄啊，你当真是繁花似锦，璀璨如星，处乎无响，行乎无方……

天地：登高四望，满目珠玑还是满目垃圾

天地间那么多现象过程，人世中那么多概念名词，说法与说法互相争斗，主张与主张互相绞杀，立论与立论互相遮蔽。哪个能人不想来他个高屋建瓴、势如破竹、简单明快、清楚干净、手到擒来、板上钉钉，从此一通百通、一顺百顺，使自我与真理画上永恒的等号？何况庄子和他的追随者们，他们是才高八斗、智慧惊天、“舌生虹霓”、目胜光电、俯拾皆珠玉、谈吐尽火花。忽然，他们做出高屋建瓴、势如破竹的论断，恍如要用一根绳子穿起世间的一切真理，用一件神瓠载满万象万物。忽然，他们热讽冷嘲、痛快淋漓，把俗人俗见、把儒家名家（实际上还骂了法家）的一套贬了个一文不值。忽然，他们讲起了寓言故事，隽永生动，味道无穷，旁敲侧击，令人拍案叫绝。忽然，他们玄虚伟大，扩张膨胀，独来独往，睥睨众生，高论如云端雪峰，又如水银泻地。忽然，他们巧言挑剔，逆向飞奔，让读者瞠目结舌，跟不上趟，也吃不上土。吃不上土，是指你落在后面，不但追不上人，而且“吃”不上你追赶探讨对象的马蹄或车轮扬起的尘土。按，本章稍后面讲到的“喫诟”，就是吃得上土的意思。

当然，太高明了也有麻烦，有时如龙卷风卷起的一团，有吉光片羽也有飞沙走石，有花团锦簇也有陨石屑片，难以条分缕析，也未免性之所至，天花乱坠，才华有余而严谨不足。

只有我中华才能出庄子，也只有庄子才会迷我中华、悦我中华、抖擞我伟大中华，也多少误了咱中华矣！

一、原于德而成于天，妙语东方不败

天地虽大，其化均也；万物虽多，其治一也；人卒虽众，其主君也。君原于德而成于天。故曰：玄古之君天下，无为也，天德而已矣。

天地虽然很大，它的运作、作用、变化却是均衡的，也是无私的；万物虽然杂多，它的本质、道理、法则却是统一的；人员虽然众多，他们的主子却是单一的君王。君王之所以为君王，是由于具备德行、顺应天命，因应天意而完成政事。所以说，远古之君君临天下，并非个人争取作为的过程，也不需要有什么作为。他君临天下的依据仅仅在于他具有天之德，他的君临天下也只需要依天德而无为。

这一段话与内篇讲唐尧让位许由被拒的意思完全不同，“人卒虽众，其主君也”“君原于德而成于天”等，更像后世忠君的儒家语。或者说，这更像取得了或说不定是窃取了君位的人为自己的地位找说辞、找依据、找说法。也许撰写者要的是庄子的天、道、德与儒家的所谓君臣之义的折中与融合。

中国式的哲学更是政治的一元论源远流长，说到底，《庄子》外篇也向一元论认同了。

“原于德而成于天”的话有点经验之谈的意思。有了德不一定当得成君王，天不助你，天亡我也，在最好的情况下，你照样可能是楚霸王的下场。那么，成于天却没怎么看出德的充沛来的情况，会不会出现呢？《庄子》里没有谈，诸子百家似乎没有什么人愿意谈这个话题。中国的士人是到处兜售仁义道德的，他们不敢正视天成与原德有时候是冷酷的关系。胜者王侯败者贼，这基本上是民间的总结。老子认为失道而后德，认为天下只能以无事取之，天地是不讲仁义的，这已经沾上了边，但也就到此止步了。

“原于德而成于天”又是给君王找词儿的好路子，我成功了是原于德、成于天，顺天承命，所向无敌。我受挫了、败惨了，仍然是原于德，但未能成于天，是天亡我也，我不负责任。

“原于德而成于天”还是一种留有余地、左右逢源的说法，怎么说怎么有理，怎么变怎么有理。

以道观言而天下之名（君）正；以道观分而君臣之义明；以道观能而天下之官治；以道泛观而万物之应备。

用大道统领用词用语，天下的概念、名分就恰当了，不混淆、不颠倒了（或是，用大道统领，君王的旨意就正确无误了）；用大道统领区分人际关系与等级，那么君臣之大义、大原则、大框框就明晰了。用大道统领才能、智谋，那么天下的官员都具有了管治能力。用大道统领一切，就能掌握万物的规律，就能顺应万物，从而使万物应顺齐备。

这也是非常中国式的概念崇拜与文字崇拜。我们喜欢找一个带几分神性的概念，找一个字，解析之，发挥之，夸张之，神化之，然后认定它决定一切，一通百通，一顺百顺，一能百能。它常常会是天字或道字，也可以是德、是仁、是义、是气、是忠、是孝、是诚、是敬，乃至是礼。这个字上蹿下跳、伸缩如意、功能无限，主导与涵盖一切。对于读书、识字的人来说，这种思路极有吸引力。如果能够清醒一些，就能够看到人的这种单字单词概念崇拜，虽然可爱，却也明明白白地自欺欺人。

为什么世界上有所谓“书呆子”一说，就是因为言语、概念、文字比生活更纯粹也更抽象，更理想也更绝对。我们看到“慈善”一词，我们感受到的是仁者仁术、是爱心爱意、是好人好报；我们看到“美丽”一词，我们想到的是陶醉欣赏、是完整纯洁、是销魂夺魄；我们看到“崇高”一词，我们想到的是清洁高尚、是舍己为人、是典范永垂。但是实际生活中，慈善与慈善也有悖论。

例如会不会帮助了懒汉，慈善家的实力、个人消费水准仍然会使弱者嫉妒，慈善的言论也有可能没有百分之百地兑现，大慈善家也不能说就全无私心。而生活中的一个美女、一个美景，也会有不同的观感。化妆过度的美女不真实也不自然，愤怒中的美人照样会暴露出自身凶恶的一面，疾病、疲惫和各种负面的情绪都会化美为丑，而干旱、地震、过度拥挤或过度冷落都会使美景变味。崇高的事业或言论中掺杂了作秀与大言的事例也并非罕见。这样美丽的语词胜过了美丽的实际，慈善的教义胜过了慈善的机构与人员，崇高的理念盖过了崇高的事体，纯金的纯字给人的观感似乎比实际成色的百分之九十九点九九还要纯粹。这样的事例的发生，使书呆子更倾向于念念有词，胜过了身体力行。当然，也可以换一个角度来说，是语言与文字提升了人们的精神品质与精神追求、提高了人们的文化品位，为人们立下了永远向上的标杆。这样，人们可能相信言语、书籍超过实际，人们会沉醉于书籍中而拒绝现实，人们会成为书呆子。

> 故通于天者，道也；顺于地者，德也；行于万物者，义也；上治人者，事也；能有所艺者，技也。

能够与天交通，能够理解与影响、作用于天意天命的，是道；能够适合地的格局与功能，能够与地的本质相一致的，是德；能够通达万物的，是义；能够自上而下地治理众人的，是人事、国事、事功；能够通晓某种工艺的，是技术。

道、德、义、事、技，这不知道算不算五行或五德的一种版本。金木水火土，侧重于世界的物质元素、物质构成。仁义礼智信，侧重于伦理道德、人际关系。而道、德、义、事、技云云，主要是讲治国平天下，从抽象讲到具体，再从具体讲到抽象。

天道地德的说法有点意思，道是高悬日月，高高在上的，虽说是作而弗始、生而弗有、为而弗恃、功成而弗居（《老子》第二章），实际上仍然处于主宰一切的地位。德是恩德、是功能，当然，大地离我们更近，养育我们，承载我们。义是关系学，不仅包括人际关系，还有与万物的关系，这很好。

《天地》一章的开头部分，与《庄子》其他篇章的文风有些不同，其他多数文字是汪洋恣肆、潇洒浪漫、摇曳多姿、奇峭绝伦、上天入地、实实虚虚的，而一进入此章的头几段，就有点冬烘气、陈言腔。底下一小部分越发如此了：

> 技兼于事，事兼于义，义兼于德，德兼于道，道兼于天。故曰：古之畜天下者，无欲而天下足，无为而万物化，渊静而百姓定。《记》曰："通于一而万事毕，无心得而鬼神服。"

有了技艺，就可以发展到事功；有了事功，就可以发展到义理；有了义理，就可以发展到德行；有了德行，就可以发展到大道；有了大道，就可以发展到天意、天命。所以说，古人管制养育天下，不是一定要想干什么与要求什么，而天下自然知足常乐。不是一定特意去做什么、管什么，而万物自然接受了教化引导。君王像深渊一样地安宁静谧，百姓也就生活得安定踏实了。古书有云："通达了定于一的大道（抓住了大道这个治国平天下的牛鼻子），则万事妥帖；没有什么意图，也没有什么追求，却连鬼神也会自然而然地敬服你。"

我们先人的思维方式更强调物、名、事之间的联系，而不是区分。他们喜爱的表达方式是从这个概念发展、拉扯到另一个概念。让我们假设 A 与 B 相邻近，那么第一步是从 A 拉扯上 B，然后第二步是从 B 再扯上 C，然后是 D—E—F—G，直到 X—Y—Z。还可以反过来，从 Z 一直经过 Y—X—W—V—U……论述到 A。其逻辑不无可疑，其内涵不无主观的一厢情愿，但是作为文章文气，甚为贯通。古人和今人都喜欢借那种所谓高屋建瓴、势如破竹的文字发表高见和政见，乃至治国理政、公共管理，也相当文章化、文气化，精彩乃与谬误同出，呜呼！

《庄子》的多数文字是贬技、事、义，而扬道、德、天的，此章却认为从技可以兼顾到事，从事可以升华到义，然后一通百通，直通到天上去，这也是此章此节的特殊处。

> 夫子曰："夫道，覆载万物者也，洋洋乎大哉！君子不可以不刳心焉。无为为之之谓天，无为言之之谓德，爱人利物之谓仁，不同同之之谓大，行不崖异之谓宽，有万不同之谓富。故执德之谓纪，德成之谓立，循于道之谓备，不以物挫志之谓完。君子明于此十者，则韬乎其事心之大也，沛乎其为万物逝也。"

先生说："大道是覆载万物的，它是太伟大啦。有志于学道的君子、士、大人物们不能不对之敞开心怀。不去刻意做什么而做了事情，这叫作天意、天心、天成；不去故意说什么话而有所流露、有所影响、有所表率，这叫作德；对他人与万物有爱心、有利好之意，这叫作仁；能够从不同的对象与观点中找到与自己相同的地方、找到共识，能够认同与自己意见不同的人或人群，能够理解与自己意见不同的人的思路，这叫作大度；不管做什么事，从不觉得逼仄狭窄，也不会去标新立异，这叫作宽宏；能够体会接受一万种不同于己的东西，才叫丰富。所以，坚守德行的叫作有纲纪与原则；能够因德而成事的叫作可以立身，可以站得住了；能够按照大道来行事，叫作齐备而且不败了；不因外界的因素而受挫折，才是完美圆满。君子明白了天、德、仁、大、宽、富、纪、立、备、完这十方面的要义，他的心胸就深远广大了，而他的精神力量，他对万物的说服力、吸引力、感化力也就充沛丰盈了。"

中国自古以来对修身养性有各种说法。坦荡荡呀，三省吾身呀，浩然之气呀，定、静、安、虑、得呀，都很脍炙人口。此章的某些说法也还不无新意："不同同之之谓大。"这有点意思，能从不同处看出同来，有点胸怀阔大、超强认同的意思啦。"行不崖异之谓宽"，不使自己陷入狭路与险境，永远认识到天下之大与选择之宽泛。这样的设想也很不错，那么解释为自己不走险棋、不搞标新立异也就合理合情了……“德成之谓立”的说法令人嗟叹，世上有多少缺德之人靠势力、靠钻营、靠卑劣手段也成了事，然而这样的成事是站不稳的，这样的成事者往往成得快完蛋得也快，以德成之才算是你的站立，否则不过是仗势而立，势去则倒罢了。“循于道之谓备”，只好承认，有循于道而有所成就的，有悖于道而一时有成的，但二者之预后是不同的，二者的后劲儿大不一样，两种人的下场也是不同的。其不同就是备与不备、无缺陷与有缺陷的区别，因投机而一时春风得意者，与因大道玄德而行事出类拔萃者的预后当然不同。“文革”中的“三种人”曾经得意扬扬，而今安在哉？有些由于“赶上了车”而红了一把的“小棍文人”，而今安在哉？“不以物挫志之谓完”，讲的是抗逆性，比如庄稼，你能不能抗倒伏、洪涝、干旱、病虫与狂风暴雨？能不能经得住“苦其心志，劳其筋骨，饿其体肤……”呢？能抗逆，才堪称完全。

中国封建社会的漫长与政治斗争的险恶，是我们民族的悲哀，但也是财富。早在先秦时期，我们的大师们的人生与个人修养思考已经深了去啦！

> “若然者，藏金于山，藏珠于渊；不利货财，不近贵富；不乐寿，不哀夭；不荣通，不丑穷；不拘一世之利以为己私分，不以王天下为己处显。显则明。万物一府，死生同状。”

“做到了如此这般，就像将黄金藏到山中，将珍珠藏到深渊，安全、沉稳、深潜；不追求财富，不逢迎权贵富佬；不过生日，不求长寿，也不因夭亡而悲哀；不因好运而得意，不因碰壁倒霉而灰头土脸；不会将普世的利益、好事归入自己名下，也不会因为在天下（世间）牛气冲天而显摆卖弄。太彰显了，也就浅白直露，缺少深度与内涵了。其实，万物的区别虽然很大，但是它们有着同样的结构与原理，都处在同一个世界之中。死生虽然截然不同，但都是变化发展存在的状态之一种。”

果然，中国哲学一上来就显得比较老到、比较成熟，它提倡深潜、内敛、保留、沉稳、虚静、克己、慎重、谦逊、忍耐，而不提倡挑战、竞争、创新、冒险、透明、尝试。今天的人，接受了许多全球化时代的信息与价值观念，再回到老庄孔孟这边学学传统智慧，把内敛与开放、沉稳与热烈、虚静与搏击、慎重与勇敢尝试结合起来，将立于不败之地喽。

死生同状，是说死亡（即不再存在乃是存在的一种形式）。这个说法很大气，也很精辟。好好想想，令人心旷神怡。

夫子曰：“夫道，渊乎其居也，漻乎其清也。金石不得无以鸣。故金石有声，不考不鸣。万物孰能定之？”

先生说：“这个道呀，它的存在位于渊深之地，它的质地清澈而又明洁。都知道金石之声好听，没有道，也发不出声音，叫作金石有佳音，不敲无以鸣。天下万物，谁能认准它们与大道之间的互动互应，谁能对大道有一个明确、固定的认识与表述呢？”

《天地》一章，一上来闹了一大堆抽象名词，多少有点空对空与杂乱无章、文字循环推演的感觉。到这一段了，金石与声音的说法有点意思啦。金石本来好听，但是无道则如无人敲打，仍然是默默无声。就是说，天下万物是自然的、芜杂的存在，道是深潜而澄明的本质，本质起着驱动的作用。用英语中喜欢用的说法，叫作激活——activation。道就好比那敲钟之手，敲钟的一击，那激活的一敲，那驱动的一组天然的程序。西人也对这最初的一敲或一推极感兴趣，当他们接受了牛顿的惯性定律以后，颇有人认定是上帝进行了第一推、第一敲击，才使世界万物运转不休的。西人的上帝是人格神，老庄的大道是概念神、理念神、真理神、哲学—数学神。最后，人格神也会向真理神靠拢，因为神过于人格化了，会与神性相悖，如米兰·昆德拉就纠缠于耶稣是否进卫生间的问题。而概念神在被崇信、被歌颂之时，也在稍稍地、悄悄地人格化，否则难以成为情感寄托的对象。

同时，这里留了一手，道与万物的互动是没有什么人能够弄得清的，道本身并不是固定与确实的，道若有若无、若静若动、若虚若实、若始若终。道并不像以手敲钟或以槌击磬那样明确彰显。这有点像讲了一大套道理以后，最后加一句“天机不可泄露”的神秘味道。而人们的本性是，越是神秘，越是没有准头，它就越受欢迎和迷恋。

> “夫王德之人，素逝而耻通于事，立之本原而知通于神，故其德广。其心之出，有物采之。故形非道不生，生非德不明。存形穷生，立德明道，非王德者邪？”

先生继续说：“具备着充实的德行之人，简单、朴素、真诚（或者是本色地做出反应），我行我素，而以通晓人情世故为不取。他只须保持本原的德行就能智通于神，与大道自然一致。所以说，他的德行广阔。他的一个心思、意念出现了，就能与外物有所互动。所以说，人的形体如果没有大道，也就不能产生。产生出来了，没有玄德，他的生命也是糊里糊涂、暗淡模糊的。能够保存延长自己的形体，尽享自己的生命天饷，遵守德行，明白大道，这难道还不算德行充沛的人吗？”

从个体生命的发生状况出发来理解大道的本性，这不失为一个好办法。“形非道不生，生非德不明”，你的形体与生命的出现并非你的意志有所要求、有所作为的结果，而是道与德自然发展的结果。此话虽然简单，但内涵丰富，值得深思。这样，你就能相信和依靠这个自然、这个大道、这个玄德，你就不会去热衷于后天的学习精进与人情世故。一方面是耻通于事，另一方面是心出则有物采之，这是一个对立的统一：我行我素与耻通于事是强调主观的作用，强调主体性；有物采之，则又强调主客观的互动。

如毛泽东氏喜言，物质可以变精神，精神可以变物质。当然，这也是一种不无美好哲理与诗情的乌托邦。毛泽东氏晚年的悲剧恰恰在于他把精神变物质想得太简单、太直接、太一厢情愿，乃至太神异化了。他以为他的精神伟大、神异得不得了，直接可以改变世界、改变中国呢。唉！

> “荡荡乎！忽然出，勃然动，而万物从之乎！此谓王德之人，视乎冥冥，听乎无声。冥冥之中，独见晓焉；无声之中，独闻和焉。故深之又深而能物焉，神之又神而能精焉。故其与万物接也，至无而供其求，时骋而要其宿，大小、长短、修远。”

“浩浩荡荡，忽然就出现了，生机勃勃地运动、活动起来了。同时，万物跟随着他前行。这样的富有德行之人，似乎没有他人能看见他有什么形象，也没有听到他发出什么声音。然而，冥冥昏暗中能够看到光亮，无声之中可以听到和弦。所以，深而又深之中，能感知到对象（或能够使用、指挥物象）；神妙玄虚之中，能得出精微的体察。这样的大道与王（旺）德之人，能与万物相通，一无所有而能满足万物的需求，时时运动变化而能成为万物的归宿，大小、长短、修远，各得其所、其宜，各显其所妙。”

是的，除了前面提到的谦虚、谨慎、深藏等之外，还要追求一种超经验、超现实的神秘体验、巅峰体验。突然出现，生机盎然，无形无声，有曙光，有妙音，深邃仍然是其中有物、其中有象，神秘而又精微，接通万物，寓于万物，以无供有，以动存静，至高至上，至精至神，大哉道也。快哉乐哉圆满哉学道知道也。

老庄的学说，影响、主导了中国道教的建立与发展，当非偶然，上述的说法带有宗教的、神秘体验的性质。宗教不完全是一个认识论哲学思考的结果，也许更需要神秘情感期待。“冥冥之中，独见晓焉；无声之中，独闻和焉。”这是激动人心、催人泪下的赞美诗，这接近于迎迓天使的管风琴伴奏圣诗班大合唱。

二、智力、目光、迅捷，硬是体悟不了抽象模糊的道性

> 黄帝游乎赤水之北，登乎昆仑之丘而南望，还归遗其玄珠。使知索之而不得，使离朱索之而不得，使喫诟索之而不得也。乃使象罔，象罔得之。黄帝曰：“异哉，象罔乃可以得之乎？”

黄帝在赤水之北旅行，登上了昆仑山向南眺望，回来后发现丢失了一颗大宝珠。他派智力超群去寻找，没找到。派目光锐利去寻找，也没有找到。再派行动迅疾去寻找，还是没有。最后派了抽象模糊去找，找到了。黄帝说：“怪呀，原来抽象模糊才能得到宝珠，才能得到大道呀。”

把副词、形容词人格化作寓言，世上并不多见，这样的寓言，内篇中有儵、忽与混沌的故事，这里又出现了知、离朱、喫诟与象罔的故事，都极可爱，闹不清含义也可爱。我国二〇〇一年高考作文题中有所谓渡河前需要卸载的寓言，讲的是一个年轻人背了七个背囊，分别是：美貌、金钱、荣誉、机敏、才学、健康和诚信。让同学论述渡河人应该丢掉哪一个，走的也是这个路子。可惜的是有经济学家认为，此时应该丢掉的是诚信，而作文命题人的意愿恰恰在于：什么都可以丢，唯独诚信不能丢。

目光锐利，行动敏捷，智力超群，不如抽象模糊。这也很妙。遗失这遗失那，原来遗失的最宝贵的东西是那模糊、混沌的象罔，这象罔是星云、是气雾、是精神、是纯真、是无端、是齐物、是道枢、是大道、是玄德，是本初与归宿。你能有多少好词，你能有多少悟性，全用到这里吧！

在中国先贤尤其是老庄那里，一切智力、视力、效率、精确都不如道心道性、玄思慧根管用，因为世界本身就是大而化之的、抽象模糊的。这样的思想与学问确实有趣，自有其精彩之处，也确实太片面了。这样的思路下哪里会有科学技术、数学逻辑的高

度发达？

> 尧之师曰许由，许由之师曰啮缺，啮缺之师曰王倪，王倪之师曰被衣。尧问于许由曰："啮缺可以配天乎？吾藉王倪以要之。"许由曰："殆哉，圾乎天下！啮缺之为人也，聪明睿知，给数以敏，其性过人，而又乃以人受天。彼审乎禁过，而不知过之所由生。与之配天乎？彼且乘人而无天，方且本身而异形，方且尊知而火驰，方且为绪使，方且为物絯，方且四顾而物应，方且应众宜，方且与物化而未始有恒。夫何足以配天乎！虽然，有族有祖，可以为众父，而不可以为众父父。治，乱之率也，北面之祸也，南面之贼也。"

唐尧的老师是许由，许由的老师是啮缺，啮缺的老师是王倪，王倪的老师是被衣。有一次，尧问许由："可以让啮缺去治理天下吗？我想委托王倪去请他出山。"许由说："那可就悬啦，天下也要遭殃啦！啮缺这个人呀，聪明睿智，机智敏锐，他的才能、素质都超过常人，又能够通过人事回应天然。他知道怎么样去阻挡取缔罪过，却不知道罪过是如何产生的。你让他治理天下吗？他会抓紧人事而忽视天道，他会凸显自身而标新立异、与众不同，他会耽于智巧而且急于求成，他会日理万机、忙忙碌碌，他会为外物拘束、妨碍，他会忙于四面八方的应酬接待，他会讨好外界，事必完美，时时因外界的作用而调整自己，缺少稳定恒常。他怎么能治理天下？当然了，有这么一群子民，也就得有个主导，他可以领导一大群人却不可以治理天下。一心想着去治理，这才是造成乱局的根源，是人臣也是君主的祸源。"

这一段写得生动精彩、亲切熟悉，反观周围，这样的人和事多了去啦。一些有为的政治家、统治者，大多是啮缺型人物，他们的行事像是一个精明的经理，却不能把治国提升到哲学与艺术的高度，更达不到大道的高度。他们战术精明却未必懂得战略，他们手段精美却未必记得住目标，他们足以办成几件事、几件差事，却不可能成为万世师表。他们有精明无学问，有事功无远见，有应对无方略。例如文中所说，他们精于惩罚犯罪，却治标而不治本，如布什之反恐然。他们日夜操劳，招数、措施、说法不断，却闹不明客观规律与世界大势、宇宙大势，常常是人算不如天算，聪明反被聪明误，勤政反被勤政误。他们要做的事太多，活活累死仍然达不到预期的效果。他们智商超高，会以超人、超前的妄为违背平庸的常识而自找苦吃。例如中国的“文革”。他们刚愎自用、急躁主观，以超常的才具犯超常的过失。某些时候，他们又会因机敏过人而多变善辩，反而丢份儿。这样的有为之君，结果变成了乱国之源的，不也是并不鲜见吗？读读姚雪垠的《李自成》，想想崇祯朱由检的教训，就明白了吧。

为什么偏偏啮缺是许由的老师呢？由许由出面痛批自己的老师，一直说到北面臣子之祸与南面君王之贼，还了得？这难道不会影响高士许由的形象吗？这里有没有春秋笔法？

应该说，这一段与前段讲光靠精明强悍还是找不到玄珠的含义互为匹配。治国理政也是一样，需要来点象罔之道、混沌之道，而不能什么都一清二白。

三、好事令人忧，真正的圣人不忧

尧观乎华，华封人曰：“嘻，圣人！请祝圣人，使圣人寿。”尧曰：“辞。”“使圣人富。”尧曰：“辞。”“使圣人多男子。”尧曰：“辞。”封人曰：“寿，富，多男子，人之所欲也。女独不欲，何邪？”尧曰：“多男子则多惧，富则多事，寿则多辱。是三者，非所以养德也，故辞。”

唐尧到了一个叫华的地方（今陕西华县一带），在华地驻守的一位人士对尧说：“您是圣人呀，我祝您长寿。”尧说：“算了吧。”“祝您发财。”尧说：“算了吧。”“祝您子孙满堂！”尧说：“算了吧。”华地人士问：“长寿、富足、子孙满堂，是人们的心愿呀。您却拒绝，这是什么原因呢？”尧说：“子孙多了就负担大，财富多了麻烦也就多，太长寿了容易在衰老病弱之后受欺负、受污辱。这三条，不符合德的要求，所以我只能谢绝。”

斯言令人叫绝。多男子多惧，或不尽然，但儿子多了家庭更加四分五裂的事也确有见。看来多子多孙，有依靠也有负担、有危险，争拗也多，拖累也多。富了当然出事、出麻烦，一个大富豪活得要比打工仔复杂得多。如万科王石，汶川地震时由于出言不慎找的事，能不令人惊心？富了被绑票、被审查、被攻击、被嫉妒的，古今中外，大有人在。寿则多辱，更令人震惊：一味地长寿，渐渐落在时代后面，智力、体力渐渐不支，同辈人尽数离去，有谁还能了解你、帮助你？而种种猛人们迫不及待、信口开河、指手画脚、评头论足……不一而足，你不受欺负、被误解才怪了。前些日子，闹哄一些老文人做过对不起聂绀弩的事的时候，就已经有寿则多辱之叹了。太寿了，你在久远以前办的事、说的话、写的文章，为年轻人所不取，与社会、与时尚渐不相容，你无意中变成了老古董、老怪物，这样的例子也不须举。

至少，长寿高龄之人的生理机能是在走下坡路，他或她在人世间不会日益觉得狼狈、尴尬、晦气吗？却原来，长寿也有沉重的另一面，年轻人哪里体会得到？

也有人喜欢逆向思维，说是多辱则寿。有理，太娇气的人寿不了。多事则富，或多惧则儿孙满堂，也都有可能。

封人曰：“始也我以女为圣人邪，今然君子也。天生万民，必授之职。多男子而授之职，则何惧之有？富而使人分之，则何事之有？夫圣人，鹑居而鷇食，鸟行而无彰。天下有道，则与物皆昌；天下无道，则修德就闲。千岁厌世，去而上仙，乘彼白云，至于帝乡。三患莫至，身常无殃，则何辱之有？”

封人去之，尧随之曰：“请问。”封人曰：“退已！”

守护华地的人说：“开始我以为你是圣人呢，现在看也就是个谦谦君子罢了。天生万民，必定有每个人的事做。多子多孙，只要各有其职、其差事，各干各的活计，有什么负担的？财富多，大家分享，又有什么麻烦呢？一个圣人，像鸟类一样居无定所，不一定要找设定的食物，飞过去连痕迹也不会留下。圣人有了这样的超越与解脱，还怕什么呢？天下有道，干脆与大家一起过好日子。天下无道，自己躲到一边修养身心、德行，闲处无虑无事。活到一千岁了，对这个世界也就不再恋栈了，飘然仙去，乘着白云离开，升华到上帝的领域。病、老、死三种忧患不会再来，灾殃祸事也再降不到他的身上，哪里还能有什么欺负、侮辱呢？”

守护华地的人说完就走了，尧追赶着他，说：“我还要请教您呀……”这人说：“算了吧。”

庄子最喜欢讲说发挥的就是“超越解脱”这几个字。只要能超脱，就永远不败、永远无忧无虑，无咎无求，无成心、无挂碍，无怒无悲。其实，尧讲的多男子则多惧，富则多事，寿则多辱，几句话够深刻的，颇有道行了。但有这么多忧虑提防的人，最多是个谦谦君子。庄子是个喜欢拔精神份儿的人，他设定一个高明的说法，再设计一个更高、更玄的超过它。你接连赞服两遭，从五体投地变成五体一再、加倍、倍加投地，绝啦。其实，没有几个人能够做到他所描写的“乘彼白云，至于帝乡”的境界。

这个所谓的华之封人，其理论也有强词夺理之处。多子多孙就一定各有其职？现在明明就有失业的嘛。有人就有职的说法，倒是让人想起毛主席所讲的不但要看到人口，更要看到人手的虽然雄辩其实并不那么确切的说法，这影响了新中国的人口政策，使得后来中国必须实行严厉的计划生育政策，不知毛主席的不妥当的说法是不是受了庄子的影响。

封人讲得虽然高妙，是不是一定比这里所说的唐尧更高明？我看未必。从这一段的叙述来看，唐尧与华之封人的谈话更像是设定了正方与反方的大学生辩论，如生命在于运动还是在于静止。其实两方都有理，就看你怎么样去理解，怎么样去结合实际了。

四、德衰刑立乱始，庄子的警钟长鸣

> 尧治天下，伯成子高立为诸侯。尧授舜，舜授禹，伯成子高辞为诸侯而耕。禹往见之，则耕在野。禹趋就下风，立而问焉，曰："昔尧治天下，吾子立为诸侯。尧授舜，舜授予，而吾子辞为诸侯而耕。敢问其故何也？"
>
> 子高曰："昔者尧治天下，不赏而民劝，不罚而民畏。今子赏罚而民且不仁，德自此衰，刑自此立，后世之乱自此始矣！夫子阖行邪？无落吾事！"俋俋乎耕而不顾。

尧掌管天下之时，伯成子高被封为诸侯。尧的位子传给了舜，舜又传给了夏禹，伯成子高辞官还乡务农。禹去看望他，他正在田间耕作。禹客客气气地站到了下风头，站立着借问说："往昔时分，尧掌管天下，传给舜，后来舜传给我，您老便辞官回乡务农。请问您这是为什么呢？"

子高说："过去尧管事的时候，不用奖赏而能动员百姓，不用惩罚而能使民人有所畏服。现今您不断地赏呀、罚呀的，而老百姓麻木不仁，德行的作用从而衰减，刑罚的规定与实施，从而开始搞起来了。后世的混乱将从您这儿开端。您老忙您的去吧，我有我的农事正忙呢。"说完，低头干活，不再搭理禹。

先秦诸子几乎都相信古代比后代好，古代的治理国家很简单，大家凭本能、本性干该干的事，不干不该干的事儿，不就齐啦？理想的是无为而无不为，少管不管，而民人自然走正路、行正道，天下有道，安定和谐。他们相信朴素、简单才是为政的正道，朴素、简单才是最高的德行。这样的观念可能不利于发展创新，但自有它的可贵之处。

道高一尺，魔高一丈：治国理政，越来越精细、复杂、完备、高明了。同时，各种智谋在发展、不满也在发展的老百姓，越来越看清、看透你的治国理政方术了，各种革命的理论，颠覆的理论，批判、造反、对抗的理念与操作设想也都在飞速发展和完善。治国理政越来越精、越来越难，这样的趋势早在两千多年前已经被老庄等人看出，但是他们没有看到这样发展的必然性、不可避免性。他们的药方是回到远古，是废弃治国理政的概念与一切研究，是走向有中华古典特色的有政府无作为主义，这很有趣，也很可叹。

五、回到泰初，回到本原，这个世界要不要重新格式化一次

> 泰初有无，无有无名。一之所起，有一而未形。物得以生，谓之德。未形者有分，且然无间，谓之命。留动而生物，物成生理，谓之形。形体保神，各有仪则，谓之性。

世界的起源状态可以称作无，没有万物的存在，也没有关于万物的名称、概念、观念。这时，开始有了一，有了世界的统一性、混沌性，叫作道生一。这时，有了一的道性，却还没有具体的形状、形体、形式。而由于道的伟大功能，即德，万物生出、出现了。虽然还没有固定的形体，已经有了一分为二（如阴阳、天地、生死等）的趋势，而且这划分为二的两个方面互相依存、互相转化、互相信赖，谁也离不开谁，这就成了命：生命、宿命、命运、命相……有存留又有运动变迁，便使万物出现、出生，万物各有各的章法理路，这就是万物的形态了。形体保有着精神，各有仪态、规矩、章法、秩序，叫作性：个性、本性、天性。

讲到世界的起源这一类终端问题，只能抽象，不能具体，然而已经提供了发挥与想象的空间，而且相当合情合理。从无开始，从零开始，当然。经过无穷大的积累，有了一，有了存在，有了无的对立面，精彩。无中可以生出有来，无本身就是从有的结束毁灭中产生出来的。从某种意义上来说，无已经是有，是有的一种状态，就像零也是数字一样。否则，只有连无也无才对。无无，

会不会成为有呢？无有也就无名，无了名，就不但没有存在，也没有名称、没有称谓、没有说法、没有语言与思维。没有语言、称谓与思维，就绝对地没有精神了吗？这仍然说不清。因为正如无之后会产生一一样，无之前就没有一吗？就没有过智能与物质的存在吗？前无正如前现代，前现代是古代，前无，是无之前的有，这才合理。后无是无以后的变易，是一的出现。好的，我们只能讨论这一个无之后的叫作此一轮回了。无中生有，有中生一，一有分而无间，有分就是一分为二，无间就是合二为一，一而二，二而一，这也是共同规律。然后是留存、运动、物象、生发、理法、仪章、律则……天下从此多事。

性修反德，德至同于初。同乃虚，虚乃大。合喙鸣，喙鸣合，与天地为合。其合缗缗，若愚若昏，是谓玄德，同乎大顺。

经过自性的修养，人们能返回到道的功能——德上去，返回到最初的起源时期的自然状态，认同这原有的无、有、道、德。能认同本初，能回到本初，就虚冲空阔了。虚冲空阔了也就宏大宽广了。如此这般，万民汇融，同声同息，不但万民趋同，民人与天地也趋同合一。以最最朴素的方式整合为一，表面上看就像愚傻、糊涂一般，其实这才是最根本、最玄妙的德行，才能互相认同、互相随和顺应。

这种治理天下的思路颇像今天的修理或管理电脑，不管你输入了什么软件与数据，先给你们全部格式化，都回到最初的空无状态，你们自然也就有了最大的内存、最大的一致。这么说，庄子又不完全是那样地前现代、反现代了。

夫子问于老聃曰："有人治道若相放，可不可，然不然。辩者有言曰：'离坚白，若县宇。'若是则可谓圣人乎？"老聃曰："是胥易技系，劳形怵心者也。执留之狗成思，猿狙之便自山林来。"

孔子向老聃请教说："有人钻研讲解大道却又像是专门与人们抬杠似的，把人们不能认同的观念说成是可以首肯的，把并非如此的说成是如此这般的。善辩之人还说什么要区别石头的坚硬和洁白，使之像高悬于天上那样清明（言之凿凿，听者昏昏）。这样的人可以称作圣人吗？"老聃说："这只不过是案头小吏那样为雕虫小技所拘束，徒然地劳累身体，而又患得患失、一无所成的小打小闹罢了。又像是猎狗因善猎而被锁住，失去了自由的狗不能跑、不能闹，也就那样地成了'思想者'了。猿猴呢，则因为行止灵便而被人从山林里捉出来了。"

借老子之名，《庄子》再次贬低公孙龙式的名家，认为他们是雕虫小技、是为小小技艺所囿、是见树木不见森林、是坐井观天、夏虫语冰。中国式的治学风格，好大喜玄，好深喜渊，宁可乘大樽而浮于江湖，绝对不低下头来抠哧细节。分析坚与白、质与色的异同也罢，捕猎活物也罢，善于攀缘行走也罢，都被庄子一百个瞧不起。宁做废人，不做末匠。唉，思想思想，哲学哲学，你造就了天才大师，也造就了多少空谈纨绔啊。

"若相放"，研习大道走了专门抬杠的路子，此说甚平实，这也是知识分子的习气之一种。问题在于抬杠与抬杠是不一样的，要说抬杠，老庄真真够得上"杠头"，但是他们的抬杠比公孙龙式的离坚白内涵丰富多了。看来杠头不杠头只是风格，内涵如何才决定一个学说的价值。

> "丘，予告若，而所不能闻与而所不能言。凡有首有趾、无心无耳者众，有形者与无形无状而皆存者尽无。其动止也，其死生也，其废起也，此又非其所以也。有治在人。忘乎物，忘乎天，其名为忘己。忘己之人，是之谓入于天。"

"丘啊，让我给你讲一讲那些你从未听说过也从未谈论过的事理吧。人啊，有头有脚，但是没有耳朵、没有心思（没有获得信息，没有自己的见识）的愚众是很多的；自身有形体，却能与没有形体、没有状态的大道同在同行的活人，却几乎没有。他们的运动与停止，他们的死亡与生存，他们的灭亡与兴盛，这六种情况全都出于自然，而不可能探知其所以然，不可能弄清它们变化的依据与原委，也不可能由自身来策划、推动。难道当真可以治理人们的动止、死生、废起吗？那样的话，首要在于忘掉外物、忘掉天地，这从根本上说叫忘己。忘掉自己的人，也就可以说是与天地融为一体了。”

古人认为心之官则思，因此有头有足、无心无耳，就是只有身体没有心思与信息的意思。第一层次，人不但应该有头有足，而且应该有心有耳。第二个层次呢，人是有形的，道是无形的，有形之人如何与无形之道融合无间呢？这话在理，无形意味着高度的概括与抽象，而俗众之缺陷，常常在于缺少这样的概括力、想象力、领悟力，谁能将具体的东西看成抽象，谁能从抽象的东西中看出具体、看出生活、觉察出现实来，谁就有得道的希望了。

忘掉自身的核心，是将人事、人心、人情、人欲减少到最低限度。一个人连自身的动静、生死、兴灭都搞不清，他又能治理谁呢？一心励精求治的结果，只能是政事烦琐苛细、扰民乱世，干预多，惩罚多，树敌多，逆反心理多，画虎类犬，画蛇添足，适得其反，求治反乱。这些话不能说没有英明过人之处，可惜的是，老庄总是只讲这一面理，而陷于主观乌托邦。这在客观上接近于提倡无政府主义，而无政府主义之行不通是不需要论证的了。

忘掉了自己，就能入于天，就能与天地相通了。那么说，一己，是人与天交通的主要障碍。破私立天，古已有之，看来三四十年前破私立公口号的提出，也有历史渊源。

六、儒家的说教是螳臂当车

将闾葂见季彻曰：“鲁君谓葂也曰：‘请受教。’辞不获命。既已告矣，未知中否。请尝荐之。吾谓鲁君曰：‘必服恭俭，

> 拔出公忠之属而无阿私，民孰敢不辑！’”季彻局局然笑曰：“若夫子之言，于帝王之德，犹螳螂之怒臂以当车轶，则必不胜任矣！且若是，则其自为处危，其观台多物，将往投迹者众。”

将闾葂拜见季彻说：“鲁国国君对我说：‘请给我以指教。’我一再推辞，可是鲁君却不答应。我只好给他说了一点，不知道说得准确不准确，让我试着给你说一下。我对鲁国国君说：‘你必须自己先做到谦恭虔敬、节俭朴素，选拔从事政务而没有阿谀奉承的大公无私的忠实之人，不要有什么偏私，这样百姓谁敢不服！’”季彻听了屈身大笑，他说：“这些话，对于帝王的追求与原则来说，恐怕就像是螳螂抬起臂膀去阻挡车轮一般，必然不能胜任，不起作用。如果他真的像你说的那样做了，反而会使自己处于显眼的高位，就像建造了招揽游客的城楼和亭台，吸引众多的视线，涌向那里的各色人等也必然众多。”

老庄都有一个论点，将儒家的以德治国视为作秀、徒劳、吸引眼球、扰民、自找麻烦。这里提到的帝王之德，实际上应是御民为先、权力为轴、以杀戮为对付威胁的主要手段。将闾葂却大讲什么恭俭公忠，纯粹是螳臂当车。这话实在不客气，也实在透露了几分残酷与丑陋的真实。

螳臂当车的形象悲壮而又滑稽，我们现在的人只知道此故事中的不自量力的漫画含义，已经忘却了它的深刻与悲凉。莫非我们的智力低于庄子时代？个中的酸甜苦咸辣，够书呆子们哭一鼻子的。什么是螳臂当车呢？给封建君王讲温良恭俭让就是，怪不得毛主席早在《湖南农民运动考察报告》中就批上这些儒家的德行说法了。

太有德了，则其自为处危，此话入木三分，针针见血。以道德家的面目出现在朝廷官场，必然暴露出你的大志，即野心。如果是功高会震主，那么德高就更是假仁假义地陷主公于不利地位。不但是螳臂当车，而且是别有用心、自取灭亡、死有余辜！想一想古今中外的人物与事例吧。你还不明白吗？朽木不可雕也。呜呼，痛哉！

> 将闾葂觑觑然惊曰："葂也汒若于夫子之所言矣！虽然，愿先生之言其风也。"季彻曰："大圣之治天下也，摇荡民心，使之成教易俗，举灭其贼心而皆进其独志。若性之自为，而民不知其所由然。若然者，岂兄尧、舜之教民溟涬然弟之哉？欲同乎德而心居矣！"

将闾葂怔怔地说："我有点糊涂，不太明白先生的话。虽然如此，还是希望先生略讲一二。"季彻说："伟大圣人治理天下，放任民人心性，让他们自由自在，自自然然地成就了他们的教化，改变了他们不好的风习，消除了他们的不轨之心、伤害之心，而使之能够在志趣上、境界上有所进展。这一切都是通过他们的本性自然完成的，他们应该感觉不到是圣人做了工作要他们这样。像这样，难道还用得着尊崇尧舜对民人教化的条条框框，人云亦云地跟随着他们行事吗？只要能符合天性、道性，符合德的原则，也就胸有成竹了啊！"

这里的关于公共管理（public administration）的观点举世无双。按这里的说法，管理政务，不可主题先行，不可有什么路线图，不可以价值挂帅、立法定则，不可以举起任何意识形态的旗帜。因为只要是有了上述的这些东西，就会增加纷争、产生歧义、出现伪饰、引起事端、没事找事、徒然添乱。例如此位将闾葂先生给鲁君讲了要恭俭、要公忠，不要阿与私。这听起来很好，但你一制定与输入这样的观念、这样的标准，马上会带来歧义。一位大臣直言，如果说这是公忠，即他是出以公心，忠于君王，那么也会被指责为不够恭俭，即他这是犯上作乱、膨胀扩张。再如另一位臣子，专门顺着国君的话讲，要什么有什么，他这是公忠，还是阿与私？一位武将，轻举妄动，打了败仗，引来亡国之祸，还能算公忠吗？另一位武将，在敌强我弱极其不利的情况下打算接受敌方提出的议和条件，这是卖国还是救国？还有种种豪言壮语，有时能振奋民气，唤起抗争，有时同样的豪言壮语又变成了大言欺世，空谈误国……古今中外，这样的争论还少吗？

什么都不干，这当然是乌托邦，但是老庄设想，不要有什么成心，不要有什么主题，不要急着定规则、定目标，一切照百姓的心愿、性情、天生的取舍要求来办。如内篇《应帝王》中所说的，连鸟都知道要高飞，鼠都知道要深藏来避祸，民人有什么不知道的？让他们按照自己的天性、自己的愿望趋利避害，自然天下太平、天下大治。而一切人为的治理，反而会成为庸人自扰、成为自乱阵脚。此话至少有一部分的真理性。

从这个观点来看，可以理解市场经济优于计划经济的地方。但总体来说，难以操作。用来讲为政，不无只讲一面理的毛病，但用来谈为文从艺或体育赛事，倒会给人以别样的启发。

写作之人常有这样的经验，用力太过，主题先行，搜索枯肠，殚精竭虑，往往反而不能保证一篇作品的成功，而兴之所至，心之所感，手之所挥，言之所涌，反而精彩纷呈，这叫作“有意种花花不活，无心插柳柳成荫”。艺术品也是这样，从长远来看，好画、好曲、好戏的形成并非偶然，但是具体地说，一挥而就的东西，无心而作的东西，有时候比苦心孤诣、千锤百炼之作还浑如天成、无懈可击，则完全可能。所以说，文章本天成，妙手偶得之。还有，主题思想极其明确直白的作品，有时候还不如若有所感、若有所思、若有含义，一时又说不清楚的道法自然之作。体育比赛也是如此，没有基础、没有训练、没有目标固然不行，太斤斤于名次锦标，急于求成、求赢，往往也会带来过多的负担、过多的失常，发挥不出最好的水准来。许多名家输在初出茅庐的小将手中，原因即在此。

佛家的说法叫作随缘，老百姓的说法叫作到哪儿说哪儿。这虽然只是事物的一个方面，计划、目标、原则不可能没有，但随缘、到哪儿说哪儿的情势，也要有所理解、心领神会。

再有就是反对教条主义，不唯书，不唯上，只唯实，这也是《庄子》此章有意味的教训。

摇荡民心的说法相当罕见。先贤将之释为鼓舞人心，似乎与庄子的无为主张、忘己主张不合。解释为放任，也或有勉强处。但无论如何这是一种动态，应有尊重民人的摇荡、变易、自然趋向之意。录以备考。

七、正因为大道太高明了，便也能令人走火入魔

> 子贡南游于楚，反于晋，过汉阴，见一丈人方将为圃畦，凿隧而入井，抱瓮而出灌，搰搰然用力甚多而见功寡。子贡曰："有械于此，一日浸百畦，用力甚寡而见功多，夫子不欲乎？"为圃者仰而视之曰："奈何？"曰："凿木为机，后重前轻，挈水若抽，数如泆汤，其名为槔。"为圃者忿然作色而笑曰："吾闻之吾师，有机械者必有机事，有机事者必有机心。机心存于胸中则纯白不备。纯白不备则神生不定。神生不定者，道之所不载也。吾非不知，羞而不为也。"

子贡来到南方的楚（两湖）地，又要折回晋（山西）地，经过汉阴（汉水南面），见到一位老头儿在那里一畦畦地种菜。他挖了一个地下通道到井边，用瓮取水，抱着瓮回来浇菜地，吭哧吭哧地挺费力气而功效有限。子贡说："有一种机械设备，一天能浇上百畦的菜，用力很少，效率很好，你老不想用吗？"种菜人抬头看了他一下，问道："怎么个做法呢？"子贡说："我们用木材加工，安装成为一种杠杆。这个杠杆一头重一头轻，你用轻的那一头取水，用重的那一头操作，取水就像抽取一样，哗啦哗啦地浇水，就像煮汤沸了汤水四溢一样，这种机械呢，名叫槔。"种菜人气愤地冷笑，他说："我的老师教导过我，用机械的人必有机巧拐弯之行事，而有机巧拐弯之行事的人也就有了机巧拐弯的心术。有了机巧拐弯的心术，他的心灵就不纯洁、不干净了。心灵不纯洁、不干净的人，他的神魂也是不安稳的。而一个神魂

不安稳的人，是得不到大道的指引、护佑的。像你说的那种杠杆，我不是不知道，我是羞于做这种不合大道的事，所以我放弃了这种所谓的效率。”

有趣的寓言，中国的古圣先贤怎么会冒这样可爱而且是相当深邃的傻气？而傻得又如此崇高？也许还有超前。目前，发达国家的一些思想家已经对一味地求发展（生产力）提出了严重的质疑。当然，远远尚未发展起来的中国，目前只能强调发展是硬道理。

泛道德论、唯道论都是搞小道理服从大道理的，我们的汉字文化从来是尊大抑小的，是通盘考虑，注重整体性思维，而忽视具体、忽视个案，绝对不搞“头痛医头，脚痛医脚”。《论语》中讲的“群居终日，言不及义，好行小惠，难矣哉”（《卫灵公》），与庄子此段的含义一致。从今人的眼光来看，纯朴的心灵与巧妙的生产生活用具之间并不存在矛盾，但是从古人看来，如果一种工具的开发利用影响了大道、影响了根本，则宁可不要效率、不要利益，不要经济学也不要科技，只要大道。看来，饿死事小，失节事大（这里则是累死事小，失道事大），宁要社会主义的低指标（指粮食定量），不要资本主义的高指标之类的思想方法，也是源远流长。“文革”当中的“五七干校”工作经验中竟然有真正的事例，即为了锻炼思想品质，有好路不走，推小车专挑难走的路。丈人之风，山高水长乎！

我们也不妨想一想，虽然从经济学、劳动学、生产技术的角度来看，种菜丈人的说法荒谬绝伦，但以一个文学的角度来看，则老头儿不无可爱之处。正像个人有怀旧情结一样，人类、族群也会怀旧的，时过境迁，反而觉得过往的岁月、较少的人口、较简单的生产生活方式、较简单的人际关系非常美好，这不是不可能的。例如李杭育的小说《最后一个渔佬儿》，就描写一个面对着家乡的机械化、现代化前景，而充满失落感的用最原始的方式捕鱼为生的老头儿的怅惘。

当然，《庄子》贴近的是文学与哲学，是故事与想象的美丽，而不是经济效益、不是社会发展，更不可能是现代化，而我们现在是在风是风火是火地奔现代化。

奔小康、奔现代化的同时，回味一下简单、朴素的生活方式，或者在休假当中脱离开城市、电脑、家电的包围，去到乡村露营，住帐篷，爬树摘野果，下水摸鱼……倒也有点享受丈人之乐、丈人之道的意思。所以，我一再说，老庄不能当饭吃，但是可以当茶喝，当清火消炎药或者当仙丹服用。

> 子贡瞒然惭，俯而不对。有间，为圃者曰："子奚为者邪？"曰："孔丘之徒也。"为圃者曰："子非夫博学以拟圣，於于以盖众，独弦哀歌以卖名声于天下者乎？汝方将忘汝神气，堕汝形骸，而庶几乎！而身之不能治，而何暇治天下乎！子往矣，无乏吾事。"

子贡讪讪地无话可说，颇觉惭愧，低头不语。过了一小会儿，种菜人问："你是干什么的呢？"答："我是孔子的门徒。"种菜人说："您原来就是靠博学来模仿圣贤，以'拔份儿'（注，指出风头）来盖百姓一头，酸溜溜地独唱哀歌来宣扬自身的伟大与不遇的那种人吧？你要是能开始忘掉你的神气，放下你的外表身段，也许会情况好一点吧？唉，你们这些人呀，连自己都管不好，还有工夫去治理天下吗？你去吧，别耽误我的事儿啦。"

此段精彩之处在于种菜人对于自命精英、急于用世者的嘲笑，这些急于用世者、急于出人头地的人，不过是靠博学、靠死知识来模仿圣人。一个"拟圣"说得何等刻薄！他们吹嘘（古人叫作华诬）拔份儿，还老想着压群众一头。"独弦哀歌以卖名声"，这几句话也是精当准确，入木三分。他们自以为有多么了不起的使命，以天下为己任，却又不得其门而入，最后空谈一场，恓恓惶惶，成为一事无成的孔氏门徒，在今天则应该叫作自命"有机知识分子"。唐玄宗诗曰："夫子何为者？恓恓一代中……谈凤嗟身否，伤麟怨道穷。"李零教授则干脆称孔子为丧家狗。呜呼，这几句话说得有透辟之处，也有损德过分之处了。

> 子贡卑陬失色，顼顼然不自得，行三十里而后愈。其弟子曰："向之人何为者邪？夫子何故见之变容失色，终日不自反邪？"曰："始吾以为天下一人耳，不知复有夫人也。吾闻之夫子：事求可，功求成，用力少，见功多者，圣人之道。今徒不然。执道者德全，德全者形全，形全者神全。神全者，圣人之道也。托生与民并行而不知其所之，汒乎淳备哉！功利机巧必忘夫人之心。若夫人者，非其志不之，非其心不为。虽以天下誉之，得其所谓，謷然不顾；以天下非之，失其所谓，傥然不受。天下之非誉无益损焉，是谓全德之人哉！我之谓风波之民。"

子贡很受打击，变颜变色，抬不起头来，走了三十里地以后才恢复正常。他的学生问道："刚才遇见的是个什么人啊？先生怎么从他那儿出来神色都变了，一整天恢复不过来呢？"子贡说："过去，我只知道孔子一个人，只听过他的一种教导，不知道世上还有不同的人，还有别的声音。我从孔子那边得知的是，做事情就要能够被认可，做工作就要能够做成，用力要少，成绩要大，才是圣人之道。结果，今天才知道未必。看来问题不在于事功，而在于大道，保持大道的人德行才完备，德行完备了形体才能周全，形体周全了精神才能圆满。做到精神的圆满，才是真正的圣人之道。他们寄身于世，与众同行，却无意一定要到什么地方去，他们没有自己固定的目的。他们的内心渊深、德行淳朴，却又什么也不缺，而对于功利机巧的讲究早已被丢在一边。那样的人，不符合自己的志趣，就哪儿也不去；不是自己的心愿，任何事也就不干。即使天下人齐声颂扬，又能夸到点子上，他也清高而无所在意；即使天下人都说他不好，非议完全不合事实情理，他也无所谓，全然不受影响。别人说好说坏，对于他既不能增添什么也不能损伤什么，这才叫德行完满啊！而我这样的，只能算作心神不定、为风波所摇荡起伏之人呀。"

从对于功利机巧的否定上，跳跃到人与外物的关系上来了。《庄子》强调的是个人的主体性、坚持性、稳定性，嘲笑的是风波之民，是随波逐流、随风飘摇之徒。这也太难了，尤其是风急浪大之时，能够稳得住自己，可不是易事啊。多读几遍《庄子》吧，好处太大了。

> 反于鲁，以告孔子。孔子曰："彼假修混沌氏之术者也。识其一，不识其二；治其内，而不治其外。夫明白入素，无为复朴，体性抱神，以游世俗之间者，汝将固惊邪？且混沌氏之术，予与汝何足以识之哉！"

回到鲁国，子贡把情况说给孔子。孔子说："那是研修实践混沌氏的道术的人。他们知其一不知其二，他们在意内心世界的完满，却不介意与外部世界的和谐。他们是那样地光明白净、素朴纯洁、清静无为、返璞归真、体悟人性、保持精神，他们优游自得地生活、游荡在人世俗世之中，你怎么会不为他们的风格而感到惊异呢？况且，混沌氏的主张和修养方法，我和你又能够深入了解几许呢？"

知其一不知其二，今天说起来似指一个人认知太片面、太简单，有贬义。那个时候，《庄子》外篇上的说法却可能是褒奖，只知其一，拒绝其二，这才叫精神的坚守，这才叫对于世俗的抵抗。而又没有今天的人讲到坚守与抵抗时的那种浮躁与夸张，他们仍然是优哉游哉，与世俗同行而进于超拔，纯朴、光明、素洁……令人惊异。不知道为什么后人远没有庄子的才华，比庄子不知道要鄙陋多少，却要对世俗作绝不容忍、血战到底……状。妙哉！

> 谆芒将东之大壑，适遇苑风于东海之滨。苑风曰："子将奚之？"曰："将之大壑。"曰："奚为焉？"曰："夫大壑之为物也，注焉而不满，酌焉而不竭。吾将游焉！"苑风曰："夫子无意于横目之民乎？愿闻圣治。"谆芒曰："圣

治乎？官施而不失其宜，拔举而不失其能，毕见其情事而行其所为，行言自为而天下化，手挠顾指，四方之民莫不俱至，此之谓圣治。”

谆芒往东边的大壑——大海那边去，正好在东海之滨遇到苑风。苑风问：“你打算去哪儿呢？”谆芒说：“打算去大壑。”苑风又问：“去干什么？”谆芒说：“大壑这个东西，江河往里流进去，它不会满溢。你舀取它多少，它也不会枯竭。我愿意到大壑游览一番。”苑风说：“那么，先生就不在意眼目横着长的人类的命运了吗？希望您也能说说圣人之治啊。”谆芒说：“圣人之治吗？官吏们施政举措都恰到好处，选拔人才而不会疏漏能人，让每个人都能看清事情的情势，也就知道自己该做什么，自自然然地说话做事而教化天下，挥挥手看看四周，四方的百姓也就汇聚跟随了上来，这就叫圣人之治。”

多么美好的乌托邦，只要是圣人，只要是修身的功夫到了家，不靠学问、不靠智谋、不靠勤政、不必费劲，自身的魅力无坚不摧，自身的形象无攻不破，自然而然的影响无处不在，挥挥手笑一笑，最多有时候摇摇头就天下大治。这也是举世少见的、是最早的也是奇异的公共管理学说和学派啊。

“愿闻德人。”曰：“德人者，居无思，行无虑，不藏是非美恶。四海之内共利之之谓悦，共给之之谓安。怊乎若婴儿之失其母也，傥乎若行而失其道也。财用有余而不知其所自来，饮食取足而不知其所从，此谓德人之容。”“愿闻神人。”曰：“上神乘光，与形灭亡，是谓照旷。致命尽情，天地乐而万事销亡，万物复情，此之谓混溟。”

苑风说：“希望再给我们讲讲有德之人。”谆芒说：“有德之人，住下来不必费心思谋，做起事来不必忧虑担心，心里不存有是非、美丑之辨（绝对不是事儿事儿的）。对四海之内的众人都有利，他也就高兴；能使众人都能满足需要，自己也就安生。如果悲伤，那就像是婴儿失去了母亲一样真情而且简单；如果茫然，那就像是行路时迷失了方向一样具体而且明确（不是莫名其妙的伤感加自作聪明的糊涂）。财货富足有余却不知道自哪里来（绝不经营财货）？饮食用物充足却不知道从哪儿出（仅仅自然而然，仅仅享用天饷）？这就是有德之人的形象。”苑风说：“希望您老再说说神人。”谆芒说：“超拔在上的神人驾驭着光辉前行，灭亡掉——彻底遗忘掉自身与外物的形迹，这就叫普照时空。抵达生命的极致，穷尽人情的可能，与天地同乐，因而万事都自然消亡，万物也就自然回复到大道的本真情状，也就是混一模糊，也就是恍兮惚兮。”

“上神乘光，与形灭亡，是谓照旷……”这最后几句话很美，押韵，有类似催眠的作用。“致命尽情……万物复情，此之谓混溟”，甚至像祈祷词。德人接近糊涂，最糊涂才最自然。神人接近崇拜与信仰，没有崇拜与信仰就永远达不到与神沟通的境界。沟通了以后，仍然是要混沌、糊涂。

仍然是庄子的特殊的心功：糊涂，忘却，混沌，融合，轻外物而重内心，无忧无虑，无心无物，无形无迹，到哪儿说哪儿，随遇而安，舒舒服服。说句不好听的话，与吃了可卡因药丸一样满足。达到这一步，你拔刀架在他脖子上，他没有感觉；你送给他一张三亿六千万元的中奖彩票，他没有笑容；你封他高官，他听不懂；你制造举世唾骂他的局面，他也听不见。庄子的《庄子》，具有抗躁狂性、抑郁性感情与精神疾患的奇效。无怪乎拙作《庄子的享受》出版后，一位年轻的画家以之赠送给自己患病的师长，竟获得了很好的心理治疗效果。

虽然空想，似乎我国还真有过类似的人物，如被称作不战不和、不守不死、不降不走的清代两广总督叶名琛。他在鸦片战争中失守广州，不战不守，是因为战与守都是无效的，只能增加无意义的牺牲。而走也好，和也好，降也好，只能成为民族、国家与朝廷的罪人。相传他被英国侵略军掠到印度后，保持尊严，绝食而死。这证明他有他的底线，他有他的主意。世人评曰：翻完二十四史，千载奇人难有。我还要说一句，翻完世界历史，中国以外没有，外国人打死他，也理解不了这样的人、这样的方式、这样的“道”。

门无鬼与赤张满稽观于武王之师，赤张满稽曰：“不及有虞氏乎！故离此患也。”门无鬼曰：“天下均治而有虞氏治之邪？其乱而后治之与？”赤张满稽曰：“天下均治之为愿，而何计以有虞氏为！有虞氏之药疡也，秃而施髢，病而求医。孝子操药以修慈父，其色燋然，圣人羞之。至德之世，不尚贤，不使能，上如标枝，民如野鹿。端正而不知以为义，相爱而不知以为仁，实而不知以为忠，当而不知以为信，蠢动而相使不以为赐。是故行而无迹，事而无传。”

门无鬼和赤张满稽观看了周武王的军队，赤张满稽说：“赶不上虞舜的禅让好啊，所以人们要遭受这种（争夺权力的）祸患。”门无鬼说：“是天下太平时，虞舜去治理的，还是乱局出现之后才有了虞舜的政绩呢？”赤张满稽说：“天下大治是人们的愿望，如果能够做到，又有什么需要让虞舜再来施政！有虞氏是在人们患了秃疮以后才去治疗，掉光了头发才给戴假发，有了病才急于找大夫。（没有做到预防在先啊。）这就好比孝子把药递送给生病的慈父服用，辛辛苦苦，脸色憔悴，圣人以此为羞。（你本来应该侍候好老爷子不让他生病嘛。）至德的世道，不崇尚贤人，不求用能者，君王像是树上的高枝，民众如同山中的野鹿。（他们各得其位，各有其道。）他们做事端正而不认为这是在讲究什么义，他们相爱不是由于社会上提倡什么仁啊、爱心啊什么的，诚实不欺并不是由于受到“忠”字的规范，言行一致也不是为了守信。人们本能地活动，相互依赖、相互帮助，而不自以为谁对谁有什么赠予。这样，他们此类的行为并不留下事迹，他们的美好故事也就失传了。”

老庄在政治上的想象力太高太高，他们看出了万事万物相反相成的道理。天下不大乱，或没有大乱的种子，需要英明的政治家掌权人做什么？人不生病，需要华佗、扁鹊做什么？人人安居乐业、快乐逍遥，还研究新技术、发展生产力、完善社会结构干什么？没有犯上作乱的下属，领导人的威信有什么必要？没有愚蠢无知的痛苦、不便与妄为，还上什么学校、办什么教育？就是说，老庄他们要求的是彻底地取消矛盾、取消一切危险、取消一切欲望，也就取消了欲望不满足带来的抱怨，取消一切是非讨论，也就取消了一切争执……他们不知道，有自然就有不自然，有大道就有违背失道、离经叛道，有人性就有某种程度上的反人性、恶人性，有正常就有失常，有健康就有病患，有风调雨顺就有洪涝灾害，有以德治国就有以暴易暴……人类就是这样走过来的。

如果我们把生命、善良和快乐看作正面的东西，那么就永远不会停止这些好东西与病患、危殆、恶毒、混乱与乖戾的拉锯战。老子和庄子想的是多么可爱，而人生又是多么麻烦！

八、俗言常胜，至言难出，智者无奈矣

> 孝子不谀其亲，忠臣不谄其君，臣、子之盛也。亲之所言而然，所行而善，则世俗谓之不肖子；君之所言而然，所行而善，则世俗谓之不肖臣。而未知此其必然邪？
>
> 世俗之所谓然而然之，所谓善而善之，则不谓之道谀之人也！然则俗故严于亲而尊于君邪？谓己道人，则勃然作色；谓己谀人，则怫然作色。而终身道人也，终身谀人也，合譬饰辞聚众也，是终始本末不相坐。垂衣裳，设采色，动容貌，以媚一世，而不自谓道谀；与夫人之为徒，通是非，而不自谓众人，愚之至也。

孝子用不着阿谀他的父亲，忠臣用不着谄媚他的君主，这是人臣与人子品行高尚的恢宏气象。父亲说啥你赶紧说啥是对的，父亲干啥你就赶紧说啥好，这就是世俗所说的不肖——不像样、

不合格的儿子。君王说啥你赶紧说啥对，君王干啥就赶紧说啥好，这也是世俗所说的不肖之臣——不像样、不合格之臣。那么，你能确定这样的事情与认知到底是不是必然与确定无疑的呢？

同样的道理，请看世俗认为应该如何如何，你也就认为应该如何如何，世俗叫好的你也就赶紧叫好，人们为什么不说你是阿谀逢迎、谄媚无耻之人呢？莫非是世俗庸人比老爹更威严，比君王更尊贵？如果人家说你是跟风之徒，你立马生气变了脸色；说你是溜须拍马之人，你也一定会心中不快而耷拉下脸来。可为什么不想一想，人们常常是一辈子都在那儿人云亦云，一辈子在那儿巴结强势，还要花言巧语招揽人众，却照样人五人六，不露马脚。这样的人衣帽堂堂、穿着华丽、巧言令色、讨好逢迎公关，却意识不到自己是在无耻谄媚；与世俗之人同流合污，是非好恶趋同，却还以为自己高于人众，真是愚蠢至极啦。

自从《生命中不可承受之轻》介绍过来以后，“媚俗”一词在咱们这里也是大行其道，虽然咱们这里的理解与原意恰恰相反。米兰·昆德拉讲的是“刻奇”——kitsch，是自媚与自恋，是装腔作势，酸溜溜地作精英状。我们批的则恰恰是老百姓的世俗。倒是远在数千年前，庄子描写的媚俗者很生动、精辟。自己本来俗不可耐、利欲熏心，却又装模作样，酸溜溜地拔份儿。这样的人呼之欲出。

逻辑上出人意表。谄媚爸爸不好，拍马君王也不好，那么谄媚世俗呢？却原来，世俗比爸爸与君王还厉害。俗能杀人，俗能专制，俗能使人众白痴化，俗而不露痕迹，无罪无咎，俗而一味地装雅媚雅（北京话叫作装孙子），庄子看得好透彻呀。

这两段写得很具体，而且带情绪，不知道是不是庄子或此处托名为庄的人，有什么具体目标没有，多半是有的，这样的嘴脸，被庄子刻画一番，不亦快哉！

> 知其愚者，非大愚也；知其惑者，非大惑也。大惑者，终身不解；大愚者，终身不灵。三人行而一人惑，所适者，犹可致也，惑者少也；二人惑，则劳而不至，惑者胜也。而

今也以天下惑，予虽有祈向，不可得也。不亦悲乎！

知道自己犯傻的不算太傻，知道自己看不准、拿不稳的不算太糊涂。真正的愚痴、糊涂是一辈子也明白不过来的。三人同行，有一个人糊涂，也许人们还可以走到自己想去的地方，因为糊涂人是少数。两个人犯傻，就不好办了，因为糊涂人成多数了。如今这世道，整个天下都糊涂啦，我虽然有点见解、有点救世的用心，照样起不了作用。太可悲了！

庄子居然早就对于多数少数问题有所思考，他提出了多数的愚蠢的可能性，客观上通向多数的暴政的可能性，多数与智商并非成正比的问题，这里有点易卜生主义的味道。他抨击对于多数的迷信，也有尼采的光彩，尼采曾经宣布："我是太阳。"

> 大声不入于里耳，折杨、皇荂，则嗑然而笑。是故高言不止于众人之心；至言不出，俗言胜也。以二缶钟（或作二垂踵）惑，而所适不得矣。而今也以天下惑，予虽有祈向，其庸可得邪！知其不可得也而强之，又一惑也！故莫若释之而不推。不推，谁其比忧！厉之人，夜半生其子，遽取火而视之，汲汲然唯恐其似己也。

宏大的音乐对于市井里弄之人来说并不入耳，而《折杨》《皇荂》一类流行小调，人们听了就能咯咯地笑起来。所以说，真正高超的言论不能在人众心中留下位置，至理名言也不能流传广远，倒是俚俗的说法热热络络。把两个瓦罐和一个铜钟放在一起敲打，钟声就被干扰，听不到理想的乐声了。如今，糊里糊涂者是以普天下计的，我虽然有观点、有愿望，又怎么能达到目的呢？明知其不可还要强使劲，这不也是一大糊涂吗？算了吧。不要妄想去推行、推广了，放弃了对于大道真理的推行，也就没有谁与你一道发愁了！丑八怪半夜里生个孩子，急忙取火烛来照映，诚惶诚恐，唯恐孩子长得像自己。这又有什么用呢？随他便不是更好吗？

一上来讲最好的音乐并不如通俗小曲，易于被人众接受，令人想起毛泽东《在延安文艺座谈会上的讲话》中讲到的“阳春白雪”与“下里巴人”的关系问题。毛针对的是从上海亭子间来到解放区的文学人，他鼓励他们与群众结合，而不要自命不凡。但毛主席在他的晚年，也常常讲到真理可能是掌握在少数人手里，这是讲他自己。他晚年所主张的某些“继续革命”的理论，难以为大多数同志所接受。

这里的庄子，与老子的和光同尘说、知白守黑说有点不同，他实际上承认了自己的特立独行与独树一帜。他认为他是那个三人行中的唯一识路者，是被两个瓦罐扰乱了的那个铜钟。他还不无怨愤地大讲又一惑也。与世俗对着干，岂不是糊涂上加了糊涂！讲起这些问题来，此处的所谓庄子，有几分气儿。

丑人怕孩子丑的说法极具黑色幽默色彩，自己已经是丑八怪了，只好认命，还管到孩子后代那边去，岂非更加自寻烦恼？人的烦恼有相当一部分是由于管得太宽、操心过度。庄子发完牢骚再自我安慰，美就美，丑就丑，糊涂就糊涂，明白就明白，明白人帮不了糊涂虫，糊涂虫也灭不了明白人，丑人变不成美女，更管不了孩子长成什么模样，也就不劳操心选美活动的进展。明白人打不开糊涂人的脑筋，也就不必关心人众的智力开发，如此而已，岂有他哉。

九、失性论，对于所谓成功者的警示

> 百年之木，破为牺尊，青黄而文之，其断在沟中。比牺尊于沟中之断，则美恶有间矣，其于失性一也。跖与曾、史，行义有间矣，然其失性均也。

上百年的大树，劈而锯之，做成祭祀用的酒樽，以青黄色彩描画上花纹，淘汰无用的部分，扔弃到沟里去了。牺樽和被丢到沟中的断木相比，二者有美丑之别，然而在丧失树木本性这一点上，其实并无二致。那么，盗跖与曾参、史鳍，以社会道德规范来衡量，他们之间是颇有差别的，然而在丧失人的本性上是相同的。

一个很好的童话题材。本来可以写一株大树的故事，一根完整的木头，一截做了牺樽，一截扔到了沟壑之中。扔入沟壑中的木头风吹日晒水泡、腐烂碾轧虫咬，变成了烂木屑，浮漂流去。而牺樽之木，经过切削、挖抠、刨磨、涂抹、钉凿，然后参与人类盛大、红火、庄严却也有时似是莫名其妙、愚蠢至极的典礼活动，盛装美酒琼浆，也可能是毒鸩血腥，回忆原野上或高山上或大河边的大树生活而再不可得。最后，也是变成了木屑，也只有变成了木屑之后才重新获得了自由……

那么，怎么办呢？永远做一棵树？越长越大，只可遮阴酣睡？不觉得单调寂寞吗？如果截下一股做牺樽，有机会与闻人间世事之盛，如果另一股有机会尝一尝被抛弃的滋味与逍遥，如果它仍然保留着自己的根系、蓬松的树冠与繁茂的枝条，如果百年之木、青黄之牺樽与断木三者的经验都能得到，会不会更好？请问这三者一定是势不两立或者三足鼎立的吗？

> 且夫失性有五：一曰五色乱目，使目不明；二曰五声乱耳，使耳不聪；三曰五臭薰鼻，困惾中颡；四曰五味浊口，使口厉爽；五曰趣舍滑心，使性飞扬。此五者，皆生之害也。

再说所谓丧失本性包括了五个方面：一是五色扰乱了你的眼睛，使视力不明；二是五声扰乱了你的耳朵，使听觉不聪；三是五种气味熏坏了鼻子，弄得你脑瓜子疼；四是五种味道污染口舌，使口腔与味觉受到伤害；五是因取舍、得失惑乱了心境，使自己心性浮躁不安。这五方面都是对于生命的戕害。

克制欲望，减少有害信息，防止自身被外物迷惑、干扰、伤害，这是庄子不厌其详要宣扬的观点。在今天这个信息爆炸的时代，此文所言，不无教益。

而杨、墨乃始离跂自以为得，非吾所谓得也。夫得者困，可以为得乎？则鸠鸮之在于笼也，亦可以为得矣。且夫趣舍声色以柴其内，皮弁、鹬冠、搢笏、绅修以约其外。内支盈于柴栅，外重缨缴，睆睆然在缨缴之中，而自以为得，则是罪人交臂历指，而虎豹在于囊槛，亦可以为得矣！

而杨朱、墨翟一类人物专门想着标新立异、出人头地，自以为做到了这一步就大有所得了，这可不是我们所说的得道。有所获得的结果是作茧自缚，还算得上有所获得吗？那么，斑鸠与鸱鸮（猫头鹰）被关入笼子，是不是也可以称为得其所哉呢？况且，取舍、好恶、声色像烂柴火一样地充塞于内心，又有皮帽子、翠羽、笏板、宽带之类的东西束缚于体外。内心为取舍声色杂念的栅栏所阻隔而不得通畅，外面又为绳索重重缠绕，在绳索缠绕中瞪着大眼睛，还在那儿扬扬得意。如果这也得意，那么犯了罪被反绑双臂，再用木棍把十指夹起来，还有虎豹被关到笼子里，也都可以扬扬得意了。

智者、辩者、说客、能人、高位者、成功者又何尝不是作茧自缚，丧失天性，变态异化，缘木求鱼，南辕北辙？人啊，你们是太愚蠢啦。这样的事例不胜枚举，有几分沉痛在焉！

老王说：此一章精彩而又杂乱。概念推演，或嫌空泛，螳臂当车、华封三祝、拒用机械、牺尊断木、鸠鸮于笼等故事令人深思长考。仁义的说教于事无补。美好的祝愿带来的未必是真正的幸福。提高生产率的机事带来的是机诈之心。受到重用与受到抛弃其实是一回事。庄周向往着自由，却原来处处是丧失本性的陷阱，人成为人自身的对立面。分析来分析去，怎么给人以庄周举目皆套的感觉？孰能无过，孰能免祸？莫非我们只能悄悄地低下头来吗？

天道：难以用语言文字表达与传授的大道

大道之本、之依据是天，是大自然。天之本质与本原是大道。以天为师，则通大道。以大道为师，则识天地万物，通晓与善处一切。有了这一而二、二而一的天——道的把握与体悟，则一通百通、一顺百顺，实现天和天乐、人和人乐。然后，无为有为、上下先后、主次本末、虚实静动、四时万民，无不各得其所、各得其性。这样在本章中，在思想的范围内，实现了太平至治的最佳境界。

同时在本章中，实现了与儒学的相当的妥协，庄子的齐物与逍遥，终于与儒学的秩序与伦理暂时实现了融合，距离庄子本义也就更远了些。

形象大于思想，故事大于抽象的概念推衍，精彩的仍然是轮扁论斫的极先锋、极超前的故事，是老子可马可牛的反正名故事，是士成绮的眼目冲然，太精明了不堪信赖的故事。

一、虚静恬淡，天道无积，天也乐来人也乐

> 天道运而无所积，故万物成；帝道运而无所积，故天下归；圣道运而无所积，故海内服。明于天，通于圣，六通四辟于帝王之德者，其自为也，昧然无不静者矣。圣人之静也，非曰静也善，故静也；万物无足以铙心者，故静也。水静则明烛须眉，平中准，大匠取法焉。水静犹明，而况精神！圣人之心静乎！天地之鉴也，万物之镜也。

天道——自然之道、先验之道，自然之规律与本质，非人力所发明、主张、干预之道，永远运行，不会发生积滞、阻碍，不长结石，不生毒瘤，所以万物出现、形成，乃成为各自自身的样子。帝王之道的运行（取法天道），也不会发生积滞、疙瘩、堵塞，所以天下归顺于他。圣人之道的运行，同样也是顺顺当当的，所以四海之内都信服他。明白天道的运行，通晓圣人的大道，又能在上下四方四时随处随时都推行帝王之德的人，不较劲，不犯别扭，他的作为表面上看并不精明，有点糊涂、模糊，却无处不是呈现出宁静平稳的特点。圣人为什么能够做到宁静呢？不是说由于认识到或听说是宁静最好，就宁静起来了，关键在于外物不足以干扰他的内心。水静了，可以清楚地映出须眉，水面可以作为平度的标准，这正是大师、大匠所要效法追求的。水宁静了就清明了，何况人的精神呢？圣人之心是宁静的，它们能映鉴天地、照应万物。

果然，中国的哲学强调恬静，直观地从水的反射作用上看到静的优越性。再有就是从专心、求学的角度谈静的好处，所谓“知止而后有定，定而后能静，静而后能安，安而后能虑，虑而后能得”（《大学》）。所谓“心似平原走马，易放难收”。还有，就是以静追求理性化、追求长远眼光、追求心理的最大健康与稳定，如诸

葛亮所说的“非淡泊无以明志，非宁静无以致远”。我们常常把动态与浮躁、冲动、情绪化联系在一起，因而觉得静优于动。当然，《大学》中静、安、虑、得的说法，忽略了与时俱进与时俱化、不断发展不断创新的这一面。毛泽东喜欢讲的恰恰是另一面，流水不腐，户枢不蠹，只有不停地运动才能合乎大道，避免堕落、腐烂、危亡。

无所积滞的观点也有意思，天道无所不在，但仍然时有积滞、阻塞的可能，如同今日所说的塞车。以当时庄子的见解，这样一种栓塞，主要是人的自作聪明的有为造成的。帝王之道的栓塞，则是由帝王的疯狂膨胀与愚蠢昏聩、佞臣的卑鄙阴险与为恶作歹所造成的。圣道的积滞，则是由各种学界的装腔作势、大言欺世、强词夺理所造成的。道的运行就是一个积滞与反积滞的过程。

> 夫虚静、恬淡、寂漠、无为者，天地之平而道德之至，故帝王、圣人休焉。休则虚，虚则实，实则伦矣。虚则静，静则动，动则得矣。静则无为，无为也则任事者责矣。无为则俞俞。俞俞者忧患不能处，年寿长矣。

虚静、恬淡、寂寞、无为，这些都是天地的准则、道德的极致，所以帝王、圣人的追求到此为止，至此也就静下来了。有了这样的目标，知道到此为止了，也就虚空旷大了。虚空旷大，也就能引进、汲取、容纳、充实。能够引进、汲取、容纳、充实了，也就能够比照、联结、贯通，理出头绪、章法来了。虚空才能宁静，宁静才能最正常地运动，运动才能有所得益，叫作各得其所。（帝王）宁静了，也就无为了、无所欲为了、不想也不要“为”什么了，各人才能各司其责、各行其道。不刻意地妄为了，也就轻松愉快了。轻松愉快了，也就不会为忧虑祸患而自苦，也就能长命百岁啦。

有各种各样的人生观、价值观，粗略地概括一下，也许可以说有两种观点，一个是有为，一个是无为。主张有为的多，献身给宗教、献身给“主”；献身事业、献身理念，包括利他主义、爱国主义、国际主义、世界主义、社会主义与共产主义、慈善事业、艺术学术事业或反对什么什么（反帝、反殖民主义、反霸权主义、反恐怖主义或反共主义）等，都是一种“为”。当然，也包括比较本能的利己主义、锦标主义、敬业追求（即各行各业的作为）、名利追逐等，还有比较不高尚的拜金主义、享乐主义等。这些不同的有为，细琢磨起来，任何一种“为”，对于不同的追求来说正好是一种“无为”。一个利他主义者，在利己言行上，应该是相当无为的。一个共产主义者，在人生如梦、及时行乐、纵欲贪婪上则必须是非常无为的。一个宗教苦行者或慈善家，也不太可能同时成为一个拜金主义者或江洋大盗。

而像老庄这样综合、全面地主张无为，既不在宗教事业或社会事业上有为，也不在私利欲望或专门领域上有为，这样的主张比较少见。但这样的综合无为的另一面仍然是有为，例如老庄都讲摄生或者养生，都讲理想的治国与治理天下，都讲功成事遂与百姓的安居乐业、讲“我自然”。老子还讲什么“将欲歙之，必固张之。将欲弱之，必固强之。将欲废之，必固兴之。将欲取之，必固与之。是谓微明。柔弱胜刚强”（第三十六章）。将欲什么，也就是有目的地去“为”之。当然，微明也罢，以柔弱胜也罢，知白守黑也罢，和光同尘也罢，都是一种为的方法、为的策略。庄子要为的就更多，逍遥，齐物，成就一个至人、真人、圣人、仙人，吸风饮露，乘云气，御飞龙，而游乎四海之外……都是另类的直至幻想的为。

老庄的无为论极别致、极有趣，我愿称之为无为乌托邦主义。其实，无论是谁，此生有限，总要有所为、有所不为、有所无为，即使他或她少年自杀了，其自杀仍然是一种带有强烈刺激后效的巨为。

对于无为的讨论其实就是对于为的讨论，无为是为的一种，如《老子》第六十三章所言：“为无为，事无事，味无味。”为乎无为，无为乎为，为此乎无为彼，为彼乎无为此，全无为乎则为其全无为，全部献身投入有为乎则全无逍遥齐物养生之为，或称之为无为。即使作为概念与逻辑游戏也令人击节称道，妙哉有为与无为欤！

> 夫虚静、恬淡、寂漠、无为者，万物之本也。明此以南乡，尧之为君也；明此以北面，舜之为臣也。以此处上，帝王天子之德也；以此处下，玄圣素王之道也。以此退居而闲游江海，山林之士服；以此进为而抚世，则功大名显而天下一也。静而圣，动而王，无为也而尊，朴素而天下莫能与之争美。
>
> 夫明白于天地之德者，此之谓大本大宗，与天和者也。所以均调天下，与人和者也。与人和者，谓之人乐；与天和者，谓之天乐。

虚静、恬淡、寂寞、无为，正是万物的根本、万事的关键。明白这个道理而南面称帝，正是唐尧这样的人能够有所成就的道理所在；明白这个道理而北面称臣的，正是虞舜这样的人能够有所成就的依据所在。持这样的心态而高高在上，就是有德的帝王天子；持这样的精神而位于卑下，就是虽无帝王之位却能够成为一代宗师、精神旗帜的玄圣素王（抽象概括、表述、弘扬大道大智大德的圣贤，并无权势宫室的素王——纯粹精神方面的王者）。持这样的心态而退隐漫游江河湖海，方方面面的山林隐士也无不宾服拥戴；持这样的心态意欲有所进取、有所作为而且要安排造福世人，那么一定能够做到功成名就、声誉彰显，而且使天下大同，使天下之人都听你的、跟着你走。这样的人，静止状态时是圣贤，活动状态时是王者。这样的人，无为而无比尊贵，朴素无华而天下没有谁能比他做得更美好。

能够明白天地德行的根本要点，也就是最大限度地通晓了天地的本质与本原，从最根本处领悟了天地的德行，也就能与天相和合。依据这样的心态与认知来调节、平衡、处理天下大事，也就能与众人相和合。与人相和合，就是人间的和乐、与人和乐；与天相和合，就是天然的和乐、与天和乐。

在内篇中，庄子强调的是许由对于唐尧让位的严正拒绝，甚至认为听了让位让权、为王为尊的话语都污染了自己的耳朵。到了这里，不知道是哪位尊重庄子却又心盼两全、心愿鱼与熊掌皆得之的后生，说的是人练就一副能进能退、能上能下、能功名能无为、能济世抚世也能避世出世的全才。真是舒服啊，真是灵活呀，真是过于聪明的中国文人啊，你占全啦！

如果只从利益、得失上衡量，这样的理论堪称驴粪球儿面面光，令人怀疑，尤其令人嫉妒。但是，焉知道这不是由于著作者的问题，而是由于接受者、反馈者精神世界委琐低下，才搞成了以小人之心度君子之腹呢？可进可退之说里，确有一种理论的根本性与统一性的考虑：出世之道与入世之道果真是势不两立的吗？能不能以出世之道而治世、济世、抚世、理世呢？这样一种思想，在重整体、重本质、重统一的中华文化中，当然会有自己的地位。而谁能做到这一点，也就未必不是真有点道行、有点智慧、有点境界、有两把刷子了。一味文死谏、武死战，这只能算是“一把刷子”，一味乘大葫芦而游江湖或一味躺在大臭椿树下酣睡，这仍是只有另外的“一把刷子”。进可以治国安邦，退可以酣睡、浮游，邦有道则智，邦无道则愚……这才算有“两把刷子”了呢！其他跌滚爬打的虫豸、声嘶力竭的蛤蟆、进退失据的鸦雀、饥不择食的猪狗，又有什么资格评论这种能进能退、进可攻退可守的道性与道行呢？

把用藏、进退、入出、君臣、圣隐、朝廷与山林之道结合起来，并统一起来，的确有它的魅力。结合点不在励精图治，不在居庙堂之高则忧其民、处江湖之远则忧其君（范仲淹《岳阳楼记》），而在偏于消极的虚静、恬淡、寂寞、无为上。这尤其有特点。为君、为臣、为圣，是焦虑、急躁、奔忙、火烧火燎好呢，还是稍稍清凉一点好呢？权愈大，事愈多，影响与使命愈高，能做到平稳理性、从容冷静就愈珍贵。这一段说法，还真是宝贵得很呀。

把握了根本性的无为，就可以做到与天和、与人和，就可以做到天也乐来人也乐，山也乐来水也乐。这四个乐的类似句子曾经在“大跃进”民歌《红旗歌谣》中出现过，看得出《庄子》的修辞方式一直影响到一九五八年。更重要的是，此种论说逻辑表现了中国式的、抓牛鼻子式的思想方法，即认定抓住关键就能一通百通、迎刃而解、万事大吉。这种格式用之自我安慰有余，用之解决问题则科学性、逻辑性不足。

> 庄子曰："吾师乎！吾师乎！齑万物而不为戾，泽及万世而不为仁，长于上古而不为寿，覆载天地、刻雕众形而不为巧，此之谓天乐。故曰：'知天乐者，其生也天行，其死也物化。静而与阴同德，动而与阳同波。'故知天乐者，无天怨，无人非，无物累，无鬼责。故曰：'其动也天，其静也地，一心定而王天下；其鬼不祟，其魂不疲，一心定而万物服。'言以虚静，推于天地，通于万物，此之谓天乐。天乐者，圣人之心，以畜天下也。"

庄子说："（大道或天乐或圣人）我的老师啊！我的老师啊！它毁灭万物但不是由于暴戾，它的恩泽好处惠及万代却不是由于仁爱，生长于远古却不求长寿，涵盖天地、雕刻制作出种种形态却不求智巧，这就叫作天乐——天然之和乐也。所以说：'懂得天乐的人，他活在世上是自然而然地运行——与天同行，他死了也就化成万物的一部分——与物同体。宁静时与阴气同德行、同担当，运动时跟阳气同震荡、同波动。'这样，体察到天乐的人，不会抱怨天命，不会招惹人间事非，不会被外物牵累与干扰，不会与鬼神互相推诿责备。所以说：'运动时像天一样通畅，静止时像地一样安稳，自己内心安定，专一一贯，也就使天下稳定连贯；鬼魅无法折腾，神魂从不疲倦，内心专一一贯，也使万物随而安稳。'就是说，把虚空宁静的精神推广到天地，通达于万物，这就叫作天乐。所谓天乐，就是以圣人之通天地之心，养育、培养天下众人。"

与老庄的其他文字比较，这一段对于圣人的能量、能力吹呼得大了一些。所谓"圣人之心，以畜天下"云云，牛大发了。好在他强调的仍然是天乐，是人与天的一致，人与天一致是圣人的主要特色。或者，更准确与刻薄地说，与天一致，是中国的所谓内圣外王的人的自我标榜：一是为了给自己高高在上的统治地位壮胆；二为了让老百姓接受他们的颐指气使与大忽悠；三是为了给自己的权力地位与论辩说辞找一个伟大根据、伟大榜样。当然，不排除他们中的一些智者、迂者、颇具雄心壮志者真诚地师法天地、事奉天地的动机。

这一段说辞令人想起内篇中的《大宗师》之题名。大道也罢，天乐也罢，圣人也罢，美名、美德、美质是要多方学习、体会、咂摸的。它覆盖万物，恩惠万世，长于上古，刻雕众形……但不戾、不仁、不寿、不巧。它只承认道法自然、与时俱化，不承认意志、感情、价值、心愿。它只承认天的主体性、自然的主体性、道的主体性，不承认人、人的欲望、追求与文化的主体性。而只有在放弃了人的主体性，与天地阴阳结合为一以后，才成为天乐的下载、大道的下载，成为圣人，成为天下的主体。以全面放弃求全面获得，这是一个伟大的思路。虽然不无玄虚，但仍然造福人众。

"天乐"一词也很珍贵，天然的舒畅，天然的享受，天然的和乐，天然的欢欣。还有，只有天然，才能有真正的快乐与喜悦。一切人为的欲望、追求、刻意与咬牙切齿、拼死拼活，能够带来真正的快乐吗？

二、纵向分工思想的萌芽：上无为，下有为

> 夫帝王之德，以天地为宗，以道德为主，以无为为常。无为也，则用天下而有余；有为也，则为天下用而不足。故古之人贵夫无为也。上无为也，下亦无为也，是下与上同德，下与上同德则不臣；下有为也，上亦有为也，是上与下同道，上与下同道则不主。上必无为而用天下，下必有为为天下用，此不易之道也。

帝王的德行规范，往根本里说，是以天地为本为纲、为依据来行事的；往自身上说，则是以道德为主宰、为主心骨的；往行动方略上来说，则是以无为而治作为常规、作为经久不变的思路的。越是高高在上的帝王，越要无为，无为才能掌管天下而游刃有余；而

越是有为，则越是为天下所役使，有为了半天仍然不能满足为天下所使用的需要。所以，古人认定无为者比有为者更尊贵、高明。上也无为，下也无为，这就是上下同德同等，下与上同德同等了，臣子也就缺失了臣服的意识了。而处于下边的臣子有为，高位的帝王也有为，上下就同道、同干活了。上下同道、同干活，帝王也就显不出主导作用来了。所以说，上边一定要无为才能掌管、受用天下，下边则必须有为才能被天下所掌控使用，这是不可更易的道理。

老板要无为，经理与工人则必须有为。帝王要无为，臣子百姓则必须有为。这一章的撰稿人似乎开始意识到一味讲无为也有说不通的地方，便开始讲上无为而下有为的道理，这个道理叫作不无道理。

第一，越往上，责任就越多，日理万机的领导者往往正是挂一漏万、捉襟见肘的老板。放不开手，不会依靠下属干活的老板累死活该。这样的有为之头头肯定搞得下边的人缩手缩脚，叫作不能发挥人民群众的主体精神，不能做到由群众自己解放自己。

第二，为得多，毛病、缺点也就多，陷于被动的可能也就多。还不如让下边放手去为、去干，上边适当点拨一下，干好了夸奖、鼓励，干坏了指出经验教训乃至追究责任最好。

用天下与为天下用的说法很高明，值得深思。这其实也是一个异化的问题，是人的主体性的问题。可惜的是多少人最后只能是被异己的力量所使用，疲于奔命，顾此失彼，千疮百孔，越是有为，越是搞成了个狼狈不堪。

第三，上边的关键在于选择与决策、在于判断与调整、在于分派与裁判、在于叫停与叫起（动），更需要的是清醒、是虚静，是沉稳、是保持一点超脱，你不要事必躬亲不分大小事地奉陪下属到底。

第四，越是上边，越要为自己留有余地、留有空间……

以《红楼梦》为例，当贾母强调自己是“老废物”时，她搞的是无为而治，是贾府情况相对较好的时期。等到她要参与管理，如搜检大观园的前夕，她批评探春的“麻痹大意”，大事反而是已经不好了。

但这样的说法与“鞍钢宪法”正好相矛盾，“鞍宪”强调的是两参一改三结合（干部参加劳动，工人参加管理，改革不合理的规章制度，工人群众、领导干部和技术员三结合）是缩小老板与工人的距离。“鞍宪”是社会主义意识形态的产物，而《庄子》此章讲的是封建主义的君臣之道。太强调君王的无为了，会发展寄生性、废物性、腐烂性，最终也只能自取灭亡。

我们的先贤还有一个特色，重视（精神）状态远远胜过方法、措施、政策、策略。这里讲的无为，讲的以什么什么为宗、为主、为常，更多的是讲应有的大气磅礴、胜券在握、从容不迫、治大国如烹小鲜的精神状态，而不替代、不承包具体的因应方略。至今，我们在体育评论中可以明显地看到，我们仍然强调状态，而不是强调方略、技术。

> 故古之王天下者，知虽落天地，不自虑也；辩虽雕万物，不自说也；能虽穷海内，不自为也。天不产而万物化，地不长而万物育，帝王无为而天下功。故曰，莫神于天，莫富于地，莫大于帝王。故曰，帝王之德配天地。此乘天地，驰万物，而用人群之道也。

所以，古时的帝王掌管天下，虽然上知天文下知地理，却不会整天为自己盘算思虑；虽然他们能够把万物都说出花儿来，却从来不自说自话，滔滔不绝（或不因辩才而愉悦）。虽然他们的才能海内无人可比，他们绝不自己没事找事干。他们知道，天并没有意图一定要出产什么而万物变化有定，地并没有意图一定要长成什么而万物在地上自行化育成就，帝王没有意图、没有主题一定要做什么而天下的万事自有良好的功效。所以说，没有什么东西比天更神妙，没有什么东西比地更富足，没有什么东西比帝王更宏伟。所以说，帝王之德是与天地为伍的。这就是乘着天地的威势与道理纵横驱驰万物，使用管理人群的大道呀。

“帝王之德配天地。此乘天地，驰万物，而用人群之道也。”呜呼哀哉，到了这里，自然之道变成了帝王之道：“德配天地”是幌子，是招牌；“乘天地”是威风、是气势、是权力，是压倒一切的姿态；“驰万物”是横扫一切的风格与弄权的快乐；“用人群”也是实话实说，人群受帝王所使用，人群给帝王服务，人群是帝王的家奴。这一段文字甚至流露了封建主义的马屁味道。与《庄子》内篇确有不同。

这里的悖论在于，庄子时期，帝王的威权已经形成，诸子百家，没有谁敢于向帝王威权提出挑战，更不可能提出欧洲也是近现代才产生的民主、民权、人权、分权、监督、制衡、权力转移的理论、观念与制度。但诸子百家，还有一些士人、臣子等，又毕竟不是某一个特定的朝代与帝王的私产，他们煞有介事地企图制定万世的修身齐家治国平天下的道理和方略。他们不能将某个特定的帝王树立为真理检验与价值界定的标准，他们求助于天，中华文化也确实具有崇拜天地自然的本能、基因和传统，他们乃将天、天地、天道、大道、玄德、道德树为最高的主宰、理念与价值，于是帝王统治的大旗飘荡。帝王搞得顺当了，你是受命于天，与天地为伍，是得道多助、是奉天承运、是顺天应人，与天地互相彰显、互相助威、互为依据，所向无敌。弄好了是天下唯有德者居之，是以德治国，是以礼（文化）治国，是庇荫万民，是乘天地、驰万物、用人群，得心应手。帝王搞得不顺当，搞得所谓天怒人怨了，天道之属，就下载而成了死谏的忠臣、若隐若现的反对派或基本教义派——原教旨主义者或农民起义者、胜者王侯（败者贼）人士的大旗。你这个倒霉的或昏聩的或残暴的帝王，便成了无道昏君、失道寡助、独夫民贼，只能落一个身首异处、九族皆夷、彻底灭亡的下场。那么，讲天道也好，讲以德治国也好，虽然不足以应对治国理政的复杂挑战，仍然不排除其中包括有道德监督、文化监督、政治警示的内涵。

也有与内篇明显一致的地方，就是我在《庄子的享受》中已经命名的庄学的“无主题治国”论。越是帝王，越要无为，不要搞主题先行，不要搞理念挂帅，不要因一己的理念愿望而与客观世界和民心对撞。不要自己想干这干那，而要一切听任百姓的本性，听任天然的运行规律。这有点放任自流的味道，但对于唯意志论、教条主义、违背客观规律的执政行为，是一个约束与警惕。

> 本在于上，末在于下。要在于主，详在于臣。三军五兵之运，德之末也；赏罚利害，五刑之辟，教之末也；礼法度数，形名比详，治之末也；钟鼓之音，羽旄之容，乐之末也；哭泣衰绖，隆杀之服，哀之末也。此五末者，须精神之运，心术之动，然后从之者也。

我们要分得清根本、根底与末节、终端，根本的地位与重要性在上，末梢的地位与重要性在下。我们要分得清纲要与细目，纲要是由君王、主公掌管的，细目则是由臣子、工作人员从事的。上中下三军与五种兵器的调度运筹，其实是统治的大根据、大原则、大功能的末节；赏罚奖惩、刑法制裁等，其实是教育教化大业的末节；还有一些礼法、规则、形式、名义、号令、次序，是治理的末节；而敲钟击鼓、举旗挥杆，是乐典仪式的末节；哭泣、孝衣丧服等，则是表达悲哀的末节。这五方面的细目末节，只有与精神的变化和心态的运动结合、配合起来，随着精神状态走才是有意义的。

又是中国式的本质主义、整体主义、轻视细节、轻视具体的思维方式。中华古人百次千次地表达，只要抓住根本，细部出点差错没有关系，甚至是细部出点毛病更好，证明你的心思全在根本上。中式古代思维相信源头却不注意终端，重视主机却无视键盘与监测屏幕，重视内科忽视外科，重视大道理不重视具体技术，重虚轻实，重大轻小，重头轻尾。咱们这里从来没有细节决定成败的说法。细节决定成败的说法是西方的说法，在我们这里涉嫌技术主义。毛泽东也喜欢讲主要矛盾解决了，次要矛盾便迎刃而解。那个时期，喜欢讲不能只讲粮棉油不分敌我友，不能只拉车不看路。新中国几十年过去了，谈文艺只准讨论方向问题，将“方向问题解决了”作为反动论点来批，说明新中国的文艺走了数十年，一直忙于向左转、向右转调整改变方位，却未能前进一步。最后搞的是分不完、分不清敌我友，却高度匮乏了粮棉油，还有如毛主席“文革”中说过的没有小说、诗歌、散文。最后搞的是你说我路线不对、我说你路线不对，车子或轮子或双脚停在原地打转。最后搞成文艺上派别森严、帽子乱扣，可是拿不出像样的货色。现在不怎么天天争执方向问题了，方向的事儿反而淡化了。

过度地强调本末、主从、先后、纲目的关系，有可能是造成国人思想懒惰与孱弱，缺乏创造性、试验性、冒险性的原因之一。要知道，多数人一出生就注定了自身处于各种事物系列的末端，三百六十行，诸如宋代周焊《清波杂志》上记有的“肉肆行、海味行、酱料行、花果行、鲜鱼行、宫粉行、成衣行、药肆行、扎作行、棺木行、故旧行、陶土行、仵作行、鼓乐行、杂耍行、皮革行”等，有几行是本？沾得上本的全国人口中，能有百分之几、千分之几、万分亿分之几？老百姓嘛，本来就是各末之末，是从，是后，是目而不可能是本、要、主、纲、先啊。于是，你只有紧跟照办当差的份儿，却不可有筹谋、计划之心，更不可以有独立思考，不可以有独立之人格与自由之精神。用现在的说法，叫作只能“听喝”，一代代、一群群几千年听喝下来，您说这个族群能有多大出息？

然而，抓根本、抓牛鼻子、一通百通、一顺百顺的思路又是非常吸引人的。尤其是写文章的人，有了激情，有了生活，有了灵感，真是顺手拈来、俯拾即是、妙笔生花、宛若天成，如巴金所说最高的技巧是无技巧。我个人也喜欢我所杜撰的“大道无术”一语，看到一些人整天搞小动作，整天拉帮结派、无事生非、流言蜚语、嘀嘀咕咕、神神经经、哭哭闹闹，今天送材料、明天告状、后天匿名信，真是活活笑死人、丑死人。事物确有这一面。

所以，此章的撰稿人流露智力的优越感。他把俗人、俗臣、俗帝、俗圣极其重视的调动军队呀，典礼如仪呀，展示形象呀，名衔荣耀呀，表情举止呀，都用一个“末”字打入冷宫。想想看，多少大人物，多少国家民族集团，多少年、多少代都在那里忙于末，疲于详，致力于枝枝节节，奋斗于零零碎碎，不懂得大道，不懂得天地，不懂得玄德，不懂得根本、根底、纲要与大同，只知道小打小闹、抠抠搜搜、雕虫小技、小得小失……呜呼，这里的说法也还真有点挑战性与特立独行性呢。

> 末学者，古人有之，而非所以先也。君先而臣从，父先而子从，兄先而弟从，长先而少从，男先而女从，夫先而妇从。夫尊卑先后，天地之行也，故圣人取象焉。天尊地卑，神明之位也；春夏先，秋冬后，四时之序也；万物化作，萌区有状，盛衰之杀，变化之流也。夫天地至神，而有尊卑先后之序，而况人道乎！宗庙尚亲，朝廷尚尊，乡党尚齿，行事尚贤，大道之序也。语道而非其序者，非其道也。语道而非其道者，安取道！

致力于末学、学末，总是抓不住根本的人，古代也是有的，但是这种末学不会待在太靠前、太重要的位置，不会有人过于强调它们。事物都是有个先后、主从之分的。君在先，臣在后（从）；父在先，子在后；兄在先，弟在后；年长者在先，年幼者在后；男在先，女在后；夫君在先，妇人在后。这样的尊卑、先后是天地的运行法则，圣人是从天地中得到启悟，懂得了这种尊卑、先后的现象的。天与地相比，天在上，是尊贵的，而地在下，是卑下的，这是神明决定了的位置；春夏在先，秋冬在后，这是四时决定了的秩序；万物变化运作，从萌芽到区分成形，都有一定的形状、状态，盛衰生灭，有自己的变化的川流不息。天与地具有最高的神性，也还要区分一下尊卑、先后的秩序，何况是人间的道理呢？宗族神庙之中要崇尚血统的亲近（区分亲疏），朝廷里要崇尚地位的尊贵（区分尊卑），乡党之间要尊重年长者（区分长幼），行事要推崇贤明（区分贤愚），这都是大道本身的秩序，是理之必然，是接受、遵从、照办没商量的。如果谈道却违背大道的秩序，那就不是道了。如果谈道谈了半天却不是道了，还谈得上什么道！

这一段更像是对老庄学说的匡正、补充、修正，如果不说是歪曲的话。老子本来是讲道如雨露一样地均匀，讲天下不可为，讲不可得而亲、不可得而疏、不可得而利、不可得而害的。就是说，老子本来是主张大道面前人人平等的。而《庄子》内篇里更是找机会就嘲笑一下帝王，强调物之齐包括尊卑、先后之并无区别的。

但是到了此章，则认定尊卑长幼的区别是天经地义。古人有可怜之处，他们没有今天的天体物理学与立体几何的知识，乃认定天在上地在下，天尊而地卑。如果他们有了天体运行的知识，地球是圆的的知识，有了大气层与星系、银河系的知识，那种振振有词的天地至神而有尊卑、先后之序的说法也就完蛋了。

欧洲的启蒙主义强调人生而平等，这带有理想主义成分，从中可以生发出革命、民主、人权、社会主义、左翼思潮等。既有推动社会前进的伟力，又会掀起许多争拗事端。平等的思想是一个伟大而又多事的思想。中国的儒家则致力于一举认定、断定、铁定不平等的合理性、先验性、必要性与现实性，并努力为尊卑长幼定出一个合情合理的规范。如父要慈而子要孝，君要明而臣要忠，夫要良而妻要贞，朋友之间则要讲信义等。这种儒家的不平等主义与双向道德义务主义，与平等思想相比较，比较平和、比较没有出息、比较保守落后，但在一段时期会比较有利于面对与认同现实、有利于天下太平、有利于没有脾气，少上点火。这种“合理不平等主义”最后，如到了清末民初，则全无整合能力，变成了自欺欺人的废话。中国与西方的论点各自又都产生了自己的变数、异数，如西方的种族主义、殖民主义、阶级压迫，如我们的“舍得一身剐，敢把皇帝拉下马”与“王侯将相，宁有种乎”。世界是越来越复杂了，越来越说不清楚啦。

理论上、法学上、政治伦理学上的平等观与事实上的不平等并存，如因性别、民族、阶级、遗传基因、生理指标、智商、生存条件、教育条件、就业条件、地域等的不同而产生的直到运气上的实在不平等，这是人类迄今并未解决的一个难题。

其实，至今平等不平等的问题仍然闹心，有的争，有的斗，有的说。而且，各种沾了不平等的光的“上流社会”的精英们，多半不敢真诚与真实地谈论这个话题。而各种自以为是受到了不公正的遭遇的人，谈起来也都满溢着情绪，没有太多的人能理性、平和地予以深度思考。

> 是故古之明大道者，先明天而道德次之，道德已明而仁义次之，仁义已明而分守次之，分守已明而形名次之，形名已明而因任次之，因任已明而原省次之，原省已明而是非次之，是非已明而赏罚次之。赏罚已明而愚知处宜，贵贱履位，仁贤不肖袭情。必分其能，必由其名，以此事上，以此畜下，以此治物，以此修身；知谋不用，必归其天，此之谓太平，治之至也。

所以说，古代那些通晓了大道的人，首要的是去理解天道，即大自然的奥妙与法则、世界的根本规律与结构，而后去考虑人类能够把握的或更庸俗一点是应该遵循的道德信条；总体的道德信条弄明白了，才去讲仁义等情操涵养与价值认定；具有了仁义之情之理了，再厘清区分（分工）与责任（职守）；明白了分工与责任，就能搞清名义、名称与形式、格局；名称、形式、格局都清楚了，就该因人任事，即根据各人情况分派其职守了；人事安排好了，就要检查、监督、掌控、评价人们的工作情况与政治表现、社会反响了；掌握、评价好了每个人的情况表现，自然对于孰是孰非有清楚的判断了；是非判断清楚才好进行赏罚。赏罚分明，自然是谁聪明、谁傻笨都得到适宜的处置，谁高贵、谁低贱都各得其所，各得其位，仁爱者、贤能者、不肖即不成样子者，也都能了解其真情，相机处理。能够辨别各人不同的才能，能够给不同的人以适宜的名分与归属，以这样的原则去服务朝廷，以这样的原则去教化民人，以这样的原则去管治万物，以这样的原则要求与磨砺自身。拒绝智谋、招数，万事遁天道自然之理，这就叫天下太平，这就是治国平天下的最高境界。

这一段甚至大谈人事工作了。人事工作不要过度地动心眼、要花招，更不要搞阴谋诡计，这很明白，这样才有诚信、才能用好人、才能播种道德仁义，收获忠诚负责。否则，上下交相利还是好的，交相骗、交相谀、交相应付、交相推诿……各种病变也就层出不穷了。

这样的人事工作也要从天道学起，这至少是一个很好的说法。像天一样光明、正大、公平、宽广、涵盖、寡言，不失为一种形象参照。反过来说，不要鼠目寸光，不要像蛇一样地死缠恶斗，不要像蛤蟆一样地聒噪不休，不要像蛆虫般地追腐逐臭，不要躲在阴暗的角落里整天嘀嘀咕咕……也不无借鉴的意义。

这一段讲明天、道德、仁义、分守、形名、因任、原省、是非、赏罚，应该说至今仍有道理，而且从最高、最大处讲来，有点主张人事工作要有大局意识的意味。讲得太大了也会产生清谈、空论、抽象化、哲理化，而忽略了某些职位的具体性、业务性。说下大天来，首要的是一个人能否胜任工作的要求、末端的要求，如一个鞋匠做出的鞋好不好穿，一个瓦匠盖起的房好不好住。这很可能是我们的文化传统注意不够的方面。世世代代，我们大谈修齐治平的大儒大师、忠臣烈士不少，发明家、技术家、科学家、业务人才太不够，值得深思。手机段子有云，一只公猫闹腾得太过，被主人阉割，阉后仍然闹腾，而且猫气十足。主人不解，审问之。此猫曰：现在业务虽然不成了，仍能抓抓开会学习什么的。此段子或有片面与刻薄处，但也反映了百姓对于空谈家们的厌烦，不可不察。

> 故书曰："有形有名。"形名者，古人有之，而非所以先也。古之语大道者，五变而形名可举，九变而赏罚可言也。骤而语形名，不知其本也；骤而语赏罚，不知其始也。倒道而言，迕道而说者，人之所治也，安能治人！骤而语形名赏罚，此有知治之具，非知治之道；可用于天下，不足以用天下，此之谓辩士，一曲之人也。礼法数度，形名比详，古人有之，此下之所以事上，非上之所以畜下也。

古书上说过要"有形有名"，有格局、形式，还要有名分、归属，这说明古人早早已经看到命名的必要性，但不等于说古人认为形名是第一性、第一位的东西。古人讲大道，一要明天（了解天意），二要明德，三是仁义，四是分守（问责），到了第五层才说到形名。然后六是因任（因人任职），七是原省（考察评价），八是是非，到了第九层才是赏罚。一上来就讲形名，就是忘记了根本；一上来就讲赏罚，也是没了源头。颠倒了大道被接受、掌握、运用的次序，违背了大道的先后，而首先追求形名、赏罚，这是被统治的小人物、庸人们的特色，他们哪里懂得如何治国平天下呢？动不动就谈论谁升了、谁降了，什么机构设置了、什么机构升格、什么机构撤销了，谁走红了，谁受赏了，谁倒霉了，谁出事儿了……这说明此人注意政治现象最多的是政治动向罢了，并不懂得政治的道理和规律。这样的人被使用一下，当当差还算凑合，他们当不成真正的领导者。这样的人也可能成为名嘴，口若悬河，舌灿莲花，能够白话白话礼法度数、表面浮沉、格局升降、官运人气……这些人物，古已有之，多了去啦，当个官吏或参谋幕府或不无可取，真正治国，他们还没有门儿呢。

这一段至今读起来仍然感到真切、现实。关心政事、政治，谈论政事、政治，有兴趣于政事、政治的人多矣，多数都在那儿舍本逐末，舍根求一叶一枝，舍源头求水波、水花。张三升了，李四降了，张三受勋了，李四双规了，张三进了，李四退了，张家兴了，李家衰了，张李结盟了，李张反目成仇了，还有各种钩心斗角、奇招妙技、大旗大话、骤起骤落……坊间津津乐道者，无非是这些闹闹哄哄、乱七八糟然而很好玩和很戏剧化的表象、故事、西洋景，乃至脑筋急转弯。而我们的先秦诸子，坚信各种盛衰成败沉浮并非偶然，冥冥中有大道存焉，有大道运作焉。而且这种大道，对于儒家来说，是相当道德化的道（德）。对于老庄而言，是非常哲学化的道（理）。而不论是儒是道，他们都相信人间政事的主要参照物，主要的大宗师是天、是天地、是天道、是自然。这种想象力，这种超常的感悟不是没有道理的。就是说，我们既然不无道理地相信世界的统一性，也就是相信了道与德与理的统一性。人法地，地法天，天法道，道法自然，这样的公理应该是不证自明的，虽然这样空洞、抽象、伟大的道理，对于不同层次的人具有不同的意义。对于忽悠者，这只是忽悠而已。对于伪善者，这只是伪善而已。对于野心家、独裁者，这只是野心与独裁的漂亮外套而已。对于书生，这只不过是纸上谈政而已。对于实用主义者与机会主义者呢？这只是信口开河、嬉皮笑脸而已。对于思想家呢？这首先是伟大的思想说法而已。只有真正的通人，才能从理论思想到生活实践、从咨言到咨政、从领导到被领导、从顺到逆、从学问到经验，弄通这一切。俗人重视的是形名与赏罚，这话里包含着对于法家的批判，更是对庸人政治、鄙俗政治、名嘴政治、浅薄廉价政治的嘲笑。警惕政治的鄙俗化、庸人化、浅薄化、廉价化、名嘴化，越是在相对太平一点、自由一点的社会，越是必要的，却也是难以做到的。呜呼哀哉！

所谓第五层才谈得上形式、归属——形名，第九层才谈得上赏罚，也给人一种担心：这样认死理的话，不正是会造成文牍主义、教条主义、套话八股、清谈空论之风吗？如果你是纪检监察部门，你能不一上来就谈处罚吗？还是必须先要穿靴戴帽，先讲旗帜、纲领、方针路线、形势任务，到了最后十分之一才允许讲你要处分谁呢？如果你是卖茶叶的，从根本上讲，从世界农业文化史、饮料史、中华饮品传统、中国农民的优秀品质与不幸命运、几千年封建社会与近一百五十年的国家命运等纲要和根本上入手，讲到什么时候才能出现“茶”字呢？博士买驴，下笔千言，不见“驴”字，可能也是忙于抓根本。“五变而形名可举，九变而赏罚可言”，至于要想提到“茶”字，恐怕得等到十八变之后了吧？

三、仁政是不是装模作样

昔者舜问于尧曰：“天王之用心何如？”尧曰：“吾不敖无告，不废穷民，苦死者，嘉孺子而哀妇人。此吾所以用心已。”舜曰：“美则美矣，而未大也。”尧曰：“然则何如？”舜曰：“天德而出宁，日月照而四时行，若昼夜之有经，云行而雨施矣。”尧曰：“胶胶扰扰乎！子，天之合也；我，人之合也。”夫天地者，古之所大也，而黄帝、尧、舜之所共美也。故古之王天下者，奚为哉？天地而已矣。

过去，舜问过尧：“您秉依天意做了君王天子，是以什么样的心态、动机来奉天承运的呢？”尧说：“我从不在那些无助的老百姓面前显威风、摆架子，我也不忽视那些生活困难、走投无路的穷人，我为死者之苦而担忧，我好好地照顾死者留下的幼子，并怜悯他们的妇人。这些就是我用心的地方了。”舜说：“这样做好是好，但境界并不阔大。”尧说：“这么说，应该怎么样才对呢？”舜说：“自然而然，万事正常安宁，就像日月耀天、四季运行，又像昼夜交替，形成常理。云彩运行，随即有雨，雨水施及万物。”尧说：“纷纷扰扰的世事，谁摆脱得开啊？你讲的是与天相合，我做的是调理人间。”天和地，自古以来是最为伟大的，黄帝、尧、舜都会赞美、认同、崇拜它。所以，古时候统治天下而为君王的人，能够做些什么呢？尊崇天地，按天道行事就对了。

尧讲的政治情怀，很有点今人所说的注意帮助弱势群体的意思。虽然在这样一个虚拟的谈话中不可能很完备，但不失为一种以人为本的思路。舜讲的以天为本呢，高明则高明矣，玄虚了很多。然而，这毕竟是学说、是姿态、是理想与谈论、是精神的享受，这不是政纲，更不是竞选纲领。有此一说，还是蛮漂亮（即蛮享受）的。依此段所写，尧可以当民政部部长，而舜可以当哲学研究员。

孔子西藏书于周室。子路谋曰：“由闻周之征藏史有老聃者，免而归居，夫子欲藏书，则试往因焉。”孔子曰：“善。”往见老聃，而老聃不许，于是缮六经以说。老聃中其说，曰：“大谩，愿闻其要。”孔子曰：“要在仁义。”老聃曰：“请问，仁义，人之性邪？”孔子曰：“然。君子不仁则不成，不义则不生。仁义，真人之性也，又将奚为矣？”

老聃曰：“请问，何谓仁义？”孔子曰：“中心物恺，兼爱无私，此仁义之情也。”老聃曰：“意，几乎后言！夫兼爱，不亦迂乎！无私焉，乃私也。夫子若欲使天下无失其牧乎？则天地固有常矣，日月固有明矣，星辰固有列矣，禽兽固有群矣，树木固有立矣。夫子亦放德而行，循道而趋，已至矣，又何偈偈乎揭仁义，若击鼓而求亡子焉？意，夫子乱人之性也！”

孔子想把一批书籍（或自己撰述、编修的书稿）送到西部周王室的书库中收藏。子路给孔子出主意，说：“我听说周王管理典籍的史官有个叫老聃（即老子）的，他已经退职回家做寓公了，您老想收藏书稿，何不找他帮帮忙呢？”孔子称善。他去见老子，老子没有答应。孔子就翻阅着六经给老子解释。老子打断了他的解说，说：“太泛漫冗长了，你给我讲讲要点吧。”孔子说：“要点就在于讲仁义。”老子问：“所谓仁义，是人的天性吗？”孔子说：“当然是的。一个君子人不仁，能够成为一个君子人吗？如果他不义，他也就站不住脚，更无从生发与发挥影响。仁义是真正的君子人的天性，谁还能否认得了呢？”

老聃说：“再请问，什么叫仁义呢？”孔子说：“心放到中央，公正持中，而且善待万物，兼爱而全无私心，这正是仁与义的情态。”老聃说：“唉！你后面所说的这许多话可越发是靠不住的呀！兼爱天下，这不过是迂腐的空洞信念。而有意识地到处念叨什么无私，其实正是希望因此而有所获得。也就是说，这正是私心的表现。先生您的意思，不是说要天下人都不要失去生活的常态吗？那么，天地原本就有自己的常轨，日月原本就大放光明，星辰原本就排列有定，而禽兽原本就有自己的群落归属，树木原本就林立在大地上。先生，您任凭自然的德行行事，遵循顺遂着大道去行动与靠拢，这就是做到家了，又何必急急忙忙地宣讲闹腾仁义？这岂不如同是敲打着鼓点去寻找逃跑者，敲得越响人家就跑得越远吗？唉！先生您辛苦了半天，其实是扰乱了人的天性啊！”

摸摸良心是否长在正中，这已经成为俚语。而《红楼梦》里，贾赦讲的令贾母大为不快的笑话是说，一个人心口疼痛扎针，却扎往腋下，因为此人的心长在胳肢窝处。他以此笑话讥讽贾母偏爱贾政，而冷淡了他贾赦。却原来《庄子》已有“中其心”的说法。兼爱天下为什么是靠不住的呢？盖人性还是先顾自己的吧。《庄子》里的这一类说法倒有点西方社会的所谓“各人管各人，上帝管大家”的味道。

“各人自扫门前雪，休管他人瓦上霜”，国人也有这种说法，不无道理。每个个体把自己的事情弄好，社会相对也较少麻烦，但这又太忽视了群体、社会、社会关系的作用了。

敲锣打鼓寻找逃亡者的故事颇可一粲。君王也罢，圣贤也罢，通病是定调太高。开始，高调容易动人、迷人。继而，高调难以兑现，使人为难，遂影响了君王与圣贤的公信力。发展下去，也许有人逃亡，不想接受你的高调忽悠、施压与外加辖制。你再大喊大叫、敲锣打鼓地寻找失落的高调公信力，或许会事与愿违的吧？

但是，君王与圣贤如果和百姓是一样的水准与觉悟，似乎也不妥。怎么样能够平衡一些呢？这就是关键所在了。

无为与放任，这渐渐成了老庄的主张。他们极力贬低君王与圣贤在公共管理上的作用。他们不像无政府主义，但是像有政府、无主义。他们主张的是有君王、有圣贤、有大道、有玄德，但君王的特点是听任自然、放任百姓，最多是令百姓知其有之或者不知有之就行了。老子却又说：“民不畏威则大威至。”（第七十二章）这个威也许不完全是管理的威，而是大道的威、玄德的威了。这样讲，未免失之高妙，太妙，就变成玄学了。

四、太精明的人是不受信赖的

士成绮见老子而问曰：“吾闻夫子圣人也，吾固不辞远道而来愿见，百舍重趼而不敢息。今吾观子，非圣人也。鼠壤而余蔬，而弃妹之者，不仁也。生熟不尽于前，而积敛无崖。”老子漠然不应。

士成绮明日复见，曰：“昔者吾有刺于子，今吾心正却矣，何故也？”老子曰：“夫巧知神圣之人，吾自以为脱焉。

昔者子呼我牛也而谓之牛，呼我马也而谓之马。苟有其实，人与之名而弗受，再受其殃。吾服也恒服，吾非以服有服。”

士成绮见到老子，他说：“过去，我以为您是圣人，为此我不辞远道而来觐见。走了上百天，脚底都磨出茧子来了也不敢怠慢、歇息。今天见到您，根据我的观察，您可不是圣人呀。屋里的地面上跑着老鼠，剩菜剩饭丢弃在那里，不予理会，这是不仁啊。生的熟的各种吃食吃也吃不完，却还在那里积攒。唉，您这是怎么回事呀？”老子表情淡漠，不予置理。

士成绮第二天又来见老子，他说：“昨天，我说话讥刺了您。今天，我的心情正常多了，这是为什么呢？”老子说：“如果你说的圣人是指巧智神圣之人，我想我并非那样的人。早先你愿意叫我是牛我就当牛好了，你管我叫马呢，我就当马好了。如果我的状况已经给了你某种观感，你那样地称呼我，我又不接受，那不是进一步要出现不愉快了吗？我一如既往衷心乐意地接受了你的命名，一切悉听尊便，并不是有意、有目的地如此这般。”

这可以称作非名论或非正名论，这也叫不争论。孔子不是要正名吗？庄子早在内篇中说了，“名者实之宾也”（《逍遥游》），名是次生的东西，实才是根本，才是原生的存在，说马就是马，说牛就是牛，有什么可争的呢？

俗人最常用的办法，就是给自己不喜欢的东西起一个恶名，而至人、真人，根本不拿名不名当一回事。这又是一种理想，这甚至让人想到所谓不进行姓社姓资的抽象争论。

这里的巧智神圣之说也有点内涵。巧智，根本上就是老庄所否定的，老子要的是“镇之以无名之朴”（第三十七章），当然不要巧智。庄子要的是放任自然，也不欢迎巧智。圣一下，在《庄子》外篇里还差不多。圣而神之，与圣而鬼之一样，同样太不朴实了。切莫忘记，老子归根结底是要绝圣弃智的，老子是主张宠辱无惊的，庄子是讲以天下誉之、以天下非之都不须理睬的，那么算不算圣人，对于此段所写的老子来说，算个鸟！

士成绮雁行避影，履行遂进而问："修身若何？"老子曰："而容崖然，而目冲然，而颡頯然，而口阚然，而状义然，似系马而止也。动而持，发也机，察而审，知巧而睹于泰，凡以为不信。边竟有人焉，其名为窃。"

几句话说得士成绮五体投地，他像雁子一样侧身而行，小心翼翼如同躲避着自己的影子，一副赔小心的样子，问老子说："请给我讲讲修身之道吧。"老子说："你这个人啊，面带傲气，目光炯炯，额头凸显，你的口舌炫耀，还摆出一副人五人六的架势，好像是一匹奔马被缰绳捆系，你想闹腾却又被迫停止。你想发作起动，恨不得机敏无比，你东张西望，自命眼里不揉沙子，你是聪明外露，精出个样儿来。这一切都不自然、朴实，让人不敢相信你。边境出现了你这样的人，人家还以为是窃贼之类的搞非法勾当的人呢。"

这里的相面描摹十分精彩，国人之思维定式与集体无意识久矣，不喜欢张扬外露之人，不喜欢个性凸显之人，不喜欢跃跃欲试之人，不喜欢针尖麦芒之人，不喜欢英气勃勃、才华洋溢之人。国人喜欢的是谦虚谨慎、内敛深藏、大智若愚，最好是拙嘴、笨腮者。甚至国人不喜欢太多太明显、太外露的表情，不待见太多的手势等肢体语言，连称颂大人物，也是说他们"喜怒不形于色"。这里的士成绮被说成"而目冲然"，与其译作两眼外凸，不如译作目光炯炯有神——这却成了他的大毛病。唉！

五、永远不使自己的精神陷入重围

夫子曰："夫道，于大不终，于小不遗，故万物备。广广乎其无不容也，渊乎其不可测也。形德仁义，神之末也，非至人孰能定之！夫至人有世，不亦大乎！而不足以为之累。天下奋棅而不与之偕，审乎无假而不与利迁，极物之真，能守其本，故外天地，遗万物，而神未尝有所困也。通乎道，合乎德，退仁义，宾礼乐，至人之心有所定矣。”

先生说：“这个道哇，从大里说，永远没有个头，往小里说，没有遗漏。有这样的大到无穷也小到无底的道，才有、才能理解、才能生出齐备的大大小小的万物。它的广大可以包容一切，它的渊深无法测量。与道相比，赏罚仁义，都是精神概念的细枝末节，不是至人，谁能确定赏罚仁义的标准呢？至人能够拥有世界（或至人出世），也够伟大的了吧，然而这不足以成为至人的包袱累赘。天下人争权夺势，竞争了个如火如荼，但是至人不会跟着闹哄。他并不需要借助依靠什么为自己谋利，他就是他自己。他能够穷尽外物的真相真知，握持住根本，所以能将天地置之度外，把万物放到一边，从来不使自己的精神陷入困境重围。他的道心畅通，他的德行适宜，不需要考虑仁义道德，也不会把礼仪奏乐放到心上。至人的心自有集中点、自有稳定处。”

老子和庄子在谈到道的时候经常会用一赞三叹的调子。他们在分析，更是在礼赞；他们在论辩，更是在歌唱；他们在讲哲学，更是在吟诵诗篇。是的，进入无穷大的境界以后，理性的分析与信仰性的服膺与赞美已经合而为一。思辨与信服，信服与膜拜，膜拜与高歌，已经融会贯通合为一体了。

这叫作唯道唯一，当然再不需要狐假虎威，不需要虚名头衔，不需要势利背景，不需要借光造势，不需要包装炒作。“审乎无假而不与利迁”，这九个字极有深意、新意。无须假借的结果是无惧物议、无惧天下人皆非之，也无求天下人皆誉之。这不就是超然物外、翩然无迹、金刚不坏、刀枪不入了吗？至人的最大特点是这种精神的独立性、强大性、自足性、主体性。这样的精神如长江大河，如泰山、昆仑，如日月星辰。这样的至人，还会有什么忧虑、烦恼呢？又如何可能陷入精神的困境与重围呢？应对外物的攻伐，（见黄山谷诗：“外物攻伐人，钟鼓作声气。待渠弓箭尽，我自味无味。”）即外界的不怀好意的恶劣运作，没有比自己的超越与通畅更有力的了，你一心陷害、心劳日拙、绞尽脑汁，我哈哈大笑、视若无物、成果串接、光照寰宇。谁优谁劣，谁胜谁负，还用研究吗？

六、语言文字记录下来的糟粕而已

> 世之所贵道者书也，书不过语，语有贵也。语之所贵者意也，意有所随。意之所随者，不可言传也，而世因贵言传书。世虽贵之，我犹不足贵也，为其贵非其贵也。故视而可见者，形与色也；听而可闻者，名与声也。悲夫，世人以形色名声为足以得彼之情！夫形色名声果不足以得彼之情，则知者不言，言者不知，而世岂识之哉？

世人认为珍贵的道，是借助于书籍来体现的，书籍、文字是什么呢？是言语的记载或书写。那么，言语有什么值得珍贵的呢？言语的可贵之处在于它的意义。意义是有所来由、有所指向的，也是很难用言语表达的。可是世人，由于珍贵某些言语，也就珍贵起书籍、文字来了。世人虽然珍贵书籍、文字，我却不认为它们有那么珍贵。因为书籍与言语的珍贵并不是真正的最高的珍贵。书籍可以看，看到的是形状与颜色；书籍可以读，读出的是声音和名称。不是有点可悲了吗？这个形状、颜色、名称、声音就能表达出它们的内情与真意吗？谁说的？我们说过真正有智慧、有知识的人可能不喜欢讲话，而那些滔滔不绝的人很可能智慧与知识极其有限。一般的世人，谁能识别得清谁有智慧、谁没有智慧，谁有知识、谁没有知识呢？

太精彩也太超前了。二十世纪，种种语言学派所关心与讨论的问题，庄子已经接触到了、思考到了。他说“悲夫，世人以形色名声为足以得彼之情”，就是说仅仅以语言文字的形状、名称、读音、视听感觉与印象来感知世界，这靠得住吗？用语言文字的视听感受来寻找对于世界的视听感受，这是足够的吗？遵循着文字——书籍——知识——意义——智慧的路线来尊重文字与书籍，庄子问，这样一个路线是必然完全可靠的吗？仅仅从有着一定形色、名声的文字上能理解多少含义、多少知识、多少智慧呢？两千三百年前，他已经不接受本本主义了。

> 桓公读书于堂上，轮扁斲轮于堂下。释椎凿而上，问桓公曰："敢问，公之所读者何言邪？"公曰："圣人之言也。"曰："圣人在乎？"公曰："已死矣。"曰："然则君之所读者，古人之糟魄已夫！"桓公曰："寡人读书，轮人安得议乎！有说则可，无说则死。"轮扁曰："臣也以臣之事观之。斲轮，徐则甘而不固，疾则苦而不入。不徐不疾，得之于手而应于心。口不能言，有数存焉于其间。臣不能以喻臣之子，臣之子亦不能受之于臣，是以行年七十而老斫轮。古之人与其不可传也死矣，然则君之所读者，古人之糟魄已夫！"

齐桓公在堂上读书，制作车轮的阿扁在堂下砍制车轮。他放下锥子和凿子，走到桓公跟前说："我大胆地问一句，您所读的东西是说什么的呢？"齐桓公说："是圣人的言论语录。"轮扁说："圣人还活着呢？"齐桓公说："死啦。"轮扁说："这么说，国君您正在读的，原来是古代的糟粕罢了！"齐桓公不高兴了，他说："寡人读书，你一个车轮工人怎么可以妄加评论！你说说，如果你有什么说法，那也还罢了，没有道理可说，我就要处死你的。"轮扁说："我是从我所做的这门行当明白了一个道理。砍制车轮，用劲小了就叫作甜了，松松垮垮不坚固；用劲大了就叫作苦了，太紧了揳不到框框里。怎么样才能不紧不慢、不大不小，做到得心应手呢？这是一个人嘴里无法讲说清楚的，心里头却是一定要有数的。这样的心中有数、心劲儿，我不能明明白白地讲解给我的儿子，我的儿子也不能从我的言语当中接收这样奥妙的心术与心劲儿。这样，我今年七十岁了，这么大年纪还得自己砍削车轮，没有人能接班啊。想想看，古时候的人已经随着他们那些不可言说的道道儿一去不复返了，能够流传下来的，恰恰不是那最奥妙的精华。那么，君王所读的书，不是古人的糟粕又是什么呢？"

这是外篇中最精彩的寓言之一。手工操作中甜了、苦了之说至今犹存。例如裁缝，为顾客将服装袖腿改短，去掉的太大发了，叫作去苦了。去得太少，仍然肥肥大大，是否称作甜？这则比较少见。庄子时期做轮子，应该主要靠木头的衔接，考虑的是榫头和榫孔（卯眼）之间的关系。按道理，砍削榫头的时候用劲太大，榫头留得太小，容易松松垮垮，就是说做苦了才松垮，但是此段说的是做甜了才松垮，也许古人与今人对于干活的甘苦的说法相反？或谓，甘是指甘滑，苦是指紧涩，那么与现今的甜了、苦了之说无关。也许吧，反正以甘苦形容活计的完成状况，古已有之，于今仍在。

无论如何，这个故事虽然把古书都说成糟粕，略走极端，其含义却堪称石破天惊。庄子早就从根本上破除了本本主义，袪除了对语言文字的敬畏，是一大解放。而且，他讲得很生活。理论是灰色的，而生活之树常青，歌德的说法信然。轮扁论斫的故事其实是来自对于生活的发现。语言、言语，对于人之为人是太重要了，但是仍有它的局限性。写成文字，离开了言说的具体语境，忽略了声调、表情等辅助因素，书本的表达能力就更差了一截。轮扁以自己的行业为例讲解语言的无能，实在精彩。我们首先以教学为例，因为这里的齐桓公读圣贤之书于堂上，目的是接受教育、是学习。那么，言语传授在教学中的作用如何呢？我们喜欢讲言传身教。有一些行当，言传是很不中用的。我童年时期读武侠小说读得成了功夫迷，尤其崇拜太极拳。我从早点钱中积攒下一点钱，购买了太极拳式图解。本以为从此可以练成太极高手，实际上，按照书本练拳是根本没有门的。一个简单的动手，费上一车话仍然可能说不清楚。仅仅一个身体与四肢各个部位的名称就不是一般人闹得明晰的，再讲动作，话越多，你就越糊涂。而身教则相对容易得多，老师给你一比画，你就明白了。

从靠书本练拳受挫的经历中得到的启发是：体育、手工艺、各种劳动技能，当然包括制轮，都是身教大胜于言传，言传又大胜于读书。还有许多门类，例如文学艺术，例如商贸活动、社会活动、政治活动，千变万化。书本的指导当然不无意义，加上身教也仍然适用有限，谈不上都是糟粕，但内含的精华似亦极有限，更多地要靠天赋、要靠素质（香港话叫质素）。既要靠经验，又要靠悟性，还要靠运气。

《庄子》此章提出了极其有趣而且新颖的说法，但也不全面，因为文字、书籍在局限性之外也有优越性。书籍往往经过较多的推敲、修改，经过作者的精益求精，经过时间和历史的淘汰、选择，迄今为止，书籍仍然是文化的最佳载体。可以反过来想一想，如果没有文字、书籍，人类的处境会是什么样子！

近日，在一家电视台的讲座节目中，我听到一位青年教授讲，吕不韦式的杂家的出现，意味着先秦诸子百家争鸣的黄金局面的结束。因为《吕氏春秋》虽然有名，却是一个拼凑。它没有自己的学说，不是来自人生、来自经验，而是来自书本知识的堆积。他说得很有意味。从书本到书本，而不是从生活到书本，再从书本到生活，不是多次的生活与书本之间的往返与双向交通，那样的学问装饰门面是可以的，但与真实的从人生、从世界、从经验中得来的学问是没有办法比的。对《庄子》的研读也说明了这一点，如果只是读书、说文、解字，你得到的差不多包含了太多的糟粕。

古人都是活过的人，他们的著述并不是死读书的结果，而是天才地总结了各种认识、感受与实践、经验的结晶，只有顺着认识、感受、实践、经验、人生、世界的图纸把这一切联系起来、消化起来，你庶几才可以得到真正的体悟。否则，岂不是书读得越多越蠢？

老王说：纵论入世出世、在上在下、有为无为、本根末节、言书情意之道，洋洋洒洒，言无不克。而一个轮扁论斫的故事，一个亦牛亦马的故事，就更令人五体投地，赞叹入迷。两千数百年前，这个庄周与他的弟子，怎么会这样聪明透彻，而且表达得这样潇洒顺溜？而这样一个大明白人的大明白大灵活文章，到了我们手里，怎么能忍心将之变成疙疙瘩瘩的糊涂糟粕？让庄周活过来！让庄周跳起自己的机敏与活鲜的舞步！让老王陪庄周尽显思辨精灵的青春与活力、才华与五光十色吧！

天运：天地与生命的乐章

一个是天，即世界、万物、宇宙与自然；一个是道，即本质、本原、终极与囊括；一个是人，即主体、感悟、追问、悲喜、生命与灵魂。这三者的交错与映衬、认生与相识、互补与互疑，出现了点点光辉、层层波澜、朵朵奇葩。本章是《庄子》外篇中最显满天星斗、满园花木、满目珠玉的一章。你可以设想是作者从多角度、多层次，乃至在改换着主体的身份设定，来体悟大道、体悟自然、体悟生命。乐章的比拟，刍狗的过期，桔槔的随人俯仰，脚印的不足为据，仁义观念的狭窄局促，水陆与古今的不通，对于相忘于江湖的向往，处处有奇思妙想，处处有入木三分，处处有出人意表，处处有豁然开朗。呵，原来如此！呵，可不是吗！原来你接触的最多是陈迹，鞋印罢了。鞋呢？脚呢？人呢？生命呢？生活呢？让我们一面赞叹着、阅读着，一面努力去还原《庄子》的潇洒与活气、人生的热闹与变化吧。让我们以活人的智慧与激情、活人的多感与调皮、活人的热力与苦闷，去邂逅庄周、揣摩庄周、享受庄周吧！

一、庄子的天问

> “天其运乎？地其处乎？日月其争于所乎？孰主张是？孰维纲是？孰居无事而推行是？意者其有机缄而不得已邪？意者其运转而不能自止邪？云者为雨乎？雨者为云乎？孰隆施是？孰居无事淫乐而劝是？风起北方，一西一东，在上彷徨，孰嘘吸是？孰居无事而披拂是？敢问何故？”

“天体是在运转着吗？大地是待在那里不动的吗？日月是交替地处于天上的相同位置上的吗？由谁来主持这些运转呢？由谁来保持这样的运转呢？是谁无缘无故地推动着、驱动着这些运转的呢？或者这里是不是有一部大机器在那里运转着呢？是因为它们已经运转起来了，想停止也停止不下来了吗？云出现了，它们是为了准备雨而出现的吗？或者雨的出现是为了云的需求吗？是谁在那里聚集雨云，生雨降水呢？是谁无缘无故、没完没了地促进这些天体的运转与天象的变化呢？风自北方刮起，一会儿向西，一会儿又向东刮上了，风儿在高空回转盘旋，是谁在那里吹嘘或者吸纳吗？是谁在那里无缘无故地在吹动它们？这些，究竟是怎么回事？”

这像是美丽的童话，命题可以是“世界真奇妙”。这是一种终极思索，所以用天文学、地理学、数学等是解释不了的。宗教的解释非常简单——由于上帝、由于主、由于佛法，世界就是这样的，世界是什么样就是什么样，不存在为什么的思考与答案。我们还可以这样表达，宗教的解答与不解答是一样的。世界是这个样子而不是别的样子，是由于主，那么主是什么呢？主就是世界的如此这般的决定者。世界的本质化、简明化就是主，主的表现与延伸就是世界。

而中国的道家的说法介于哲学与宗教之间。道法自然，包括这里开宗明义提出来的关于天运诸疑问、诸不解，都不是通向一个凌驾于此岸的意志力、一个世界的主人来作结的。在将世界本质化这一点上，道与主的意思相通。而通过对于道的“生而不有，为而不恃，长而不宰”（《老子》第五十一章）的特点的强调，即强调道是无心的、非人格化的，是无为（而无不为）的，道的自然而然的特点，道与大自然同质同步同格的特点便突出出来了。道不是掌管你、保佑你、惩罚你的主子，而是自然存在着、自然运动着的，既以万物为刍狗，又是给万物降下均匀滋润的甘露的至高至上、无穷无尽的源头、归宿与本质。

道是你部分的生命、你的一部分，你是道的见证，你是道的一部分，道就是你，你就是道，道就是一切！

这里对于天运的诸疑惑、诸不解，通向的不是颓废与失望、绝望，不是饥不择食地跪倒向主膜拜，不是对于自己难以理解的天运的咒骂与哀号，它实际上是变相的颂歌。它在歌颂，伟大的天体、天象啊，谁也说不清楚你的原委，谁也改变不了你的运转，谁也增减不了你的存在，谁也作用不到你的身上（王按，那个时期还不可能产生人类活动造成气候变暖这一类的问题与关注）。这也是一章天问，是哲学、终极关怀与文学感应相结合的产物。它给人的感受是天真、纯洁、美感与高耸感。我读这一段的时候常想，我们为什么没有一首这样的歌儿或儿歌呢？唱道：天其运乎？地其处乎……云者为雨乎？雨者为云乎……敢问何故？

好在我们有《卿云歌》：“卿云烂兮，纠缦缦兮，日月光华，旦复旦兮……”《卿云歌》好就好在它不问为什么，而是在赞美有什么、存在什么与怎么怎么。“日月光华，旦复旦兮”，这已就值得击筑而歌了，为什么还一定要问个为什么与谁主宰、谁管理呢？无主宰、无管理、无用心而世界恢宏如此，运转如此，不是更令人感动不已、赞美不已吗？

花开一春，人活一世，有许多东西你可能说不太清楚为什么与到底怎么了，人不是因为弄清了一切的奥秘与原委才生活的，人是因为询问着、体察着、感受着与且信且疑着才享受了生活的滋味的。不知，不尽知，有所期待，有所失望，所以一切才这样迷人。如果你准确地把握着每一个下一分钟与下一月、下一年，就没有悬念，也没有票房、没有赞叹，也没有好戏啦！

你总可以仰首望天，匍匐在地，歌唱它的日月星辰、风云雷电、四季周转、八方通畅，可以拥抱、亲吻，也可以怨恨、咒骂你人生的种种，最终你还是要与道同在，感动莫名，热泪盈眶，永远赞美，永远满意！

> 巫咸祒曰："来！吾语女。天有六极五常，帝王顺之则治，逆之则凶。九洛之事，治成德备，监照下土，天下戴之，此谓上皇。"

巫咸祒说："来吧，让我告诉你。天有上下东南西北六个方向，地有金木水火土五种元素与它们间的相生相克，帝王沿着这六个方向、五种关系来治理，天下大治，天下太平；不按照这六个方向、五种关系来治理，天下大乱，天下凶险。能够把九州的事务治理妥当，德行圆满，洞察下面的民情，得到天下的拥戴，这就是古代上皇的理想政治。"

《庄子》里边谈到治国平天下，挑儒家的毛病挑得极棒，一针见血，但是它开的药方却神乎其神、若有若无。什么叫按照六极五常来治国呢？意思是对的，还是自然之道，还是无为而治，然而，还是糊里糊涂。

老庄都善于提问题、批评儒学，但他们的正面主张都失之空疏乃至神秘。也正因为空疏、神秘，所以难以驳倒、难以战胜。

二、将仁义虚空化，然后是一片光明纯素

> 商大宰荡问仁于庄子，庄子曰："虎狼，仁也。"曰："何谓也？"庄子曰："父子相亲，何为不仁？"曰："请问至仁。"庄子曰："至仁无亲。"大宰曰："荡闻之，无亲则不爱，不爱则不孝。谓至仁不孝，可乎？"庄子曰："不然。夫至仁尚矣，

孝固不足以言之。此非过孝之言也，不及孝之言也。夫南行者至于郢，北面而不见冥山，是何也？则去之远也。故曰：以敬孝易，以爱孝难；以爱孝易，以忘亲难；忘亲易，使亲忘我难；使亲忘我易，兼忘天下难；兼忘天下易，使天下兼忘我难。”

宋国的太宰荡去请教庄子对仁的看法，庄子说：“仁如果说是一种品德，那么连虎狼也是具有的。”问：“怎么讲？”庄子说：“父子相亲爱，不就是仁吗？（虎狼的父子不也可以相亲爱嘛。）”问：“我说的是更高端的仁。”答：“高端的仁是不讲亲缘、亲近关系的。”太宰说：“我听说，不讲亲缘、亲近关系就没有爱，没有爱就不会有孝。按您所说，高端的仁是不讲孝道的，行吗？”庄子说：“并非如此。高端的仁是很崇高的，孝不孝的标准根本不足以表达仁的内涵。这并不是责备、否定孝道的言论，而是早已超越了谈孝、用不着谈孝、认为谈仁不必及孝的言论。一个人往南走，走到了郢的都城以后，就看不到冥山了，为什么呢？他走得太远了。（一个人已经达到高端的仁了，还看得见或者还需要谈论孝吗？）所以说，以尊敬的心情去尽孝比较容易做到，以爱心去尽孝，就难一些；以爱心去尽孝还算容易，能够忘记亲疏远近的关系，一律以仁爱待之，能够把孝提高到仁的高度，就更难一些了；忘掉亲疏远近的关系也还算容易，让亲人干脆忘掉自己如何如何之孝呀、仁呀就更难一点了；让亲人忘掉自己之仁啊、孝啊也还算容易，与此同时能够把天下、权力、地位、各种庸人在意的讲究说法等也忘到一边更难；把天下忘到一边也算容易，让天下人干脆连自己的一切美德、伟大、权威、功绩也忘掉了那才真叫难呢。”

不少专家、老师、前贤解释“此非过孝之言也，不及孝之言也”，是说太宰荡的言论并没有超过孝，而是没有达到孝的高度。这样的解释与出自《论语》的成语“过犹不及”一致。我则宁愿做相反的解释，把“过”当作“责备其过”讲，把“不及”当“不涉及”讲。既然谈的是至仁，早就超过了连虎狼都可以本能地做到的一般的亲爱孝道了。就像在讨论一个人的博士学位与教授职称认证时，可以不涉及他的学前幼儿教育与初小教育是否得到公证承认的问题。这里的所谓庄子宣讲的至仁，是一种高级的得道从而得到一切的境界。至仁则与道通，道就是一切之至，一切之最高端、最终极。仅仅说说亲爱，那是连动物都有表现的状态，仅仅是动物的天性罢了。这样，底下的到了郢都看不见冥山了也才好说通。请识者教之。

后来的推演句式极漂亮，如登高山，移步换景，浩荡高明，揽星抱月；如望远地，云蒸霞蔚，浮想联翩，飞升仙界；如练轻功，旱地拔葱，噌噌复噌噌，一层又一层，最后达到了一片空明的无我之境。出于尊敬之孝，未必真情，但有对礼法价值的敬畏，有随大溜的习惯，有理解的要执行不理解的也要执行的服从性，易于做到，但不那么纯真。出于亲爱之情而孝，也还易于做到，但仍非广被博大，不无私心。无私大爱，相当高尚了，犹难免作秀或追求“正确”、迎合群体或主流舆论之动机。能够不求回报，令被爱、被孝、被仁的一方忘掉你，境界自是不同。不求回报，不留姓名，也就够好的了，再能够做到不是由于你是大宰（即太宰），不是由于你身负重任，明明白白地需要阁下兼济天下，而是超越自己的地位、责任、权力，即忘却天下、忘记个人，只是我行我素地做到了至仁，当然又高明远去啦。仍有更高：从不在意自己的伟大行为、崇高记录、效益、影响、回报，最最不愿意让天下人记住自己，不愿意、绝对不接受天下人对自己的致敬、致谢、树碑立传、修纪念馆、颁布荣誉称号。同理，也就不去理会误解、攻击、嫉妒、进谗，哪怕是泼来一桶又一桶的脏水。这样，才算达到了逍遥的标准，达到了自身的完全解放。从中我们可以体味，逍遥不仅是一个快乐的标准，更是一个无私无我、无有无无的品德与哲理的境界。

这一段说易评难的递进式抒情——议论文，再次论证了老子的“为道日损，损之又损，以至于无为”（第四十八章）的道理，也再次沉浸了庄周的高了还要再高的立论风格。最高的境界是空无，绝了！忘记这个忘记那个，最后是一片虚无空明、辽阔自如的状态。庄子极讲究这个心功，即提高了再提高、扩大了再扩大、单纯了再单纯，物我两忘，天人合一，好啊。

> “夫德遗尧舜而不为也，利泽施于万世，天下莫知也，岂直太息而言仁孝乎哉！夫孝悌仁义，忠信贞廉，此皆自勉以役其德者也，不足多也。故曰：至贵，国爵并焉；至富，国财并焉；至愿，名誉并焉。是以道不渝。”

庄子接着说：“即使在德行方面继承了尧、舜的精神遗产，也无意一定要做什么。（因为我已经忘却了天下，无意去经国济世。）我的行为为一代又一代后人谋取了福祉，天下并无人知晓。天下运行自然正常、幸福快乐，天下已经忘记了一切外加的理念说辞。天下已经遗忘了我的存在，这才是最高的境界，哪里值得动情大言不断地喘着大气谈论仁呀、孝呀的呢？这个孝呀、悌呀、仁呀、义呀，还有忠呀、信呀、贞呀、廉呀，作为理念自己勉励自己，做到高度的自律，追求个人的道德高度，这当然是好的，对别人白话得太多了却并无必要。所以说，真正的高贵，才不考虑（‘并’是摒弃之义）什么爵位呢；真正的富足，根本不在意什么财宝；真正的愿景里，是没有名声、美誉的地位的。这样的无缺陷、无黏滞、无污点的道，才是至高、至上的道。”

非常先进的，我几乎要说是现代的思想观点了：道德主要是自律的问题，孝悌、仁义、忠信、贞廉等，自己应该学习之、力行之，但是不要动辄用这个来要求别人、衡量别人、责备别人，搞人肉搜索，也不能仅靠道德理想来要求社会、衡量社会、责备社会、运转社会。管理社会，还是要靠法制。以泛道德论治国，有它的理想主义的魅力，但不现实，而且容易成为不同政治利益驱动的互相攻击的口实。在一些亚洲国家和地区，声称要搞民主政治的人，常常发生这种道德旗帜下的党派之争。我们自身也面临同样的争议，孝悌、仁义、忠信、贞廉，当然好，但是难以用它们来组织公共管理与人民生活，尤其是经济生活。而法律完备、规则细致、公平交易、明码标价、手续严格、操作准确、奖惩分明、正当竞争等，从道德的观点来看也许远非理想、完美、高尚，然而，它们符合发展生产力与市场经济的要求。

这一段中，对于一些道德的讲究，“自勉以役其德”很好，“不足多也”的说法，比老庄书籍中有的地方干脆否定仁义、孝悌的话其实更有说服力、更实事求是，虽然那些猛批仁义道德的字句更过瘾、更刺激、更彻底。老王认为，读书不妨过瘾，但思辨和行动必须求实。

至贵并（通摒）爵、至富并财、至愿并名的说法太有魅力了。真正的高贵岂能乞求与期盼封赏？真正的富足岂能致力于财货？真正的内心的愿望与追求，岂能在意俗、世俗眼的无常毁誉？至人无物，这才是根本之处。一切有条件、有所期待的快乐与价值，都还不到家，都不算至。这里再次显示了《庄子》自我救赎、精神自救的决绝的努力。

三、大道与自然的宏伟交响

> 北门成问于黄帝曰：“帝张咸池之乐于洞庭之野，吾始闻之惧，复闻之怠，卒闻之而惑，荡荡默默，乃不自得。”帝曰：“汝殆其然哉！吾奏之以人，征之以天，行之以礼义，建之以太清。夫至乐者，先应之以人事，顺之以天理，行之以五德，应之以自然，然后调理四时，太和万物。四时迭起，万物循生，一盛一衰，文武伦经，一清一浊，阴阳调和，流光其声。”

黄帝之臣北门成问黄帝说：“黄帝您在洞庭的田野里大张旗鼓地演奏咸池之乐，我一开始听着很有些震惊、恐惧，再听一会儿放松下来了一些。最后呢，听着却有些困惑不安、空空洞洞、静静默默、心神不定、难以自持。这是怎么回事呢？”黄帝说：“估计你大概是会有上述反应的吧。我呢，请来奏乐的是人，而人的灵感启示来自天的运行、天的格局与节奏，并根据礼义的要求来进行演奏，呼应于高天太清。这个真正的最高的音乐，它首先反映着、应和着人间诸事，依据金木水火土五行运作，又反映着应和着自然，调理春夏秋冬四季，从终极处、根本处协和万物，对世界做出总体的反响。于是在音乐中（或随着音乐），春夏秋冬四季依次运行，万物也按一定的格局而出现、活动，有盛有衰，有文有武，有清有浊，阴阳调和，在时间的流动中表现出声音的流动迭替。”

这里出现了一大段“乐论”，归根结底仍然是道论。依中华的整体主义、本质主义、一元论的追求与崇拜，乐之道与修齐治平之道、天地之道，以及兵道（法）、拳道，如果到了日本则还要加上柔道、花道、茶道，老王还愿意给日本人加上俳句道等，是统一的。这里，黄帝主持或推动的咸池之乐，仍然是自然与世界、天运与人运的反映。它反映四时、五行、六合、八卦、日月、阴阳、清浊，以及人事中的生死、盛衰、文武、和战、沉浮、正邪、爱憎、悲欢……其实，西洋音乐也常常是反映这样的大自然、人间、外部与内心世界的，也是表现或再现这些东西的。例如，许多西方作曲家的套曲的命名是“四季”。像贝多芬的第五交响乐曰《命运》，我们完全可以用“始闻之惧，复闻之怠，卒闻之而惑，荡荡默默，乃不自得”来形容自己欣赏“贝五”的感受。至于民族器乐《春江花月夜》与《高山流水》呢，不正是“调理四时，太和万物。四时迭起，万物循生”“阴阳调和，流光其声”吗？柴可夫斯基的《1812序曲》不正是“一盛一衰，文武伦经”吗？

音乐是时间的艺术，正如造型艺术是空间的艺术一样。《庄子》这里早就发现了这一点，很有意义。有那么几十年，我国上上下下喜欢讲生活是艺术的源泉，这与我们信奉的唯物论世界观有关，但此段的《庄子》，主张的是，天、自然、太清是音乐艺术的最高源泉。如果说在孔子那里音乐首先表现的是礼法、教化、尊卑秩序、精神服从与和谐仁爱，那么在庄子这里，对于音乐的感受首先是夹杂着膜拜的艺术欣赏与感动，然后旁及礼义、四时、五行、文武、治乱、人心……大哉斯乐！如果说今天主张生活是唯一的源泉，可称之为眼睛向下的艺术起源论，那么庄子的天乐论，可以说是眼睛向上的起源论，带着几分宗教气息，比具体的某一种教门又宽阔些。

外篇的这一段，真应该列入音乐学校的教材。

至于有关咸池与咸池之乐的说法很多，有谓是黄帝制作之乐的，有谓是唐尧时期的音乐的。咸池，则有所谓日浴（落）之处、星名、桃花……诸说不详。是一个上古的音乐的符号吧。另从文义看来，那个时候的音乐似不是指民间的东西，而礼乐同论，应是指上层举行什么盛典时的行礼如仪之官方大乐也。

> “蛰虫始作，吾惊之以雷霆；其卒无尾，其始无首；一死一生，一偾一起；所常无穷，而一不可待，汝故惧也。”

黄帝继续论述惧、怠、惑——震惊、顺应、迷茫的三段听乐之感受。他说：“乐章的开始犹如以雷惊蛰，雷声自天而降，它的开始没有头，它的结束没有尾。一下子如同死亡，一下子如同生还，一下子如同倒下，一下子如同起立。乐声与乐感无止无休，但你找不到统一与连续，找不到方向感，所以你会恐惧。”

庄子有过如此伟大的音乐构想，无头无尾，亦死亦生……为何我们长久以来，音乐创作有时相当拘谨和重复——缺乏新意呢？

> “吾又奏之以阴阳之和，烛之以日月之明；其声能短能长，能柔能刚；变化齐一，不主故常；在谷满谷，在阬满阬；涂郤守神，以物为量。其声挥绰，其名高明。是故鬼神守其幽，日月星辰行其纪。吾止之于有穷，流之于无止。子欲虑之而不能知也，望之而不能见也，逐之而不能及也。傥然立于四虚之道，倚于槁梧而吟。目知穷乎所欲见，力屈乎所欲逐，吾既不及已夫！形充空虚，乃至委蛇。汝委蛇，故怠。”

“我接着让他们演奏的是阴阳的调和与激荡，以日月的伟大光明照亮了音响。它们的声响、旋律、节奏或短或长，能柔能刚；变化中有自己的一贯的方向，供人把握，稳稳当当，同时又与时俱化、不黏不滞、推陈出新、久远恒常；乐声来到山谷，就会使得山谷充满精神，乐声传到大院，就会使得大院充满气象；你听了会屏神静气，为乐声的充实而感动折服。这样的乐声宏伟大气，这样的音质崇高、响亮。它既是表现了鬼神幽居之缥缈，又是表现着日月星辰各行其道的辉煌。即使因有形世间的穷尽而暂时停止我们的演奏，音乐的情感神韵仍然在运行无疆。你意欲思忖这样的乐曲，却难以把握它的详尽内容；你想看见这样的乐声所指吧，却看不见什么模样；你想追逐与得到这样的乐境，却无法达到，总是够不到地方。你只能站立在四面空荡荡的路口，倚靠着一株枯槁的梧桐树而吟咏歌唱。眼光与智力因想见未见而穷尽，体力与劲气因想够却够不着而无望。（你会想）我是真的赶不上我的音乐啊。这样，形体因空虚无物而委蛇弯曲，你已经委蛇弯曲随顺一切了，当然心态也就放松缓冲下来了，也就是随形就状。”

这里，老王用散文诗的文体、用白话韵文来模仿黄帝所说的话。黄帝的话简直像一个乐队指挥在讲解自己对于乐章的理解，像置身在卡拉扬与小泽征尔的大师级课堂。说句笑话，中华文化的整体主义传统，使得黄帝老祖已经抓起文艺、抓起无标题音乐来了，而且抓得如此精彩。这里所说的这些感受，用来讲欣赏音乐，实在贴切，而且雄浑丰赡，气势不凡。你会觉得这是巴赫、贝多芬、马勒，至少是李斯特的曲目，而不是被米兰·昆德拉攻击的所谓媚俗的浪漫主义的柴可夫斯基与勃拉姆斯。

有的版本上“子欲虑之”的“子”作“予”，即第二人称处作第一人称。但惧呀、怠呀、惑呀都不是黄帝提出来的，而是复姓北门名成的臣子讲述自己的感受的话，因此即使这里用第一人称，应该仍然是黄帝为北门成设身处地而说的第一人称，等于是说你会这样的感受、这样想……之意。再说，不论是中国古文，还是现代西文，都常常将人称代词当作可移换的“代”词来用，你我他可以自由地转过来、移过去。

更正确地说，这里讲的不限于音乐，这是真正的生命体验、是信仰与膜拜的体验、是大道的辉煌、是万物万象的辉煌，也是个人的皈依、是听到了天乐、是看到了佛光、是与大道合为一体、是祈祷与礼赞、是跪拜与洗礼，是走到了——也是永远到不了的天堂，是生命的无限扩张。

> “吾又奏之以无怠之声，调之以自然之命，故若混逐丛生，林乐而无形；布挥而不曳，幽昏而无声。动于无方，居于窈冥；或谓之死，或谓之生；或谓之实，或谓之荣；行流散徙，不主常声。世疑之，稽于圣人。圣人者，达于情而遂于命也。天机不张而五官皆备，此之谓天乐，无言而心说。故有焱氏为之颂曰：‘听之不闻其声，视之不见其形，充满天地，苞裹六极。’汝欲听之而无接焉，而故惑也。”

“我又演奏起不那么轻松、舒缓的乐段来了，我这里又响起了自然造化的声响，调理引进了生命的涌动，各种声响相随相冲，丛生共鸣，声响如林（王按，这只能是交响乐啊），乐声似乎杂乱漫漶，不能成形；声音散布挥洒，但并不拖拉（或没有哪只手、哪根绳牵引着它），声音变得含蓄，似渐渐平静，不再扬声，而感情随之走向幽暗昏冥。音乐的运行，未必有一定的方向与目的；音乐的居留，也是悠远模糊无定。你可能以为音乐已死或音乐在表现死亡，你可能以为音乐已经生还或者音乐在表现降生；你可能以为它表现的是果实累累，你也可能以为它表现的是花瓣纷纷。乐调不拘一格，你抓不住它的调子、调性。世人对于这样的音乐有点听不惯、听不清，就去圣人那边讨教、问询。圣人呢，他听到的音乐是情感，他跟进的感受是生命或命运，他最懂得性情与运命。并没有什么人、什么人为的力量特意去开动、动用天之机制，而在这样的音乐面前，圣人感到的是五官满足、感觉充盈，这样的音乐乃是天乐：天大的音乐，天生的音乐，非人力所能成就的上天赐予的音乐。不必用话语去解释这样的音乐，这样的音乐已经告诉了你一切，给你以欣悦无穷，这就行了。所以有焱氏（即神农氏）为这样的音乐歌颂道：‘听，你听不出它的调门；看，你看不到它的外形。它充满于天地之间，它囊括了上下左右前后恒永。’你想好好听听却又没抓没挠，所以会感觉茫然而惑，所以会有无尽的感应。”

我完全不能想象庄子时期所讲的咸池之乐是个什么状况。但是这些描写，只能是交响乐，多半是无标题音乐，很可能是接近于现代派的无调性（atonal）音乐。调性就是我们说的什么 C 小调、E 什么什么调之类，一共二十四个大小调，形成自己的一个能够判断得出的音阶系统。有了调性，聆听也就有了方向感，它会形成听者的一个预期与听觉的准备。但庄子通过黄帝，大讲了一回混逐丛生、布挥不曳、动于无方、居于窈冥的音乐来，这未免过于现代或者后现代了吧？你找不到音乐的主与从、找不着工尺、找不到宫商角徵羽了，可就玩大发啦。

如果是我的牵强附会呢？那么，实在对不起，我还至少要再次强调，这里有若干例证、有可能的巧合：早熟的老庄之道，恰恰与现代与后现代的某些观念观感可以链接。这一段对于音乐的描写，恰恰离着西洋的交响乐、无标题音乐、现代后现代音乐比较近，而距离民族的相对单纯明快得多的乐曲（诸如《高山流水》《十面埋伏》《渔舟唱晚》等）远。

我希望今天的作曲家能够以《咸池》为题，作一部民族交响乐。

或者可以有一个比较容易接受的解释，中国的整体主义、本质主义是有它的道理与妙处的。《庄子》对于咸池之乐的传述，侧重的不是音乐本身，而是大道、是世界的本源、是生命的体验，是人生的心路历程种种。内篇中，《庄子》已经大讲天籁，天籁当然不仅仅是音乐，而且是自然与生命。庄子天才地描绘了生命的惧、怠、惑，也就是天才地描绘了天籁音乐的三大乐章。第一乐章是威严的开始，是第一主题的展示宣喻及与第二主题挑战的碰撞。挑战与反挑战，何能不惧不惊？第二乐章是抒情的慢板或者行板，也许还包含了谐谑与民谣、舞曲。第二乐章是生活的懒散与享用、是愉悦与放松、是顺应与休闲。第三乐章是“天问”风格的稀奇、变奏与杂糅。第三乐章的主题是难解难分的遗憾与困扰，是精神的电闪雷鸣！伟大的交响乐与伟大的长篇小说、伟大的建筑群落、伟大的感悟与信仰体系一样，它就是人生，它就是生命，它就是一切——无穷与永恒，有形与刹那。它就是上帝与魔鬼，它就是共舞与共鸣。

“乐也者，始于惧，惧故祟；吾又次之以怠，怠故遁；卒之于惑，惑故愚；愚故道，道可载而与之俱也。”

“音乐（或是咸池之乐）这个东西，从震惊恐惧开始，由于震惊恐惧所以有所搅乱纷扰，需要在后续的演奏中为之松弛一番心胸与神经。放松了，心思就走神了，就实现自我的逃避去了。结束演奏时，要结束在困惑、思索、探寻之中。困惑了，思索了，探寻了，你觉得自己不懂得什么、不知道什么，有点迷迷瞪瞪了，傻眼了，也就与大道贴近了，你也就可以承载、可以接受大道，可以与之沟通相接乃至与之同在了。”

惧、祟、怠、遁、惑、愚、道，这个七字真言也算是一个精神的历程、悟道的历程。佛陀也是大致如此，他在宫中的诸般痛苦，就是惧与祟，他在菩提树下的冥思苦想，就是怠与遁。这里的遁应该不仅是消极意义的逃脱，更是积极意义上的探求与提升，遁入空门，从俗世的观点看是逃遁，从佛法的观点看是觉悟、是精神的飞跃。而佛陀终于在公元前五三二年四月十五月圆日三十六岁时，在菩提伽耶的菩提树下发现了无常、无我的真理，放下了执着，达到了究竟解脱，得到了究竟果，完成了人生的目的，也就相当于惑而愚，愚而道，道则载而与之俱。载而与之俱，即是人感悟了道，人载了道，也是道接受了人，道载了人，人与道俱，道与人同。

真理与信仰是怎么获得的？菩提树下的冥思苦想是一条路。

精研学问包括自然科学，终于明了了更高、更多、更无限的大道，完全可能。兼数学家、科学家、哲学家而教主的事例多多，如罗素，如贝克莱。杨振宁、钱学森也都有这方面的倾向。政治、商业、社会事业与个人祸福上的巨大起伏，如《红楼梦》上所说的翻过几个筋斗，也能帮助人走向精神的巅峰。甚至于一场大病、一次车祸、一回地震，也足以使人从日常的眼皮子小得小失中跳出来，想点终极、形而上、无穷大。那么，我这里要说的是，艺术，尤其是音乐，绝对能够帮助我们体验平日体验不到的东西，包括恐惧与作祟、痛苦与不安、逃遁与升华、疯狂与平静、折磨与逍遥、愚蠢与清明、永恒与无穷、至高与至圣。沉浸在音乐里，你会得到从书本从老师那里得不到的东西。我虽然还没有从欣赏音乐中大彻大悟的经验，但是早在五十多年前，我开始写第一部长篇小说的时候，由于无法解决其结构问题而精神几乎崩溃。正在此时，我在南池子中苏友好协会的音乐厅听了新到的唱片，是肖斯塔科维奇的交响乐新作。我恍然大悟，我明白了什么叫长篇小说的结构啦。应该说，我明白了人生与世界的结构啦！

四、人不该作茧自缚

> 孔子西游于卫，颜渊问师金曰：“以夫子之行为奚如？”师金曰：“惜乎，而夫子其穷哉！”颜渊曰：“何也？”师金曰：“夫刍狗之未陈也，盛以箧衍，巾以文绣，尸祝齐戒以将之。及其已陈也，行者践其首脊，苏者取而爨之而已。将复取而盛以箧衍，巾以文绣，游居寝卧其下，彼不得梦，必且数眯焉。今而夫子，亦取先王已陈刍狗，聚弟子游居寝卧其下。故伐树于宋，削迹于卫，穷于商周，是非其梦邪？围于陈蔡之间，七日不火食，死生相与邻，是非其眯邪？”

孔子西行到卫国游说，他最心爱的弟子颜回问当地一位姓（或名）金的太师：“您看先生这次的出行会怎么样呢？”金太师说：“好可怜呀，你的先生算是穷途末路了。”颜回问：“为什么这样说呢？”金太师说：“你看，当祭祀用的茅草扎的刍狗还没有陈列到位的时候，它们被像模像样地摆放在特制的竹筐里，盖着它们的是绣着花纹的丝巾，主持葬礼的巫师斋戒沐浴以后，引领护送着它们到位。等葬礼完了，刍狗用完了，茅草扎的玩意儿任凭行人踩踏脑袋、身体，任凭打柴的人拿它们去烧火做饭。如果你该抛弃的时候不抛弃，再把它们放回竹筐，再盖上绣花丝巾，你再游乐、睡眠在它们旁边，你即使不做噩梦，也要遭受梦魇、心神不安。如今的孔夫子，他就是把先前的王朝早已用过的茅草刍狗陈列起来，聚集起你们这些学生，生活歇息在这些过时的东西旁边。这样，你们在宋国受到伐树之辱，在卫国被驱逐，在商周无路可走，这不就是噩梦吗？而你们在蔡国受困，七天不能生火做饭，出生入死，这不就是梦魇与心神不安吗？”

刍狗的启示应起源于老子的“天地不仁，以万物为刍狗”（第五章）。刍狗的命运曾经引起了老庄的深思，说起来不无刺激，老子说的是用完了就烧，说的是个体生命的必然死亡、万物皆有其始皆有其终的悲剧性。庄子说的则是它的神力与地位的时间性，当时神气活现，过期就要作废。英语里也最讲究一个 available，即是否有效。

这里所谓金太师认为不仅是刍狗，世上万物万象都有自己的时限，过了期的东西，再死乞白赖地不撒手，就会带来噩梦、梦魇。这一段文字中还包含着，过了期的东西再朝夕相处，不祥，原来的吉祥会变成晦气，原来的神明会变成妖魔的意思。这个说法不但精彩，而且漂亮：从心理上说，人往往会怀旧，会舍不得与过往告别；深层次讲是人在留恋生命，留恋自己的过去。可以理解，但不足为训。人同时不宜与过了期的一切难舍难分，过犹不及，老是生活在过往的阴影中，你已经不合时宜，你已经讨嫌而且晦气。该拜拜就要拜拜，该埋葬就要埋葬，该火化就要火化，当然，也可转为文物收藏，进博物馆或者艺术柜，叫作该怎么纪念就怎么纪念。所谓进入永恒，所谓流芳千古，其实既有牢记不忘的含义，也有高高捧起挂起、拜拜了您哪，好便是了的含义。这也算是符合天道、天运吧。

抱着过时的东西、失效的东西，自寻烦恼，自做噩梦，如果是文人，多愁善感地作挽歌悼词，赚几滴酸苦的泪水则或不妨，如果是做实际事务的人，则只能是自找倒霉，甚至贻笑大方。

刍狗的时效问题，这个寓言是通篇《庄子》中最耐咀嚼的故事之一。除了过期作废，不必恋栈更不必代刍狗恋栈以外，它还说明，看起来，尊敬乃系由被敬者、受敬者全部享用，于是被尊敬者可以神气活现、可以颐指气使、可以无限膨胀，但其地位其实决定于正在实行尊敬崇拜、行礼如仪、欢呼万岁的群体或规则和人气，乃至偶然。实际上，被敬者是为希望达到某种目的的人群所利用，用完了你吗也不是，踩也就踩了，烧也就烧了，丢也就丢了。丧仪上用的纸人纸马、茅草猪狗，当大家恭恭敬敬行礼如仪时，它们凌驾于众人之上，是何等的伟大、崇高、威严、神秘。仪式完了，全无用处，不值一文。过河拆桥，人间有此种事，丧仪所用的神品，也逃不过这样的命运。呜呼，人间这样的事有多少，在有效期间威猛莫名的大人物，过期以后落一个万人唾骂的下场。不仅VIP，就是影星、歌星蹿红走运之时，还有体育明星为国争光、为民解气、冠军金牌之时，可以粉丝无数、万众欢呼，而一旦过期，还有多少人理你？甚至网上一片嘲骂，也是难免的。

人处于顺境时千万不要忘记，你很可能只是由于丧仪的需要而被临时特别抬举了一下的刍狗而已。

也许我们还可以想到，刍狗的伟大是造神的产物，而如果神是造出来的，那么神也就一定可以轻而易举地被废弃、污辱。盛衰荣辱浮沉，有时候竟是赶上什么算什么，没有太多的道理可讲的呀。

在上一章《天道》的结尾讲了精彩的轮扁论斫的故事后，这里又讲了刍狗的有效期限的故事，这对于克服教条主义、原教旨主义应该有点警示作用。问题是《庄子》同时又宣扬越古越好的思想，古代名家照样有自相矛盾的地方，固难免也。

“夫水行莫如用舟，而陆行莫如用车。以舟之可行于水也，而求推之于陆，则没世不行寻常。古今非水陆与？周鲁非舟车与？今蕲行周于鲁，是犹推舟行于陆也，劳而无功，身必有殃。彼未知夫无方之传，应物而不穷者也。”

“走水路要用舟船，走旱路最好是用车。由于舟船在水面上走得成功，便想将舟船推广到陆地上应用，那你走一辈子也走不出去几尺。我们比较一下古今，其差别又岂少于水与陆之别？周朝的礼法制度与鲁国的区别又岂小于舟与车？如今，孔子硬要把周朝礼法制度的一套推行到鲁国来，这与推着船行走旱路有什么区别？当然劳而无功了，而且只能自找苦吃、自找祸患。他怎么硬不明白，理念法度随着外物流传变异，无尽无休，并无准谱、准稿子的道理呢？”

先是讲古今之辨，从时间的纵坐标上分析照搬周礼周制的荒谬性。再以水路旱路为例，从空间的横坐标上讲“无方之传，应物而不穷”，即没有固定的既成格式来规范流传，一切应随世界而变化无穷。前一段刍狗的例子，讲的是时限性，同样的一套设备、观念、礼义、法度，过了期就不能用了，用之则凶。这里又从舟车的例子，讲空间与条件对于有效性的规定，也可以称之为地限性。不管多么好的东西，适合你的国情、乡情、民情，就可能是有效的，而如果不符合你的国情、乡情、民情，则必定是无效的。无效了，即不能通过实践的检验，你再说下大天来也没有用，只能闹笑话了。

这一段对孔子志在周公周礼的批评是相当致命的，对于一切整日价慨叹今不如昔，慨叹世风日下、人心不古的人来说也是致命的。读到这一段，你甚至会想到，这里树立的靶子，即所谓的孔子怎么会这样蠢？到了二十一世纪，如果还有人想搞什么“半部《论语》治天下”，不更是不可思议了吗？

当然，《庄子》中也有向后看的先王乌托邦，如《马蹄》中所述的那种先民理想国。庄子在批评孔孟的时候，不是也应该扪心自问、反思一番的吗？

“且子独不见夫桔槔者乎？引之则俯，舍之则仰。彼，人之所引，非引人也，故俯仰而不得罪于人。故夫三皇五帝之礼义法度，不矜于同而矜于治。故譬三皇五帝之礼义法度，其犹柤梨橘柚邪！其味相反而皆可于口。”

“你再看看那个用桔槔的人吧，拉一拉桔槔就低下去了，放开手桔槔就扬起来了。这种机械是被人所操作、引导的，不能用它来引导人。所以，不论是低身还是扬头，桔槔是不会被什么人开罪的。所以说，三皇五帝的礼义法度，其价值不在于它们的彼此相同，而在于它们的治国平天下的功效。三皇五帝的礼义法度，恰恰如同柤梨橘柚，这些水果的味道完全不一，但都很好吃。”

非常深刻也非常“现代”，戏将“现代”二字用在这里的意思是它常读常新。人要操纵桔槔，但是不要被桔槔操纵，这就是反异化思想的萌芽。理念、理论、礼法、价值、制度，乃至于旗帜、号角，就如桔槔，你拉动它就俯首，你放开它就高扬。它应该为人所用，人不能为它所用，不能由它操纵，更不必怕得罪它。

以人为本，包含着一个用意，即保持人的主体性。但是，为什么人常常会俯首帖耳，被自己制定的东西框住管住卡住噎住呢？从某个角度来说，这方面最明显、最突出的例证是语言的异化，即人创造的语言变成了人的主宰、人的上帝。就拿上面讲过的礼义法度、理念理论、价值信仰、制度法则、旗帜号角来说，其中任何一个词都比一个个体的人显得更伟大也更持久，尤其是语言可能比现实更具神性。现实太实、太具体，而语言抽象，一抽象就伟大、完满了！“美丽”一词往往比任何具体的美女更美丽；“高大”一词往往比任何具体的大块头更高大，尤其是更完美；“真理”一词更比任何宣称自身是真理的化身的人更靠得住。它——语言有可能被一群人而不是一个人所掌控，有可能被一个人或一群人所喜爱、所激赏，让他或他们五体投地。而且，这一群人当中，蠢人完全可能多于智者，偏见可能比真理更有市场，无知盲目的冲动比理性的判断更有煽情力……到那个时候，用语言祭起的桔槔就可以被神圣化，比发明它、使用它的人更有力，就可以反过来抡成大棒，要发明它、使用它的人的命。

人被自己的创造物所制伏，例证还有很多，例如有些原始宗教的祭天制度，中国历史上有过为河伯娶妇制度。神话、迷信、规矩，都是人制造出来的，然后时有可怜人会成为它们的祭品。呜呼！人类什么时候才能真正做到自己是自己的主人呢？

> “故礼义法度者，应时而变者也。今取猿狙而衣以周公之服，彼必龁啮挽裂，尽去而后慊。观古今之异，犹猿狙之异乎周公也。故西施病心而矉其里，其里之丑人见之而美之，归亦捧心而矉其里。其里之富人见之，坚闭门而不出，贫人见之，挈妻子而去走。彼知矉美而不知矉之所以美。惜乎，而夫子其穷哉！”

“所以说，礼义法度是与时俱进，随时代的变迁而变迁的。今天，如果找到一身周公的服装给猿猴穿上，这只猴子肯定是又撕又咬、扯襟断袖，无法接受，不把它彻底毁掉是不算完的。让我们看看古今的区别，正像是猿猴之与周公的不同。西施由于心口疼痛，常常皱眉捧心而立，本村本街的人看到了觉得她很美丽，于是一些丑女也学着样儿皱眉捧心而立。本村本街的富人见了，反感得闭门不开，怕受不了她们的丑样儿；穷人看到，带上妻子儿女赶紧避开，实在是恶心得受不了啦。她们只知道皱眉头好看，却不知道好看的原因在哪里。可怜呀，孔老夫子这回算是无计可施啦。”

《庄子》的文体追求华丽、丰赡与淋漓尽致。举了刍狗的例子讲时限性，举了舟车的例子讲空间性，举了桔槔的例子讲主体性与反异化，再举了水果的例子讲多样性，反对千篇一律，这里又讲起猿猴穿衣与东施效颦的故事来了。周公的服装再好，不适合猴儿的要求。西施捧心的姿势再美，不能由东施来照搬。这样的故事、寓言，甚至有几分黑色幽默呢。

五、仁义可以临时借居，不可久宿

> 孔子行年五十有一而不闻道，乃南之沛见老聃。老聃曰："子来乎？吾闻子，北方之贤者也，子亦得道乎？"孔子曰："未得也。"老子曰："子恶乎求之哉？"曰："吾求之于度数，五年而未得也。"老子曰："子又恶乎求术哉？"曰："吾求之于阴阳，十有二年而未得。"

孔子年龄已经五十一岁了，没有学到大道，就到南方的沛地去找老聃。老子说："呵，你来了，听说你是北方的贤人啊，你也学到大道了吗？"孔子说："唉，别提了，没学到呀。"老子说："你是怎样学的道呢？"答："我先是从典籍法度、规则秩序中学，学了五年，没有什么收获。"老子问："你又怎么样去求学于道术呢？"答："我又从阴阳物相的相反相成中研究道术，过了十二年了，没有什么收获。"

社会运转、典籍法度、规则秩序，不等于大道，也不可能完全脱离大道。万物万相、阴阳五行、天地日月、相生相克，也不等于大道，其实离大道是更近了些。所以说，孔子用了十二年时间研习之，已近道矣，奈何未得？差的是最后那一点悟性与形而上的激情噢！

> 老子曰："然，使道而可献，则人莫不献之于其君；使道而可进，则人莫不进之于其亲；使道而可以告人，则人莫不告其兄弟；使道而可以与人，则人莫不与其子孙。然而不可者，无佗也，中无主而不止，外无正（同证，王注）而不行。由中出者，不受于外，圣人不出；由外入者，无主于中，

圣人不隐。”

老子说：“是的，如果道是可以用来献礼上呈的，那么人人都会向他的国君献道了；如果道是可以用来进贡拥有的，那么人人都向自己的父母贡道、进道了；如果道是可以讲说、传授的，那么人人都会向自己的兄弟授道、传道了；如果道是可以馈赠给予的，那么人人都把道转送给予自己的子孙了。然而，这些都是做不到的。没有别的原因，一方面，你内心中没有一个主心骨；另一方面，你在外界，找不到一个核证、对照、共振的对象。如果你没有一个体悟道的主体性，道即使在你的心中有所感悟体察了，即你已经模模糊糊感觉到与大道沾边了，大道仍然不可能留驻在你的心里。同样，如果你找不到核证与共振的道的对象，你无法将你有所体悟的大道践行，道无法运行。同时，如果你的内心已经对于大道有自己的体悟，但是不能从外界得到呼应、接受、对比、互证，不能为外界所理解、所接受、所共振，圣人也无法将它们表现、显示、讲述出来。而即使你从外界听到、见到了有关大道的启示讲授，获得了有关大道的伟大信息，如果你内心中没有主见、悟性来消化吸收，圣人也没有办法使你将它们收藏，无法将道化为你的血肉。就是说，即使是圣人，也无法将还处在你的身外的大道植入你的内心。”

老子教导孔子说，你想学道吗？第一，要有内心的慧根和悟性、对于终极的追寻和眷注、对于信仰的崇拜和激情体验、形而上的升华与思辨能力。第二，要与外在的生活、万物万象、时间与空间、社会与自然融会贯通起来。对于外在的一切，同样也要有观摩、有聆听、有感知、有切肤的体察、有反应，也有交流沟通，有实践、践行、思考，要学会与之打交道。用现在的话来说：第一，道是伟大的内心体验，无此内心，一辈子也悟不了道，更学不到道；第二，道是生活与经验的总结升华，是大千世界的精华与本质，你每日每夜都从大千世界中得到道的启示、道的证明。困难在于，你内心带有神秘体验性质的道感、道悟是无法表达、展现出来的，你从大千世界不断得到的道的启发，是无法进入你的内心深处的。也就是说，你的内心必须大道化，而你体察的大道必须生活化。这中间需要一个环节，缺少了这个环节，圣人来了也帮不上忙啦。

让我们换一个说法，道是伟大的信息源。你的内心接收装置只有与道的源头、与道的编码匹配，才能接收到它——祂的伟大信息。而你的外界对象又必须与你的心灵匹配，或你的心灵又必须与外界的接收装置匹配，才能发出或转发出世界、外界能够接收并从而激活运作起来的道之信息。

这个说法有点接近于我喜欢讲的一点体会，读书、学习、做事，最有趣、最激动人心之处在于从中发现生活、发现内心。内心是火种，生活是木材与煤炭的积累。没有火种就没有火焰、没有光和热。没有燃料，火种也只能熄灭。同时，最有趣之处还在于从自身的体验、经验、感受、模糊琐碎的林林总总之中，感受到书本、哲人、学科与文化的花朵与果实。

> “名，公器也，不可多取。仁义，先王之蘧庐也，止可以一宿而不可久处，觏而多责。古之至人，假道于仁，托宿于义，以游逍遥之虚，食于苟简之田，立于不贷之圃。逍遥，无为也；苟简，易养也；不贷，无出也。古者谓是采真之游。以富为是者，不能让禄；以显为是者，不能让名；亲权者，不能与人柄。操之则栗，舍之则悲，而一无所鉴，以窥其所不休者，是天之戮民也。怨、恩、取、与、谏、教、生、杀，八者，正之器也，唯循大变无所湮者为能用之。故曰：正者，正也。其心以为不然者，天门弗开矣。”

“名声，是天下的公器，为天下人所拥有，个人不应该占有过多。仁义，是先王的旅店，可以临时借居一宿，不可多有寝住。你太张扬名声、仁义了，只会因为自己的显摆而找麻烦。古代的真正至人、真正懂事的人，就会明白，仁只是达到目的的一个过程、一条路子，而义也是临时用来寄居的容身之地，走过了仁之道路，住过了义之茅舍，真正要去的还是逍遥的虚空之乡。到了那里，吃的是简单凑合的田地中的出产，待着的是不必费力与没有多少要求的园子。简单凑合，就好养活了；不必费力，没什么要求，也就用不着有什么支出与代价了。古人将这样的生活称之为获取本真、保持本真的生命之悠游。肯定财富的价值的人，不可能谦让自己的俸禄；以彰显、张扬为价值的人，做不到谦让自己的名声；喜欢权柄的人，绝对不能与旁人共享权力。这些东西，你拥有了，会感到紧张；你失去了，会感到悲哀。他们无从借鉴、无从认识与校正自己，从不反思自己无休无止地追逐着的东西的真实含义，这可真成了被老天所折磨刑戮的罪人啦。怨与恩（责备与施恩或被责备与施恩）、取与与（剥夺与馈赠）、谏与教（进言与教诲）、生与杀（赦免与处决），这八个方面都是治国理政和求证、求学、求道的工具，也是检验学道的方法。只有遵循大道的变化，不让自己的痴心被（偏见与苟且）湮没的人才得以运用它们。所以说，比证、证明就是纠正、端正，心里不能信服大道，天门——大道的门也就不会向他打开。”

这里头有两点极精彩。第一，他说仁义是一个旅馆，借用一下、临时住一下是可以的或必要的，但是不能长留、不能成为仁义道德的钉子户。按，中华文化的泛道德主义传统源远流长，国人最重视的是治国平天下，而政治道德化的情结又是根深蒂固的。天下，唯有德之人居之。他为什么统治你？因为他的德行高于你。这既是统治的根据，也是统治的限制、统治的雷区或陷阱。就是说，如果你统治而无德，你就是“无道昏君”，你就理应被那个载舟之水颠覆掉。这样的想法不无可取，但又相当乌托邦。原因是，推翻旧政权时，道德理想主义，泛道德论，可能是一个有利的武器，用来全盘否定旧政权，用来将旧统治者批倒批臭。但是执政治国、发展兴旺，光靠道德说教、道德示范、道德美文，常常会捉襟见肘、破绽百出。治国首先要靠经济、靠法制、靠文治武功，靠内政也靠外交……就是说，靠实绩，而过多的道德说讲有可能作秀化、修辞化、清谈化、高调化、忽悠化。此前，庄子已经发表了道德主要是用来约束自己的，这样一个极先进、极高明的立论。这里，又讲到了仁义道德不能久居的有趣见解。你不能一辈子老是吃道德优越的饭，你不能一辈子都是靠道德优越吃饭，你得有真本事、真记录、真成绩、真货色。一句话，你得有点过硬的干货。“觏而多责”，太彰显了反而受责备。从泛道德论的命题上说，你把道德吹得愈是彰显、调子愈高，百姓就愈是按道德要求你处处事事做到符合伟大、崇高的道德标准，你就越发不可能当真做到，你应该被追究、被问责的事情就愈多。这实在是讲到点子上了。

第二，关于这个“正”字，一般认为正者证也，我想是很对的。我就最喜欢用互证、做证来表达一个学习、读书与思考直到写作的过程。人的学习体悟是怎么回事呢？表面上看只是吸收、汲取外来的信息，其实任何信息都需要经过验证、消化、选择。你的经验，你已有的世界观、人生观、信仰观，你的思路与良知良能，必定时时与外来的信息碰撞、交融、互动。学道，学术，学艺，其实都是互动的过程，你本身动不起来，学什么也没有戏。就拿我正在写的这本书来说，我追求的岂不就是正者证也，互动才能互证互正，互正了才会是天门大开、道思泉涌、道心绽放、道性受用。而你自己不以为然、动不起来，天门也就对你永远地关闭了。

那么这里的正，可能不可能包含着“政”，即治国平天下的内容呢？似不应完全排除。怨、恩、取、与、谏、教、生、杀这八个方面，与其说是读书、学习过程的描绘，不如说是治理统治的八个方面。中国人喜欢整体性、一致性与一元化，治国与治学，其理同一，这是国人最喜欢接受的思想方法。

六、相濡以沫，不如相忘于江湖

孔子见老聃而语仁义。老聃曰：“夫播糠眯目，则天地四方易位矣；蚊虻噆肤，则通昔不寐矣。夫仁义憯然乃愤吾心，乱莫大焉。吾子使天下无失其朴，吾子亦放风而动，总德而

> 立矣，又奚杰然若负建鼓而求亡子者邪！夫鹄不日浴而白，乌不日黔而黑。黑白之朴，不足以为辩；名誉之观，不足以为广。泉涸，鱼相与处于陆，相呴以湿，相濡以沫，不若相忘于江湖！”

孔子见了老子想谈论仁义的话题，老子说：“颠簸着（或扬洒着）米糠，污人眼目，搞得天地与东西南北都转了向了；蚊虻叮咬皮肤，搞得人们通宵不得安眠了。这就是仁义呀，啰里啰唆，把人心都搞乱了，为害太大了。先生。您要是想治理天下，千万不要丢失那种朴素与纯真（不要搞什么颠簸去糠），你只须顺风而动，依靠德行而牢牢站立，何必费尽九牛二虎之力去敲着鼓追逐逃亡者呢？白天鹅用不着天天洗澡来维持它的洁白，乌鸦也用不着天天染色来保持它的漆黑。白呀，黑呀，都是天生的，不值得努力为之区别争论。名誉、仁义，也只有出于天然才是有价值的，不值得用力去推广。名声如何，听其自然，必合道理，哪里用得着喋喋不休！泉水干涸了，鱼儿们晾到了陆地上，互相吐着水沫子湿润对方，这虽然很友爱，却完全不如畅游在江河湖海里而彼此相忘更自在呀！”

我们不妨往比较现代的方向上研究这一段文字，道德伦理当然是重要的，也是吸引人的，但是如果道德伦理脱离了社会实践，脱离了人民的物质利益，脱离了经济、政治、文化、社会的四位一体的发展，一句话，理念一旦脱离了生活，就变成了乱人眼目的秕糠、变成了叮人皮肉的蚊虫，变成了捣乱。鲁迅有云：“我们目下的当务之急，是：一要生存，二要温饱，三要发展。苟有阻碍这前途者，无论是古是今，是人是鬼，是《三坟》《五典》、百宋千元、天球河图、金人玉佛、祖传丸散、秘制膏丹，全都踏倒他。”（《华盖集 · 忽然想到（六）》）这话难道咱们忘记了？

这里再讲相濡以沫与相忘于江湖的故事，流露出了一些发展的观念，相濡以沫在道德、人心上十分动人，但是用这个办法是发展不成生产力的。只有相忘于江湖，才会有鱼类与渔业的大发展。

其实，庄子很在意文章的生动性、生活实感。什么播糠眯目、蚊虻噆肤、放风而动、总德而立、负建鼓而求亡子、鹄不日浴而白、乌不日黔而黑，一直到鱼的相濡以沫、相忘于江湖，都极真切、通俗，而又耐人深思。敲着大鼓去追寻逃亡者的说法令人苦笑，尤其是牛皮大王们、高调兜售者们、豪华立论者们，值得认真对照反省。

> 孔子见老聃归，三日不谈。弟子问曰：“夫子见老聃，亦将何规哉？”孔子曰：“吾乃今于是乎见龙。龙，合而成体，散而成章，乘云气而养乎阴阳。予口张而不能嗋，予又何规老聃哉！”子贡曰：“然则人固有尸居而龙见，雷声而渊默，发动如天地者乎？赐亦可得而观乎？”遂以孔子声见老聃。

孔子去见老聃归来，三天一声也没有吭。他的学生们问道：“老师去见老聃，给他提什么意见了吗？”孔子说：“而今，我总算是看到龙了。龙这种东西，合起来是一个整体，分开来看，仍然是文采斐然的华章。他生活在云霄之上，伸展盘旋于阴阳二气之中。我对他即使想张嘴说点什么也说不出来呀，我还能给老聃提什么意见？”子贡说：“这么说是真有这样的人啦？人有这种一动不动而能显出龙的气度，沉默渊深而能发出霹雳之声，起动以后像天地一样恢宏伟大的吗？我能不能也去见识一下他的学问、举止、风采呢？”于是，子贡以孔子的名义求见老聃。

这里的孔子对老子的称颂有这么几部分。第一，老子总体伟大，合成伟大，分开来细看也各呈现其文采与章法。就是说，老子经得住宏观，也经得住微观的观察掂量。这说明，老子的结构与材料（原料）、运用与待用、整体与零部件细节都超出常人。我们作为后世的读者，至少可以感受，老子思想体系深邃独特、惊世骇俗，同时文字简古，一以当百、当亿万。老子的文风千古一人，如咒语、神谕。第二，老子乘云气而养乎阴阳，老子是天人合一，是天人，是高高在上的云端之人、超拔之人、与世界宇宙同格之人。第三，他是龙人，与龙一样伟大、变化、神异，并且幽深。子贡进一步发挥说，老子似乎是尸居而龙见，雷声而渊默，外表如槁木死灰，内容如蛟龙雷电。够劲啊。

> 老聃方将倨堂而应，微曰："予年运而往矣，子将何以戒我乎？"子贡曰："夫三王五帝之治天下不同，其系声名一也。而先生独以为非圣人，如何哉？"老聃曰："小子少进！子何以谓不同？"对曰："尧授舜，舜授禹，禹用力而汤用兵，文王顺纣而不敢逆，武王逆纣而不肯顺，故曰不同。"

老子坐在厅堂之上，听到子贡求见的声音，便低声说："你来见我这个老迈之人，是不是有什么意见要告诫我呢？"子贡说："三皇五帝治国之道虽然不同，他们拥有的大名，即与声名同在却是一样的。你说他们不算圣人，这又是什么道理呢？"老子说："年轻人，请过来一下，你说的他们治国之道不同，是什么含义呢？"子贡说："唐尧把天下禅让给虞舜，虞舜把天下让给夏禹。夏禹治世靠的是辛苦努力，商汤靠的是武装力量。文王仍然顺着商纣，无意造反，到了武王的时候，就要造商纣的反而绝对不听商纣的。所以说，他们几个人是不同的啦。"

子贡的话多少有些兴问罪之师的意思，尤其是一张口先抬出三皇五帝，想把老子压下去。而老子倨堂而应，微曰——低声说话，也显得传神。

> 老聃曰："小子少进！余语汝三皇五帝之治天下。黄帝之治天下，使民心一，民有其亲死不哭而民不非也。尧之治天下，使民心亲，民有为其亲杀其杀而民不非也。舜之治天下，使民心竞，民孕妇十月生子，子生五月而能言，不至乎孩而始谁，则人始有夭矣。禹之治天下，使民心变，人有心而兵有顺，杀盗非杀，人自为种而天下耳，是以天下大骇，儒墨皆起。其作始有伦，而今乎归，女何言哉！余语汝，三

皇五帝之治天下，名曰治之，而乱莫甚焉。三皇之知，上悖日月之明，下睽山川之精，中堕四时之施。其知憯于蛎虿之尾，鲜规之兽，莫得安其性命之情者，而犹自以为圣人，不可耻乎，其无耻也？”子贡蹴蹴然立不安。

老聃说：“年轻人，你再过来一点。我给你说说三皇五帝是怎么治理天下的。黄帝治天下，让天下浑然为一，不分你我，百姓死了亲属而不哭，别人并不以为不对，因为大家并无亲疏远近的区别嘛。到了唐尧时候，百姓知道个亲疏远近了，有人为了亲戚利益去杀害亲属的仇敌，别人也不以为做得有什么不对。到了虞舜时候，百姓的心在于竞争，孕妇十个月生了孩子，孩子五个月就说起话来了，还没有长成儿童，就区分起你呀、我呀的了，同时有了夭折、短命的了。到了夏禹时期呢，闹得人心善变，人们各有心计，而且将用兵动武炫力施暴视为正常，甚至主张杀了强盗不算杀人，不必承担道义与法律责任。人们自发地划分了族群，互相争夺天下，于是搞得天下大惊，什么儒家呀、墨家呀都闹起来了。一开始还有点秩序，后来全乱了套。你怎么解释这样的发展呢？我可以告诉你，三皇五帝之治理天下，名义上说是治理，其实是搞乱天下。三皇的智力，往上说违背了日月的光辉，往下说破坏了山川的精华，在中间影响了四季的运行。他们的智谋像蝎子的尾巴一样毒恶，搞得连微小的生物也不得安宁，还自吹是圣人呢，他们不感到可耻吗？太无耻了啊。”子贡听了心神不安，站也站不稳了。

这一段里，老子的话超常地尖锐。其中，老聃讲的所谓天下政治或政治文化的恶化过程，其实也是一个个体生命的成长过程。初生婴儿时期，浑然同一，不分你我，即使近亲死亡，也不会引起婴儿的特别悲伤。三个月至半年的样子，已经认人，认人识母，也就是有了亲疏远近的意识，对于陌生人已经有所畏惧、有所防范，对于经常哺喂自己、照顾自己的人有了好感。当然，不可能为了亲人去杀害仇敌。产生竞争之心呢，至少从幼儿时期，在幼儿园中就开始了，而且大人往往教导幼儿竞争，如训练幼儿一个本领（玩某种玩具、说一个词，或做某个动作），学会了奖励他或她吃好的。搞得生孩子不足月就抢着出世，生下来五个月就会说话，听起来近乎荒诞，但能让人想起迄今不衰的什么低龄智力开发、神童班之类的把戏，和这些把戏背后的人们的急躁心情。进入少年时期呢，开始有心计、有对于他人的敌视了。

从文学的角度来看，这样的准恶化定则确实令人叹息。文学作品中常常会流露这样的赞美童年、怀念既往、憎恨人长大的伤感与牢骚。然而，理性一点看，社会的结构，生产力的发展，生产关系的嬗变，人际关系的复杂，利益、理念、信仰的分化与矛盾，带来的种种麻烦都是不可避免的。它们在带来麻烦的同时，也带来巨大的发展利益与前景。在文学的多愁善感的向后看的诗篇脍炙人口的同时，生产与社会的发展也正在带来新的辉煌、壮丽。发展的过程中有准恶化，也同样会有超越这种准恶化的进步。

七、六经不过是先王之陈迹，除了庄子，谁敢这样说

> 孔子谓老聃曰："丘治诗、书、礼、乐、易、春秋六经，自以为久矣，孰知其故矣。以奸者七十二君，论先王之道而明周、召之迹，一君无所钩用。甚矣夫！人之难说也，道之难明邪？"老子曰："幸矣子之不遇治世之君也！夫六经，先王之陈迹也，岂其所以迹哉！今子之所言，犹迹也。夫迹，履之所出，而迹岂履哉！夫白鶂之相视，眸子不运而风化；虫，雄鸣于上风，雌应于下风而风化；类自为雌雄，故风化。性不可易，命不可变，时不可止，道不可壅。苟得于道，无自而不可；失焉者，无自而可。"

孔子对老聃说："我下功夫做《诗》《书》《礼》《乐》《易》《春秋》六经的阐发研究与编辑整理工作，用了很长的时间，算是熟悉它们的逻辑与掌故了。我以这样的学问去会见七十二个君

主，给他们讲解先王治国平天下的道理，阐明周公、召公治国理政的事迹，但是没有一个君主接受我的讲说。怎么人们是这样难以被说服，而道理是这样难以讲明晰呢？”老子说：“太幸运了，你没有遇到治世的所谓明君，没有什么人接受你那一套大道理。你讲的六经，不过是先王陈旧的事迹，并不是先王之所以成为先王而能留下为人称颂的事迹的根本缘由。你能讲的那些东西，都是行路留下的足迹。而足迹，既不是足，又不是能够留下足迹的鞋子。你看白鹢这种鸟儿，互相对视，眼珠都不用转就能交配成孕。而虫子呢，雄者在上鸣叫，雌者在下应和，于是也交配成孕。还有一种叫作类的生物，自身具备雌雄两性，自己就可以受孕交配。万物各有其天性，不可更换；各有其命运，不可改变；万物发展各有其时间，不可阻止；万物变化都是根据大道的运转，不可板结堵塞。我们做什么事，符合大道，自然畅通无阻；如果不符合大道，必然一事无成。”

想不到老庄的某些说法，与现今人们喜说的反对教条主义相通，与歌德所说的理论是灰色的，而生活之树常青相通。用陈旧的往事教化旁人，难矣哉，何况孔子意欲教导的是自我感觉超级良好的君王呢！

履与迹的分析着实有趣，我们读的书、课程讲义，最多是痕迹、是脚印。痕迹——脚印是从哪里出来的呢？是鞋子走出来的。鞋子为什么会走呢？因为脚在移动，而脚的移动是大活人的意识、欲望、思想或生理状况决定的。惜哉，这些死读书的人啊，他们一辈子研究脚印、崇拜脚印、卖弄脚印、争论脚印，却完全忘记了脚丫子，忘记了大活人，忘记了大活人必然会有的生活、生命、冲动、欲望、意志、决心、性格、理念、信仰、争斗，种种伟大与渺小、英明与愚蠢、热烈与冷漠。脚印——鞋子——活人的比喻太棒了。老王所以老了老了要与庄周共舞，不正是由于不满足于脚印的分析与考证，而要拥抱与试探、旋转与加热聪明绝顶而又忽冷忽热的庄周先生吗？如果读者从斯书中不仅得到了脚印的丈量与摹写，而且多少感受到了脚丫子与人的灵与肉的活气，如果你们读了老王的书，如见庄足，如睹庄影，如闻庄声，如感庄速、庄力，以及他的灵巧、才气、雄辩与潇洒，老王的目的就达到了！

从种种生命的交配与受孕说起，这倒很有点师法自然的意思，有点尊重生命的缘起的态度，不像后世把雌雄交合看成低下、肮脏的事情。当时，人们对于一些鸟虫交合现象的观察与论断着实有趣。问题不在于他的观察有几多可靠与真实，而在于他怎么会有那么奇特绝妙的想象力。太神奇了！从这里强调万物有其特色，有其自然而然的路径，不必强求，不要干预过多，不要自作主张，这确实是教人聪明的学问，而不是包打天下的傻瓜吹牛。

> 孔子不出三月，复见曰："丘得之矣。乌鹊孺，鱼傅沫，细腰者化，有弟而兄啼。久矣夫丘不与化为人！不与化为人，安能化人！"老子曰："可。丘得之矣！"

闭门不出三个月，孔子又去见老聃。孔子说："我明白了。乌鸦与喜鹊都是从蛋里孵化而生的，鱼类呢，则是通过互相吐沫子产生了下一代，细腰蜂是变化而生的，有了弟弟，为兄的则会啼哭。这都是自然造化之常理。我有太长的时间没有去注意自然造化的奥妙了，没有与自然造化在一起，又怎么能去教化旁人呢？"老子听了说道："行了，这回孔子算是弄明白啦。"

没事多观察自然造化的种种特点，从中体味大道的三昧，这是一个好建议，也是一种享受。从学理上说，不一定靠得住，例如中东局势，例如三股势力，例如金融危机，恐怕靠观察虫蜂鸟鱼、花草树木吗主意也得不到。从自然现象、生命现象中获得某些灵感，倒也并非全无可能。这是蛮有趣味的思路。从自然造化中学，至少比从先王陈迹中学更可爱一些、灵活一些。得空就去感受与赞颂伟大的自然界吧，学会礼赞大自然的人，有戏啦！

老王说：黄帝讲咸池之乐一段，堪称天才之作。谈乐比直接谈道的任何文字都更加精彩与富有对大道的直感、质感、至感。一以惧、再以怠、三以惑的说法意味深长。道是不可言说的，说明道并不仅仅是一段言语、几个词字、一个命题、一个说法。在道面前，人类的语言是相形见绌的。可言的不是道，此前已经讲过了。那么，通向道的路径就不仅仅是动用语言做主要载体的思辨、论述、辩驳、撰写。也许音乐是比语言更有效的习道、求道、载道之路之器。惧就是道，就是道的威严与伟大、无穷与永恒、震动与警醒，也就是天网恢恢，疏而不漏，不仁而且无情。怠就是道、就是雨露滋润、就是上善若水、就是虚静柔弱、就是槁木死灰，无为而无不为。惑尤其是道，就是混沌，就是不知，就是不言，就是惚兮恍兮、无边无端无限、不积，抓不住也摸不着，白茫茫大地真干净。“咸池交响”的过程就是拥抱世界、体悟大道、交通天地、感受究竟、豁然贯通、巅峰体验、喜怒哀乐、惊惧敬畏、疑惑迷茫的全部整合，也就是学道、悟道、感道、修道的全过程。当然，通向大道的不仅有音乐与思辨，也还有建筑、有科学、有献身、有道德善行、有文学、有绘画、有工艺、有医术、有太极，有三百六十种绝活绝技。一个建筑师终于创造出了至美至壮、宏大圆满的建筑群，例如埃及的卡纳克神殿、印度的泰姬陵；一个音乐家终于演奏出了深邃雄浑的交响乐，例如贝多芬的《第九交响曲》；一个画家终于完成了永生不朽的画卷，例如达·芬奇的《最后的晚餐》；一个作家终于写就了万世流传、感人肺腑的杰作，例如《红楼梦》；一个政治家终于成就了惊天动地的伟业；一个医生终于发现了济世救人的奇术、奇方，甚至一个匠人如工倕毕一生之力终于成就出来了巧夺天工的技艺……他们能不感到道性的激动与充实的不朽吗？而成功后的不无茫然，衰老时的不无困惑，欢呼后的仍然孤独，顺应后的或有疲惫，是不是离永远终结的大道更近而不是更远了呢？啊，终极眷顾的结果是永无终极，永无终极的过程是永远的对于终极的升华……或者说，一个真正演奏了、欣赏了咸池之乐与这一类精神的奇葩的天选之人，他离大道的遥远与亲近是不是已经合而为一了呢？

刻意：高论怨诽还是淡然无极

专门就刻意的问题写一章，应该说是不同寻常。刻意，就是处心积虑，就是心劳日拙，就是偏执较劲，就是刚愎自用与一意孤行。至少从庄子看来，人的许多问题是自找，许多痛苦是自造，许多灾难是自为。从对刻意的批评当中，人们还可以看出庄子对当时世态人情的了解之深、眼光之透、劝谕之殷切，堪称苦口婆心。表面上看，庄子号召的只限于自救与避世，却仍然有救世之心肠。

一、不要刻意打造自己

> 刻意尚行，离世异俗，高论怨诽，为亢而已矣，此山谷之士，非世之人，枯槁赴渊者之所好也。语仁义忠信，恭俭推让，为修而已矣，此平世之士，教诲之人，游居学者之所好也。语大功，立大名，礼君臣，正上下，为治而已矣，此朝廷之士，尊主强国之人，致功并兼者之所好也。就薮泽，处闲旷，钓鱼闲处，无为而已矣，此江海之士，避世之人，闲暇者之所好也。吹呴呼吸，吐故纳新，熊经鸟申，为寿而已矣，此道引之士，养形之人，彭祖寿考者之所好也。若夫不刻意而高，无仁义而修，无功名而治，无江海而闲，不道引而寿，无不忘也，无不有也，淡然无极而众美从之。此天地之道，圣人之德也。

有目的、有意识地处心积虑、谋划追求，并且注意与讲究、推敲与设计自己的行事路数，沉浸于自身的特立独行、愤世嫉俗，发表种种高调见解以批评现实，发泄不满，表达怨愤，追求的是自身高蹈的形象与响亮的声音。这是隐居在崇山幽谷中的高洁人士，非难现世、不求生存利益之人与形容枯槁、苦行牺牲之人的选择。而动辄宣讲什么仁义忠信、恭俭谦让，注重修身教养，这是追求修齐治平、立志教诲旁人、四处游学鼓吹讲课的好为人师者的选择。讨论和琢磨怎么样才能成就大事功、树立大名声、安排君臣之礼法格局、规范上下关系，追求的是治理、管理，这是为朝廷办事、尊崇君主、强盛国家、出将入相，致力于政绩、拓土并且兼并他国的人的选择。干脆生活在沼泽丛林、旷野荒地之中，没事捉鱼钓虾，悠闲自在，无所事事，这是江海之客与避世避祸、闲暇安适之人的选择。还有的人则集中其注意力于练习气功，吐出、排除陈旧秽气，吸纳、汲取新鲜养人的空气，像熊一样地有站功，像鸟一样地展翅（如练习早期八段锦、形意拳之类的功夫），其目的在于养生延年，这是注重呼吸导引和养护形体，追求能够像彭祖一样益寿延年的人的选择。如果不去有意识地求什么、修习什么却能够境界高蹈，不在乎什么仁义道德却能修身养志，不讲求事功政绩却能治理有方，不走入江海旷野而能够悠闲自在，不习导引（类似气功）之术而能够益寿延年，什么都不在乎，什么都不耽误，对一切淡泊冷静，无所亲近认同，无所追求，而一切好事自然而然地降临和跟随着他、附着于他，这样子才是最高、最深，就叫作具有了至高无上的天地之大道、至高无上的圣人之大德了呀。

庄子在这里把人们——应该说是对人生的经营比较自觉的“士”们，分成了五六类。诸类各有千秋，庄子的用语也相对客观、包容。把几近圣人的人放到最后讲，可能是考虑到舆论、名声：还是做高士和圣人来得响亮、光辉。避世闲逸，以钓鱼为行为的代表或行为的艺术，似略显寒酸，但周边有个江海，可以掩饰一二。这样的人知名度有限。范蠡本来是求治功之人，但能在功成之后及时避世，倒是令人尊敬、称赞的。求寿考便是熊经鸟申、吐故纳新，倒也实惠，起码与世无争。如果能留个长胡子再虚报几岁，也能赢得一时的名气与尊敬，获取气功大师或国学大师之类的荣誉。至于什么都不在乎，什么也不耽误，这当然就理想得多了。

前五类，都有一个毛病，即刻意为之，违背了道法自然的大道。任何追求，一加上了刻意——处心积虑的标签，就会是“皆知美之为美，斯恶矣”（《老子》第二章）。把那个时代的士人分成求高亢、求修养、求治功、求闲逸、求寿考这么几类，颇可咀嚼。第一类，求高亢者，是刻意尚行，在树立自身形象上狠下功夫，而且是高论怨诽，离世异俗，枯槁赴渊，摆出不合作、不和解的姿态，高调讥讽、抱怨、悲情、严厉批判。这样做本来比较符合现代思潮对社会批判型或体制批判型知识分子的要求，但是《庄子》的刻意呀、尚行呀、高论呀诸词，似乎个中不无春秋笔法。摆出高士的姿态，高调怨诽，难免闹心乱众，而且这方面的刻意岂无哗众取宠、大言欺世，唯恐天下不乱的偏颇？

却原来，高士也可能是刻意打造出来的。在今天的世界，高士更未必枯槁赴渊，而可能是一本万利。这样的高士也许与我们近在咫尺，故此这里的高士之描写是别有一层滋味的。其中最好的例子应该是屈原，其中最典型的话语应该是“众人皆浊而我独清，众人皆醉而我独醒”。到了后世则有鲁迅，但鲁迅的一生并不枯槁，他在生前已经具有战旗文胆的光辉灿烂了。

还要补充一句，近现代中国中还有并不高调怨诽的高士，而只是低调保持距离。更准确地说，是低调合作与低调疏离的结合，例如钱锺书。看来，《庄子》成书的年代，高士们的修养还是不如今天到家与丰富：伟大如《庄子》一书，竟没有讨论到低调高士的类型。

还有高调结合又高调离去的，例如田家英。进入了政治核心，却又自杀遗世了。也可以说是低调走了，但是自杀的方式却又不是不可以解释为一种非常刺激的高调。

第二类，是求修养教化的，这应该是源于中华文化中对于圣人的理想。仁义礼信，恭俭推让，这样的泛道德化的典范，既是常识性的，又是不容易做到圆满与达标的，更不容易仅仅靠常识性的德行就治国平天下，而多半会是辛辛苦苦，却劳而无功。总算孔夫子应运而生，可以成为此等人的榜样和光辉代表。

第三类，是求治功的，这在春秋战国之时最为盛产。苏秦、张仪、商鞅、管仲、孙武、吴起、韩非等的事迹脍炙人口，却又多数是兴之也勃焉、亡之也忽焉。神气活现的时候人人羡慕，被诛杀夷九族的时候又是无不为他们的咸阳市中叹黄犬（李斯临刑时对二儿子说，再不能与他一起牵着黄狗遛弯儿了）而摇头叹息，并苟安、得意于自身的头颅尚存的。

比较起来，求闲适、求寿考似乎实惠一些，也符合《庄子》此前论述的逍遥、养生之道。还有，闲适与寿考，大致上是个人的事，成败利钝，无碍他人，而自命高尚却实不高尚，未免涉嫌欺世；自命教化而实不沾边，则涉嫌空谈，至少是烦琐啰唆；自命事功而实无成绩，则更是误国扰民。闲适、寿考，只要不是到处贩卖灵丹妙药与邪功法术，则搞不成，也不害人。但是，搞闲适与寿考如果加上了“刻意”二字，反而从一上来就违背了道法自然的大原则。

无论如何，以上五种刻意，其表现仍属“现实主义”，读起来各色人等的音容笑貌呼之欲出。但到了讲起“若夫不刻意而高，无仁义而修，无功名而治，无江海而闲，不道引而寿，无不忘也，无不有也，淡然无极而众美从之。此天地之道，圣人之德也”的理想人物，则飘然一转身，变成了浪漫主义、理想主义、神秘主义、半仙之体，如诗如画了。“无不忘也，无不有也”，令人拍案叫绝，什么都不求而什么都得到，那敢情好！古往今来，有几个人做得到呢？如果有个人做到了，又如何能不让人羡煞、妒煞、痒煞、恨煞呢！

做到一切，得到一切，一切皆忘，一切皆有，而毫不刻意，这使人想起一个词，叫作“随缘”。这本是佛家《华严经》的词，“闻三世诸佛，具足尊名号，随缘起佛刹，音声不可尽”，是说人应该随顺因缘、顺应机缘而定行止，任其自然。一个叫刻意，一个叫随缘，这是两种人生战略、人生取向。老庄提倡的是随缘，反对的是刻意。还有一对词语，一个叫执着，一个叫通变，即变通。随机应变、随缘变通，对常常不免忧心忡忡的自身是一个挽救、一个解脱，免得自己与自己较劲——自己不给自己留条活路。我们还要说，人生是一直紧紧张张好，还是轻松正常自在好呢？《庄子》文本认定，后者要比前者好得多。

但是，只强调随缘与通变，全无刻意与执着，又似乎不免成为机会主义、机缘主义、随风飘飘，如美国的一部影片叫作 *Gone with Wind*（《飘》），甚至会成为一切有始无终、前后不一、出卖灵魂、投机取巧的借口。同样，一生轻松，绝无奋斗努力、投入献身，作为人生理想，显然也是片面之词。

应该说，人这一生，关键在于取得随缘与刻意、通变与执着、放松与紧张之间的平衡。没有前者，个个都是自寻烦恼、害己害人的榆木疙瘩，当然不好。没有后者，克服不了任何最小的阻力，只剩下了得过且过，也就没有价值也没有真理，没有事功也没有成就，没有文明也没有主张，叫作没有了底线，固匪夷所思也。

二、恬淡虚无，若浮若化，不虑不谋，养神之道

> 故曰：夫恬淡寂漠，虚无无为，此天地之平而道德之质也。故曰：圣人休休焉则平易矣，平易则恬淡矣。平易恬淡，则忧患不能入，邪气不能袭，故其德全而神不亏。

所以说，虚空、宁静、恬适、淡泊、寂寞、无为，这些都是天地的准则、道德的极致。所以说，帝王圣贤的追求到此为止，至此也就平静自在下来了。恬淡寂寞——去掉贪婪，去掉风头，总起来说是去掉名利之争；虚无无为——去掉执着，去掉自以为是，总起来说是去掉自寻烦恼与害天害人害己，这就是天地的公道准则与道德的根本核心。平静自然了，则诸事恬淡，不瞎闹腾了。又平静又恬淡呢，则不会受到忧患的侵扰，不会被邪气所打击，这样的人天赋的德行圆满、完全，其精神也永不亏损。

这里的一些话在《天道》一章中讲过，随着前后文的不同，感觉上、领悟上或略有区别，含义则可以互相参照。下同。

> 故曰：圣人之生也天行，其死也物化。静而与阴同德，动而与阳同波。不为福先，不为祸始。感而后应，迫而后动，不得已而后起。去知与故，遁天之理。故无天灾，无物累，无人非，无鬼责。

所以说，圣人之出生与活着，就像天道、天象的运行。圣人的死亡，就像万物自然而然的变化（或就像从自身变为外物）。

圣人静下来，与阴气具有共同的沉潜、平安与承担。圣人动起来，与阳气具有共同的活力、激荡与振幅。圣人不去追求，也不去允诺福分，不去制造灾祸，也不用任何灾祸吓人。他从不在福与祸的关切中转腰子。确实被外物触动了，他才会反应、回应。不是被外物所催促、推动，他自身并不起意运动。不是不得已，他自身不会主动发起做什么事情，造什么题目。去除一己的智谋与对于外界事件的斤斤计较，不搞盘算分析，不会焦虑。只知道遵循天意、天理、大道，不知道一己的欲望与好恶。这样的圣人不会碰到天灾，不会为外物所累赘、牵挂，不会与他人闹什么是非——不会被人非难，也不会受到鬼神的挑剔。

《庄子》这里的逻辑是，只有做到最高和最大的容受、适应，无可无不可，恬淡，寂寞，虚静，无为，做到与客体的虚与委蛇，做到主体的空无化、非刚体化，才能最大限度地拯救自身、悠游逍遥、金刚不坏、若浮若化，享受巅峰状态的至人、圣人、真人、仙人的大解放、大自由、大欢喜。（欢喜更多的是佛教用词，现在此地借用，或可相通也。）

> 其生若浮，其死若休。不思虑，不豫谋。光矣而不耀，信矣而不期。其寝不梦，其觉无忧。其神纯粹，其魂不罢，虚无恬淡，乃合天德。

他活着像是飘浮、浮游（在云气或水面上，在以太或宇宙基本粒子之中，或在万物万象的根本、本源——伟大虚无之中），他的死亡像是安宁地休息下来。他不必思虑焦灼，不预为盘算。他有光辉但是并不耀眼，有信用但是并不呆板。他睡着了不会有梦幻、梦魇，醒过来也就无忧无愁。他的精神纯粹完整，他的灵魂永不疲惫，虚无恬淡，合乎天生的德行。

“其生若浮”？这个说法咂摸起来似乎不无悲凉。浮生浮生，“浮生若梦，为欢几何”，李白这句名言就是来自庄子讲的这个其生若浮。什么是浮呢，古说就是顺流而走，就是随波逐流，就是对一己的愿望、希冀、奋斗、努力的全然放弃，就是走到哪儿说到哪儿，就是对外部世界保持一种随他去、随他爱咋着咋着、Let it be——随他娘的去的态度。这样的态度的选择当然并非无因，人算不如天算，机关算尽太聪明，反误了卿卿性命，搬起石头砸自己的脚，有意种花花不活，无心插柳柳成荫，以及种种歪打正着的故事太多了。这个说法使人清醒，也使人灰心。因之取消一切志向、价值、作为，又似乎太绝对了。

“其死若休”，这倒比较自然与容易做到。幽他一默，到了若休的时候，那不是休的问题，而是不休也不能了呀。至于说“虚无恬淡，乃合天德”，这话有点意思，读之有清凉解表的疗效。适当地淡化生活，淡化欲望、愿望，可能对减除焦虑、压低心火、调整心态与人际关系，过一种相对逍遥自在的生活有好处。庄子的药方之一就是淡化，我辈庸人，相对来说还是活得太浓太咸太辣太齁得慌啦。

> 故曰：悲乐者，德之邪也；喜怒者，道之过也；好恶者，德之失也。故心不忧乐，德之至也；一而不变，静之至也；无所于忤，虚之至也；不与物交，淡之至也；无所于逆，粹之至也。故曰：形劳而不休则弊，精用而不已则劳，劳则竭。水之性，不杂则清，莫动则平；郁闭而不流，亦不能清，天德之象也。故曰：纯粹而不杂，静一而不变，淡而无为，动而以天行，此养神之道也。

所以说，悲哀与快乐，都是偏离了德行的正道；喜欢与愤怒，都是背离了大道的原旨；好感与厌恶，都是迷失了德行。而心胸里并没有什么忧愁、快乐，这才是德行的真正到位；保持前后一贯而绝不变易无常，这才是静笃的到位；与万物无争无悖，这才是虚冲的到位；不与外界万物打什么交道，对外界无求无待，这才是恬淡的到位；没有什么违逆冲突，这才是纯粹的到位。所以说，形体劳累了而不及时休息就会垮台出毛病，精神用得太多而不知停歇就会疲劳，疲劳多了就会枯竭。水的特性是，只要没有杂质就自然是清纯的，只要不去搅动，它就必然是平匀的；你堵住它的去路了，它也就无法流动了，同样也不能清纯了，这正是天赋、天然的道理与现象。所以说，人的生活与精神世界一样，要做到清纯、精粹而不会杂乱，要做到静安专一而不会东变西变——老是踏实不下来，要恬淡无为，一切随天道、天机、天象而自然运转，这才是养护精神之道、之方啊。

以养水喻养神，既要静，又要流动，不可郁闭。就是说，最大限度地追求稳定与平安，减少欲望与焦虑。同时，听其自然，导其自然自动，不必硬性较劲，其理甚好。庄子还反复地强调节劳的观点，而且不仅是从养生、防病、身体健康的观点来看节劳，这也是一个世界观的问题。简化一点说，过劳，是世界观不对头的表现，是过高估计了自己的主观作用的结果，是野心、私心、自我中心、急躁、空谈、愚执、虚火、欲望、野心、不自量、好表现等庸人通病所造成的。此说或不无片面，仍然值得深思。

> 夫有干越之剑者，柙而藏之，不敢用也，宝之至也。精神四达并流，无所不极，上际于天，下蟠于地，化育万物，不可为象，其名为同帝。纯素之道，唯神是守。守而勿失，与神为一。一之精通，合于天伦。野语有之曰："众人重利，廉士重名，贤士尚志，圣人贵精。"故素也者，谓其无所与杂也；纯也者，谓其不亏其神也。能体纯素，谓之真人。

说是有一把吴越宝剑，把它装到匣子里，小心翼翼地珍藏起来，不敢随便使用，真是珍贵极了。颇似宝剑的是人们的精神，能够四面八方纵横驰骋，无处不可挥舞盘旋，尽显威风。这样的精神，往高处走到达天边，往低处走盘桓于大地，接天连地，化育万物，不显痕迹，它与上帝同格——即具有相同或相似的概念、内涵、效用与威力。纯粹朴素的大道，只有在精神中才能得到保持与坚守（或只有遵循这样的大道，才能守护好自己的精神）。

得到保持坚守而不会失落丢弃，这样的大道就能与精神合而为一。这种融合足够精粹、圆通无碍，就合乎天道的运行与天象的格局。老百姓有话：“一般人注重物质、利益，清高人物注重名誉、影响，贤士注重的是自己的志趣（价值追求），圣人呢，注重的则是精神。”所以说，朴素是不被杂质所掺杂、玷污的意思，纯洁是精神不被亏损、伤害的意思，能够做到以上的朴素与纯洁，就是真人啦。

在道家的语言中，真人是半人半仙之体，所以庄子被后世封为“南华真人”。而在《红楼梦》的续作中，贾宝玉也获得了“文妙真人”的诰封。神仙人物，已经不可用此岸人间的名号、逻辑来讨论和分析了。

精神如宝剑，首要的是收藏。这是非常中华的观念。春种夏耘秋收冬藏，冬不藏精，春必春瘟，还有什么深藏（深潜）不露云云，这些说法证明，对于中华人士来说，藏占有一个特别的，说不定是结论性的地位。这很可能与中华农耕文明的发达有关。前边说的春夏秋的农事、春夏秋的种种活动，都为的是冬天藏好。

相对来说，中国人缺少西土的张扬、锻炼、挑战、应战、竞争、冒险与在这样的锻炼竞争中发展的主张与观念。这种藏的观念中，带有禁欲主义与尚阴谋的成分，也表现了人们普遍推崇的谦虚退让谨慎、如临深渊、如履薄冰的风格。例如，西人普遍认为性爱有利健康，而中土之人包括中医，都将节欲藏精视为养生要义。同样，财富亦是如此，中土注意的是节省、是勒紧裤带，西方注意的则是拓展与消费。为人的举止风度，中土不喜欢锋芒外露、不喜欢过于外向、不喜欢口若悬河、不喜欢“能不够”、不喜欢动辄抢到头里，而喜欢喜怒不形于色、喜欢莫测高深、喜欢以柔弱胜刚强。

用宝剑比喻人的精神，这也是此段的特色之一。却原来，人的宝贵在于他的精神，精神如同宝剑，可以上天入地，可以抵达四方，可以寒光闪闪，可以削铁如泥，可以取敌首级于千里之外，可以预言警示（古书上有宝剑铮铮发声预警的故事）。但宝剑的长处正是它的短处，它太锋利、太杀气腾腾，它能劈金断玉，也就能损尖伤钢，太锋利了也就更加容易卷刃。所以，愈是宝剑、宝刀，愈要注意保存、收藏，不可轻易外露，不可轻用。一个富有智慧、反应机敏、境界宏大、志气高远的人，不应该轻用自己的精神力量，不应该不懂得保存收藏、韬光养晦的重要性。世上有多少这样的人，资质并非很差，却斤斤计较于个人得失，耿耿于怀于个人进退，嘀嘀咕咕于物我是非，哼哼唧唧于一日之短长，小鼻子小眼儿，鼠肚子鸡肠，你给他们讲个唇焦舌敝，他们却硬是不明白“柙而藏之，不敢用也”的道理。

再有就是纯素的观念。一个纯，一个素，在当今物欲横流、奇巧淫技泛滥之时，颇显宝贵。用《红楼梦》上的语言，现时就是到处“烈火烹油，鲜花着锦”，大自然受到极大的伤害，人的原生美质，诸如健康、膂力、纯朴、善良等日益丧失。用老子的说法就是“五色令人目盲，五音令人耳聋，五味令人口爽，驰骋畋猎令人心发狂，难得之货令人行妨”（第十二章）。此时讲讲纯素，确有几分理想主义的魅力。即使仅仅从文学的观点来看，一个本真的人、素洁的人、纯粹的人，而不是包装得令人头晕、美容得令人走眼、炒作得令人闹心的人，该是多么可爱呀！

老王说：刻意不取，志在纯素。锋芒掩盖，宝剑收藏。与神合一，与天同行。不逆不杂，无悲无喜。反复思量，心明气爽。益寿延年，身轻体康。淡然无为，众美泱泱。

对于高士的形容比较幽默，其实相当挖苦。庄周的道行，深啦！学庄，可以少上点当噢！

缮性：拯救你自己

上一章说到庄子的救世之心、救世太难，那就从自救做起吧。人为什么会陷入百般痛苦？除了环境的原因外，主要是自己受了俗学俗思的歪曲与钳制。这里，《庄子》宣称，只有庄学保持了特立独行的清醒、明澈。学好了庄，可以减少许多自寻苦恼，也可以减少许多上假冒伪劣的高人、高论的当的危险。学好了庄，你才不至于成为“倒置之民”，才不至于自己把自己总是倒吊在房梁下。世人皆醉而我独醒，世人皆浊而我独清，世人倒吊而我独正。庄子独具慧眼，看明白了多少事理，又看穿了多少假象。读得明白庄子的人有福了。庄子终于渐渐被人读明白了，幸甚至哉，咏以释怀！

一、反潮流的夫子自道

缮性于俗学，以求复其初；滑欲于俗思，以求致其明：谓之蔽蒙之民。

依靠流俗的认知与学理来培育塑造自己的性情、人格，意欲以之恢复自己的本真与素朴（或是意欲体悟世界的本源与根基）；任凭流俗的思想观念来调理、把握自己的心志和欲望，意欲以之达到明白透彻。这样的人，就是被流俗所蒙蔽的人。

俗学俗思，可能是指随大溜的舆情，可能是指该时的主流文化、主流意识形态，可能是指该时忽悠得最起劲的儒学。那么，蔽蒙（即蒙蔽）又是什么意思呢？既然流俗的（即多数人认可的东西）其实是蔽蒙人众的偏见、陋见、浅薄廉价之见，那么不受蔽蒙的老庄思潮、庄学，真正的精英思想，在当时就是完全不占主流地位的“另类”了。用当今的语言来说，庄子的一套是对于主流与人众的挑战，他和他的弟子们是以“反潮流”的“众人皆浊而我独清，众人皆醉而我独醒”的姿态出现的。他们认为他人多被蒙蔽，只有自己清醒、深刻。“反潮流”，是毛泽东在“文革”中提出来的一个口号，提这样的口号，说明他老人家已经意识到，所谓他亲自发动与领导的“文革”，在舆论上、学理上、观念上、群众心理上，如果在现今就是说不论在喉舌上还是网络上都不占优势，叫作已经处境不妙了。

这样的对俗学俗思的声讨，还说明庄子对自身的处境与地位有一个估计，对自己与俗学俗思的关系有一个定位。如果你是在投合或暗合或巧合主流与人众，你就会强调天理即是常识，民心即是天心，顺应便是智慧。如果你是在挑战、在振聋发聩、在独树一帜，意欲自立门户，自成一家一山头，那么你就会强调真理往往掌握在少数人手里、强调一个人不惜与全天下作战，论万世而不是论一时。文人学者，可能不算精明，可能斗不过精明的政治家尤其是掌握了权力的政治家，但也不算傻，他们会选择旗帜与调门，达到成效、影响、名声与利益的最大化。当然，也可能文人、学士们不全是有意为之，而他们不同的风格、思路、观点，各有各的效果，各有各的特色。

至于庄子呢？他第一是天才——思辨与文章的天才，第二他确实敢于瞧不起、敢于嘲笑功名富贵、俗学俗思、修齐治平那一套。第三，他不可能绝对地免俗：他的文章有时失之夸张，有时失之强辩，有时失之矫强或矫情。他自觉不自觉地在那里炒自己，很难为之遮掩。第四，缺点再多，庄周是不二的唯一。

你可以挑出庄子的毛病，并不费力。然而，他仍然是古今思辨加文章的第一人。大哉庄子，庄子之前，再无庄子，庄子之后，再无庄子。这本来是后人歌颂孔子的话，用到这里来歌颂庄子也完全适用。其实，这样的颂辞未免声嘶力竭，而且同样适用于歌颂李白或者康德，这样的颂辞并不高明，录以解颐罢了。

复初致明的说法言不尽意。第一，为什么要复初，复到哪里去？怎么个复法？可以看看话剧《日出》，陈白露原来也是一个纯情少女，后来成了旧中国上海滩上的交际花，花天酒地，腐化堕落。她要复初就要脱离交际花的地位与生活方式，复到哪里的问题则仍然麻烦，回乡务农能够给她带来多少快乐与光明？到了《雷雨》那里更麻烦，四凤大了，会有男女之情恋，复成小丫头，怎么个复法？老王今年走向七十六岁，复到三十岁还是十三岁还是三岁时期呢？靠俗学复不成，靠绝学或者靠后现代的学问都复不成啊。

朦胧中似乎又有所认可，至少是青年时代吧，人会更纯洁些、热情些、真实些，也性情些，那么能不能多保持一点当初的本真，少学点后来岁月造成的尘封、遮掩与委蛇、变形呢？

致明的问题也令人困惑，知白是明，守黑也是明吗？止水可以明鉴，槁木死灰还要那些明察秋毫做啥？要混沌还是要明白？

人生诸问题，读庄诸问题，不可以不见、不思、不问，亦不可追究太过，只能求个大致、大概、大约。最后，尽信书不如无书，无书却又大大地不如有书啊。没有了庄子的《庄子》，生为华人，将失去多少思辨的享受与共舞的感觉！

> 古之治道者，以恬养知。知生而无以知为也，谓之以知养恬。知与恬交相养，而和理出其性。夫德，和也；道，理也。德无不容，仁也；道无不理，义也；义明而物亲，忠也；中纯实而反乎情，乐也；信行容体而顺乎文，礼也。礼乐遍行，则天下乱矣。

古代研究论述大道的人，主要是以恬淡的态度来滋养、丰富、充实、补充自身的智慧知识。他的智慧是产生出来了，但是他并不以智慧去作为。（或谓“生而无以知为也”，不要前面的“知”字，则意指人是要生活的，但是不以智慧知识做依靠来搞什么名堂。）故而也可以说是用智慧知识来滋养、丰富、充实、补充自己的恬淡。智慧与恬淡互相滋养、丰富、充实，人就可以做到和谐、平顺。德的核心是和谐、和穆、和平，道的实质是合情合理，平顺自然，符合规律。德包容一切，就是仁；道顺乎一切、合乎一切之理，就是义；义理明澈，于是能够亲近外物，能够有足够的爱心，就是忠；内心纯朴、实在，而且反映在情感上，就是乐；行为诚信、准确，举止容貌得体，合乎文明的形式、程序，就是礼。礼乐遍行或偏行，即片面地强调礼乐，离开了道与德，离开了恬淡、智慧、仁、理、义、忠等根本，去大搞形式过场的礼与乐，则只能搞乱天下。

这一段比较富有传统古籍的那种空对空、概念到概念的循环论证的特点，它们热衷的是论述 ABCD 的同一性，叫作有 A 则 B，有 B 则 C，有 C 则 D，而有 D 则 A。它们甚至反映了我们老祖宗的一种精神上的懒惰和求方便、求捷径的思维习惯。我们倾向于幻想进入那种一通百通、一顺百顺、迎刃而解、一胜百胜的境界。例如得了道就有义，有了德就有仁，也就有了容、有了理、有了明、有了礼、也有了乐，总而言之，什么都有了，吗也不缺了。这更像是美梦，而不完全是修齐治平或人生求学的过程。

但这里也有些不同，道呀德呀仁呀恬呀知呀忠呀义呀，都是正面的概念，拼凑出来的是乐与礼，乐与礼基本上还是正面的概念，但遍行或偏行起来，就会天下大乱。它的论式是正正正正正反，一直正下去就会走到自己的反面，这个思路好生有趣。

它的某些见解不无可启发处，比如认为恬淡、道德、仁义、忠顺乃是根本性、原生性范畴，而礼乐是次生性范畴。用智慧与恬淡互相涵养，这是高明之论，很妙。只有单一的恬淡未免消极抑郁，将生命彻底空洞化的结果。如果闹不成神仙，则更可能变为白痴或趋同于白痴。过度玩弄、显摆、贩卖智慧、计谋、辞藻、花招，则易显浮躁、浅薄、廉价，自毁形象与成就，而且为智谋而智谋显示的是无根本和无底线的机会主义、投机奸诈。能以智慧与恬淡互养，即《庄子》所说的“交相养”，妙极。恬淡使智慧厚重、仁慈，智慧使恬淡心明眼亮。其实，不仅仅知与恬，很多事、很多品质都需要交相养起来。如执着与超越、自信与谦虚、顺其自然与恪尽人事。

但是，这一段的说法与《庄子》全书其他地方的一些说法又颇不相同，老庄其实是常常大批、大嘲仁义道德之说的。古代不讲文责自负与知识产权，遇到前后矛盾、自相悖谬的文章段落，读者只能容忍，再加上自己去选择、判断。何况自古以来都说是外篇颇多伪作，即庄子的门徒以庄子的名义所作。好在我们的着眼点不在于谁作的，甚至也不在于它的论点的一贯性与逻辑性，而在于哪些说法有意思、有趣味、有启发、有参考价值。我们讨论的不是某个博士生的论文答辩，而是一本已经流传两千多年的内容丰富、汪洋恣肆的好玩的书。

> 彼正而蒙己德，德则不冒。冒则物必失其性也。古之人，在混芒之中，与一世而得淡漠焉。当是时也，阴阳和静，鬼神不扰，四时得节，万物不伤，群生不夭，人虽有知，无所用之，此之谓至一。当是时也，莫之为而常自然。

人们都走上了正道，接受了大德的教化熏陶，就用不着过度地强调德呀德呀的了。过度强调的结果是人们失去了自然而然的德行本性，变成了矫揉造作或者卖弄作秀。古人们生活在混一与迷茫之中，他们的一生（或者说是他们与整个世间）都是处在恬淡静寞之中的。那个时代，阴阳和谐平静，不闹鬼神邪异，四季运转有定，节令节律正常，万物不受伤害，也不会互相伤害，众生都能终其天年，不会夭折。那时的人虽然有智慧知识，却根本用不着，也无处可用，这就是人们向往的最高的无差别、无矛盾、不分物我的纯一境界。那个时候，谁也不需要有什么作为，而一切听其自然，无为而自然运动得当。

过分地强调某一种品质或者法则，叫作“冒”，不知与今人所讲的冒失、冒尖、冒昧是否基本同义。这是人类的共同弱点之一，任何过分强调，必然暴露出来的，恰恰是自己的不足。过分强调，其结果是破坏了自然而然的真实与朴素，造成装腔作势、人为作态、沽名钓誉、徒走过场。一件好事，一本好书，一个好的思想，本来大家欢迎接受、乐于认同，但是不罢休，非得一层层强调、规定强制、造势加温、劳民伤财、百般重复，最后弄得人们一听就烦、一见就躲，这样的例子比比皆是。“文革”中的某些学习讲用就是如此。这样的问题，却原来打老庄时期人们已经发现到、认识到了啊。

俄罗斯作家克雷洛夫的寓言《杰米扬的汤》也是说这个。杰米扬的汤做得好，受到好评，他就拼命做汤，直做到为人们所讨厌、躲避为止。如今，有多少这样的事例，一个好东西，却硬是通过生拉硬扯、反复灌输、强制说教、念念有词，令众人讨厌、反感起来。

相信古人比今人生活得更好，崇拜简单，厌恶复杂；崇拜纯一，恐惧分裂，害怕二、三、四、多；崇拜混沌、迷茫，拒绝智谋明晰；崇拜淡漠平静，深知激动、热烈、急躁的害处……这样的价值取向不但是古已有之，而且是儒道同理。道家讲这方面的道理最多，但儒家与整个社会也有许多的认同。例如，孔子也讲“巧言令色，鲜矣仁”（《论语·阳货》），又说“民可使由之，不可使知之”

（《论语·泰伯》）。而诸葛亮所讲的“非淡泊无以明志，非宁静无以致远”，已经成为名言，被整个中华民族所接受。这样的价值取向构成了中华传统文化的特色之一，不免有知其一不知其二的弱点，即太缺少竞争、进取、献身的一面了。

把淡漠树成这样好的词，很有特点。如今，我们多将其视为贬义词，认为淡漠是冷淡、漠不关心、迟钝、不在意、半死不活的意思。而追求体验的西方人，希望得到的是刺激、是热情、是强烈，也是痛快淋漓。这固然是一方面，但也还有另一方面，越是高档的生活与体验，越会相对淡泊一点：高档的餐饮往往会比低档的餐饮在味觉上淡泊一些，高档的服装也往往比不发达地区的服装色彩更淡雅一些。这究竟意味着什么呢？国人的生活调门，我们的传统戏曲，总体上看比较强烈浓郁、大轰大嗡，这要不要反思一下呢？我们也明白君子之交淡如水，还有亲戚远来香嘛。看来，适当地淡化某些感受、淡化某些反应，确有其可取处。渴望简单、渴望朴素，值得人们深思。不能由于文化的发展、生产力的发展与物质生活条件的改善而使人们的生活日益复杂化，复杂化带来的一定不是幸福指数的提高，而是相反。例如，婚姻生活的复杂化、利益化、商业化，使人们向往单纯的“裸婚”。卫生保健的复杂化、高成本化，甚至级别地位化，会使人感到恶心，而向往原始人的穴居或树巢时代。教育的大大的复杂化，尤其是我国的幼儿园也在搞什么智力开发、神童培养，已经剥夺了无数儿童的童年。我们如何能不羡慕“至一”的状态、有知而无所用的状态呢？

二、警惕人类文明的下衰可能

逮德下衰，及燧人、伏羲始为天下，是故顺而不一。德又下衰，及神农、黄帝始为天下，是故安而不顺。德又下衰，及唐、虞始为天下，兴治化之流，浇淳散朴，离道以善，险德以行，然后去性而从于心。心与心识知，而不足以定天下。

然后附之以文，益之以博，文灭质，博溺心，然后民始惑乱，无以反其性情而复其初。

及至德行与天赋走上了下坡路，日益衰败恶化，到了燧人发明了火、伏羲发明了符号文字，他们力图对天下有所贡献作为，天下虽然尚称平顺，但已经出现分歧花样，已经不是那种纯朴、齐一的民情世道了。德行、天赋继续走下坡路，到了神农、黄帝治理天下，又是尝百草搞医药，又是建立农耕文明，又是战胜对手统一天下，制定各种法度文化。虽然能一时安全稳定，但人们的心情并不平顺、舒畅。再继续走下坡路，到了唐尧、虞舜治理天下，兴起了教化、说教、规范的风尚，浇薄淳厚，瓦解质朴，离开了大道去讲求什么善恶、美丑，用危害德行的方式干涉人的行为，不是按照正确性，而是按照对于利害得失的计算、心机来做事。心与心互相摸底设计（或者是互相斗心眼），便不足以安定天下了。然后，再加上种种文饰、花样和包装，还不够，再加上博学博引、知识信息的膨胀与点缀，结果是文饰与花样替代、消灭了实质与本真，博学与信息淹没了心志与真性。然后民心混乱，再也回不到当初那种原生态的天性与真情了。

如果达尔文、赫胥黎的主张是进化论的话，那么此地庄子的主张可以称之为恶化论、退化论。他列出了原始古人——燧人、伏羲——神农、黄帝——唐尧、虞舜这样一个渐行渐下、衰之微之的恶化路线图。人们有怀旧情绪是可以理解的，制造科幻大片宣扬潘多拉星球的《阿凡达》也是可以理解的。不过，有些方面肯定是今不如昔，例如环境、气候方面，确实是近现代人的胡作非为造成了这样大的麻烦。还有，从全局来说，文化与科技、生产与经济的发展并不总是意味着人们幸福指数的提高。但是，干脆把人类的历史定性为“下衰史”，虽然也算得上别树一帜、振聋发聩，有警醒凡俗的作用，但不无夸张、闹心，不无危言耸听。

各种理论、信仰，都有产生原教旨主义或名基本教义派的可能，而《庄子》这里宣扬的是原人旨主义，即人类本身的原性旨主义或原道旨主义。为什么中国这么早就有了批判文明文化、批判历史发展、怀念原初原始、否定历史发展的思潮？这极值得思考。一、春秋战国的乱局令人愤慨、失望已极，令人早早地就向后看上了。二、春秋以及此后时期的无所用于世的士人、学者、辩士，他们头脑发达、牢骚满腹、郁闷激愤、语不惊人死不休。三、确实，中华文化是早熟的文化，是先期超越却漏掉了许多应有的过程的文明，它有几分未老先衰、未至先返。是不是这样？姑妄言之，有待细细琢磨。

由是观之，世丧道矣，道丧世矣，世与道交相丧也。道之人何由兴乎世，世亦何由兴乎道哉！道无以兴乎世，世无以兴乎道，虽圣人不在山林之中，其德隐矣。隐故不自隐。

从这里可以看出，世间丢失了大道，大道也丢弃了世间（天下，天下），世间与大道相互败坏与相互脱离了。得道之人再也出不来了，他们已经失去了产生与兴起的世间依据与现实条件。世间、社会也已经失去了因大道而复兴、振兴的可能与起点。道已经不可能改变、救援这个无道的世间，世间也已经不可能因道而兴旺发达、变好。这样的世间，即使圣人不遁入山林，他的德行、天赋也是表现不出来的。世间的非道无道状态已经将圣人的大德遮蔽、隐藏起来了，圣人自身反而不需要有意地退隐了。

这一段话相当沉痛警醒。已经是暗无天日了，阴云满天，迷雾遍地，太阳再好也照不亮这个世间了，世间已经无法以太阳照耀之了。好家伙！真有点气数已尽的感觉。太阳已经不用回避、躲藏了，层层阴霾早已将太阳遮蔽、隐藏起来了。说到这里，不免感到庄子的不平与诅咒，《庄子》里确实隐藏着一口恶气。圣人“其德隐矣。隐故不自隐”的说法，在恶狠狠地咒骂的同时，又显出了几分黑色幽默，连自我隐蔽都不劳费心了。人太激愤、太强调了反而现出些许滑稽，真格令人叹息。

或谓其含义讲的是伪道、虚假之道不可能兴世，而世间也不可能等待被流俗所破坏过了的伪道、假道来振兴。有此一说，可供参考。但如果这样讲，似与讲假冒伪劣的茅台酒不是茅台酒也不好喝一样，是不是纯属废话？故而老王认为，所说的伪呀、假呀都是解释者所加，老庄书中似乎并无讲什么伪道、假道的先例。这里的原文正是指出（在他处未曾讲过），俗学俗知和往外“冒”的教化、讲述把世间弄昏了头，使道与世两相脱离，使世间、社会、天下陷入了万劫难复的精神灾难之中。醒醒吧，非道无道的俗学、俗知、俗人们！你们还在不无多余地加上“伪道”之说，无非是为了调和俗学、俗世与大道的不可调和的矛盾罢了。

自作聪明的另一面就是庸俗的和稀泥，历来如此。

而遇到这种世道，再搞什么隐居不隐居，纯粹是脱了裤子放屁，多此一举。这样的世道中，你有多少大德道行，你再火烧火燎地想显示自己，也是根本不可能的。遇到这样的世道，偏偏还要玩什么隐居山林、自我屏蔽，只能是作秀，更糟则是待价而沽而已。后世也有所谓伟大的孤独者，其实他的伟大与孤独全是不得已，他其实一点都不想孤独，他一心想与民同乐，只不过是太不走运，碰巧闹了个姥姥不疼舅舅不爱。末了，倒成了伟大的孤独者了。这样的事自古有之。请读下一段：

> 古之所谓隐士者，非伏其身而弗见也，非闭其言而不出也，非藏其知而不发也，时命大谬也。当时命而大行乎天下，则反一无迹；不当时命而大穷乎天下，则深根宁极而待，此存身之道也。古之存身者，不以辩饰知，不以知穷天下，不以知穷德，危然处其所而反其性，己又何为哉！道固不小行，德固不小识。小识伤德，小行伤道。故曰：正己而已矣。

古代的所谓隐士，并不是伏下身体让人看不见、不是紧闭嘴巴不吐一句话，也不是深藏智谋不加表现，而是他们的时机与运气太背了啊。当时运上佳，他能大行其道之时，则回归至一，不露痕迹。既然天下有道，你还显山露水个什么劲？而当时运悖谬，大道丧失殆尽之时呢，他们就宁静深沉，销声匿迹地安心等待，这才是保存惜护自身之道。古代善于保护自身的隐士，不用巧辩来装饰打扮自己的智慧，不以智慧来为难逼迫天下，不以智慧来为难逼迫天赋的德行，端正、自信地立于自己的处所地面，回归自己的天性、本性，又有什么可焦虑、可活动的呢？了悟了大道，自然不需要那些小动作；掌握了大德，自然不需要那些小见识。小见识、小伎俩会损害德行，小动作、小花招会损害大道。所以说，只要自己做得正，也就达到做人的目标了。

实在不明白为什么两千多年前的庄子脑瓜子竟是这样够用。他指出，许多伟大的隐士（或异议分子），其实是成全于自己的倒霉，其实是被天下无道的现实所成全。他们并不伏身藏己，他们并不寡言少语，他们并不是省油的灯，只是他们的时运太荒唐、悖谬了，荒唐、悖谬的时运，成全了他们的形象。

另外，论他们的货色，真正天下有道之时，根本没有他们的戏。既不需要他们的空谈，又不需要他们的实干，因为他们根本就不会实干。天下无道了呢？只能一边老老实实地待着，叫作“深根宁极而待”。要往现实中、民众中深深地扎根，要保存自己的根底，要宁静平和、少安毋躁，要善于等待，还能怎么样呢？不然的话，只能是自取灭亡，不论这灭亡是采取什么形式。你可能贸然行事，自取杀身之祸。你可能急于求成，耐不住寂寞，昧着良心上错了车，乃至上了贼船。你可能忽然碰对了点大红大紫，忽然站错了队遗臭万年，今天座上客，明天阶下囚，如姚文元。你可能细胞恶化，一命呜呼。你可能想不开而自寻了短见……

这里也有弱者的武器的味道，能等善待，全无心火，处变不惊，徐图来日。同时，这里还提出来不搞什么小行小识，既然大的时命、时运、时机都不对头，干脆认头，待着就是了。这样的根深与宁极，棒极了，也难极了呢。

三、破除官迷心窍的最有力的说法

乐全之谓得志。古之所谓得志者，非轩冕之谓也，谓其无以益其乐而已矣。今之所谓得志者，轩冕之谓也。轩冕在身，非性命也，物之傥来，寄者也。寄之，其来不可圉，其去不可止。故不为轩冕肆志，不为穷约趋俗，其乐彼与此同，故无忧而已矣！今寄去则不乐。由是观之，虽乐，未尝不荒也。故曰：丧己于物，失性于俗者，谓之倒置之民。

能够全面地获得与享受人生的快乐，这才是实现了人们应有的愿望志向。古代的所谓得志的人，不是指他们得到了官位、待遇、乌纱帽，而是指他们得到最大的快乐与满足罢了。而现今的所谓得志的人，就是指官职、待遇、乌纱帽之属了。官职、待遇到了你身上，并不像性命那样属于你自己，也并不像性命那样，你离了它不行（你是你，它是它）。其实，乌纱帽只不过是偶然地、或然地寄存在你身上一个时期。寄存的乌纱帽这个玩意儿，来了挡不住，走了也不可阻止。所以说，一个人应该能够不为功名利禄而恣意开心放肆，也不必为无官无显、穷途末路而取媚、随和、讨好俗众。能够做到无分别地享受得官与无职的快乐，这样的人当然就没有忧虑了。今天的一些人，看到原来暂时寄存、寄放在自己这里的东西被取走了，就不高兴。从他的这种不高兴上可以看出来，当初他们的快乐当中已经包含着生怕失去这种快乐、失去乌纱帽的恐慌与荒唐。所以说，这样的人，因为外在的原因、外物的对待而失去了自我的修持与对自我的把握，找不着北啦。同时，他们因为流俗的眼光、舆论而丧失了自己本真的性情，他们是倒悬在那里颠倒了本末、因果的罪人啊。

太精彩了，如说当今某些利欲熏心的官迷然。中国的官本位观念由来久矣。原因是中国的封建体制中各种资源的掌控是高度集中的，特别是对于士人读书人来说，有了官就有了一切，没了官就丢了一切。有了官，有志者可以推行自己的理念，有才者可以施展自己的才能，甚至于笨人也显得聪明，丑人也显得俊俏。不但有了权力与俸禄，而且似乎也有了专业成就，乃至有了学问知识，有了亲戚、朋友、知音。然而，庄子告诉我们，所谓官职、级别、待遇、体面、尊荣、吹捧、抬轿，都不过是暂时的寄存、寄放，是朝廷或曰权力核心临时使用了你一下而已。这里头还会有各种阴差阳错、偶然巧合，如所谓天上掉馅饼、黄蛤蟆步步高升（见刘宝瑞的单口相声）之类。官职、功名、利禄是朝廷给你的。给了你，同样可以轻而易举地从你这里收回取走，甚至还要收利息，还要剥夺你的一切以至于生命。如本段文字所说，得官则忧、则慌，失官则忧、则悲。因外在的巧合而喜乐哀愁、恐慌困惑，因为外物尤其是老板的评议、反应而时热时寒、时乐时哀，讲得真生动。这就是倒置之民，倒挂在那里有待解救的罪人啊。罪人们啊，你们什么时候能够自己解救自己，把自己从倒吊的状态下释放下来、解脱出来？至少，你要明白，这一切都是傥来，偶然到手罢了，都是寄也，都是临时寄放、寄存。京俚云：老妈抱孩子，人家的，不是你的。只有真性情、真道行、真品格、真智慧，还有你的生命形体，才是真正属于你的。其实，往透彻里说，连你的生命形体也是大道临时的不无偶然的下载，寄存、寄放罢了，叫作“大块载我以形，劳我以生，佚我以老，息我以死”（《庄子·大宗师》），从大道中来，到大道中去，从大块中来，到大块中去，从无中来，到无中去。万物生于有，有生于无，道生一，一生二，二生三，三生万物，然后万物归一、万法归一，完成了一轮悬解。这才叫看开了一点点，少一点倒置的痛苦，少一点外物带来的慌慌张张，少来点一惊一乍，多一点逍遥、多一点自由、多一点养生。这样的性情的修缮岂不妙哉！

老王说：《庄子》中的这一段文字讲人的精神独立性比较充分。要解放自身，要取得精神上的独立与逍遥，必须看透轩冕利禄的偶然性、或然性、暂时性、寄居性。这里的精神的独立，并不是要背叛、要揭竿而起。因为，如果你是搞造反有理，成功的结果将会产生另外的轩冕系统，另外的权力运作、服从与制约，你仍然要丧己于物，失性于俗。庄子的药方是淡漠、是缮性、是回归至一、是避祸全身、是根深宁极而待。其实，按庄子的理念，应该是根深宁极而不待。那就对了，就不必一直倒悬下去啦。

秋水：灵性与思辨的一片汪洋

这是最富有散文情致与风采的一章，也是《庄子》中最脍炙人口的篇章之一。它书写灵动、气势恢宏、玄思泛漫、生气充盈、即兴交谈、随心讥讽。它舒卷云霞、纵横星汉、望洋兴叹、贻笑大方、天地稊米、毫末秋山，语大义之方，论万物之理，几近信口开河，原来别有深意。真是秋水茫茫、明光点点、神机妙算、余音绕梁，哪怕似懂非懂，仍然会得到一种欣赏与满足、得到一种解脱与超越。谢谢你，你启发了我们，文章竟然可以这样写，头脑竟然可以这样思索，话语竟然可以这样言说。没有庄子，哪里有中华人物的潇洒风流、活泼得趣！

一、望洋兴叹，伟哉

> 秋水时至，百川灌河。泾流之大，两涘渚崖之间，不辩牛马。于是焉河伯欣然自喜，以天下之美为尽在己。顺流而东行，至于北海，东面而视，不见水端，于是焉河伯始旋其面目，望洋向若而叹曰："野语有之曰，闻道百以为莫己若者，我之谓也。且夫我尝闻少仲尼之闻而轻伯夷之义者，始吾弗信；今我睹子之难穷也，吾非至于子之门则殆矣，吾长见笑于大方之家。"

到了秋水泛滥（即秋汛）的季节，各条小溪、小河的水灌入了黄河。水势浩大，汪洋苍茫，两岸、边缘与沙洲之间，有些什么东西，是牛还是马在那里活动，根本辨别不清楚。于是，河神欣然、沾沾自喜，以为自己已经拥有了天下最美好、最宏伟的一切。顺着水势往东走，到了北海，继续往东看，大水看不到头儿，于是河神收起了扬扬得意的表情，仰头向着海神感叹说："俗话说，有那么一种人，听了许多种道理、说法，最后还是以为谁说的也比不上自家。我就是这样不长见识的人啊。我还听说过有的人轻视孔子的见解，也不佩服伯夷叔齐的义行义气，开始不相信有这样的事。今天看到您的海洋的难以穷尽，我服气了，开了眼了。要不是来到您的门口，我还真是惨了，我原来的得意扬扬的样子，只能使见闻与境界阔大的高人见笑，叫作贻笑大方啦。"

《庄子》一书中这段著名的文字，描写秋水，真是漂亮。集纳川流，汇聚黄河，滔滔向东，一片汪洋，看不清牛与马的区别，如临其境，如闻波涛。尤其是不辨牛马四字，活灵活现，如见汪洋一片，如见汹涌动态，无论是谁也会随之而骄傲、得意。谁能想到还有大海在那里等候着你呢！

国人自古以来喜欢以秋水为题材写作，秋水伊人，望穿秋水，秋水明月，秋水共长天一色……它表示着明洁、澄净、美丽、深邃、雅致，许多情况下还表达着安宁与平静。像庄子所写的这样的洪水滔滔的场面倒还不多见。但《秋水》一章，仅从题目而言，也颇有魅力。

国人一般写山河的多，写到海洋的文字相当少。皇上往往只知道打江山、坐江山，不知道跨海远征。孔子也是只有“川上曰”的记录，并没有海上或海滨高论的经验。只有秦始皇对海上仙山有兴趣，想派童男、童女到那边寻找不死药。这里却能从黄河而观北海——应该是如今的黄海一带吧，这不能说不是庄子的心胸与想象力超乎常人的表现。

北海若曰：“井蛙不可以语于海者，拘于虚也；夏虫不可以语于冰者，笃于时也；曲士不可以语于道者，束于教也。今尔出于崖涘，观于大海，乃知尔丑，尔将可与语大理矣。”

北海之神若说：“井底之蛙，不可能与它谈论大海，因为它是受到了空间的限制；夏天的昆虫，不可以与它们谈论冻冰，是因为它们受到时间的规定；小头小脸的读书人，不可以与他们讨论大道，因为他们受到流俗的教化的拘束。如今，你从河岸边走来，观看了大海，才知道自身的浅陋，我们就可以讲讲大道理啦。”

这位海爷堪称牛气冲天。河神谦虚自省，海神却是就势猛蹿。其实，按照庄子的齐物高论，海也可以算是小水洼，井底之蛙也可以算是航空母舰，夏虫不可以语冰，北冰洋也不可以语赤道。小蛙不懂得大海，大海就懂得小蛙与枯井的风光了吗？

“天下之水，莫大于海，万川归之，不知何时止而不盈；尾闾泄之，不知何时已而不虚；春秋不变，水旱不知。此其过江河之流，不可为量数。而吾未尝以此自多者，自以比形于天地而受气于阴阳，吾在于天地之间，犹小石小木之在大山也，方存乎见少，又奚以自多！”

海神继续说：“天下的水域，再没有比海洋更辽阔、更伟大的了，千万条大河向海里流淌，从无休止，但是海洋永远不会盈满。尾闾那个地方是海洋泄洪之处，是连接海洋的空洞，它昼夜泄水，从不结束，但是海水不会空虚。春秋季节，不论有何种变化，海水并不增减，洪涝也好，干旱也好，这样的事对海水可说是毫无影响。海洋之水大大超过了江河，其多于江河之量是无法计数的，但我并不以为自己有多么了不起。我想我的形体来自天与地，我的气脉生命得自阴与阳，我这个北海在天地之间，就像一块小石头、一棵小树在一座大山上一样，本来是微不足道，又怎么可以自命不凡呢！”

牛了几句立刻又踏实下来了，中国文化毕竟讲究谦逊。

这里对于海洋的赞颂——不盈不虚、不止不已、不变不知，也是对于世界、对于天地、对于大道的赞颂。其实，世界、天地、宇宙，也是有自己的开始和发展、结束与灭亡、过程与变化的，但是与人比较起来，它们接近于无穷。真正做到永恒与辽阔无边的是大道。通过对世界、天地、大道的宏伟与长久的体验与服膺，降低人生诸烦恼的意义，是庄子自我拯救的重要法门，书中已多次讲过类似的意思。

于是能够藐视小我，更藐视俗人、俗世、俗争、俗利；于是能够有所超越、有所升华，有个大境界矗立在那里了。反过来说，藐视小我与俗世的另一面是珍惜与重视、是底气与依托。人生不满百，人体不过五尺，生也有涯，知也无涯，然而这渺小的存在是永恒与阔大的世界的一部分、是大道的功能与下载、是永恒与无穷的见证与表现。于是，瞬间即是永恒，一粒沙就是世界，一株小树、一块小石头就是整座大山的一个组成部分，伟哉此生，伟哉此世，伟哉此道！

“计四海之在天地之间也，不似礨空之在大泽乎？计中

> 国之在海内，不似稊米之在大仓乎？号物之数谓之万，人处一焉；人卒九州，谷食之所生，舟车之所通，人处一焉；此其比万物也，不似豪末之在于马体乎？”

“请估量一下，东南西北四海处于天地之间，不就像蚂蚁洞穴处于大沼泽中吗？而中国之处于海内，不就像一粒米置放在大仓库里吗？世间各种物种数以万计，人不过是其中之一。人群居于九州，到处种植粮食，到处行车驶船。个人或一群人，也只是其中之一小点滴。以个人或一群人与万物做比较，不就像是以一根马毛与整匹马做比较吗？”

尽管古代的所谓中国与今天讲的中国含义不一样，古代并没有中外的比较，而只有中国与四海，最多是中国与藩邦（即与不发达不文明的小部落、小群体）的比较，能把中国放到海内与万物相比较，从而不把中国吹得太猛，这算是绝无仅有。把人类放到万物中，而不是放到万物之上，从而不那么夸张人类或个人的重要性，这样的言论在古代是罕见的，在今天、在后现代反而像是易于被接受。庄子的思想就是那样超前、那样奇特地独树一帜吗？

> “五帝之所连，三王之所争，仁人之所忧，任士之所劳，尽此矣。伯夷辞之以为名，仲尼语之以为博，此其自多也，不似尔向之自多于水乎？”

“五帝一代又一代地承继着的（或谓‘连’是‘运’之误，那么就是五帝运筹），三王有所争夺的，仁人为之而忧虑操心的，能人为之而辛苦劳顿的天下的统治权，其实不过如此而已矣。又有什么了不起的呢？伯夷辞官不受是为了名节，仲尼讨论修齐治平是为了博学，以充当师表，他们都自以为很伟大、很富有，其实不过是像你一样自以为水量浩瀚，妄自尊大罢了。”

《庄子》立论，横扫千军，高屋建瓴，不在话下：一切的有为，一切的富有与得意，最好最好也不过是河流奔跑，用英国小说散文作家高尔斯华绥的话来说就是“小河最喧闹”罢了。而老子、庄子，立足于无，无为，无心，无言，无咎，于是无往而不超越，无往而不胜，这才是汪洋大海呢！

> 河伯曰：“然则吾大天地而小豪末，可乎？”
>
> 北海若曰：“否。夫物，量无穷，时无止，分无常，终始无故。是故大知观于远近，故小而不寡，大而不多，知量无穷。证向今故，故遥而不闷，掇而不跂，知时无止。察乎盈虚，故得而不喜，失而不忧，知分之无常也；明乎坦途，故生而不说，死而不祸，知终始之不可故也。计人之所知，不若其所不知；其生之时，不若未生之时；以其至小求穷其至大之域，是故迷乱而不能自得也。由此观之，又何以知豪末之足以定至细之倪！又何以知天地之足以穷至大之域！”

河神问：“那么，我们是不是可以承认天地的伟大与认定毫毛的渺小呢？”

海神说：“不，不是的。世间万物，从空间上来说，量度起来是没有穷尽的，是无穷大的；从时序上来说，则是变化衔接、永远没有休止的，是永恒无穷的。它们的区分与格局，是不会固定不变的，即是不断变易、不可穷尽、不可定格的。万物万象，既谈不上结束，又谈不到开始。既是不断结束，又是不断开始。它们虽然有始有终，却又是无新无故（陈旧）的。所以说，大的智慧和知识能观察到、理解到、包容起那空间的远与近，有的东西甚小，它们并没有失落憾恨的理由。有的存在极大，它们也并不嫌多余或过大。因为它（大知）明白，量度是无穷无尽的，量度是在无穷大中进行的，大与小都有自身的道理与依据。它又明晓古今时间永远嬗变的道理，对于遥远的过去与未来并不纳闷、苦恼，不因时间的长距离而急躁郁结；对于当下俯拾即是的一切，它也并无惦念欲求，不需要踮脚等待。它知道时间本来就是无穷长久的过程嘛，今在不断地变古，古则都是当时的（即曾经）活生生的今，对于古今又有什么可计较、嗟叹的呢？它明察盈虚、得失、交替的规律，此得即彼失，此失即彼得。有所得，不值得喜乐；有所失，不值得忧愁。它知道这种区分与格局本来就是无常——并不固定的。它也明白达观于生命变化的坦途，活着，不会因之而喜悦、雀跃，要死了，也不必为之悲伤、懊恼，本来有始有终或无始无终都是不可改变也无须惊奇的嘛。你想想、算算一个人的一生吧，他知道的东西远远赶不上他未能知道的东西，他活过的时间远远赶不上他未曾活过或他消失以后的时间。以他这样渺小的存在去追求无穷与永远，这不是自寻烦恼，并无所得吗？从这个角度上来看，你又怎么能肯定毫毛是小的，而天地是大的呢？”

这一段极其富有哲学与数学的分量。数量——空间是无穷大的，时间是无穷久的，分割是无穷细小的，一切量度短长、大小的观念其实都是相对的，而且相对起来是永远没有边界、没有底线的。那么早就有了无穷大的观念，这太了不起了。先贤一般解释“分无常”，是说得失的区分并没有公认的常规常理。从后文看，此解释可能是不无道理的，但也可以解释得更好些：此地的“分”字应作成分、格局、结构、分子式或内涵、比例讲。这样讲无常，其不固定、不僵化、不教条、不原教旨主义的含义更加深刻。

同时，我尤其愿望文生义，将之解释为分割微观的无穷性。分无常，即无限的可分割性。我的解释有几点好处。第一，讲完量、时，再讲分，似乎不应该立马跳入世俗得失观念的领域，去讨论个人的几乎是商业性的得失、计较，而应该继续讲无穷的大道。我早在《老子的帮助》一书中就指出大道的观念与数学中的无穷大观念相通。而只要具有无穷大的观念、积分的观念，就可以以铁的逻辑引发出对于无穷分割、趋向于零的、微分的观念的探讨。我们不是不可以设想，《庄子》此段所讲的分无常，就是讲无穷分割的问题。果然，到了此后杂篇中的《天下》一章，就提出“一尺之捶，日取其半，万世不竭”的著名微分命题来了。

有了身份的哲学探讨，庄子才联系实际从无穷的分割联想到区分，又从区分的观念联系到得失观念。这并非不可能。

第二，这样解释更哲学，也更现代。当然，《庄子》并非现代著作，但是哲学思辨古今是能够相通的、古代与现代是能够相通的，何况，这里讨论的正是毫毛未必小、天地未必大（如果与宇宙相比），庄子未必古，海德格尔未必新。甚至，一通“相对”下去，罗素未必只代表欧洲，杜威未必只出自美国，而老庄也绝对不限于中土之地。您就慢慢琢磨去吧。

时间、空间、变易、分割，所有对于世界的带有终极性的思索与探求，在带来激情与智慧的满足的同时，也带来压迫感。因为与个体的生命比较，它们太伟大。唐陈子昂诗云：“前不见古人，后不见来者，念天地之悠悠，独怆然而涕下！”但是，庄子早就摆脱了这种无谓的哭哭啼啼，他告诉你：“证向今故，故遥而不闷，掇而不跂，知时无止。”弄明白从古发展至今的大道理，远古与远眺，都不会使我郁闷，当前的唾手可得的一切，也不使我期盼。反正时间的嬗变永远不会停止，怀念与瞻望永远不会有结束，成就与失败永远不会是到此为止。其他大小、远近、前后、得失、生死的道理同样如此。这至少提供了另外一个角度，使人类除了悲叹无常以外，也还可以往宽处想，有所自我解脱。

什么叫往宽处想呢？这个宽是什么意思呢？这里的宽，就是无穷、无常、无止、无故、不喜、不忧、不闷、不跂、不悦、不祸。这样，见解自然与俗人不同，天地未必是最大，毫毛不见得是最小，降生未必是最喜，死亡不见得是最悲……当然，这样的见解是正确的，也是高明的。

天地不嫌大，毫毛不嫌小，大者不因大而累赘，小者不因小而孤单，这表现了一种超常的理解与包容，也许还有接受与认同。同样，富者不因富而颐指气使、烧包膨胀，贫者不因贫而自惭形秽、怨天尤人；寿者不因老弱而惶惶然不可终日，夭者不因命短而呼天抢地；达者不因高高在上而凶恶狰狞，蹇者不因草民低贱而灰溜溜地抬不起头。这样的境界并非易事，毕竟老子那里有宠辱无惊一说，庄子这里有自己的为我所用的相对主义。真做到了这一步，金刚不坏，谁也拿你没有办法。

“计人之所知，不若其所不知；其生之时，不若未生之时；以其至小求穷其至大之域。”颇有新意。乍一听，似乎很悲观，人之所知少于未知，所生存的期限短于未生存、不生存的时间，个体如此渺小，世界如此广大……这些似乎都让人泄气。然而，明白了这些不争的事实之后，人才会以平常心对待一切进退、成败、得失，而不会搞急躁、疯狂，也不会闹灰心丧气。这又是那句话，廉价的乐观与悲观都是靠不住的。认真地悲观过了，不再幻想无休，不再一厢情愿，不再因碰壁而蹉跎悲泣，那才是真正的乐观、真正的阳光普照了呢。

二、河与海进一步讨论大小、内外、让争、精粗、贵贱、盈虚、为不为、然不然……

> 河伯曰：“世之议者皆曰：‘至精无形，至大不可围。’是信情乎？”
>
> 北海若曰：“夫自细视大者不尽，自大视细者不明，故异便，此势之有也。夫精，小之微也；垺，大之殷也；夫精粗者，期于有形者也；无形者，数之所不能分也；不可围者，数之所不能穷也。可以言论者，物之粗也；可以意致者，物之精也；言之所不能论，意之所不能察致者，不期精粗焉。”

河神问：“世间喜欢思考议论的人们都说：‘最精细的东西必然会失去自己的形体，最宏大的东西则谁也不可能看得到它的外围，谁也不可能抱得住它。’这样的说法靠得住吗？”

北海之神回答说：“是这个样子。从小里往大里看，永远看不全、看不尽、看不完。如果是从大里往小里看呢，永远看不清、看不细、看不明白。所以说，大与小各有各的特点，这是它们的情势、状态造成的。精，是最小的存在；垺（盛大，亦可作外模子或外城郭解）是巨大中的极致；精与粗，这是人们用来分析形体的形而下的概念。如果是根本没有形体的精微的存在呢，就分不清数量——难以量化了。而并无外围的、无法界定的巨大存在或概念、体悟呢，也是数量所不能穷尽，即无法丈量、无法量化的。可以讨论讲说的存在是粗略的存在，可以想象的存在是精微的存在，奥妙而且无形。而无法言说讨论，又无法想象，即无法通过意念去把握的存在呢，则根本不存在精与粗的差别，不适用精与粗的概念。”

这是庄子又一次讨论微积分的问题、无穷大的问题，不是作为数学问题，而是作为哲学问题，却又是与数学极息息相通的问题。庄子那么早就做出了精彩的思考。这里有两个不可穷尽、两个不可言说、两个不可量化。一个是无穷大，叫作“不可围者”，即认为无穷大之外再无存在、再无外围，叫作至大无外（见后面的《天下》）。一个是无形，即微小的一再分割使之已经没有形体，近于零，或者干脆就是零，无法再分割，叫作至小无内。零乘上无穷大，就趋向于任何数，包括大与小。往宏观里说，天外有天，一直大到天外无天的程度。往微观里说，把物质与一切存在分割再分割，分子分割成原子，原子再分割成质子、中子、电子……这叫作“子内有子”，这里的“子”是指最最基础的不可再分割的微粒。最后，想象中、意念中达到了近于零的程度。近于零了，就无法再分割了。天外有天，子内有子，最终是天外无天，无穷之外再无无穷，子内无子，趋向于零后再不含子。一端是无穷大，一端是近于零，世界因此才是不可穷尽的。最终、终极是不可量化的，无穷大与近于零不能进行形而下的量化。

这是往深里说，如果更愿意往浅里说，我们也可以认定庄子的意思是：人们说出来的常常只是粗略的轮廓，人们想象、体会的却可能是精微的细部，而最最宝贵与重要的，却是口里说不出，而心里也捉摸不定的那分不出精与粗的混沌与变易。这很符合实际，又很带几分悖谬，令人无奈。

同时，有与无也是这样结合在一起的，叫作“无名，天地之始；有名，万物之母……此两者同出而异名”（《老子》第一章），一个是无是零，一个是有、是任何数直至无穷大，老子已经对此做出了上述精彩的思辨。《庄子》的《秋水》篇中，又有精彩的发挥。从零与无穷大的关系中，得出齐物的结论，进入无差别的境界。

什么叫哲学？在一般人眼里，哲学可能是最最无用的学问，空想，遐思，匪夷所思，虚无缥缈。但是，它不但有可能像毛主席所想象的那样成为普遍的规律与法则，能够教人聪明，叫人百战百胜，而且能够满足人的灵性的求知与思考的需求，能够欲穷千里目，更上一层楼，从至高无上处，从大道，从哲学神——对于老庄来说这个神就是“道”——的角度，从“上帝”的终极高度解决人的许多看似永远无法解决的问题。例如生的意义，例如死的恐惧，例如生的苦恼，例如心的焦虑。且再往下看：

> “是故大人之行，不出乎害人，不多仁恩；动不为利，不贱门隶；货财弗争，不多辞让；事焉不借人，不多食乎力，不贱贪污；行殊乎俗，不多辟异；为在从众，不贱佞谄；世之爵禄不足以为劝，戮耻不足以为辱；知是非之不可为分，细大之不可为倪。闻曰：‘道人不闻，至德不得，大人无己。’约分之至也。”

海神接着说：“所以，真正的大人，既从无害人的动机，也并无多少施恩秀仁、积德行善的考虑。不为利益所动心，也不会瞧不起看门听喝的差役；从不争夺贪求财物，同样也并不没完没了地推辞、谦让（财物）。为人做事并非为了借重他人的好处，同样也不为了某种贪欲而拼命使力，也不因他人的贪欲或者俗鄙而轻视他们；这样的大人，特立独行，但并不故意标新立异。在某种条件下，他们也需要随和从俗，所以他们并不特别轻视卑贱奉承之人。这样的大人，世间的一切爵位利禄打不动他们的心，世间的一切刑戮污辱也不会让他们恐惧羞耻。他们明白是非其实不可能分辨清楚，大小不可能找出端倪，也就不需要、不可能为大小长短的区分而斤斤计较、掰扯数落。他们的说法是：‘得道之人并不被人称道，有德之人本身并无所得，而境界、眼光远大的大人，从来不考虑、经营、表现自己。’这可以说是达到了概括、分析万物的极致了。”

或谓此段系衍生而出者，我个人则恰恰对此段颇感兴趣。前头说了半天大呀、精（小）呀、无形呀、无围呀、量度呀、意念呀之类的问题，难道只是空对空、概念对概念吗？不是吧，读到此段，颇像是由天马行空的大宗师下凡到了养生、齐物、人间世了，也就是从空洞的玄想又向尘凡下界了。当然，此前内篇《逍遥游》中庄子已经讲过“至人无己，神人无功，圣人无名”，但是这里，把己呀、私利呀、荣辱呀、得失呀、争让呀、清洁与污秽呀……放到无穷大与近于零的数学思辨的大阵势中讨论，令人有耳目一新、天地在握、魂清气朗、心旷神怡之感。而且，这里庄子用的是以退为进的方法，他要论述人不必作道德秀，先说不出乎害人，即绝无害人之心。细想，既然人不应该有害人之心，好人更不可能有害人之心。又何必有彰显个人的仁恩、道德、善良之意呢？彰显自己如何仁恩、道德，不就是想压低旁人的品德与形象吗？如果为了谁更加仁恩、道德而争执起来，如同为选出无私之人而争执起来，这不是太可笑复可憎了吗？这不就是不道德、太有私了吗？老想着自己有恩于旁人、施爱给旁人、多善于旁人，是不是已经反映了自身的自我中心、自私自利、希图回报、有求有待于人呢？

故而一个真正明白通透、高大阳光之人，绝对用不着作清高秀，也就用不着着意辞让应得的利益。先说了他并不争权夺利，那么，既然你鄙视争夺与斤斤计较之人，你又何必在意自身的形象有多么伟大或者不够伟大、有多么清高或者不够清高呢？

还有高论：一个人既然不争名夺利，那就何必鄙夷未能完全免俗而或有争名夺利之心的庸人呢？一个人既然无意突出自身形象，既然你也有从俗、从众跟随多数的时刻，你又何必视俗人、视不无阿谀奉承之耻的小人物为低贱和下等呢？这个说法实在太伟大、太开阔了。如果只是疾恶如仇、只是从严从重、只是高举大旗、只是高屋建瓴，你不一定是伟大之人、圣贤之人，而更像是道德的法官乃至酷吏。例如那些以仁义道德的名义动不动拔份儿，动不动对常人常理的不够伟大辉煌强行恶毒攻击、煽惑忽悠的人。这样的人一时可以成为虚假的斗士、成为号角、成为专门捅向旁人的匕首、成为特定的教主，却最终无利于世界的构建也。

真正的伟大可以包容与引导渺小，但是绝对不会去嘲笑与压迫渺小，也不会爱惜羽毛到病态的洁癖的程度。动辄嘲笑与压迫渺小的伟人，不是真伟人，而只是强人，有些时候还只是口头的强人。动辄酸酸地洗耳朵的人也不见得一定是许由，当然仍优于奸与马屁精。动辄含泪的仁人呢？能仁到哪里去呢？还有，另外，又有多少庸人、俗人、强人、秀人视大道为不共戴天啊。慢慢咂摸滋味去吧，您老。

约分之至的说法多么可爱，原因是约与分都是现今的数学概念，而约分就是把分数最最简化的意思，是把 36/72 简约为 1/2 的意思。不闻，不得，无已，多么简单，你做到了吗？老王做到了吗？咋咋呼呼闹腾的道德秀者，谁做到了呢？

> 河伯曰："若物之外，若物之内，恶至而倪贵贱？恶至而倪小大？"
>
> 北海若曰："以道观之，物无贵贱；以物观之，自贵而相贱；以俗观之，贵贱不在己。以差观之，因其所大而大之，则万物莫不大；因其所小而小之，则万物莫不小。知天地之为稊米也，知豪末之为丘山也，则差数睹矣。以功观之，因其所有而有之，则万物莫不有，因其所无而无之，则万物莫不无。知东西之相反而不可以相无，则功分定矣。以趣观之，因其所然而然之，则万物莫不然；因其所非而非之，则万物莫不非。知尧、桀之自然而相非，则趣操睹矣。"

河神问："我们可以进入外物的内部来观察事物，我们也可以走到外部来观察事物。不论自内自外，究竟是为了什么，到底怎么样去区分贵贱与大小呢？”

北海之神回答：“从大道的观点来看，万物都是大道的下载、都是大道的运行，相互间本无高低贵贱的区分。而从万物自身的眼光来看，差不多都认为自身是高贵的，而他人他物是低贱的。再从世俗的眼光看，贵呀、贱呀都是机遇和运气造成的，与它们自身的品质与努力无关。从差别的眼光来看，你沿着求大的思路就到处发现大，万物皆大；沿着求小的角度则到处见到小，一切皆小。天地可能被你视如小米粒，毫毛可能被你视如丘与山，你看到它们有多大的差别就有多大的差别，你看不到它们有什么差别也就没有什么差别。以事功的眼光来观察，沿着有用、有意义的思路来拥有它和使用它，则万物都有功能与意义；沿着无意义的思路来丢弃它、否认它，则万物都是无用处、无意义的，万物无不虚无。其实，有与无就像东与西一样，二者相反相成，谁也离不开谁。这边是有那边就是无，这边是东那边就是西，这就明白怎样去观察功能与意义了。从趋向、运动、追求的眼光来观察世界，沿着事物的存在、变化各有其道理的思路，如果你着意于万物存在与变化的理由，则万物都有其存在与变化的理由，即有其必然性、合理性。而沿着怀疑与否定的思路来观察世界，如果你着意于万物的荒唐与悖谬，则万物莫不是莫名其妙，均属荒诞非理。如果你懂得唐尧与夏桀他们为什么要、为什么必然会自以为是而否定对方，你也就明白万物趋向与运动、追求之理了。”

精彩过了会变成荒谬，而荒谬得漂亮了，会非常精彩。貌似诡辩的论述中自有其开阔处、灵动处与精辟处。有无、内外、大小、高低、贵贱、然（是）非，以及东西南北，莫不是相反相依，各有其存在的理由，也各有其对立面，并且时时走向反面。

第一，万物是相对的，没有这一面也就没有另一面。第二，万物是主观的，你沿着寻大颂大的思路去观察，什么都大，一粒微尘也不简单，也有它的结构与成分、有它的质地与规律，与天地相通，与大道相通，与永恒相通。所以说，一粒沙里可以看到世界，一朵花里可以看到天堂，一小时中可以体会永恒，这是布莱克（William Blake）的诗。而把握其小、认识其小呢，即使是泰山、是黄河，对于无穷大的世界来说，对于无限量的永恒来说，对于无所不包的大道来说，也不过是一粒小沙、一条小溪。

这样的大小观当然对人有用，你权倾一时、富倾一地、名倾朝野、威倾三军，但是我用不着惧怕你，因为我研究的是大道，我连接着的是无穷大与永恒，我保有的是伟大无边的道，我相信的是比你的权威更权威、比你的财富更丰富、比你的才学更光辉、比你的声名更高远的真理——大道。贵贱更不用说了，从道的观点来看，君王有君王的高贵，工农有工农的高贵，也许工农比君王更高贵。同时，工农有工农的窘迫与难处，君王有君王的窘迫与难处。谁比谁一定怎么样呢？从俗而言（这里的所谓俗，窃以为不一定是雅俗的俗，即不一定是通俗、庸俗，而更可能是指人众的相互影响而形成的俗务、俗见、俗论、俗态），以俗观之，贵贱不在己（王按，那么贵贱在背景与运气），这个分析很有生活气息，真叫说到点子上了。

有与无，然与非，更说得抽象、概括、深邃了。敢情庄子那时候已经在探讨万物包括人的存在与运动、走向与趋势的荒谬性与合理性，以及有意义与无意义的前卫课题了。主观相对主义，既发现了存在的就是合理的，也发现了存在的就是要消失的，因而是荒谬的。也不妨说，荒谬的存在与存在的荒谬才是合理的，只存在不荒谬、不消失、不变化才是更加荒谬的，或者只荒谬、只变化、只消失从不存在，是绝对不可能的、匪夷所思的。个中思想，有味道得很哪。

可惜的是中国哲人太喜欢文字、文句、文章之功了，他们往往满足于文章的风姿华彩、惊天动地、掷地有声、一赞三叹，而缺少西人那种遇到问题死磕到底，规则逻辑丝毫不爽、科学脑瓜一根硬筋的品质与功夫。善哉《庄子》，妙哉庄子，惜哉古代的中华诸子！

"昔者，尧、舜让而帝，之、哙让而绝；汤、武争而王，白公争而灭。由此观之，争让之礼，尧、桀之行，贵贱有时，未可以为常也。"

"古时候，尧与舜是靠禅让而即帝位的，但是燕相子之与燕王哙却由于禅让而酿成动乱，亡命灭绝；殷汤与周武王通过争夺权力而称王，而白公胜因为意欲争权而惨遭灭绝。由此可见，或相争，或相让，这样的礼数，是唐尧这样的贤王，还是夏桀这样的暴君，他们的行为的区分，是高贵，还是低贱愚蠢，决定于不同的时间与条件。这并非固定不变的，也不是永远可以作为范例来照搬的。"

这里讲了两个对于庄子应该说是"当代"的故事。一个是大约在公元前三一八年，燕王哙听信建议，效法尧以天下让与许由的做法，将燕王的君位"禅让"给相邦子之，并把三百石以上高官的玺印全部收回，交由子之任命，子之执掌了燕国军政大权。此举引起了太子平的不满，便与将军市被合谋攻打子之。齐宣王也掺和进来表示支持太子平，乘机进攻燕国，酿成了几个月的祸难。燕王哙、太子平及子之均在这次大乱中死亡。再一个是楚平王嫡孙白公胜意欲武装夺权失败自缢身亡的故事。庄子在这里的讲法很超脱、很客观，没有那种胜者王侯败者贼的正统观念。甚至对于唐尧、虞舜这样大名鼎鼎的贤王与夏桀这样的昏暴之君，也保持着此亦一是非彼亦一是非的中立态度，这样的对于夏桀、唐尧的客观态度相当惊人。这倒是提醒我们，我们对于历史的看法，说不定是陷入了儒家的条条框框而不自知。而《庄子》的零温度、无是非、去价值化也有令人触目惊心的地方。原因是，当一切与一切齐物，唐尧与夏桀相当，孔丘与盗跖同类，商汤、武王与白公一流，即高贵与低贱原来是可以颠倒旋转的时候，我们的整个价值大厦、精神建构会不会崩塌呢？

"争让之礼，尧、桀之行，贵贱有时，未可以为常也。"这话是金玉良言，尤其牵扯到权力交接与转移这样的敏感问题、重大问题、在中国历史上带有血腥气息的问题，人、时、地、势、环境与传统各不相同，谁也不能书呆子式地行事，照搬照抄，自取灭亡！

> “梁丽可以冲城，而不可以窒穴，言殊器也；骐骥骅骝，一日而驰千里，捕鼠不如狸狌，言殊技也；鸱鸺夜撮蚤，察毫末，昼出瞋目而不见丘山，言殊性也。故曰：盖师是而无非，师治而无乱乎？是未明天地之理，万物之情者也。是犹师天而无地，师阴而无阳，其不可行明矣。然且语而不舍，非愚则诬也。帝王殊禅，三代殊继。差其时，逆其俗者，谓之篡夫；当其时，顺其俗者，谓之义之徒。默默乎河伯！女恶知贵贱之门，小大之家！”

“栋梁之材可以用来攻打、冲撞城门和城墙，却不可以用来堵塞小穴，这说的是它们作为工具的功用不同；宝马神驹，骐骥骅骝，日行千里，但是逮起老鼠来还不如一只狸猫，这说的是它们的技能有所分别；鸱鸺——猫头鹰夜间能捉跳蚤，看得见秋毫之末，一到白天，反而成了瞎子，连山岳都看不见，这是说的秉性的不一样。所以说，认定了某一样是正确的，师从之，跟随之，而全部抹杀了那些被这个‘是’所否定掉的一切，或者认定自己是正面的东西，就只有正面的效果而绝对没有负面的‘非’那个方面的后果。或者认定某种做法是通向治国平天下的，认定自己是治平之理就绝对不会引发动乱，而把一切不一样的东西视为是通向动乱与毁灭的，有那么靠得住吗？能那么放心吗？这正是既不明白天与地之间的互动、互依、互变，又不懂得万物之情性的互动、互依、互变的表现啊。这是幼稚的表现啊！这样的只知道一面理，就等于师法天而拒绝了地，师法阴而拒绝了阳，当然是行不通的啊。行不通却还要在那里混说个没完，不是太傻就是太执拗、太荒唐了啊。帝王之间的禅让各有其特殊条件、特殊路径，三代的继承也各有其特色。离开了具体的时间条件，不符合具体的民心、民情、民意，就成了篡位的独夫民贼在那里生发动乱。而干得是时候，得人心的呢，就成了高举正义大旗应天承运的仁人志士。不要再吭声了吧，河伯，你上哪里去通晓什么贵贱的窍门与大小的区分啊！”

《庄子》不简单，它对政治权力运作等的论述并非纸上空谈，与《论语》《孟子》上的某些理念化、绝对化的说法比较，它甚至于更富现实性与辩证法。这里强调了辩证法、多样性与可变性，批评了教条化、简单化、概念化，堪称字字珠玑。

此段中间所讲的“师是而无非，师治而无乱”，可以作“自以为按正确的理念做事就不会出现失误，按治理的路线执政就不会出现动乱”解。说这样的信念是不明白天地的道理，不晓得万物的性情。太对了，越是年轻、幼稚与自以为是，越容易产生价值偏执与唯意志论，会产生顺我者昌，逆我者亡的心理，会以个人主观的好恶定是非、判善恶，会只知其一不知其二，知道天不知道地，知道理想不知道现实，知道进攻不知道后退与防守，知道日不知道月，知道白天不知道黑夜，知道健康不知道疾病……而这样的只知其一不知其二的人，历朝历代，是从未绝迹的啊。

这里讲：同样是禅让，不同的人，不同的时间、地点、条件，造成完全不同的结果；同样是争斗，不同的人，不同的时间、地点、条件，其后果也是大相径庭，讲得很通俗，也很入情入理。骐骥骅骝，虽然是日驰千里，捕捉起老鼠来却不如狸狌、不如猫，这样的说法令人想起《丑小鸭》的故事来。中西古今，同样的幽默，同样的荒唐，同样的愚蠢与同样的错位，令人哭笑不得。

反过来，这对于自以为是栋梁、是千里马、是大材的“士”，对于那些自以为不遇，而以为别人都是傻子、都是浑蛋和坏蛋的人来说，也大大有利于清醒。读过几本书的自命思想者，常常觉得世人，尤其是掌握权柄的人，只因为一念之差，硬是走了错路而误了国家、人民、世界、人类的大好事。凡是把世界诸事看得这样简单的人，大致上就是《庄子》在这里描写的那种人。

河伯曰："然则我何为乎，何不为乎？吾辞受趣舍，吾终奈何？"

北海若曰："以道观之，何贵何贱，是谓反衍；无拘而志，与道大蹇。何少何多，是谓谢施；无一而行，与道参差。严乎若国之有君，其无私德；繇繇乎若祭之有社，其无私福；泛泛乎其若四方之无穷，其无所畛域。兼怀万物，其孰承翼？是谓无方。万物一齐，孰短孰长？道无终始，物有死生，不恃其成。一虚一满，不位乎其形。年不可举，时不可止。消息盈虚，终则有始。是所以语大义之方，论万物之理也。物之生也，若骤若驰，无动而不变，无时而不移。何为乎，何不为乎？夫固将自化。"

河神问："可是，我该做什么，不做什么呢？我应该如何去拒绝、去接受、去趋向、去舍弃呢？"

海神若说："从大道的观点来看，什么东西高贵，什么东西低贱的问题，这是互相变化与循环反复的：俗人认为高贵的，从大道的观点看也许显得低贱；俗人认为低贱的，也许大道认为是高贵的；今天认为高贵的，明天也可能认为低贱；今天认为低贱的，也许明天会认为是高贵的。应该完全没有拘羁地任凭自身的自然追求，用不着以某一个理念来勉强与经营自己，否则的话就是与大道拧着走了。什么是少，什么是多，也是互相转化的：你少了，他多；他少了，你多；今天少了，明天多；今天多了，明天少。如果你是个死脑筋，不会与时俱化、死认一端，看不到多与少、贵与贱相互依存和相互转化的道理，你就会错失对于大道的感悟，与大道失之交臂。我们学道明道，就应该是严明端正，像国君一样无私无偏；应该是胸怀悠远自然，像被祭祀的土地神灵一样超脱而又虚静，并无对于谁的私心偏爱；应该是像我们上下四方的空间一样延伸广远、无涯无边，没有地域区划的限制与分割。涵盖包容着世间万物，并没有把哪一个特别地放到自己的羽翼下边庇护保全，这就叫作并无特别的趋向、方向、倾向、意向。对于大道来说，万物是一样的、平齐的，没有长短、高低的区别。大道是无始无终的，而每一个具体的个体的生命或物象，则是有生有死的。这样，生命万物就没有道理自恃其成功与完整，没有理由为自己的成就而不可一世。同时，万物的变化从不停止，有时候充实，有时候空虚，有时候溢满，有时候亏空，并没有铁定的位置与形体，万不可以为自身是千秋万代、金刚不坏的。年代是不可以把握与拒绝的，时间是不可能止歇与拽住的。消亡、生息，盈满、虚无，你结束了，它就开始，这才是、正是谈论大道的思路，研习评说万物的道理与规律啊。一个东西产生出来，变化迅速，如同奔驰，常常是处于骤然的瞬间，没有一个运动是不引发变化的，也没有一段时间是不在推移、转换之中的。这样说来，做什么，不做什么，又有什么可以讨论的？你我能够做什么？万物本来就是自己在那里运动着变化着的啊。”

庄子最可贵处在于他不把万物看死，他认为一切都在变化转化之中。不同的角度，不同的标准，不同的时期，不同的参照，就会对大小、贵贱得出不同的判断。他的可悲处也在这里，因为你无法为自身树立一个至高的标尺、至尊的目的，你可能永远处于摇摆与模糊之中。

> 河伯曰：“然则何贵于道邪？”
>
> 北海若曰：“知道者必达于理，达于理者必明于权，明于权者不以物害己。至德者，火弗能热，水弗能溺，寒暑弗能害，禽兽弗能贼。非谓其薄之也，言察乎安危，宁于祸福，谨于去就，莫之能害也。故曰：天在内，人在外，德在乎天。知天人之行，本乎天，位乎得；蹢躅而屈伸，反要而语极。”

河伯问：“既然一切都在运动变化，还那么看重大道做什么呢？”

海神若回答：“知道了道，就明白了一切的理法、规律。明白了一切的理法、规律，也就明白了如何权衡、选择、应变、决策。

明白了如何权衡、选择、应变、决策，也就不会让自己受到外物的侵害（或指不会由于外在的原因、利益而做愚蠢的害己的事情）。最好的德行，能够使你不怕火烧、不被水淹、不受寒冷或者暑热的侵扰、不受禽兽的伤害。不是说那些得道者能够逼退或者斗倒上述的水火、寒暑、禽兽，而是说当一个主体能够看明白什么样安全、什么样危险，能够在祸福侵扰中稳住阵脚，能够谨慎、准确地决定自己的进退去留，也就没有什么力量能够损害他们了。所以说，天心、天意、天然、天道的天的因素才是万事万物的内里层面的决定性根源，人事、人欲、人心、人际的人的活动变迁则是外在的表象。我们也就能够明白，天与人之间的一切的德行、功能，从根本上来说还是来自天道、天时、天意、天命。天是人事之本，人只可以顺应天意。明白于此，才能使自己立于不败之地，无咎而自得。这就叫进退适宜而屈伸自如，纵横思忖而能回到根本的要道至理，思考议论到大道的顶峰极致上去。”

既然万物依大道而自然变化，人既然无事可做、无事可能，又何必管道不道的呢？这个问题的提出，非常像十九世纪的俄国马克思主义启蒙思想家普列汉诺夫在其名著《个人在历史上的作用问题》中的讨论：既然历史有其发展的客观规律，那么个人何必还要进行社会主义运动呢？普的论点是，历史规律已经包括并要求着杰出人物的活动。这里庄子的论点则是，对于道的把握，将决定一个人的安危、利害、成败，即承认人有违道、悖道的可能，承认人有权衡、选择、决策的空间，这一点有点像萨特的主张了。当然，这样讲也就凸显了学道、悟道、得道的必要性。这里，庄子不惜将学了道之后“火弗能热，水弗能溺……”的道理再说一遍。

庄子在这里强调人事与天命的统一，不是完全否定人事，而是强调一切有意义的人事，只是表象上、外皮上呈人事状，其实内里头仍然是天意、天理。“天在内，人在外”“本乎天，位乎得”，这十二个字有新意。当然有目光短浅者，只能看到人事，而看不到天意、天理、大道。例如那种历史机会主义、偶然主义，把种种历史转变仅仅归结为偶然的、个别的人物与琐事。而依庄子的观点，一切所得，历史的一切成就，来源都是天道，而不是个人，个人的关键问题是处于那个位子上，安于此位，守于此位，胜任于此位，自然也就得到了天赐。具体说来，历史情况千差万别，有的是因己成事，有的是因人成事，有的是因势成事，有的是因势毁灭。楚霸王就认定："天亡我，非战之罪也。"但历史学家未必这样看，后人如毛泽东则认为霸王别姬是一言堂造成的恶果。人乎天乎，各个不同，二者的因素都有。

> 曰："何谓天？何谓人？"北海若曰："牛马四足，是谓天；落马首，穿牛鼻，是谓人。故曰：无以人灭天，无以故灭命，无以得殉名。谨守而勿失，是谓反其真。"

河伯又问："什么叫天然，什么叫人事呢？"回答是："马也好，牛也好，都是四条腿，这是天然天生；而给马首戴上笼头，给牛鼻子穿上绳环，搞起驯养使用来，就是人干的事儿啦。所以说，不要因了人意、人事而毁掉天然，不要因了人为的原因而毁坏天命，不要为了小有所得而牺牲掉自己的名誉、名声（或不要为了虚名而丧生）。能够认真地保持住三条，就叫返璞归真了。"

不要因人而灭天，不要因故而灭命，不要因得而殉名，这三条教训至今仍然有新意。"以人灭天"的说法，当然可以联系到当今的环保问题，虽然庄子时期的"以人灭天"之告诫与当今的环境问题无涉，但是这句谶语仍然有一种凛然的力量，有一种凛然的预见性、超前性、郑重性、警示性，我还要说是天才性。哪怕当年的《庄子》作者并没有意识到此话的重要性与内涵的丰富性，哪怕如今王著不无郢书燕说与歪打正着，能够燕说出道道，能够正着现代的靶心，仍然是原著的天才的表现。

"以人灭天"的说法甚至有一种控诉效应，闻之心怦怦然。"以故灭命"的说法同样分量极大，也可以往爱惜生命、珍重生命上解释，差可相通。请不要为了人为的某种追求、为了某种非天然的说法与讲究，而残害自己的性命吧。这话应如冷水浇头，使人清醒一家伙。例如为了争强好胜，为了一日之短长，为了一口气而好勇斗狠，还有所谓的名教杀人，为了遵守礼教而戕害生命，还有恐怖分子、极端分子……人乃万物之灵，人可能有些地方比万物都聪明，但人又似乎是万物之昏愚偏执，傻起来比万物都糊涂。当然，过分强调“命”，也可能偏于消极，缺少主体性与能动性。

“无（即勿）以得殉名”，讲的也是同样的道理。为了小小的得失计较，为了贪欲，即得到某些庸人十分艳羡，至人看来不足挂齿的利益而丢丑、失态、违法、取辱、招祸的事例，古今中外难道还少吗？

问何谓天、何谓人，回答是马匹与马具的例子。这有点天真，有点原文学主义。何谓天、何谓人，所谓天人之辨，是一个理论上的大问题，因为人出于天而又别于天，与天的分分合合、恩恩怨怨，决非两句话、一个例子能够说清楚的。从此段中我们又可以看到我们的论辩传统和论辩方法论的不完备、不充分、不严密处。

三、腿再多，无须策划举步先后；包围再严，无须劳碌解围招法

夔怜蚿、蚿怜蛇，蛇怜风，风怜目，目怜心。

夔谓蚿曰：“吾以一足跉踔而行，予无如矣。今子之使万足，独奈何？”

蚿曰：“不然。子不见夫唾者乎？喷则大者如珠，小者如雾，杂而下者不可胜数也。今予动吾天机，而不知其所以然。”

蚿谓蛇曰：“吾以众足行，而不及子之无足，何也？”

蛇曰：“夫天机之所动，何可易邪？吾安用足哉！”

蛇谓风曰：“予动吾脊胁而行，则有似也。今子蓬蓬然起于北海，蓬蓬然入于南海，而似无有，何也？”

风曰：“然。予蓬蓬然起于北海而入于南海也，然而指

我则胜我，鳝我亦胜我。虽然，夫折大木，蜚大屋者，唯我能也，故以众小不胜为大胜也。为大胜者，唯圣人能之。”

只有一条腿的夔羡慕百足动物蚿，百足动物蚿又羡慕无足爬行的蛇，无足爬行的蛇羡慕移动自由的风，移动自由的风羡慕仅用视力即可捕捉把握运动的眼睛，用视力捕捉运动的眼睛又羡慕能够思考、感应与想象一切运动的心智。

夔对蚿说：“我就一只脚，跳蹬着走路，常常感到自己走不好（或实在是比不上你）啊。而你是用万足而行，这可怎么个走法呢？”

蚿说：“也不难办。你看到过啐唾沫的吗？一口口水喷出去，大的唾沫星子就像水珠，小的唾沫星子就像雾气，该什么样什么样，杂七杂八的唾沫喷出来数也数不清，谁又去计划安排过如何啐唾沫呢？这就与我的走路一样，运用的是我身体的天然机制，哪有谁计划安排我的脚去，谁知道它们为什么那样运动呢？”

蚿对蛇说：“我要用那么多脚走路，却赶不上你这个不长脚的，这是为什么呢？”蛇说：“天然的机制，无法改变的呀，我哪里用得着脚啊！”

蛇对风说：“我是靠脊梁伸缩、胁贴着地而运动的，你呢，呼呼呼，蓬蓬蓬，从北海刮起来了，到南海停息下来了，好像什么事也没发生，这是怎么回事呢？”

风说：“是的，我是呼呼呼，蓬蓬蓬，一家伙就从北海刮到南海去了，但是你要是指画我，我是没有什么办法抵挡的，你能胜我，我做不到指指画画。你要是踢我一脚呢，我也阻挡不住，一脚就能踢过我去，我不会踢来踢去。虽然我挡不住一指一脚（或学不会一指一脚），吹折大树，掀翻大屋，却只有我干得成。我正是以许多的小事做不成，作为做大事的代价的。干不成小事，而干得成大事，这正是圣人的特色。”

庄子已经屡屡用主观感受决定一切、人们无须为外在的处境而悲哀的主张，用万物万事都是相对的、变化无常的观点，来自慰、慰人、劝世。这一段，又从万物的多样性、非可比性，即不仅是主观主义、相对主义，而且是多元主义上来说事了。以足为例，以运动为例，状况万千，所有对于他者的羡慕都是多余、都是不智。你不可上生活在别处论的当，你一定要认清：生活在此处，生活在当下，天堂在你自身，大道就是你自己。

多么精彩的比喻群、寓言链啊。独脚的，多脚的，无脚的，呼呼作响的，眼皮一眨的，心头一想的，万物的运动方式、运动器官、运动速度、运动难易与运动能量是何等丰富多彩！都是出自天然，不是出自设计。知其然而不知其所以然，这在今天的表达中包含着无奈和遗憾，在《庄子》这里，却是天成的神妙，是天机的高超，带着几分得意。关于百足虫蚿的走路的比喻极其生动，我们无法观察、研究蚿的运动，仅仅一个马奔跑起来，它的四蹄的运动已经令双足之人叹为观止了。

又说是，小事干不成的却可能干得成大事，这在前面的骏马不能捕鼠的例子里已经充分说明，如今又用大风的例子说明大风的胜与不胜。按，这里的胜与不胜，与其用胜负来解释，不如用胜任解释，胜应该是指做得到，不胜就是做不到。

人总应该有所放弃、有所不能、有所不胜、有所不为、有所不在意，这就叫满不在乎。这样才能有所真正的获得、有所成就。

最后一点启发，不要动辄互相攀比，不要动辄互相模仿，也就不要动辄互相死掐，世界上许多事是没有可比性、可量度性的。夔与蚿与蛇与风与眼与心，你怎么比啊？

文章的或繁或简，也掌握得浑然天成。前几个怜与羡说得详细生动，眼啊、心啊的则付阙如。看明白了前头的，后面的例子不说自明，很好。

孔子游于匡，宋人围之数匝，而弦歌不辍。子路入见，曰：“何夫子之娱也？”孔子曰：“来！吾语女。我讳穷久矣，而不免，命也；求通久矣，而不得，时也。当尧、舜而天下无穷人，非知得也；当桀、纣而天下无通人，非知失也，时势适然。夫水行不避蛟龙者，渔父之勇也；陆行不避兕虎者，猎夫之勇也；白刃交于前，视死若生者，烈士之勇也；知穷之有命，知通之有时，临大难而不惧者，圣人之勇也。由处矣，吾命有所制矣。”无几何，将甲者进，辞曰：“以为阳虎也，故围之。今非也，请辞而退。”

孔子出行来到了卫国的匡地（“宋人”之“宋”当作“卫”），被当地人包围了好几层，但是孔子仍然抚琴歌咏，不知停歇。子路进去见到孔子，问：“怎么了，您怎么这样快乐啊？”孔子说：“过来吧，我告诉你。人的一生，又能怎么样呢？例如我不希望自己过得穷途末路，但是免不了常常陷入没有希望的境地，这是我的命啊；我追求通畅、顺利，也已经很久了，就是得不到，这是由于时运不济，俗话说‘年头赶的’呀。唐尧、虞舜主政的时候，天下没有走投无路的人，并不是那个时候的人都有智慧，靠智慧所得；而到了夏桀、商纣之时，天下没有顺利通畅之人，也不是由于他们都没有才智，并非由于弱智而大家倒霉，这都是年头造成的啊。在水里行走而不怕蛟龙的人，表现出来的是渔夫的勇敢；在陆地上行走而不躲避兕虎的人，表现出来的是猎户的勇敢；在白刃战中英勇搏击，将生死置之度外的人，表现出来的是烈士的勇敢；知道穷窘的宿命性质、通畅的时运性质，面临巨大的灾难（如现在的被团团包围）而无所惧怕，这表现出来的是圣人的勇敢。仲由你就安心休息去吧，我的命运自有其安排注定的道理。”不大工夫，进来一个带兵的军官，道歉说：“原来以为是阳虎来了呢，所以包围住了你们。现在知道是弄错了，我们告辞啦。”

孔子困于陈蔡的故事，老书上多有记述，《庄子》里的这一段，使之与无为、勿轻为、听天由命的思想结合在一起，令人叹息。和蛟龙斗的是勇敢的渔夫，与兕虎斗的是勇敢的猎户，与敌人斗的是勇敢的烈士，但这些都是小勇，大勇在于认知、明辨、选择与决策。大勇不仅在于敢于斗争、敢于胜利，还在于不做那些鲁莽、荒谬、冒险的伤人害己的事情，这多少有老子所讲的“勇于不敢”

的含义。这从表面上看不无消极，但一个不惧，又不能不说是难能可贵。哪怕处于极端的逆境，哪怕是性命攸关，不能害怕，不能失常，任何情况下不可歇斯底里，这应该是仁人志士为自己立下的一条铁规则。哪怕处于极端的逆境，还照样要弦歌不辍，还照样能娱乐从容、享受生活。你能说这不是更上一层楼的勇敢吗？

四、庄子的高论能将小打小闹的公孙龙彻底摆平

> 公孙龙问于魏牟曰："龙少学先王之道，长而明仁义之行；合同异，离坚白；然不然，可不可；困百家之知，穷众口之辩；吾自以为至达已。今吾闻庄子之言，汒焉异之。不知论之不及与，知之弗若与？今吾无所开吾喙，敢问其方。"

公孙龙向魏牟发问："我从小就学习先王时代的道理学问，长大了明白了仁义的行为规范，提出了'合同异，离坚白''然不然，可不可'的命题，振聋发聩，独树一帜，使得诸子百家感到困惑，让众位辩论者、名嘴理屈词穷。我以为自己十分了得，十分通达博学。如今，我听到庄子的一些说法，一下子就蒙了，找不着北了，不知道这是我不如他善于辩论呢，还是知识与智慧比不上他呢？总之，现在我是张不开嘴了，请问，这是怎么回事呢？"

一般认为名学——逻辑家公孙龙与庄子并无瓜葛，因而这一段多半是庄子的学生们的记述虚构。但是比较一下公孙龙与庄子，仍然不无意趣。公孙龙与惠施一派，是名家，他抠哧的是词性、语法、逻辑、定义与概念游戏。比如说，什么是同，什么是异，从绝对参照系统的角度来看，相同与相异的区分并无意义。他们还认为如果大外有大，那么大与小一致，而如果小内有小，小也就是大。北方之北仍然有北，南越之南仍然有南，所以南北也是相同，至少是相通的。生的开始就是死的开始，所以生与死的区别并不可靠。还说什么"天与地卑，山与泽平。日，方中方睨"，

即天地、山泽一样高，日中、日西斜并无二致，因为日中开始的时候也就是西斜开始的时候。至于“离坚白”呢，是说一块石头的坚硬与洁白是两个概念。坚硬是骨头——结构与质地，洁白是肉——外表与对于光的吸收与反射功能，当然含义不同、能指不同。其实，庄子的一些说法与“合同异”的说法相当一致，但是公孙龙他们毕竟停留在语法与逻辑的层面，而庄子要深邃得多、宏大得多、大气得多。这一段多半是庄子的门徒虚构出的公孙龙吃瘪的故事，或事出有因。

> 公子牟隐机大息，仰天而笑曰：“子独不闻夫坎井之蛙乎？谓东海之鳖曰：‘吾乐与！出跳梁乎井干之上，入休乎缺甃之崖；赴水则接腋持颐，蹶泥则没足灭跗；还虷蟹与科斗，莫吾能若也。且夫擅一壑之水，而跨跱坎井之乐，此亦至矣，夫子奚不时来入观乎！’东海之鳖左足未入，而右膝已絷矣。于是逡巡而却，告之海曰：‘夫千里之远，不足以举其大；千仞之高，不足以极其深。禹之时十年九潦，而水弗为加益；汤之时八年七旱，而崖不为加损。夫不为顷久推移，不以多少进退者，此亦东海之大乐也。’于是坎井之蛙闻之，适适然惊，规规然自失也。”

魏公子牟靠着桌子长叹一声，仰头向天大笑道：“你就没有听到过浅浅的水井里的青蛙的故事吗？这只青蛙对东海里的海龟说：‘我的生活是太快乐了，想出来就出来，在井栏上蹦跳几下，想休息就进井，在井沿破砖上待着。进水一跳，水正好浮托着我的腋窝与下巴，踩到泥中，泥正好没过我的脚背。那些个虾呀、虷呀、蟹呀、蝌蚪呀，都享受不到我这样的快乐。想想看，能够拥有一壑之水——一条水沟，能够盘踞浅浅的一口井，这样的快乐也就算到了头啦。你为什么不进来看看呢？’海龟听了，便想去试试，先探出一条左腿，没有伸进去，右膝已经卡在井口上了。海龟只好小心地后退，并将海洋的情况告诉青蛙。他说：‘什么是海呢？一千里地的距离，也不足以说明它的巨大；千仞的高度，也不足以说明它的深邃。大禹时期，十年中有九年洪涝，它的水并没有增加。商汤时期，八年中倒有七年干旱，海水并没有减少。不因为时间的长短而有什么区别，也不因为降水的多少而有所变化，这可就是东海的快乐喽！’浅井里的青蛙听了，一阵惊惧，嗒然自失，一下子就蔫了。”

大小之别，极言大之宏伟超拔，又极言小之鼠目寸光。言大之悠然浩荡，言小之自满自足；言大之若无其事、漫不经心，言小之发烧发晕、昏头昏心……这是《庄子》里屡屡出现的设计、屡屡使用的文章手段。难得的是累出不厌，仍然生动、有趣。看来，尤其是极易自我膨胀、忘乎所以的人类，是需要不断提醒、不断警示的：天外有天，论上有论，高明之上还有更加高明，切莫以井底之蛙的姿态狂言傲语，自现丑态啊。

然而，这又与前文刚刚讲过的多样性、非可比性相悖。夔、蚿、蛇、风、目、心，有什么大小高下可说呢？井底之蛙，乐在井内外，又有什么可嘲笑的呢？它不是照样可以“本乎天，位乎得”吗？它的“位”恰在坎井之中，为什么不应该安于此井、乐于此井呢？

> “且夫知不知是非之竟，而犹欲观于庄子之言，是犹使蚊负山，商蚷驰河也，必不胜任矣。且夫知不知论极妙之言，而自适一时之利者，是非坎井之蛙与？且彼方跐黄泉而登大皇，无南无北，奭然四解，沦于不测；无东无西，始于玄冥，反于大通。子乃规规然而求之以察，索之以辩，是直用管窥天，用锥指地也，不亦小乎！子往矣！且子独不闻夫寿陵余子之学行于邯郸与？未得国能，又失其故行矣，直匍匐而归耳。今子不去，将忘子之故，失子之业。”
>
> 公孙龙口呿而不合，舌举而不下，乃逸而走。

魏公子牟接着说：“再说你的智慧不足以了解是与非的究竟，却还要观察、分辨庄子的言语，这不就是让蚊子背负山峰、让马奔驰过河吗？当然是不能胜任的了。而那种靠自己的智慧理解不了极致奥妙的言语，却自以为有什么一时的巧言令色可以仗恃的你，不就是与浅井之蛙一个样的吗？再说人家庄子的思想学说，下抵黄泉，上接青天，浑然不分南北东西，四面畅通，深邃莫测，起源于无穷的玄妙冥深，抵达世界的根本，已进入了大通，即无所不通的地步。而你却小鼻子小眼地在那里掂量、检视，辩驳词语，用这种方法去理解、评价，这简直就是用管子看天、用锥子测地，你那点见识未免太细小了。你算了吧。你没有听到过邯郸学步的故事吗？那个跑到赵国学走路的人，没有学到赵国的走路方法，好高骛远的结果是他连自己的走路方法也忘掉了，只好爬着回了家。你还是快一点离开这里吧，不然，你仅有的那点学业也就从此消失了。"

公孙龙听得瞠目结舌，灰溜溜地走掉了。

这里假托的魏公子牟，泰山压顶，痛快淋漓，把个所谓的公孙龙扫荡得体无完肤。但嫌过分了些，甚至有以言语咋呼、以气势压人、过分从嘴皮子上找快感的感觉，境界反而不高。真正的庄子，真正的思辨与文章的天才，完全可以更平实一些，不需要这样牛皮哄哄的。

五、宁愿在泥泞中摇摇尾巴

庄子钓于濮水，楚王使大夫二人往先焉，曰："愿以境内累矣！"

庄子持竿不顾，曰："吾闻楚有神龟，死已三千岁矣，王巾笥而藏之庙堂之上。此龟者，宁其死为留骨而贵乎？宁其生而曳尾于涂中乎？"

二大夫曰："宁生而曳尾涂中。"

庄子曰："往矣！吾将曳尾于涂中。"

庄子在濮水上钓鱼，楚王派了两位大夫去与他见面，说："楚王想以境内的政务劳累先生。”庄子只顾拿好自己的钓竿，头也不回地说：“听说楚国有个神龟，已经死了三千年了，楚王用丝巾包裹了它，将它放到竹匣里，收藏到庙堂之上。够神气的吧？请问，这只龟，是愿意死去，由尸骨去享受荣华富贵呢，还是宁愿摇着小尾巴生活在泥泞中呢？”

答：“当然是活着，在泥泞中摇尾巴啦。”

庄子说：“请走吧，还是让我在泥巴里摇摇尾巴吧。”

这段文字坚决中不无轻巧与幽默。这里的所谓庄子拒楚王的故事，远不像许由之拒唐尧那样夸张、郑重：听到了禅让天下的话，许由要去洗耳朵，抵制精神污染。龟在泥地里摇着尾巴，忍脏受烂，以歪就歪，形象滑稽，俯首低调。而细想想，将被委以天下说成搞死以后包装珍藏，再给以荣誉尊贵，这样的比喻其实很极端，也很刺激。庄子当真是这样的反对入世、反对为体制所用吗？庄子的要求个人之独立人格与自由精神，也算够厉害的啦。

> 惠子相梁，庄子往见之。或谓惠子曰：“庄子来，欲代子相。”于是惠子恐，搜于国中三日三夜。庄子往见之，曰：“南方有鸟，其名曰鹓鹐，子知之乎？夫鹓鹐，发于南海而飞于北海，非梧桐不止，非练实不食，非醴泉不饮。于是鸱得腐鼠，鹓鹐过之，仰而视之曰：‘吓！’今子欲以子之梁国而吓我邪？”

惠子在梁国当了宰相，庄子去看望他。有人对惠施说：“庄子这次来是想取你而代之，他要当宰相呢。”惠子听了，非常紧张，在国内搜寻庄子，搜了三天三夜。

庄子于是去看惠子，对惠子说：“你知道有一种名叫鹓鹐的鸟吗？这种鸟，从南海可以飞到北海。一路上，不是梧桐树它不会在上面止栖，不是洁净的竹实它宁饿不吃，不是甘美的泉水它宁渴不喝。一个猫头鹰抓到一只腐烂的老鼠，赶巧遇到鹓鹐经过，猫头鹰仰起头发出吓人的声音来驱逐它。那么，您现在是不是要用梁国的职位这只死老鼠来吓唬我呢？”

《庄子》此语，令人痛快出气。确实人间有许多庸人、卑（贱）人、蠢人、小人，他们是官迷、财迷，他们热衷于升官、发财、显摆、作秀、出风头、占便宜。他们如此水准、如此素质也就罢了，问题是他们认定所有的人都如他们一样卑微、低下、狭隘、愚蠢，他们以小人之心度君子之腹，他们用最最卑下的逻辑解释一切，并看待旁人。他们自己黑，同时不把全世界染黑绝不罢休。他们自己臭，而且不把周围的一切熏臭绝不甘心。但世界上恰恰有志存高远的人，有胸襟阔大的人，有不那么计较私利的人，有将上述的官、财、便宜、风头看作恶臭的腐烂老鼠的人，有将对他们的恶意攻讦不屑一顾的人。猫头鹰哪里懂得了鹓鸰的志趣？无耻的小人们啊，你们什么时候能读通《庄子》外篇的这一段文字呢？

庄子真牛！表现牛气，比衬俗人的卑微与渺小，这是《庄子》的主题之一，本书已经屡屡这样立意与作文了。其实，所谓吹牛皮，也是一种艺术、一种学问、一种娱乐，还是一种贡献。寿命短暂、知识贫乏、信心不足、把握不大的人啊人，你们如果当真为庄子的悠悠灵气、汩汩才气、恢恢神气与勃勃牛气而感染，如果从此你们活得更加超拔、豪放、高明、逍遥了些，庄子的贡献可大了去啦呀！

六、向往庄子还是向往秋水中的白条鱼

> 庄子与惠子游于濠梁之上。庄子之上。庄子曰：“儵鱼出游从容，是鱼之乐也。
>
> 惠子曰：“子非鱼，安知鱼之乐？”
>
> 庄子曰：“子非我，安知我不知鱼之乐？”
>
> 惠子曰：“我非子，固不知子矣；子固非鱼也，子之不知鱼之乐，全矣。”
>
> 庄子曰：“请循其本。子曰‘汝安知鱼乐’云者，既已知吾知之而问我，我知之濠上也。”

庄子与惠施同游于濠水的桥梁。庄子说："这里的鲦鱼上上下下从容不迫地游着，这里的鱼儿是非常快乐的呀。"

惠子说："你又不是鱼，如何能知道鱼的快乐呢？"

庄子说："你又不是我，如何能知道我不知道鱼儿的快乐呢？"

惠子说："是的，我不是你，也就不能了解你、知道你。那么，你不是鱼，你也不可能了解鱼的快乐，这个道理不是已经很完整、很清晰地展现在这里了吗？"

庄子说："让我们从头讲起：你问我，你哪里会知道鱼儿的快乐？你这样问，就是已经承认我是知道了鱼儿的快乐的了，知道了我知鱼，你才会问我从哪里知道鱼的嘛。很简单，我就是从我们脚底下，从濠水之上知道的嘛。"

同游于濠上，同谈论鱼儿的快乐，这本身就够快乐的了。庄子的辩才，庄子的花言巧语，庄子的从来不会理屈词穷，就更令人快活了。其实，讲究一下白话文，"鱼之乐"也许应该译成"鱼儿的快活"，用"快活"一词比快乐更生动。

当惠子质疑庄子，说你不是鱼，如何能知道鱼儿的快活呢？庄子显然有点急不择语，他立马用惠子的论据搞了一场"以子之矛攻子之盾"的游戏。就是说，你不是我，你怎么知道我不知道鱼儿的快活呢？这样一来，可就进入了循环论证的怪圈："子非鱼，安知鱼之乐？""子非我，安知我不知鱼之乐？"底下惠子完全可以说："子非我，安知我不知子不知鱼之乐？"庄则可以继续说："子非我，安知我不知子不知我不知鱼之乐？"然后如此循环下去，以至于无穷。当然，这是诡辩。

其实，当惠子说到——我非子，故不知子，而子亦非鱼，固（自是，自然是，本来也就是）不知鱼之乐，而且是全矣（齐啦），庄子已被驳倒了。庄子所以能咸鱼翻身，全靠死讹与诡辩。惠子讲，你不是鱼，就不一定能够知晓鱼儿的快活，这是假定物种的不同会成为相知的障碍。庄子匆匆中急不择语地用同样的论据回答，说你不是我，你也就不知道我，那就不仅物种不同是相知的障碍，个体不同也会不相知。反过来更证明了他的鱼乐说并无客观根据与判断真伪的可能，证明了惠施说他“非鱼，安知鱼之乐”是无法驳倒的论断。

这时，庄子异军突起，说是请循其本、请溯其源，你问我怎么会知道鱼之乐，从哪里知道鱼之乐，说明你已经承认我知道了鱼之乐。此话本来无理，因为所谓知道鱼之乐是庄周自己宣布的，惠施不认同，才提出“安知”的质疑，这哪里是什么“既已知吾知之而问我”呢，这明明是“不信吾知之而问我”嘛。好一个庄周，绝处求生，硬辩强求，先说是你知道我知道了鱼之乐了嘛。好一个庄周，嘴硬、嘴快，直如变魔术一般，先把惠施坐实，令惠施只剩下了翻眼的份儿，转瞬间着了庄周的魔术的招儿，却不知道自己是在哪里落入了陷阱。

庄子这里的对答能说明庄子的机敏利落，却不能说明他的在理。

庄周的核心手法在于利用古汉语中“安”字的多义性，进行概念的偷换。安知，就是哪里会知道、从哪里知道、怎么会知道、如何能知道、岂能知道。用英语来说，就是“How could you know that...”这里的“哪里会知道”“从哪里知道”，仍然是“如何可能知道”的意思，而不是“从何地何处知道”的意思。这是汉语“安”的含义宽泛的一个特点，安既是“哪里”，又是“如何”；既是“where”，同时又是“how”。而惠子说的安知、哪里知，正是如何可能知的意思，而不是何处何地知的含义。正如那个关于没有学好英语的故事，说一个讲英语的人对一个华人说：“你太太真漂亮呀！”华人说：“哪里哪里。”翻译给翻成了“where where”，即何地何处呢，当然只能闹笑话。这里的华人对于自己妻子的形象的谦辞“哪里哪里”，是“怎么会呢，不可能吧”之意，正是惠子质疑于庄周的。而庄周，翻手为云，覆手为雨，立马将惠施的话解释为何处何地知道了鱼之快活，并自搭台阶，自行滑落，说我就是从这儿，濠水之上，桥梁之上知道的嘛。好一个巧舌利齿的庄周！

然而，这样说是不是老王有点得理不让人、有点过于偏执、有点趁机卖弄非压庄老师一头不可了呢？请想想看，本章名为“秋水”。秋水怡人，两个学问家同游于濠梁之上，看到了白条鱼出出入入、上上下下、快乐欢愉，被秋天的大自然所感动，信口一说，鱼儿是何等的快活呀，有何不可？有何不妥？倒是惠施，没事找事，没碴儿找碴儿，意图用机锋压庄周一把。在全无准备的情况下，庄周顺手抄起葫芦就是葫芦，抄起瓢儿就是瓢儿，一阵抵挡，一阵忽悠，哈哈一笑，至少没有当场认输、举起白旗，也就行了。这是书生意气，挥斥方遒啊，这是鹰击长空，鱼翔浅底呀，这是同学少年或非少年、同学中年、同学老年……风华正茂，或风华犹茂、风华未凋啊。老王又没有受到惠施的委托，惠施的那一套又从未引起老王的迷恋或敬意，何必那样起劲地驳斥庄周呢？让我们放庄周一马，共同欣赏这个千古佳话，这个秋水与知鱼的美丽而又糊涂的话题，共同欣赏濠上的秋天风光，共同欣赏名嘴斗嘴、逗嘴的快乐吧。即使是嘴皮子的智慧，也比愚蠢更美好、更可贵，更何况庄子的通盘智慧，硬是比惠子那一套强多了呢？是的，大智慧者也可能有借重耍嘴皮子的时候，而只会耍嘴皮子的人，是永远达不到大智慧的。同样，鹰有时飞得与鸡一样低，但是鸡永远不可能飞得与鹰一样高。

如果拍摄一部以庄子为题的电视连续剧，《秋水》肯定是最美丽的一章，知道鱼的快活是美丽的，不知道鱼是否快活而假设它们是快活的，也是美丽的。驳倒鱼儿不快活，或人们包括我们无法断定鱼儿是否快活的断言，也是美丽的。两个思想者斗嘴，凭空讨论一个鱼儿是否，即你是否能确知它们的快活，这也是美丽的。知、安知，乐、不乐，这本身就充满了灵性、充满了生活气息、充满了神性，因为它们无法用计算、实验、解剖、挖掘、考证与严格的逻辑论证来证明或证伪，它们是如此生活、如此世俗，又如此空灵而且神秘。似争非争，似议非议，似谈鱼与庄，又似非谈庄与鱼。庄周与惠施在濠上讨论鱼儿的快乐，这比蒙娜丽莎的微笑更雍容、比李白的邀月饮酒更俏皮、比英国的爵士贵族还要高贵、比深巷明朝卖杏花（陆游诗）更挥洒自如，甚至我要说，比宗教膜拜还要与天合一、与神合一、与诗性合一，直达最高、最全能、最永远、最根本的混一。为什么要从濠上得知鱼儿的快活呢？为什么要有个什么途径、什么逻辑的依据去了解、去评估鱼儿是否快活呢？这压根儿不是一个逻辑论证的问题，不是一个可以证明或者证伪的命题，不是一个定理，也不是一个法则，这只是一个感受、一个赞颂、一个欢呼、一声响亮的呼喊，这就像青年男女互相说“我爱你”一样，这需要什么证人或者证物吗？普天之下，普地之上，哪里的秋水不明洁？哪里的野生的鱼儿不快活？哪里的人士见秋水与白条鱼或别的品种的鱼而不赞美？哪里的辩论、机锋不有趣？他们互争高下而并无赢输、真伪，这就是生命的快活、天地的快活、自然的快活、大道的快活；这是先验而不需要证明、不需要制图、不需要列出式子的知——论断。包括惠子对庄子的鱼乐说提出可爱的质疑，这也是美丽的、空灵的、放松的与享受的，是为艺术而艺术、为快活而快活、为辩论而辩论，因而也是不需要论辩的，不需要结论与不必分胜负的。这是不争的快活，是永远的与绝对的对于秋水的赞美！

老王说：秋江秋海，浩浩汤汤，言道论鱼，一片汪洋。无内无外，宇宙玄黄。千姿千态，文理辞章。大小贵贱，沧沧茫茫。哀乐人我，熙熙攘攘。俯拾尽是，何必端详？纵横捭阖，势如流光。鹓鸰腐鼠，神龟吉羊？讳穷求通，夫子主张。妙哉庄周，共舞堂堂！

至乐：超越得失、生死、变易的最高端的快乐

潇潇洒洒地讨论完了鱼儿的快乐之后，相当务实地讨论起人的至高的快乐是啥来了，然后从务实的盘点进入形而上的玄思。老王说了一句庄子讲的“苦身疾作，多积财而不得尽用”之语其实就像小沈阳正在忽悠，一位老弟台差点背过气去。这位朋友多半不可能找到连接生活与哲理的桥梁，多半做不成通而达之的歌者。庄子是通而达之的，所以他能通透天与人、生与死、假借与拥有、一种生命形式与另一种生命形式的过渡。他能与骷髅对谈，能通晓海鸟的喜与不喜，能理解孔子也理解颜回，能体悟几、继、蛙蠙衣、陵舄、郁栖、乌足、蛴螬、蝴蝶、虫、鸲掇、乾余骨、斯弥、食醯，然后是久竹、青宁、程、马、人，反入于机、出于机，即万物生生不已、嬗变不已的道理。哲理永远是对生活的发现，生活永远是哲理的下载与旁证，天心即是民心，天意即是人意，经验与先验应该共振，神性则是人性的升华与向往。佛法也罢，大道也罢，无穷与永恒也罢，众妙之门也罢，就在你处，在我处，在屙屎屙尿处，在条达与福持处——通达即是持久的幸福。它将会化解你的疙里疙瘩、结石、栓塞，它会使你变得明白，最后终于变成个明白事理的人。注意：通达乃是超越的前提。

一、什么是至高的快乐，世俗的看法太糊涂

> 天下有至乐无有哉？有可以活身者无有哉？今奚为奚据？奚避奚处？奚就奚去？奚乐奚恶？

天下有没有最好、最高即达到顶级的快乐呢？有没有可以生活得好的方法呢？为了这至好的快乐、最好的活法，我们今天应该做些什么，而且根据什么来确定我们的选择呢？我们应该去躲避什么，又应该怎么样去安身处世——自处，即保持自身的状态与生活方式呢？我们应该接受什么、拒绝什么呢？我们应该是喜欢些什么，又厌恶些什么呢？

好了，讨论与争辩了鱼儿的快乐问题后，来到人们的快乐问题上来了。

讨论快乐的问题，这在中国的思想界、文章界并不多见。欧美人动辄讲人的权利、人权（human rights），我们的祖宗则首先注重人的义务、人的规范（human obligations），所谓君君臣臣、父父子子便是认定君有君的义务与规范，臣有臣的义务与规范，而不会涉及君与臣有什么快乐可言。儒家把人们训练成正人君子、大人先生，从《三字经》《弟子规》到《二十四孝》《列女传》，很少谈及快乐，而宁可多谈杀身舍生。后世范仲淹一言而为天下法，他的规定是：士人要“先天下之忧而忧，后天下之乐而乐”。中国的人生观是重视忧患意识的，是将忧患意识放在首要地位的，中国的价值观同样是忧患主义的。如果一个士人动辄扬言要快乐、享乐，这是被人们所看不起的。

其实，先秦时期可能并非如此。人的希望、快乐，其实并不是一个需要费力论证的逻辑学、法学或教派信仰上的难题。《论语》

开宗明义，讲的是“不亦说（悦）乎”与“不亦乐乎”（《学而》）。孔子还讲“智者乐水，仁者乐山”（《雍也》），仁者、智者，各得其乐。孔子又讲“人不堪其忧，回也不改其乐”（《雍也》），也是将乐视为君子的特色的。他在另外的地方讲：“君子坦荡荡，小人长戚戚。”（《述而》）而孟子所讲的“我善养吾浩然之气”（《公孙丑上》），浩然云云，与快乐相邻，离快乐比离忧患更近。

等到天下都乐了，然后自身才可小乐，恐怕不太容易乐得成，所以范仲淹自己也说，他提倡的这是“进亦忧，退亦忧”。

我们至今也是提倡忧国忧民的忧患意识，但是庄子独树一帜。他要认真地讨论一个至乐、最乐、大乐的问题，他要对何为至乐提出自己与众不同的见解。他看到，乐，而且至高无上了，麻烦就出来了，糊涂与荒唐就出来了。

> 夫天下之所尊者，富贵寿善也；所乐者，身安厚味美服好色音声也；所下者，贫贱夭恶也；所苦者，身不得安逸，口不得厚味，形不得美服，目不得好色，耳不得音声。若不得者，则大忧以惧，其为形也亦愚哉。

天下人所尊贵、追求的，无非是财富、高贵（地位）、长寿与顺当——受到善待。所享受的，是身体的舒适，亦即享用于好吃好喝、好穿好戴、好颜好色或美女，还有好音乐、好声气；所避免的，是贫穷、下贱、夭折、遭人厌恶和各种挫折；所感到痛苦的，则是身体得不到安逸，口腹得不到美味，外表得不到好衣服、好包装，眼睛看不到美丽的颜色、形体，耳朵听不到乐音、好歌。得不到这些玩意儿，就大大的不高兴，大大的别扭、憋气。这样的人，这样廉价、浅薄地计较表面的得失，岂不是有些犯傻吗？

庸俗、浅薄之人对于乐与苦、得与失、喜与厌、贵与贱的理解可不就是这样？升官发财了就祝贺、就臭美、就晕菜，受挫降级赔钱了就痛不欲生。他们追求的不过是口腹、耳目、形体的享受与快感罢了，他们哪里懂得苦与乐的分野呢？他们哪里懂得真正的精神的快乐、喜悦、享受与精神的自我解放呢？他们如何能够想到下一步与另一面呢？也许升迁的下一步是垮台，也许道贺的另一面是万人唾骂……他们是何等的浅俗、何等的愚傻、何等的卑贱呀！

> 夫富者，苦身疾作，多积财而不得尽用，其为形也亦外矣。夫贵者，夜以继日，思虑善否，其为形也亦疏矣。人之生也，与忧俱生，寿者惛惛，久忧不死，何苦也！其为形也亦远矣。烈士为天下见善矣，未足以活身，吾未知善之诚善邪，诚不善邪？若以为善矣，不足活身；以为不善矣，足以活人。故曰："忠谏不听，蹲循勿争。"故夫子胥争之以残其形，不争，名亦不成。诚有善无有哉？

看看那些富人吧，他们苦着自己，拼命做事，攒下许多钱财而得不到使用，空积财物，有什么用处？这不是将自身置之度外，使自己的财富异化，其实关心不到自身的、内里的表现吗？而那些地位显赫的贵人呢，白天黑夜，焦虑思谋，是非善恶，犹豫莫决，他们不是在自己疏忽自己、自己慢待冷遇了自己吗？人从生下来就与忧愁为伴，长寿带来的是太多的苦闷，整天发愁又死不了，一味为活着而活着，这是多么痛苦的事情啊。这样对待自己，不是离自身的真正需要与快乐更远了去了吗？烈士当然为天下人所佩服，但是未能让自己活下去，这样究竟是好呢，还是不够好呢？说是好吧，却保不了自身的性命；说是不太好吧，却又帮助了旁人活下去。唉，所以有道是："忠言逆耳，谏之不听，干脆缩脖一声儿不吭。"看那个伍子胥，他若是与吴王相争吧，丧生害命；不据理力争吧，他也出不了如今这样的大名。到底世上有没有真正的好的选择呢？

《庄子》的这一段文字颇有大实话的风格。奋斗了半天，自己又是吃苦受罪，又是拼命加班，等挣下钱，轮不到享用完就嗝儿屁（北京俚语，指死亡）了。这个话如今小沈阳也在说啊：人生最痛苦的就是人死了，钱没花了。而赵本山的补充是：人活着，钱没了会更痛苦。贵了半天，攀升了半天，伤神劳心、紧张压抑，准就对得起自己吗？长寿又能如何，活得越长，忧愁越多，寿则多辱，老而不死，败兴而已。唉，哪里有什么至乐、幸福可言！

《庄子》一书，淋漓酣畅，汪洋恣肆，潇洒神妙，华美绮丽，本身就有藐姑射山的真人之美丽，但此处也颇有平实自然、俗话俗说，甚至是引车卖浆者的卑之无甚高论的另类话语。此前内篇《人间世》中讲到颜回之不可去卫，也有此类的大实话、非理想主义，不知道能不能叫犬儒主义，反正是提倡不怎么有出息的保命哲学。

后面谈到烈士那一段就更庸俗，乃至不好讲说、转述了。“忠谏不听，蹲循勿争”，谏不成退后听喝，这与“文死谏”的提倡相去何远。稍稍可以替《庄子》说句话的是，那个年月，无义战，没有什么民族大义、主义大义，没有更高的理念与价值观在，只有争霸，只有争权夺利，烈了半天，与百姓何干？与社会进步何干？与文化、文明何干？相反地，多半是如贾宝玉所说，不过是拼那么一口浊气罢了。

那么，到底有没有标准，有没有上上的选择可能，乃至有没有好的善的与不好的恶劣的人生分野呢？庄子提出了一个令世人惶惑的问题。你太认真、太强烈，你坚决主张是非善恶的势不两立……会不会成为极端、分裂、恐怖三种势力的渊薮呢？而反过来，一味地主张善就是不善，美就是丑恶，主张保命第一……会不会成为一切厚颜、投机、下作分子们的托词呢？

> 今俗之所为与其所乐，吾又未知乐之果乐邪，果不乐邪？吾观夫俗之所乐，举群趣者，诬诬然如将不得已，而皆曰乐者，吾未之乐也，亦未之不乐也。果有乐无有哉？吾以无为诚乐矣，又俗之所大苦也。故曰：“至乐无乐，至誉无誉。”

今天，世俗上所追求、所喜爱（所认为快乐）的一切，我不知道它们当真能带来快乐，还是其实并不能带来快乐呢？根据我的观察，俗人的所谓快乐，都是随大溜、赶浪头、人云亦云、人乐亦乐的结果，好像是上了道，直不愣腾地也就非那样做不可了，于是乎都说那样的行事是快乐的。其实，我压根没有感觉到它的快乐，但也谈不上认定那样做是多么不快乐。那么，到底有没有快乐之义呢？依我的意思，无为，不期待自身，也不要求自身做什么，不给自己定下目标、任务、程序，这才是真正的快乐，但世俗却认为无为是极大的苦恼。所以说："最好的快乐是无乐（没有目标、期许与标准），而至高无上的名望是无誉（没有风光与闹哄哄的炒作）。

很实在也很深刻。人的可怜之处在于常常会人云亦云、跟风逐浪、道听途说、当跟屁虫、糊涂被动，自以为自己在那里找乐避苦，其实是盲从跟风，事与愿违，自己根本没有分清是非、苦乐的能力。时兴瘦身，于是减肥减到厌食丧命的程度。时兴美容，于是美到足以毁容的程度。时兴敛财，于是敛到伤生坐牢乃至被处决的程度。时兴求官，于是丑态百出、蝇营狗苟……瘦身、美容、敛财、升官，果然就适合你的最大、最乐需要吗？完全不一定。但是，谁能免俗？谁能当真拥有独立之人格、自由之思想？谁能不管风习与舆论，说得清自己的最乐、最需要、最适宜的到底是什么？

这里忽然提出了无为，这是由于"因是因非，因非因是"，一切至乐，都可能成为至苦的根源。你因青春貌美而至乐，那么年华流逝，美貌不在的时候呢，你能不痛苦万分吗？或者同样的青春年华，有人比你更貌美，你受得了吗？你因财富的积敛而快乐，那么当财富耗散，渐渐露出下世的光景，或者当发现有人比你的财富膨胀得更多、更快的时候，你不会苦恼吗？你因为官运亨通而快乐，受挫了呢？落选了呢？退休了呢？不走运了呢？受诬陷打击了呢？你不是会痛苦万分的吗？无乐才能至乐，无誉才能至誉，这话总结得高明而又神妙……如此这般，最后吗也没有了，无了至苦了，同样也就无了至乐了，还活个吗意思呢？

倒也可以轻而易举地回答：活就活个自然而然，自然而然就是至乐。

《庄子》的“至乐无乐，至誉无誉”此语的意思，与佛家所讲的“放下”很接近。人生一世，本无枷锁，本无手铐脚镣，本无固定的模式、任务、差事，本来一生下来并不欠谁几百几千吊钱，本应该活得快活自在、充满生趣。令人痛惜的是，多数人从早到晚硬是放不下来，自己给自己上了枷、套了笼头、拉上套，想干这想干那，想得到这得到那。想得到什么，就是自己给自己写下了欠据，自己给自己立下了还债的文书。横向里为自身找到了债务、义务，奇苦无比，再加上与别人攀比，从此没有了自由、没有了轻松、没有了主张，更没有了至乐，只能跟着大溜走，只能永无解脱之日。

也许无为并不能解决一切，然而庄子的无为说是自己解放自己的开始，是自己与自己和解的开始，是至少我自己不要任何的附加物，更不要自己的枷锁、镣铐的开始，是寻找至乐、通向至乐的开始。

问题在于不宜绝对化与过分彻底。适当地给自身减负是可以理解的、是必要的，至少有助于减少抑郁症与躁狂症的轮番发作。但是，减少到彻底的零与无则很恐怖。凡人只能生活在零与无穷大之间，所以说，无并不是绝对的无，无非无，无中可以生有，万物生于有，有生于无；零也不是绝对的零，零与无穷大乘在一起，就可能成为，至少是趋向于任何数。一个人活着不是零，死了还有遗体，烧成灰撒到海里去了也还有遗爱、遗恨、记忆、影响，有这么一页出现过。一个人活着不是无穷大，伟人死了，万古流芳了，也不是无穷大，他的意义多半会是逐渐淡化。人为地强化一下是可能的，但那是死人的被利用。一个人也好，一个国也好，一个地球也好，一头是零，一头是无穷大，中间面对着任何数。这样摆，你的生活可能比较易于掌握，你的心态可能比较易于平衡，你的情绪可能比较主动。你的思想往无穷大上靠一靠，你自身就往零上、无上靠过去了，你就成了无为者了。你的思想往零上靠一靠，你自身就向无穷大挺进了，你的存在已经是永恒，你的善行已经是无穷，你的生活的意义已经是最大，你的生活已经是至乐啦。

庄子一直致力于给大家伙洗洗凉水澡、降降体温。寻乐避苦、求福远祸，这是人之常情，何谓苦，何谓乐，何谓福，何谓祸，却常常闹得糊里糊涂，常常是自投罗网，常常是热昏做错。庄子乃拼命地给人们冲凉，提醒人们要清醒些，宁可失之消极等待，不可失之乱动取祸。一味地冲凉，又难说准有效果。在熙熙攘攘的世上，在糊里糊涂而且杀气腾腾的人世间，智者、仁者、思想者，究竟能帮助哪个人呢？

> 天下是非果未可定也。虽然，无为可以定是非。至乐活身，唯无为几存。请尝试言之：天无为以之清，地无为以之宁。故两无为相合，万物皆化生。芒乎芴乎，而无从出乎！芴乎芒乎，而无有象乎！万物职职，皆从无为殖。故曰："天地无为也而无不为也。"人也孰能得无为哉！

天下的乐呀、苦呀、是呀、非呀果然是不好分辨确定的。话虽如此，无为正是是非乐苦的标准。至乐，首要是有利于生活、生存、生机与活力的，只有无为能达到这样的要求，无为方有至乐。请允许我尝试讲一讲此方面的道理：天是无为的，天不自找麻烦，不折腾自身，所以天是清明的；地是无为的，地是不给自己定任务、找麻烦的，所以地是安宁的、踏实的。天与地都无为了，两方面的无为结合起来，万物就都能够化育繁衍了。茫茫惚惚，你压根就看不出万物自何而出。惚惚茫茫，你根本看不清楚万物的形象。万物孜孜不倦、生生不息，都是从无为当中产生繁育出来的。所以说："天地无为同时是无不为，该为的它们都为了，该有的它们都有了。"人类呢，谁又能做得到同样的无为而无不为呢？

很好，有了这段解释、演绎，就能更好地了解将无为判断为至乐的含义了。无为并不是当真地一动不动，而是听其自然、任其自然、不加刻意、自由自在地运动、变化。天的无为是什么意思呢？天没有计划、目的、规范、标准，天并没有道德、义务与礼节限制，天该怎么运转就怎么运转，该刮风就刮风，该下雨就下雨，该亮就亮，该黑就黑。地也是同样，地没有追求也没有躲避，没有喜爱也没有憎恶，没有偏私也没有心机，地该怎么存在就怎么存在、该凸就凸、该凹就凹、该长草就长草、该长树就长树。然后，阴阳、五行、万物，该怎么来就怎么来，该怎么走就怎么走。这是何等伟大、何等高明的无为。与这样的无为——自然而然的理想世界、理想宇宙、理想国家相比较，仁义道德的说教是多么勉强，修齐治平的宣示是多么膨胀，孝悌忠信的人伦是多么外加，圣人经典的训诫是多么烦扰，跪拜颂祷的形式是多么徒劳，升官发财的美梦是多么恶心，名誉、地位的计较是多么委琐！无为而无不为，这才是本真，这才是至乐，这才是解放，这才是逍遥！做到无为而无不为的人有福了，做到无为而无不为的人成功了，做到无为而无不为的人才是至人、真人，才是活神仙啊。

二、通达易变，超越死生

> 庄子妻死，惠子吊之，庄子则方箕踞鼓盆而歌。惠子曰："与人居，长子老身，死不哭亦足矣，又鼓盆而歌，不亦甚乎！"
>
> 庄子曰："不然。是其始死也，我独何能无概然！察其始而本无生，非徒无生也而本无形，非徒无形也而本无气。杂乎芒芴之间，变而有气，气变而有形，形变而有生，今又变而之死，是相与为春秋冬夏四时行也。人且偃然寝于巨室，而我嗷嗷然随而哭之，自以为不通乎命，故止也。"

庄子的妻子死了，惠子去吊唁，看到庄子坐在地上，如簸箕般（双腿伸开，屁股着地），敲着瓦盆唱歌。惠子说："你们共同生活、养育子嗣，近于终老，她死了，你不哭也就够可以的了，现在你还要敲着盆儿唱歌，你也太过分啦。"

庄子说："不是这样的，她才死去的时候，我的心能够全无感慨、悲伤吗？我怎么可能是那样的呢？但你想想看，她当初并没有生命，不但没有生命，而且没有形体、形状，不但没有形体、形状，也没有这么一股生命之气。可以说，她本来就是一片茫然与恍惚，若有若无，无形、无气、无生，然后有了气，有了气变成了形体，形体变成了生命，现在生命又变成了死亡，这不就与春夏秋冬四季的运行是一样的道理吗？现在，她安静地歇息在天地这所大屋子之中，我却在一边嗷嗷地大哭，那不是太不明白生命与命运的道理了吗？如此，我止住了我的哀哭。”

这一段故事非常有名，但确实显得过分了一些，因出生、生日、长寿而快乐，因死亡、离世而悲痛、哭泣、感伤，这其实都是很自然的事，与道理不道理、思想不思想、认识不认识无关。同时，我们仍然可以以通达的态度对待亲人的亡故，节哀顺变，适可而止，面对与接受、想通与镇静地对待一切一切的生老病死。老婆死了，坐在地上歌唱，较不多见。“箕踞”云云，不知是否仍有哀伤之意，毕竟不是载歌载舞、一片欢乐。

行为可以成为艺术，行为也可以成为哲学、成为思想，这更像是庄周的行为艺术、行为哲学、行为思想，谁让庄子有那么多的思想者的自觉？他又有强烈的精英意识，故而要屡屡发表与众不同的振聋发聩之论，还要屡屡表现出与众不同的行为方式。有特立独行的思想观念，就会有特立独行的行为表现，也许是表演、是思想秀，香港话叫思想骚。思之想之，论之辩之，秀之骚之，呜呼庄周，你也忍不住要秀骚一番啦，固亦悲也夫！

> 支离叔与滑介叔观于冥伯之丘、昆仑之虚，黄帝之所休。俄而柳生其左肘，其意蹶蹶然恶之。支离叔曰：“子恶之乎？”滑介叔曰：“亡，予何恶！生者，假借也；假之而生生者，尘垢也。死生为昼夜。且吾与子观化而化及，我又何恶焉！”

一个叫支离叔，一个叫滑介叔，二人游观风景于冥伯山丘、昆仑山野，那里是黄帝休整停留过的地方。突然，滑介叔发现自己的左臂上长了一个瘤子。他一怔，有点不喜欢它。支离叔说："你不高兴了吗？你讨厌你的瘤子了吗？"滑介叔说："不是的，我哪里会厌恶它呢？生命，不过是假借躯体、假借天地的暂时寄居，假借什么而能以生存呢？假借的是尘垢泥土罢了。生完了就要死，这与昼完了就是夜是一样的。我与你在这里观赏的不正是万物的变化发展吗？现在，变化与发展到我们自己身上了，我又有什么不高兴的呢？"

支离（现仍有语：支离破碎）应该是体形不全的意思，而滑介据说是精神不全的意思，庄子的虚构人名令人叹息，抑或是说，谁能全乎（儿），谁能完整？人生在世，谁能吗也不缺呢？简单做一个临床鉴定、精神鉴定，极少有满打满算、具足了一百分的吧。

二人游览，而且是到了黄帝待过的地方，地点是伟大的了，黄帝早已经是陈迹了。突然发现了柳——与瘤同义，其实，说是长出了柳枝、柳芽、柳树更有后现代的感觉。我是多么希望没有这种柳者瘤也的解说，干脆去写一个、解说一个胳臂肘上长柳树的故事吧。（按，这样的解释古已有之。）会不会庄子的原意就是长柳树呢？内篇中不是已经有过胳膊变成鸡，而且干脆让此鸡报晓司晨的吗？为何不可以长出柳条，栖上黄莺，点染春色，催红玫瑰呢？干脆就是滑介叔变成柳树，支离叔变成白杨或者榆木疙瘩，岂不更好？

一开头，长瘤或柳者对它还是蹶蹶然（受惊貌）的。后来，由于同派思想家的提醒才化忧为喜。这种化忧为喜，似乎有些个不牢靠。

后面的道理倒是不无意思。人生是确定与非确定的结合，生前不知所居，死后不知所往。又是假借与自我的结合，自我自我，你自得了我吗？你当得了你自己的家吗？你是客居、是过客，还是主人呢？天地是否仅仅是你的逆旅（即旅馆）呢？人生是否只是天地间的过客呢？

西方的租赁行业比中国发达，业内中人曾经对我说，中国人太注意拥有而不愿意接受租借、暂借，《庄子》这边叫作假借。

西方人说，其实生命也不是永远由你拥有的呀，生命也是你暂时从上帝那边租借而来、假借而来的呀。这个说法与此处的滑介叔之说接近。

尘垢者泥土也，强调生命的泥土性，这倒是国人的一个传统。《红楼梦》曰："纵有千年铁门槛，终须一个土馒头。"谚云："人吃土一生，土吃人一口。"又云："入土为安。"都是这样的意思。

> 庄子之楚，见空髑髅，髐然有形。撽以马捶，因而问之，曰："夫子贪生失理，而为此乎？将子有亡国之事，斧钺之诛，而为此乎？将子有不善之行，愧遗父母妻子之丑，而为此乎？将子有冻馁之患，而为此乎？将子之春秋，故及此乎？"于是语卒，援髑髅，枕而卧。

庄子到了楚国，看到一个骷髅，干枯空洞，别有一番形状。庄子用马鞭棒轻轻敲了一下骷髅，问道："请问您老是由于贪欲过多、生活失调，以致丧了性命的吗？您老是赶上了国破家亡、身被刀兵，才不幸离世的吗？要不，您就是有不良的行为记录，让父母、妻子丢人现眼，才闹成今天这样？或者，您是冻饿而死？要不就是春秋寿数已尽，寿终正寝？"说完，搂着骷髅，睡下了。

从影视作品中可以看到，欧洲人有在自己的书房、卧房中放置骷髅的，而国人似乎都害怕死人的遗体。如所谓的庄子这样援骷髅而卧者，未见他例。可能这与庄子对于生死的豁达态度有关。不易。

> 夜半，髑髅见梦曰："子之谈者似辩士。视子所言，皆生人之累也，死则无此矣。子欲闻死之说乎？"庄子曰："然。"髑髅曰："死，无君于上，无臣于下，亦无四时之事，从然以天地为春秋，虽南面王乐，不能过也。"庄子不信，曰："吾使司命复生子形，为子骨肉肌肤，反子父母妻子闾里知识，子欲之乎？"髑髅深瞑蹙頞曰："吾安能弃南面王乐而复为

人间之劳乎！”

夜半，骷髅出现在庄子的梦中，对庄子说：“听你说的那些话，你倒像个雄辩之士。你说的那一套，其实都是活人的啰里啰唆、麻烦累赘，死了谁还管这些玩意儿？要不，你听我讲关于死的说法好不好？”庄子说：“好吧。”骷髅说：“人死了，上面没有君王，下边没有臣下，也没有春夏秋冬四季的那些个规矩礼行，完全解放，与天地同行。就是做一个称孤道寡的君王，也没有这等的快乐呀。”庄子不太相信，他问骷髅：“我找上管理性命生死之神，为你恢复骨肉皮肤，送你回到家中与父母、妻子、邻里朋友、熟人团聚，你愿不愿意去呢？”骷髅深深地皱起了眉头，苦着脸说：“算了吧，我怎么可能放弃了面南而王的快乐，去再找那些人间的劳苦、啰唆！”

《庄子》中屡屡讲述生命的苦难与死亡的至乐，这在今天，珍惜生命已经成为超地域、超国籍、超意识形态的共识之时，似乎相当不合时宜。问题在于，作为文章家的语不惊人死不休的庄周，对于生与死的说法太偏激、太单向。如果用另一个思路，珍惜与热爱生命，同时心平气和、豁达无忧、逍遥自在地面对自然死亡，或者以充分崇敬的心情面对以身殉国、殉职、殉民的烈士，或者是以哀悼、纪念的心情祝祷那些在灾难中、不幸的遭遇中遇难者的灵魂安息，或者怀念一位终其天年的老人生前的种种美德善行，同时悲哀于他或她的未能再多活些年，这就比较合情合理了。不必为生死之事忧心忡忡，更不必远在死神到来之前便恐慌失态、自毁生机。否则，就有点接近于自取灭亡了。

同时，又何必为辩驳喜生厌死的常理而忽悠得那样过分！

这里，骷髅所说的死之至乐，或许不失为一种说法、一种忽悠、一个思路。人多是恋生畏死的，不须为此进行雄辩发挥。但是，死亡是不是也有解脱、休息这一面呢？如达·芬奇所说：“辛劳的一天带来愉快的睡眠，勤劳的一生带来愉快的死亡。”

既然对于每个个体生命来说，死亡的结局是不可避免的，我们为什么不能更加平静乃至开明地对待它呢？

三、因人而异，因事而异，不可照搬与攀比

颜渊东之齐，孔子有忧色。子贡下席而问曰："小子敢问，回东之齐，夫子有忧色，何邪？"

孔子曰："善哉汝问！昔者管子有言，丘甚善之，曰：'褚小者不可以怀大，绠短者不可以汲深。'夫若是者，以为命有所成而形有所适也，夫不可损益。吾恐回与齐侯言尧、舜、黄帝之道，而重以燧人、神农之言。彼将内求于己而不得，不得则惑，人惑则死。"

颜渊东行到齐国去了，孔子面带愁容。子贡离席上前问道："小子我胆敢问您一句话，颜回去了齐国，您面带愁容，这是什么道理呢？"

孔子说："你问得好！当年，管仲有个说法，我很认同，他说：'布袋小了就不要用它装大物件，绳子短了就不要用这种汲水桶去打深井里的水。'这就是说，天命造化，成就了不同的形体，形体各不相同，也就各有适合自己的用场，这些情况与用场是不能随便添加或者减少变易的。我怕的是颜回对齐王讲说什么尧、舜、黄帝的治国之道，还可能再深一步去推崇、推广、推销燧人氏与神农氏的政事风范。齐王听了这个，必然会联系自己的实际情况，要求自身与那些先王看齐。如此这般，齐王费了半天劲却仍然不可能做到，做不到就会反而感到困惑、狐疑。困惑、怀疑了，闹不好就对颜回的言论产生反感，进而杀害他……"

这一段与内篇《人间世》中所谓孔子劝诫颜回不要随随便便去卫国推销仁义道德的基本含义接近。但此段把重点放在各自有命、各自有形，各自有其适宜的用场，不可强为，不可违背客观规律与客观的（天的、命的、形的）限制性、局限性。其中心意思仍然是反对唯意志论、反对蛮干硬拼、反对对自己估计过高。

所谓管子的布袋与水桶绳的比喻通俗明白、深入浅出，讲得很好。

士、读书人，容易犯的毛病是理想主义、理念主义，他或她读的书都是推崇理念而抱怨现实、详论理念而马虎现实的。他们容易犯的毛病是迷信理念、盲目推销、不务实际、无补民生、空谈误事、浊气拥塞、受挫失败、教条主义、白白搭上小命。而拥有权力的人、君王相国们，容易犯的毛病是急功近利、注重实效、目光短浅、喜怒无常、不择良莠、偏爱宵小、自以为是、机会主义、实用主义……二者对立的结果是书生送命、君王败绩。

何必说颜回？孔子求仕的如丧家犬的经历，比这里说的颜回，好不到哪里去。

> “且女独不闻邪？昔者海鸟止于鲁郊，鲁侯御而觞之于庙，奏九韶以为乐，具太牢以为膳。鸟乃眩视忧悲，不敢食一脔，不敢饮一杯，三日而死。此以己养养鸟也，非以鸟养养鸟也。夫以鸟养养鸟者，宜栖之深林，游之坛陆，浮之江湖，食之鳝鲦，随行列而止，委虵而处。彼唯人言之恶闻，奚以夫譊譊为乎！咸池九韶之乐，张之洞庭之野，鸟闻之而飞，兽闻之而走，鱼闻之而下入，人卒闻之，相与还而观之。鱼处水而生，人处水而死，彼必相与异，其好恶故异也。故先圣不一其能，不同其事。名止于实，义设于适，是之谓条达而福持。”

“再说你难道没有听说过吗？从前，有一只海鸟飞到鲁国都城的郊外，栖息休止在那里，鲁君在太庙中设酒宴，对海鸟供养侍候，还奏九韶之乐以使之愉悦，以‘太牢’的规格为它准备膳食。结果，海鸟是眼花头晕，闹心忧愁，不敢去吃一块肉，更不敢喝一口酒，三天过去就一命呜呼。鲁君这是按自己的习性与需要来养鸟，不是按鸟的习性与需要来养鸟。如果是按照鸟的习性与需要来养鸟，那就会将鸟儿放飞到深山老林，使鸟儿能够嬉戏在沙洲岛屿之上、浮游于江河湖泊之中，啄食点泥鳅、小鱼，随着鸟群的队列而飞翔或止息，自自然然、随随便便、无有定规定形地栖居。它们最不愿听到的是人声，何苦偏要那样吵吵闹闹地扰乱它们呢？咸池、九韶之类的人间乐曲，演奏张扬于广阔的空间，鸟儿听了赶紧高飞，野兽听了惊惶逃逸，鱼儿听了往深水里钻，只有人才围成一圈观看热闹。鱼儿入水才能存活，人淹到水里就会死掉，人和鱼彼此间当然有不相同的地方，喜欢什么与讨厌什么也肯定不一个样。前代的圣王从不强求万物具有同一的能力，也不要求万物做出相同的事功。万物各有其名，名与实需要相符，需要受客观实际、客观存在的约束；万物各有其性，要遵循万物的本性行事，这就叫把事情搞顺，而且造福长久。”

这一段很重要，太多的蠢人以己度人乃至度物，以自身为标准来判断世界、剪裁世界。我看到多少回，父母冷了就强迫子女加衣服，老板来劲就让下属加班，老板有私事就将工作放下。作家以己或以某人为准要求他人，认为张三如果能像李四一样写作就更好，认为赵五之缺陷就在于与鲁迅并非一个路数。这其实几近滑稽，荒谬绝伦。

名、义、实的问题也很重要，名多、义多、类多、事多，人们常常把自己绕进去。类似以招待国宾的方式招待海鸟，或者前文说过的用什么什么器具养马、养虎，这样的事情其实屡见不鲜。庄子早在两千多年前就提出了不唯名、不唯义但唯实的观点，他的认识怎么这样超前，富有预见性？

四、生有死，死有生，虫生豹，马中再生出人来

列子行，食于道从，见百岁髑髅，攓蓬而指之曰：“唯予与汝知而未尝死、未尝生也。若果养乎？予果欢乎？”

列子出门，走到路边吃东西，看到一个已经有了上百年的人头骨。他拨开周围的乱草，指着头骨说：“天下只有我与你知道，其实，活人未必真的就是出生了，死人也未必就是死去了，你就

真的完全休息了吗？我就真的那么欢实吗？”

前贤对于“若果养乎”的“养”字历来解释有分歧，还有的人认为全句有误，当然也有简单地认为养是忧愁，欢是欢乐的。我则宁取养是休息、休养之意，根据有限，只因前说法也找不到确证，这给了后学如我一点自由发挥的可能。反正，说下大天来，《庄子》这一段仍然是讲相对主义，死不一定是绝对的死灭，生也不一定是绝对的活跃。生中有死，例如细胞的新陈代谢；死中有生，例如生命状态、生命形式的转化（下一段要专门谈这个问题）与薪尽火传之类的永生。

另一个有趣、有味之处在于，这里虚构的“列子”，认为只有他与百年前的死者获得共识，太伟大了，死是零，活是一。有了零又有了一，还有什么数字闹不出来呢？整个世界、整个哲学就是零与一的相通与交融。一而能够觅零，或零而能够觅一，无能生有，有复化为无，这是值得大书特书的天才见识啊。

比较起来，国人对尸体、骷髅，乃至坟墓，似乎多了一点恐惧与不祥感。除了祭奠，人们尽量避开上述与死亡的联系比与生活的联系更亲密的东西。不同的是庄子，谈骷髅，与骷髅交谈，甚至不无亲切感。这说明，至少东周那时，中国与外国在此事上距离并没有拉开。在外国电影上，我们曾看到某个学者或艺术家，在自己的书房或卧室里摆着个骷髅。在欧洲，我也常常看到有的家庭花园里就有亲人的墓，房主常常到墓上献花、谈心。庄子能够以平常、亲和、温馨的态度对待死者，有他的可贵之处。

> 种有几，得水则为继，得水土之际则为蛙蠙之衣，生于陵屯则为陵舄，陵舄得郁栖则为乌足。乌足之根为蛴螬，其叶为胡蝶。胡蝶胥也化而为虫，生于灶下，其状若脱，其名为鸲掇。鸲掇千日为鸟，其名为乾余骨。乾余骨之沫为斯弥，斯弥为食醯。颐辂生乎食醯，黄軦生乎九猷，瞀芮生乎腐蠸。羊奚比乎不箰，久竹生青宁，青宁生程，程生马，马生人，人又反入于机。万物皆出于机，皆入于机。

有了种（物种、种类、种子、种原），就会有几（几乎、细微、原生、若有若无），得了水的滋养以后，就有了继（断断续续连连的生命状态），再得到水土的接触，就出现了青苔之类的苔藓类低级生物。生存在丘陵高地上呢，就不是青苔，而是车前草或干湿互变的其他野草了。车前草得到一种虫子或一种粪料滋养，出现了乌足草。乌足草的根部在粪土中变成了蛴螬（一般指金龟子的幼虫，也叫地蚕、土蚕等），乌足草的叶子变成了蝴蝶。蝴蝶很快又变成爬虫，生活在灶下，样子像是蜕皮而来的，名叫鸲掇，俗话叫灶马（又名灶螽，状如蟋蟀，身体粗短，触角较长，翅膀已退化，后足发达，会跳）。灶马活够一千天，变成了鸟，鸟名乾余骨。乾余骨的唾液长成一种虫子，叫斯弥，自斯弥长出食醯——蠛蠓。颐辂是从蠛蠓中生长出来的，黄軦是从九猷中长出来的，蠓子则生自萤火虫。羊奚草跟不长笋的老竹结合到一块儿，就长出青宁虫，青宁虫还能生出豹子，豹子生出马。然后，从马中生出人来，而人又回归到造化的机制中。万物都产生于自然的造化、蜕变机制，又全都回返自然的造化、蜕变机制。

达尔文生活在一百多年前的英国，他著作了《物种起源》一书。我国则有两千多年前的庄周，他的这一段文字也是讲物种与生命、生物的起源与变化。达尔文研究的是科学、生物学，他的理论影响深远，至今我国高等院校的政治课，马克思主义的社会发展史，还是从达氏的“猴子变人”理论讲起。而至今某些重要的宗教信徒，仍然耿耿于怀、咽不下一口气的，也是达氏的从猿到人说。其实庄周早就提出了人是由其他动物变化而成的观念。他说是马生人，自然没有经过科学考察与数据积累，他这样喜欢马，不知道是不是因为东周的中国已经出现了将马比君子的文化思潮。

我们这儿少有研究物种起源变化的科学、生物学……我们有的是文学、哲学、文章学、忽悠学，是敞开世界的大门，振起想象的翅膀，调动民俗的说法，连通万物、万象、万生，归结为大道的机制。庄周的这一段文字更像童话、神话、奇谈、民间传说，也许还要加上庄周先生的大胆想象，叫作想当然。少数虫名或有解说，其他则无考或考亦不足信。稀奇古怪的名称与莫名其妙的汉字反而增加了奇妙感、陌生感与神秘感。庄周的物种变化相生论自有其生动迷人、天才耀目之处。呜呼祖宗，你们太喜欢文学想象、哲思清谈、文章灿烂、高屋建瓴与势如破竹的雄辩气势了，而你们不注意逻辑，不注意事实根据，不讲究做科学实验与数学计算、实地实物剖解测量。你们的天才少有其匹，你们的理论美轮美奂，你们对国计民生的贡献则离百姓民族的需要太远太远！

物种的变来变去，既稀奇古怪又玄妙至极，既查无实据又事出有因。于是，十六世纪的中国又出了吴承恩，参考了印度神猴的故事，闹出一个七十二变的孙悟空，从童话或神话始，又回到童话或神话上来了。

可惜的是近现代以来，中国的童话并不发达，这一头我们也没有占上先机。

这里的变来变去，带有生命状态不断转移的意义。就是说，庄周对于物种的判定，远远不像达尔文那样认真。对于庄周来说，都是生命，都是大道，都是几、种、继、微、生、命、机，而且都有趣已极。如乌足草，如蝴蝶，如一些怪字组成的虫草名称，以及程生马、马生人等的说法。你可以认不准这些字，你可以考证不清、训诂不清它们的字义，确证不了究竟这些称呼是指哪一门、哪一纲、哪一目、哪一科的生物，然而你的阅读已经鼓舞起了认字的决心与快感，已经鼓舞起了文学与思辨的勇气，已经充满了对天地宇宙的整体生命的赞叹与信赖，充满了对不断变化着的生命现象、生命状态的折服与讴歌。善哉万物之生生化化也！

而最后反归于机。机是不是就是几？那么，本段开始时所说的几是不是就是指惚恍精微的大道，至少是大道的存在与运行机制？从几到机，曰万物皆出于机，皆入于机，永恒、无穷、世界、宇宙、浩天、外层空间……几与机既是起源又是归宿，既是根本又是永恒。这里的几与机不但是哲学的概念，也是神学的概念，它们在这里起的是宗教中的上帝与天国的作用，如我喜讲的，是中国士人、中国思想家心目中的概念神，而与其他某些宗教的人格神相区分。

而今天有有机与无机之说，有机原指与生物体有关的或从生物体而来的一切，或曰除碳酸盐和简单的碳氧化物以外的含碳物质，或是指彼此密切相关的物质结构，而无机则是指与生命体无关的一切。那么，庄周的出于机入于机的说法就更有吸引力了。机就是生机，机就是生命的机制，机就是生命的起源，是蛋白质的雏形，是碳化物的开始演进。机就是天意，就是生机，就是此番轮回、此一世界的头一个细胞。机是哲学、造物、创世、宗教、生物学、胚胎学、宇宙发生学的开端，也是伟大作家、艺术家、思想家的最最激动人心的想象与感受的开始。

存在是不断深化、演化、中断、连续、生灭的，这种互相交替、互相演化、互相连续又互相中断的机制、机会、概率、精微是永远的。稍微想想这方面的道理，不一定想得太死、太较劲、太板上钉钉，只需感觉一下在我辈身前身后，在我辈居住的地球之内、之外，在地上的种种物种之间，有一种演化与互动的机制、机缘存在着。只这么一想，已经有点心旷神怡、有点天人合一的提升感，已经感动得喜从中来、悲从中来、赞从中来、敬从中来了。您有点仙根、道根、慧根了呀，祝贺您！

老王说：至乐无乐，这样说似乎有点悲哀。再一想，无乐便得至乐，您只要不自寻烦恼，就乐而且至啦。这样一说，又叫人好不欢喜。人啊，给你一句话，然后哪怕是变一变主语与补语的排列顺序，也能带来快乐。何以至乐？何必至乐？

至乐、至尊都是归天返道之后的事，是终极眷顾的准教义。我辈小有明白、大致掌握、通情达理、自我调节，略乐、稍知、微明、几通、豁达、偶悟……也就不错了，是不是呢？

达生：醉汉不伤与操舟若神

老子讲过摄生，庄子在内篇中讲了养生，它们与今天人们喜欢讲的卫生、健康、防病等观念不完全相同。今天的观念受西方科学主义的影响，讲的是生理卫生学、医学、体育、营养学直至烹调学等，是作为专门的生理目标而研讨与实践的，具有明显的专门性、技术性、可操作性。老庄则是将摄生、养生、尽其天年的问题作为哲学、人生观、世界观、价值观与终极关怀的一个有机组成部分来把握的。它不像欧美讲维生素、讲健康数据、讲防病治病那样具体明确，但可以营造一种感悟大道、拥抱自然、和合天地、通晓变易、明白豁达、无往而不利的精神状态，使自身的生理、心理机能运转良好。即使遭遇疾病祸患，也能从容应对，选择最佳的人生道路，奠定最佳的自我感觉。

这里进一步讲到达生，对于人生、对于生命的通达态度。达就是通晓、明白、通畅，就是融合、消化、不栓塞、不郁结、不结石、不较劲、不自寻苦恼、不自增苦恼、不妨不碍，直到想得通生死祸福、想得通鬼神妖孽、想得通奇技淫巧、想得通天人之变。于是，你成了至人真人、常胜之人，何其妙哉！

一、与天地合一，就能千秋不坏

> 达生之情者，不务生之所无以为；达命之情者，不务知（命）之所无奈何。养形必先之以物，物有余而形不养者有之矣；有生必先无离形，形不离而生亡者有之矣。生之来不能却，其去不能止。悲夫！世之人以为养形足以存生；而养形果不足以存生，则世奚足为哉！虽不足为而不可不为者，其为不免矣。

一个通晓生命的状况、生命的情理的人，不去从事那些对于生命并没有什么意义、意思、用途、影响的事；一个通晓命运的状况、命运的情理的人，不会去从事那些人的智力无可奈何、对于命运也无所助益的事情。要想保养形体，一定要有物质的供给与条件，但即使有了充足的乃至多余的物质保证，仍保养不好自己的身体的事例也是有的。同样，具有生命的前提，是具有与保护好自己的形体，然而世上又确实存在那种情况，即保护了形体却失去生命的事例。生命到来了，你无法推辞拒绝；生命离去了，你也无法挽留阻止。真是令人悲哀呀，世人以为保养好身体就足以让生命存活，但如果保养身体对于存活生命并非足够，世人还应该去做些什么才足够呢？即使你分不开也理不清到底要做什么，是否非得去做什么，或做了够好还是不够好，是不是一定值得去做，你还是不免要做一些对于身体、生命可能有用的事，做这种事是不可避免的啦。

又讨论起养生的问题来了。不错，物质保证有了，不等于就能活得健康、顺畅，富家子照样可能夭折。身体零件全乎了，也不等于就具备生命的质量，黑发童颜、五官四肢健全无损者也可能一命呜呼。生命的要求超过了对于物质保证与身体完整的要求，但是不能否定人们为了物质保证与身体康健所做的努力，包括练气功与喝药酒。虽然并不认为它们已经足够，虽然人们的这些努力很可能是无以为、是无奈何。实际上，许多养生的作为既不是有充分根据的，又不是足够的。这些话已经是深通生与命的情理了，同时又不无遗憾乃至悲哀。这里有一点低调养生的意思，说了半天，你也闹不清到底要怎么样去养生护命。这里讲的倒是不那么极端，不像《庄子》的其他某些章节，把物质的与形体的东西，把人们常常采用的未必足够、未必深刻，却人为我亦为的那些做法看得一文不值。这在《庄子》中算是难得的通情达理、照顾俗世之论，而不是咋咋呼呼、抗战到底的调子。更多的地方，《庄子》是惊世骇俗、语出惊人、横扫千军，不无涉嫌语言暴力的。

> 夫欲免为形者，莫如弃世。弃世则无累，无累则正平，正平则与彼更生，更生则几矣。事奚足弃而生奚足遗？弃事则形不劳，遗生则精不亏。夫形全精复，与天为一。天地者，万物之父母也，合则成体，散则成始。形精不亏，是谓能移；精而又精，反以相天。

如果你想避免与你的形体有关的一切劳累与痛苦、负担，避免为了表面的浅薄而辛苦终生，再没有比抛却世俗更有效的了。抛弃世俗就再不会为外物所拖累麻烦，摆脱了拖累与麻烦，你的人生也就走上了端正、平和的坦途，走上了端正、平和的道路也就与自然与世界一道生存、变化、更新了，能够与自然同步生存、变化、更新，也就靠拢了大道的精微的机能与玄秘了。世俗之事为什么一定要舍弃掉，而生存的欲望也非得忘在一边呢？请想想看，抛却世事，做一个弃世而独立的人，身体就不会劳累啦，就再不会苦着自己啦。而忘掉了生的欲望，精神也就不会亏损了。身体完整保全，精神得到最好的恢复与还原，你这个人就跟天（然）融合成一体了。天和地，乃是万物的父母，天与地结合便产生了万物之本体，一旦离散，又成为新的存在与物种的新变化的契机与开端。身体完整保全，精神不亏不损，也就能够随天道、随万物、随时间与空间的变动而变易、推移、发展。精神纯粹，达到越加精粹、精微、精纯、精细、精准的程度，反过来又将与天互动互补，与天为伴，与地为伴，与生为伴，与命为伴，与天地同在。

是的，以物养生，以形养生，以体养生，以生养生，以命养生，对于庄子来说都远远不够，但他也不反对你从事某些行为，目的是以上述种种方式养生。这里要提倡的则是弃世养生、遗生养精，仍然是前边内篇章节讲过的坐忘功夫。该忘的全忘，不做没有意义的事，不想没有办法的事，不自我消耗，不自找麻烦，不自损身心，最后做到形全精复，身体、器官、外貌、精神、精液、精力，都保持得完完整整、全全乎乎、圆满无缺。然后，庄子说出了要旨，与天合一，与天为一，合而成为本体一体，分开则有了新生命的开始。或是新生命出现了，当然此后就要与母体分离。这是一种独到的大而化之、大而一之的生命观和唯生主义。有了这样的浑然一体，忘却一切悲欢、喜怒、寿夭、是非、生死、物我、彼此、形神、天人的区分与计较，行了，您得了道了。您就做到“能移”了，能够以不变应万变了，能与时俱化了，能够在千变万化之中保持自己的完满无缺了，也就同时是以万变而求永远、求不变了，能长盛不衰了。然后，你能做到下文所说的“潜行不窒，蹈火不热”，世事与个人欲望的干扰，就全然不在话下了。

个体的生命在有了些自我的意识之后，难免产生对于死亡的恐惧。如何淡化与消除这样的恐惧呢？莫过于把个体、把自身交给天，交给大自然，交给世界。本来你就是天的产物、自然的出品、世界的制造，你本来就不是你自身的产物，而是世界的产物——对于宗教来说，你是造物的产物。如果一种宗教教义告诉你，你是上帝造的，那么上帝是自然之主、世界之主、天之主，与天、与自然、与世界的合一，也就是交给了主。如果你只信哲学，你接受的是老子，你就是大道的产物；你接受的是黑格尔，你就是绝对理念的产物。活着你在自然之中，死了你在自然之内。或者你是遐想的大师，活着你思索到了自然之外（彼岸），死了你也有离开大自然的预计、预期、预想，那么你仍然是围绕着自然飞翔漫游。

于是，庄子以进为退，以退为进，以弃世来全生，以遗生来求生，以俱化求永恒，以坐忘而求无累、不劳、正平、相天。总之，要达到一种境界，个人与自然、大道、根本合而为一，移而为一，千秋不坏，永远不败，无损无伤，无亏无懈。

二、实现与自然与大道的融合，接受天道的护佑

> 子列子问关尹曰："至人潜行不窒，蹈火不热，行乎万物之上而不栗。请问何以至于此？"
>
> 关尹曰："是纯气之守也，非知巧果敢之列。居，予语女。凡有貌象声色者，皆物也，物与物何以相远？夫奚足以至乎先？是色而已。则物之造乎不形，而止乎无所化。夫得是而穷之者，物焉得而止焉！彼将处乎不淫之度，而藏乎无端之纪，游乎万物之所终始，一其性，养其气，合其德，以通乎物之所造。夫若是者，其天守全，其神无郤，物奚自入焉！"

列子问关尹说："至人在水下行路或游泳而不憋气、窒息，踩到火上而不觉得过热，走在万物之上而稳健从容。请问他们是怎样做到这一步的呢？"

关尹说："这是因为他们守护住了自己的纯正的真气，而不是靠智谋、技巧、决心或者勇敢所能做到的。请坐，让我告诉你。凡是有形象、有相貌、有声音、有颜色的都是外物，为什么物与物之间互不沟通、互不相像呢？万物中的什么东西能够最早给人以印象呢？或者试问，万物的形成是从哪里开始的呢？我们可以看出，是它们的颜色、它们的形象——即兹后给了人类与动物的视觉以信息的外表。形状不明也罢，变化得令人摸不着门也罢，反正先让你感觉到的会是一团颜色，是模糊的映象。这是人们感知万物的开端，也是万物自身产生、形成、出现的一个开端。就

是说，万物在刚刚开始萌发的阶段，并无固定的形状、形体，也无确定的变化发育的前景，从理论上说，万物只有到了没的可变化之时，才会停止变化。万物起于无形，止于无化。你以为这样就可以抓住事物的本质、穷尽事物的终极了吗？但是，万物并不会因为你的穷尽愿望与终极关注——因为你找到了端倪，就停止住它们的变化多端、恍惚无定。万物与其根源大道都是处在不静止也不过度运动的位置，隐藏或保存自身于无始无终的时间过程中，与有始有终的各种具体形态同游同在，其根性始终如一，其真气始终涵养，其德功永远融合，与万物与造化相通相交。这样的话，它们的天性，它们的良知、良能是完整的，它们的精神是无缺失、未受干扰的，外物、对立面等又怎么会对它们有任何干扰呢？”

以此段来说，其最精彩之处在于对于万物、对于世界的认定。任何存在都是暂时与永恒、点滴与无穷、有始有终与无始无终、一与多的矛盾的统一。一个个体的人，各个方面都是极有限的、具体的与渺小的。但同时，他或她是世界的一个分子，是大道的一个下载，是永恒的一个截面，是生命的一个光辉。

从全体来看，从无穷大来看，从永恒来看，万物都是无始无终、无前无后、无内无外、无大无小的。形成形成，“形”加“成”一词的存在已经说明我们的先人认定：泰初万物是无有形的，有了形，就是已经形成了，形就是成，成就是形。我们的另一个习用词是成形。如果说已经有了许多许多、千千万万的已经形成与成形，那么世界上同时有着更多的“物”正在形成与成形，同时有着更多的尚未形成与成形之“物”。与亿万斯年前的星云混沌相比，地球、太阳系、银河系已经形成与成形，与亿万斯年后的应该是老化了的地球、太阳系、银河系相比，现今的地球还远未形成、成熟，更未发育足够与老化衰落。认识到了这一步，应该就不会再受外物的干扰与侵害了。尚未形成，何来侵害？也许你的侵害只是助我形成与成形。

能够做到“一其性”，抱元守一，恒常如一，一以贯之，也就减少、延缓了向对立面的转化，减少、延缓了自己的耗散、异化、老迈、衰竭的过程。“养其气”，养护元气、真气，调理呼吸内脏，平衡精神状态，避免受伤、自戕，时时保有自身的身心、生理、心理、体力、智力、情商、智商的最佳值。“合其德”，这儿的德应该作功用、功能乃至做得到讲。合其德，就是吸收日月的精华，就是集中天地的生气，叫作尽享自然的恩惠，就是摄取如老子所说的占有三成比例的生之徒——利生养生的因素，就是从万物，从一切生命，从人群中汲取至乐、至尊、至爱，就是面对大道、面对万物，永远感恩戴德、逍遥快活、平和包容。

“通乎物之所造”，能把万物的事理搞通，能把万物的所以是这样而不是那样的根本、本原、本质、规律、全局搞通和搞透，做一个通透之人，做一个达道、得道之人，做一个真人、至人，近乎仙人。

“其天守全”，说来说去，其实天给了你的一切，就已经是最完全、最理想、最高明的，罪过全在人间世。全面地守住天成、天然、天生、天理……齐啦。“其神无郤”，精神如元初，无遗失、损害，更未被自己的贪婪、欲望、怒火、嫉恨、宠辱之惊、富贵之梦所扭曲。这太好了！

也许一个人不可能完全做到如是，也许人生中欲望与失望、希冀与破灭、不平与牢骚，都是不可避免的，因之伤害与扭曲也很难百分之百地摆脱。那么，就让我们知道一下庄周的至乐幻想曲吧，让我们欣赏和聆听庄周的人生交响诗吧，让我们哪怕只是在想象中实现一点一贯性、天然性、齐全性与和顺性吧，让我们哪怕仅仅在读书的时候，在遐想庄周与老王的共同舞步与舞姿的时候，丢下一点贪、妒、争、惧、狭、凶、骄……各种负面的心性吧。能够欣赏庄周、聆听天籁、审美共舞的人有福了，你们就有了光、有了至乐、有了逍遥了。

与内篇相较，这一章文字相对多了些玄虚与修炼感，不知是否与道家的学术思想在缓缓向一种民间宗教飘移有关。它少了点理论，多了点神奇；少了点文学，多了点咒语；少了点学术与修齐治平，多了点修炼功夫、得道成仙。

> “夫醉者之坠车，虽疾不死。骨节与人同而犯害与人异，其神全也，乘亦不知也，坠亦不知也，死生惊惧不入乎其胸中，是故遻物而不慴。彼得全于酒而犹若是，而况得全于天乎？圣人藏于天，故莫之能伤也。复仇者不折镆干，虽有忮心者不怨飘瓦，是以天下平均。故无攻战之乱，无杀戮之刑者，由此道也。”

“喝醉了的人从车上掉下来，虽然坠落得急促，却一般摔不死。此人的骨头结构长得与旁人无异，但是跌落的后果与他人不同，原因在于人虽醉，他的精神与心理是完全的（正常的）。好好地坐着车，他自己并不明晰自觉，一家伙摔落，出了事儿啦，他自己也照样不知其详，什么要死要活呀、惊吓呀、惧怕呀、完蛋啦，都没有侵入他的胸怀，他的精神没有被损毁摧垮，所以尽管与地面相冲撞，但并未就此瓦解、垮掉、散了黄。这样的人得到酒的保全，有酒保全便能做到这等成效，何况如果是天的保全呢？圣人保存自己于天然、天道之中，收敛自己、隐藏自己于天地之间，谁能伤害他呢？真正有心要复仇的人，无意要折断宝剑，无须与干将、莫邪较劲与展示强硬。而你即使有很大的嫉恨之心，你脾气很不好，也不该、不必为被风吹落的瓦片击中而埋怨发火，这样才能够做到普天下人的平和、公道、讲理。之所以不会有攻战的动乱，也不会有要杀要剐的刑事犯罪，原因就在于有了至乐之道、无为之道。”

管他真作伪作，此段也很精彩。庄子是思想家，同时庄子也尽量去做到思想的生活化，用现在的语言来说就是三贴近：贴近生活，贴近现实，贴近群众。原文举了一个多么通俗、人众化的例子：醉汉反倒不容易摔坏。想来此例从外科学与交通管理的角度看，未必是绝对可靠可信的，但言之仍然成理，有一定的说服力与参考价值。想想看，一个醉汉，在车上睡着了，缩成一团，稀里糊涂，变成一个自由落体掉了下来，确实可能比伸胳膊探腿，胡乱抓、挠、够、捂（尤其是用双手做支撑，常常是腕部骨折的根源）少受一点伤，尤其是少受惊吓。醉汉摔不坏的事例也许我们知道的不多，但是小孩子睡觉从床上、炕上滚到地上的事儿发生得就多了，落到地上接着睡大觉、好梦如常的也是有的。这是另一种意义上的难得糊涂。

人的意识、心计，给人带来了聪慧，也带来了烦恼、焦虑、惊惧，以及各种狼狈折磨、自我摧残。清醒清醒，我们应该清醒，但是做手术时，我们必须接受麻醉。这已经说明并非任何状况下都需要清醒。尤其在春秋战国那样的兵荒马乱、礼崩乐坏的世道，经常是不测风云、飞来横祸的恶劣条件下，庄子推崇的乃是无心，是听任自然，是无意，是少知道、不知道，是少防备、不防备。用我最喜欢的词叫“不设防”，是不要自寻苦恼、自取灭亡、自找不素净。可以揣摩，那个世道下边，老呀、庄呀看到了：越是聪明伶俐，越是智谋超群，越是清醒明白，越是明察秋毫，越是会成为权势的对立面、成为群体的公敌，越要倒霉，就越要挨整、要招来灭门之祸。

他的不折镆干与不怨飘瓦之说也特有趣，耐人咀嚼。复仇者与宝剑没有什么过不去的，但是复仇的武打之中很可能折断宝剑。所以说，即使你是苦大仇深的复仇者，也还是要慎用剑尖，剑愈是尖，愈有杀伤力，愈是能伤及自身。越是逞强的复仇者，越是可能早在伤敌、败敌之前先把宝剑弄折，或者是先伤及自家的身体。被风吹落的瓦片与房檐下面站立的人也没有什么过不去的，但是弄不巧或是弄巧了，你会受到瓦片的攻击。孔子早就告诉我们，人不知而不愠，才是君子，就是说别人无意中冒犯了你，你不要生气，你才算君子。庄子更告诉我们，瓦不知则更不可愠，要少愠以至于无愠才好。

人生的多少事情正是如此。人之一生到底能有多少个认真的仇敌、多少必然的深仇大恨，难讲。但同时，你的一生中，阴差阳错，又会与他人包括你的亲人和友人产生多少龃龉、多少误会、多少风波！你今天对他有意见，明天对她有怀疑，后天对他、她、它都不满意，大后天你想与他们和解了，他们却来了气，与你非来个白刀子进红刀子出不可……再往后你干脆与一切为敌，还在那儿严正声明至死是一个也不饶恕！您干什么呢？您为什么呢？您图什么呢？

世界上偏偏有挑动复仇者与宝剑关系的坏种，有杀不成敌手便恨不得将宝剑折成八段的气迷心，有为了瓦片与风而耿耿于怀的蠢材，有用这种逻辑四面树敌的白痴，有一心寻找敌手的狂人，有为争一口气甘愿己无宁日、人无宁日、群无宁日的偏激，有一言不合立即歇斯底里号叫的小文痞，有对所有的一切充满敌意的刺儿头，有除了恶斗别无公干的“金棍子”——其实是屎棍子……那么早那么古，庄子或托名庄子的那个人已经看透了这一切！人之敌人莫过于己，《庄子》的一些论述，真到位，真刺激！

> “不开人之天，而开天之天，开天者德生，开人者贼生。不厌其天，不忽于人，民几乎以其真！”

“请再不要开发人间的那些智谋与潜力啦（或者是说不要再太大地发展人的那些天赋啦，人已经具有的，够用了），应该开发挖掘的是天然的大道，产生的是天的德行。开发人间智谋，过度发展人的潜能，人与人之间没完没了地斗心眼、耍阴谋、做局设套……就会流于贼心、贼眼、贼事：巧取豪夺，称王称霸，就会伤害人生。不要因为天然大道的永存而觉得它并不新奇，觉得已经熟悉得生厌，也不要轻忽地对待人间的种种麻烦与愿望。做到这一步，百姓差不多可以保持住真诚与真实了。”

庄子又在真诚地呼吁与哀告了，尤其是对于春秋战国时期的掌权的侯王大臣：你们已经斗出病、坏出格、阴成性、狠成癖、贪成虎狼、多疑成疯狂了。你们能不能平和一点、自然一点、纯朴一点、真实一点，对待老百姓好那么一点点？

三、凝神者百粘百中，忘水者操舟若神

仲尼适楚，出于林中，见痀偻者承蜩，犹掇之也。

仲尼曰："子巧乎！有道邪？"曰："我有道也。五六月累丸二而不坠，则失者锱铢；累三而不坠，则失者十一；累五而不坠，犹掇之也。吾处身也，若厥株拘；吾执臂也，若槁木之枝。虽天地之大，万物之多，而唯蜩翼之知。吾不反不侧，不以万物易蜩之翼，何为而不得！"

孔子顾谓弟子曰："用志不分，乃凝于神，其痀偻丈人之谓乎！"

孔子到楚国去，看到一个驼背老人用竿子粘蝉，百粘百中，如同俯拾即是一般。

孔子说："你可真是巧手啊，你有你的道理的吧？"答："是的，我有我的一套。我练习了五六个月，做到了竹竿上摆上两个小球不会落下。有了这样的稳定性，伸竿而粘不着的机会不大。又过了一段时期，竹竿上放三个小球也不会下落了。这样的稳定性，我粘十次失手的机会最多一次了。再发展一步，做到了竹竿上放五个小球而不落地。那时候粘蝉，就跟随手捡拾一样地方便了。这时，我的身体像一株枯树干一样地戳在那里。我举起手臂，像一根枯树枝一样地长在那里。天地虽然很广大，万物虽然很繁多，我看得见的只有蝉翼。我目不斜视、心无旁骛，不因为其他东西转移我对于蝉翼的专注。在这种状态下，粘蝉翼有什么不好做的呢？"

孔子对弟子们说："人如果有了固定的志向，就不会分散自己的专注，他的精神也就凝聚在一起了。这就是驼背老人给我们树立的榜样啊。"

精神要集中，注意力要集中，行事要集中。按照毛泽东氏的观点，打仗也要善于集中兵力。我还早有主张，认为天才是精力

集中的表现与果实。从这个意义上说，粘蝉老者的故事很平常，也很实在。

问题是，过分地集中精力，不免有些刻意为之的味道，似乎与坐忘的诀窍不相一致。勉强解释之，正由于坐忘了一切杂念，才达到了精力的空前集中。或可一哂乎？

颜渊问仲尼曰："吾尝济乎觞深之渊，津人操舟若神。吾问焉，曰：'操舟可学邪？'曰：'可。善游者数能。若乃夫没人，则未尝见舟而便操之也。'吾问焉而不吾告，敢问何谓也？"

仲尼曰："善游者数能，忘水也。若乃夫没人之未尝见舟而便操之也，彼视渊若陵，视舟之覆犹其车却也。覆却万方陈乎前而不得入其舍，恶往而不暇！以瓦注者巧，以钩注者惮，以黄金注者殙。其巧一也，而有所矜，则重外也。凡外重者内拙。"

颜渊问孔子说："我有一次在觞深那个深渊上乘船，船夫驾船的技术简直是出神入化。我问他：'驾船的事是能够学习的吗？'他说：'可以呀。一个善于游泳的人，学上几天也就学会了。如果是一个会潜泳、潜水的人呢，即使没有看见过舟船，他过来就会驾船的。'我不明白是怎么回事，便再问，他不说了。请问，他是什么意思呢？"

孔子说："善于游泳的人很快就能学会驾船，这是因为他们根本不在乎也不害怕水不水的。至于那能够潜水、潜游的人没有见到过船却立马能驾驶船，是因为在他们眼里，深渊最多是陆地上有几个小山包。在他们眼里，翻船就像倒车一样。翻船也好，倒车也好，种种景象在他们眼前出现，他们觉得司空见惯。他们的内心不会受到这种事端的扰乱，他们自然是在何处、何种情况下都镇定自若，也就能恰当地操作驾驶了！这就像用瓦片作为赌注的人心灵手巧，用铜带钩下赌注的人就不免有所忌惮疑惧，用黄金下注的人就干脆糊涂昏乱了。下赌注的技巧是一样的，思想上有负担、有压力，那就是看重身外之物啦。而对外物看得过重，思想包袱一重，内里可不就变得拙笨、失常了？”

庄子假借孔子之名发表的这一套理论至今为国人所喜用、喜讲。把个人看得过重，心存担忧、惧怕，所谓私心杂念，所谓负担、包袱，所谓缩手缩脚、放不开，至今仍然是体育竞技评论中对于竞技失败者最多的评析、责备。会水的人容易学驾船，会潜水的人更是不怕驾船，这样的道理决不高深，而是实在得很。赌注过大了，赌徒脑门子上会冒汗，心慌意乱，反易失败，这也是很普通的道理。忘忘忘，《庄子》里头老是强调忘，不是没有道理的。真正的政治家，在政治博弈中感受到的是不无享受；真正的作家、艺术家，在殚精竭虑的创作中感受到的是满足与飞扬；体育明星在比赛中得到的是喜悦与兴奋；科学家在新的发现面前如舞如歌……他们会忘记困难、忘记技巧、忘记危险、忘记程序，他们会得心应手、左右逢源、不劳费心、自有天助。这些说法虽然也有强调某一方面的地方，但都是真实的与理想的。

老庄千言万语，反复呼吁的就是：人不可成为自己的敌人，人切不可想东想西、自我干扰、自生魔障、自我惊吓。

《庄子》里至少讲了两方面：一方面是人不应该超过人事的可能去追求、去捣乱、去苦自己与他人；另一方面是人可以忘记一切而大有成就。

这一段还有一个意思，人是需要一点提前量的。你要驾船吗？首先你需要精通水性，而且你对自己的水性要有充足的信心，你必须有举重若轻的气度，有如履平地的自然，有不在话下的轻松愉快。

四、牧羊对于养生的启示：注意弱项与病灶

田开之见周威公。威公曰：“吾闻祝肾学生，吾子与祝肾游，亦何闻焉？”田开之曰：“开之操拔篲以侍门庭，亦

何闻于夫子！”威公曰：“田子无让，寡人愿闻之。”开之曰：“闻之夫子曰：‘善养生者，若牧羊然，视其后者而鞭之。’”威公曰：“何谓也？”

田开之曰：“鲁有单豹者，岩居而水饮，不与民共利，行年七十而犹有婴儿之色，不幸遇饿虎，饿虎杀而食之。有张毅者，高门县薄，无不走也，行年四十而有内热之病以死。豹养其内而虎食其外，毅养其外而病攻其内。此二子者，皆不鞭其后者也。”

田开之去见周威公。周威公问：“听说祝肾先生在研习养生。您跟祝肾有所交往，从他那儿听到过什么说法吗？”田开之说：“在祝肾那里，在下不过是拿着扫帚来打扫门庭，哪里能从先生那边听得见什么？”周威公说：“田先生不要太客气啦，我个人确是愿意听听这方面的讲说。”田开之说：“祝先生说过：‘懂得养生的人，他的养生之道就像是牧放羊群，关键是用鞭子驱赶落到后面的羊只。’”周威公问：“这话是什么意思呢？”

田开之回答：“鲁国有个人名叫单豹，住在山洞中，渴了就喝自然泉水，不与旁人发生利害关系，他活到七十岁了还保持着婴儿一样的气色。没想到不幸遇上了老虎，饿虎扑杀了他，并把他给吃掉了。另一个人名叫张毅，善跑大宅门富贵人家。他与那些高层人士往来密切、走动频繁，想不到他活到四十岁就得了内热病死掉了。单豹注重内心世界的修养，善练内功，可是老虎从外面吞噬了他的身体；张毅注重公共关系，交际的外功超人，可是疾病从内部毁掉了他的生命。这两个人，都没有做到注意与鞭策落在后面的羊只。”

不知道是否由于古代书写工具的困难，我们的古代经典常常语焉不详，失之简古。什么叫鞭其后者呢？没有解释，但是举了两个事例。一个是单豹，那时候已经时兴住到山区与喝矿泉水了（一笑）。他苦练内功，年已七旬，面如童子，注意气色与面容，也是对的，却想不到被饿虎所杀、所食。这倒是符合老子的关于“无死地”的说法，养生不光是饮食起居、呼吸导引，也包含了防范危险的要义。为什么注意驱赶后羊？因为后羊带来的是落后、迷失、分散、混乱、遇险的危殆。鞭后羊的含义中就有要提高警惕，要找出自身的内内外外有哪些不利于生活、不利于安全与长寿的因素，正视之、回避之、预防之的意思。张毅呢，外功、公关的道行超群，不言而喻，他也能过上高于常人凡庸的生活，但是谁想得到热病过来光顾这位公关明星呢？

这也说明人对自己的关注要全面、要仔细：你顾到了个人的生活清洁、身体康泰，却忽略了外部世界会有的危险；或者你注意了树立形象、多方关系、左右逢源、一呼百应、畅通无阻，结果一场小病就能让你一命呜呼。张毅的教训告诉我们，要反观自身的不健康因素、病灾因素、致命因素，这些负面因素就好比牧羊人放牧的羊群中的后羊，后羊哪怕只有一只，却能搞坏全部羊群。

羊群中有头羊，例如单豹的居住环境、饮用矿泉、与世无争，都是头羊、前羊；而张毅的出入豪宅、结交权贵、门路宽广、办事方便，是张家羊群的头羊、前羊。人的特点、弱点是，往往只得意于注意于头羊那边，对别人、对自己都是只注意锦上添花，而不注意雪中送炭。那边的头羊，头了还要头，前了还要前，多了还要多；但是后羊呢，不必多，一只搞不好就要了你的命。绝了，《庄子》此说立意新奇，而且直捅人性的要害。

甚至一个国家也是一样，成绩巨大、事业辉煌、生产发展、收入猛增、万民欢呼、举世称赞……这样的头羊一群一群、一片一片。您就陶醉在头羊、群体的欢乐咩咩中吧，您忘记了鞭策后羊，忽视了后羊的无端惨叫：例如环境恶化，例如道德沦丧，例如吏治腐败……那不麻烦了吗？

为了鞭策后羊，先让我们直面后羊吧，千万不要睹后羊即转头侧视，不要假装没有看到后羊，不要用对前羊的鼓噪代替对于后羊的鞭策！

仲尼曰："无入而藏，无出而阳，柴立其中央。三者若得，其名必极。夫畏涂者，十杀一人，则父子兄弟相戒也，必盛卒徒而后敢出焉，不亦知乎！人之所取畏者，衽席之上，饮食之间；而不知为之戒者，过也。"

孔子说："用不着躲起来、躲进去把自己深藏，也大可不必到处出风头显摆、暴露自己，你就像根棍子似的杵在出与入、躲避与显摆的中间，自自然然，随随便便就行啦。倘若以上三种情况都能胜任，都不拒绝，也都不追求，该出则出，该入则入，该杵着则杵着。就是说该介入社会就介入社会，该隐入深山就隐入深山，该听其自然就听其自然，你的名声、你的影响就达到最佳值了。一条令人产生畏惧的——有着危险与不安全因素的道路，即使是十个人从那边走过而一个人被杀害，也就是说只有十分之一的危险，已经使父子、兄弟相互提醒告诫，一定要等到同行者众多起来才敢上路，这不是表现了人的警惕与智慧吗？！对于人来说，你怕什么、警惕什么并不需要亲身经历，在枕席间或餐饮时听到了信息，就能有所提防、有所警惕了。该畏惧的时候不畏惧，该防范的时候不防范，该提高警惕的时候不提高警惕——那可就是咎由自取啊。"

入世出世之论众矣，这里的入恰恰是后世所谓的出。就是说，这里的入指的是入深山，入家室后院，入自我之逍遥。而这里的出则是后世所说的入，是出头露面，是出尽风头与洋相，是尽情表演个够。有味道的是，这里提出了一个"柴立其中央"的说法：如木棍，如柴火，如槁木，倒还不是如无所用的只供人们午睡阴凉的大樗。中间一杵，进可以攻，退可以守，这是典型的中土包含着狡黠的高智商，是成熟到了极致、精明到了极致，也是境界提升到了极致的表现。也与内篇中所讲的道枢之说、圆心之说一致。没有最后所说的这个境界，仅仅有狡黠与精明，恐怕难以不露马脚，恐怕终将暴露自身的忸怩作态、捉襟见肘、装腔作势、破绽百出……例如，还用得着我举例吗？

畏途之说，前贤多解释为听见路上有险，都很警惕，但是对于枕席上、餐饮上的好色与饕餮之害，却听之任之，是人之大过。一家伙把警惕防范的后羊之论变成节欲、戒淫、戒贪吃之论了，窃有疑焉。我认为仍然一气呵成地继续发挥此段文字的后羊论、防范论、警惕论、无死地论更好些。你不是鱼，却愿意略略谈论鱼儿之乐，你不姓庄，却做出了王氏之庄解，不至于是“歪批三国”吧，识者教之。

五、为什么有时候人为自己打算不如为猪打算更明白

> 祝宗人玄端以临牢筴，说彘曰：“汝奚恶死？吾将三月豢汝，十日戒，三日齐，藉白茅，加汝肩尻乎雕俎之上，则汝为之乎？”为彘谋，曰不如食以糠糟而错之牢筴之中。自为谋，则苟生有轩冕之尊，死得于豫楯之上、聚偻之中则为之。为彘谋则去之，自为谋则取之，所异彘者何也。

管理宗庙祭祀的官员穿上正装、戴上礼帽来到猪圈，对着圈里的猪说：“你为什么不喜欢死呢？我会好好地喂养你三个月，用十天的时间给你守戒，用三天的时间给你把斋，给你铺垫上白茅草，然后把你的蹄髈和后臀部放到雕刻精致的盛器上，你觉得可以了吗？”如果是替猪打算，应该说是待遇再好也比不上吃糠吞糟而关在猪圈里活下去。可笑的是，当人们为自己打算，却一味地希望活在世上有高贵荣华的地位，死后则能装入绘有华彩纹络的灵柩车辆与棺椁之中。站在猪的立场的时候，能够舍弃白茅、雕俎之类的华而不实的一切附加物，而为作为人的自己打算时，却想追求这些玩意儿。请问，为人与为猪、人与猪的区别究竟在何处呢？

堪称绝妙，世上原来有这么多哭笑不得的素材。猪并不脑残，它的“思想”立场追求很单纯、明快，死后高级别待遇，比不上猪圈中的苟活、贱活、赖活。乡下俗谚：好死不如赖活着。人高

明了半天，人自诩比猪不知高明伟大凡几，却比猪还不明事理，专门去追逐那些人生的附加物。很黑色幽默，也很刺激，这样讽刺同类，够刻薄的喽。

然而，这个说法一定站得住吗？猪是人类豢养了吃肉的，当然还可能兼用其皮革与鬃毛，除了多活几天之外，它还能有什么意志、愿望、选择？如果人当真站到猪的立场，为猪操心，则应该干脆别吃猪肉与一切动物的肉。人能够与猪相提并论吗？人不然，人有头脑，有文化，有后裔，有家人，有族群，人的要求比在猪圈里清闲自在复杂得多，这很自然。

还有一个大跳跃，猪是在被杀与活下来之间选择，其实猪无从选择，从无选择。人的选择麻烦多了。多数情况下，人的选择不是针对被杀与活下去的二元对立，而是怎样活得更好些。你如何能断定人只能像猪一样吃糠咽糟地活着，而一接触花纹雕饰、白茅软草（现在则不是软草的问题，而是席梦思、水床等）、庙堂的大典，就要嗝儿屁着凉呢？庄子岂不是自说自话，有点搬弄唯活论、活命哲学、不苟活则必死的伪公理？他对于人的虚荣与消费需求进行彻底否定了吗？这里头有没有矫情，有没有强辩，有没有逻辑上的调包术？

也许庄子有意无意地跳过了一个说辞，有那么一些人为了虚荣，为了贪欲，为了排场，为了争权夺利与自吹自擂丢了性命，其愚蠢接近于匪夷所思的猪为待遇而求死。如果就此说几句话，也许此段文字的说服力有所增强。

人可能确有比猪麻烦乃至显出愚蠢的地方，因为人面对的选择会把人自身绕进去，人做出错误选择的概率远远高于猪。从这个角度多想一想，有点意思了。

六、思霸成病，白日见鬼

> 桓公田于泽，管仲御，见鬼焉。公抚管仲之手曰：“仲父何见？”对曰：“臣无所见。”公反，诶诒为病，数日不出。

齐士有皇子告敖者曰："公则自伤，鬼恶能伤公！夫忿滀之气，散而不反，则为不足；上而不下，则使人善怒；下而不上，则使人善忘；不上不下，中身当心，则为病。"

齐桓公到湿地去打猎，管仲为他驾车，忽然看到了一个鬼。桓公摸着管仲的手，问说："仲父（犹言亚父、叔叔）您见到什么了吗？"管仲说："臣下我没有看到什么呀。"打猎回来，齐桓公感觉疲倦困顿，病了，好几天足不出户。

齐国的士人当中有个名叫皇子告敖的，对齐桓公说："您这是自己给自己找的病，鬼如何能伤害得了您呢？要说这个人总是会有愤怒、压抑之气郁结的，这样的不良之气，散发出去，收不回来了，就使得中气不足，疲惫不堪。这种郁结之气走到上头，下不来了，人会变得易怒。郁气走下去了，上不来了，人会变得健忘，记忆力衰退。郁气不上不下正当中，走到心里去了，就该生病了。"

看来，中国传统医学的一些说法由来已久，这里关于郁结之气的说法，似乎至今仍被中医学者所用。与西医比较，中医更多的是考虑人自身的原因，这样的理论虽然缺少实证，但很有说服力，容易令人信服。其实，来自外界感染而生发的病痛，很可能与身内、心内的状况有关。西医至少也承认免疫力的说法，为什么有人免疫力强，有人就弱呢？为什么同一个人有的时候免疫力强，有的时候就弱呢？这样的问题的提出，并不是没有意义的。

我喜欢，不，我佩服西医的手术、仪器、器械与数据化的成就。我同时喜欢中医的理论，虽然这理论也许有点想当然，有许多推测与跟着感觉走的地方。就说这个郁结之邪气论吧，固然难以做仪表或同位素跟踪的监测，却符合人的大致感受。邪气上涌，面红耳赤，血压增高，确是躁狂易怒的征象。邪气下行，步履蹒跚，大脑一片空白，双目发黑，则是抑郁健忘、冷淡漠然的表现。胸闷腹胀，心慌意乱，疼痛恶心，则是邪气居中、不能通畅的结果。

桓公曰："然则有鬼乎？"曰："有。沈有履，灶有髻。户内之烦壤，雷霆处之，东北方之下者，倍阿鲑蠪跃之；西北方之下者，则泆阳处之。水有罔象，丘有峷，山有夔，野有彷徨，泽有委蛇。"公曰："请问委蛇之状何如？"皇子曰："委蛇，其大如毂，其长如辕，紫衣而朱冠。其为物也，恶闻雷车之声，则捧其首而立。见之者殆乎霸。"

桓公说："这么说，是当真有鬼了？"告敖说："有。水中污泥里有一种鬼叫履，灶膛子里的鬼叫髻。门户过道里的熙熙攘攘处，一种叫作雷霆的鬼待在那边；东北方向的墙下，一种名叫倍阿鲑蠪的鬼在那里跳跃；西北方的墙下，名叫泆阳的鬼住在那里。水里头的水鬼叫罔象，丘陵上的鬼叫峷，大山里有山鬼夔，原野上有野鬼彷徨，草泽湿地里呢，那里的鬼叫委蛇。"桓公又问："请问，委蛇的形状是什么样的呢？"告敖说："委蛇，身躯大如车轮，长如车辕，穿着紫衣，戴着朱红色的冠冕。这种东西，最怕的是听到雷车的声音。一听见，就双手捧着头脸站在那儿。而这个时候见到它的人，差不多也就能成就霸主的大业了。"

庄子为文的特点之一，就是说什么都说得丰赡华丽、热闹新奇、引人入胜，特别是各种名称，堪称天花乱坠、迷人心目，如彩虹，（毛泽东词："谁执彩练当空舞？"）如万花筒，如焰火施放，如天花乱坠。讲天籁、地籁时是这样，讲生命形态变来变去时是这样，甚至讲到鬼时也这样丰富多彩、令人目眩神迷。

鬼的名称极棒，你虽然不得其确解，仍然为这些说法、称号而赞叹，例如荒野上的野鬼名叫彷徨，多么动人，简直叫你读了热泪盈眶！相信熟悉庄周的鲁迅，在命名他的第二本小说集时，一定受到了此处的野鬼之名的启发。鲁诗讲灵台，鲁的散文诗中讲皮肤如处子，都是"庄体""庄风"。在荒野上做鬼，怎么能不彷徨呢？不彷徨的话，哪里表现得出来荒野的空旷与寂寞？湿地里的鬼叫作委蛇，委蛇本来是蛇行之状，这应该与湿地里多蛇有关，为什么那副怪模怪样呢？这倒费一些思量了。水里的鬼名罔象，好懂，水中倒影，最多是罔象，不可能清清楚楚。灶神曰髻，古人的说法是一种赤衣美女型的鬼神，不知道是不是与女性多司执炊有关，几乎令人神往。如此这般，我很怀疑当时的神州大地上有没有这种多鬼主义与多鬼的名称，怎么读来读去，想来想去，这一套更像是作者的杜撰、发挥和才情泛滥？太妙了，庄子！你可真敢抡！

甚至读者会技痒，按照此段的文字与逻辑再延伸延伸、发挥发挥：冰河中应有鬼名觳觫，深谷中应有鬼名幽独，饭堂中应有鬼名饕餮，刑场上应有鬼名沉冤或沥血，古战场上应有鬼名踯躅，衙门中应有鬼名腐恶，坟场上应有鬼名浪荡，天空应有鬼名蔽明，水坑中应有鬼名霉，星空应有鬼名眨，暴雨中应有鬼名噬，大雪中应有鬼名藏。此外还有狞厉，还有阴毒，还有崩解，还有遗魂，还有乐颠，还有婵娟，还有蛊惑，还有尽忘，还有狂吸，还有无血，还有巨目……各种各样的鬼活动、存留在适合它们的地方。

谁能想得到，想想鬼名也有如此的快乐！这完全不是毛泽东喜欢提倡的《不怕鬼的故事》，而是快活地与鬼共舞的大联欢！西洋有假面舞会、有鬼节，国人一般对之兴趣一般般。现在，读了《庄子》此段，我们对欧美风俗也可以理解、可以与之共享了。有一个时期，我们常常以牛鬼蛇神为名来骂一些我们不喜欢的人，其实牛鬼蛇神的想象，也可以带来趣味。呜呼，庄子不仅可以带着我们“复古”，还可以帮着我们“知洋”呢。

桓公辴然而笑曰：“此寡人之所见者也。”于是正衣冠与之坐，不终日而不知病之去也。

桓公听了后哈哈大笑，说：“这正是我所看到的那个鬼呀。”于是整理好衣冠与皇子告敖坐在一起谈话，不到一天的时间，疾病也就不知不觉地痊愈了。

这非常像是心理医生依据弗洛伊德学说进行的心理矫治。他说中了齐桓公的心病，点破了他的情意结，就像一个少女幼时受到过性虐待，自己不敢再去想它了，却永远有心理变异的后遗症。最后在半催眠状态下，经医生启发说出了心病，从而治愈。至于齐桓公，到底他是求霸成病，一心要称王称霸想出毛病来了，被皇子告敖点破，还是别的原因，存疑。紫衣朱冠，当然不像贫寒之家人员；恶雷车，心存疑惧，捧头而立，这是为君王当差者的形象，也可以是幻影。捧头待取乎？发出警告或自我告诫乎？反正捧头而立的形象涉凶险，不像康泰年景，更不逍遥了！桓公见此象能不生病吗？告敖点出此象，能不痊愈吗？

七、呆若木鸡幻想曲

> 纪渻子为王养斗鸡。十日而问："鸡已乎？"曰："未也，方虚憍而恃气。"十日又问，曰："未也，犹应向景。"十日又问，曰："未也，犹疾视而盛气。"十日又问，曰："几矣。鸡虽有鸣者，已无变矣，望之似木鸡矣，其德全矣，异鸡无敢应者，反走矣。"

纪渻子给周宣王饲养训练斗鸡。十天后，周宣王问说："鸡训练好了吗？"纪渻子回答："还没有搞好，这个鸡还很浮躁、虚骄，气盛得不得了呢。"又过了十天，周宣王又问好了没有，回答说："还是不成，它对于响动呀、影像呀的反应太过，跳呀、叫呀，仍然沉不住气。"又待了十天，周宣王再问情况，回答说："还有点东张西望、转睛迅疾、盛气凌人。"又过了十天，已经四十天了，周宣王又问起来，回答说："这回差不多了。别的鸡即使鸣叫，它也不搭理，若无其事，看上去像只木头鸡，它的品质与功能可以说是够份儿了。别的鸡没有敢于与它叫阵的，也没有敢回应它的，都是一见它就掉头跑掉了。"

这才是呆若木鸡的原出、原"教旨"、正宗、正解。惜哉庄子，你所树立的光辉形象流传下来却变成了可笑的负面的东西。呆若木鸡，今天的解释是：惊惧莫名，痴呆愚傻，麻木不仁，刺激过度，脑残变异，一筹莫展。而当年的庄子意图勾勒的是不动声色、深不见底、沉稳有定、变幻莫测、不战而胜、不鸣而威的神奇形象。

注意！中土传统文化崇敬的不是强壮、不是好勇斗狠、不是泰山压顶，也不是光芒四射，我们常常心仪的恰恰是弱中之深强、阴柔中蕴藏着阳刚，是败者之潜胜，是以退为进、诱敌深入，是以弱胜强、以少胜多、以柔克刚、以智胜力，是迷惑敌方，是引导、引诱强大的对手犯错误，是等待着“不战而屈人之兵”的上上策、上上机会。所以，卧薪尝胆的越王勾践战胜了浮躁、骄傲的吴王夫差。装死受辱的范蠡，终于复仇成功。而此后，屡战屡败的刘邦战胜了力拔山兮的项羽……毛泽东提出的游击战争的基本原则也是“敌进我退，敌驻我扰，敌疲我打，敌退我追”。一直到形象、风度、举止、仪表上，我们是宁可呆若木鸡，不可张扬外露；宁可失之肉头，绝不失之轻率；宁可失之阴险，绝不失之天真；宁可遇事三缄其口，绝不轻易表态，以防祸从口出。至今有官运亨通者的窍门，就是“一声不吭”四个字。看来，国人确实有将智力变为谋略，将谋略变为阴谋的倾向，无怪乎老与庄都拼命贬低知与智。在我国同样源远流长的是非智主义。

笔者老王，颇喜老庄，能够东谈西议、七忽八悠、升天入地，与老庄二部、三部合唱，共舞蹁跹，此应彼和，徜徉优游，也够意思啦……终七十余年之生聚教训，却硬是完全做不到、一点不沾边斯“呆若木鸡”四个字，悲夫！你可以幻想鲲鹏展翅，你可以揣度朝三暮四，你可以羡慕乘瓠浮于江湖，你可以理解酣睡于大臭椿树下，你可以共鸣于化蝶，你可以赞叹于解牛，你可以心逐仙子、神交群鬼，却死活做不到呆若木鸡，道乎？缘乎？命乎？这一道坎儿你反正是跨不过去啦。

八、从能工巧匠的长技怎样升华到对于大道的体悟

> 孔子观于吕梁，县水三十仞，流沫四十里，鼋鼍鱼鳖之所不能游也。见一丈夫游之，以为有苦而欲死也，使弟子并

流而拯之。数百步而出，被发行歌而游于塘下。孔子从而问焉，曰：“吾以子为鬼，察子则人也。请问，蹈水有道乎？”曰：“亡，吾无道。吾始乎故，长乎性，成乎命。与齐俱入，与汩偕出，从水之道而不为私焉。此吾所以蹈之也。”孔子曰：“何谓‘始乎故，长乎性，成乎命’？”曰：“吾生于陵而安于陵，故也；长于水而安于水，性也；不知吾所以然而然，命也。”

孔子到了吕梁一地观景，看到那边有个大瀑布高悬三十几丈，冲激四射的泡沫和水花溅出去四十里地，鼋、鼍、鱼、鳖都无法在这里游动。孔子看到一个壮年汉子在水里游动，还以为那人是有苦情、冤情而寻死的，便派弟子顺着水的流势去救人。忽见那壮汉到了几百步远的地方，从水中露出了头，披着头发，一面唱歌一面游走在堤岸下。孔子追上他，对他说：“我差点以为你是鬼呢，定睛一看是个人。请问，你游水有什么特别的法门道行吗？你怎么敢在这里游？”那人答：“没有，我并没有什么特别的游水之道。起初不过是故常熟悉，后来是习惯成性，能游凫成功完全在于听其自然。我随着水流的盘旋一起沉到水底，又跟随向上涌的波流一道游出水面，跟着水势走，而没有什么自己要如何如何的主意或者动作。这样，我也就敢下水游凫啦。”孔子说：“你所说的‘起初不过是故常熟悉，后来是习惯成性，能游凫成功完全在于听其自然’是什么意思呢？”汉子说：“我出生在丘陵地区，也就熟悉丘陵的地势，这就叫作故常熟悉；我在水边长大，也就习惯了水边的生活与水性，这就叫作习惯成性；我并不知道我的生活为什么是这个样子，但是我就是这个样子活到了今天，这就叫作听其自然呗。”

以游水为例讲人生的道理，古已有之。“文革”初期也曾经大吹特吹“在游泳中学会游泳”。就是说，在游泳中学游泳有可能成为蛮干、无准备之贸然从事、冲动冒险的同义语。

这里的游水故事倒还有趣。鼋、鼍、鱼、鳖游不了的地方，能够做到熟悉、习惯、成性与顺其自然的汉子却完全胜任。这很好，但也说得过分。如果人做到了熟、故、习、性、自然就能不费力，难道水生动物反而不熟悉、不习惯、不自然，自己瞎折腾吗？庄子所说的自然状态，不就是鼋、鼍、鱼、鳖的状态吗？

笔者没有那么好的水性，但也曾在海涛中戏浪弄潮，顺着水势上下。这是经验之谈，浪涛起伏，游水者完全没有惊惧的必要，随之起伏、随之上下、随之进出就是了。自然与跟随，也就是使你与水的相对运动，你们的相互冲击，减少到最低限度。有浪无浪，大浪小浪，其实对游水者来说差别并不大，差别在于心理、在于认识、在于胆量、在于反应度。

完全没有自身的意图也是不可能的，完全随波逐流，那只能是喂王八去。顺势而动，顺其自然，对的，但是你的动是有方向的，你的顺是有目的的，否则你下到急流惊涛之中，所为何来？即使只是为了玩玩，也还是有目的呀，也还要有自我保护、避让，有时也需要有奋力搏击，哪怕只是逍遥游，没有搏击的逍遥，能够逍遥得痛快淋漓吗？没有实现的奋斗，能够有满足感吗？如果汉子不是几百步后露出水面，而是随水流去喂了王八，这一段写起来、读起来，观感能够一个样吗？

> 梓庆削木为鐻，鐻成，见者惊犹鬼神。鲁侯见而问焉，曰："子何术以为焉？"对曰："臣工人，何术之有？虽然，有一焉。臣将为鐻，未尝敢以耗气也，必齐以静心。齐三日，而不敢怀庆赏爵禄；齐五日，不敢怀非誉巧拙；齐七日，辄然忘吾有四枝形体也。当是时也，无公朝，其巧专而外骨消。然后入山林，观天性，形躯至矣，然后成见鐻，然后加手焉；不然则已，则以天合天，器之所以疑神者，其是与！"

一位名叫庆的木工削刻木头做鐻—— 一种精雕细刻的打击乐器，类似钟鼓，做成以后，看见的人惊奇赞叹说简直是鬼斧神工。鲁侯也见到了他出的活计，问他说："你做成这样好的鐻，是有什么特殊的技艺吗？"木工庆回答说："我是个工人，能有什么特别高明的技艺？虽说如此，我倒是有一点心得或者说是经验。我打从准备做镰时开始，从来不敢任意地消耗精气神，而是一定要斋戒保养心智。斋戒到第三天，不敢保有什么通过活计得到赞贺、赏赐、爵位、俸禄之类的心思；斋戒到第五天，不再保有对于什么非议、夸奖、智巧或者笨拙的考虑与计较；斋戒到第七天，根本不受外物的影响，连自己具有的四肢和身体也忘了个一干二净。到了这一步，我的心思里早已没有什么衙门和朝廷，智巧专一，而外在的干扰全都消失。然后，我进入山林之中，观看各种树木的品性，找到外观与形态最适宜的木材，如同见到做好的镰，此时就可以上手了。做不到这一步，我就罢手。这就是用我木工天生的气质、品性去把捉木料的天生的气质、品性，使两者的天然气质相匹配、相和合。我做的器物被你们称赞为神奇，可能也就是出于这样一个过程吧！"

天才就是精力的集中，这是我青年时代自行杜撰的定义，与天才（即勤奋）、天才（即一分运气加九分汗水的名言）相切磋，斗胆并列。那时并未读到庄子的有关名言，也算忽悠之见略同。精力无关事务与外物，这很易理解，所以牛顿会将怀表当作鸡蛋煮到锅里，会给两只猫量身打造两个猫洞，而爱因斯坦会忘掉自己的住址。天才、鬼斧神工的另一面是白痴，是丢三落四，是顾此失彼，是被误解、被轻蔑、被抹杀。你是木工，忘掉了朝廷呀、公室呀、衙门呀，当然一般说来问题不大，你要是同时具有公职身份呢？你不是麻烦了吗？所以不能求全，求全的结果只能是扼杀天才、消灭想象力、取缔创造，扫荡一切发展与前进的萌芽。哀哉！我们这方面的历史教训，海啦！

以天合天的说法很有深度。人本来就是天生的、来自自然的，人只能是、只应是自然的一部分，是大道的下载之一种。人好人坏，人福人祸，人喜人悲，人性的美善与丑恶，其实都不可能完全脱离自然。和平离不开人性对于生的珍惜和改善生存状况的心愿，战争则是来自争强好胜、争霸好斗、自卫与逞雄的另一部分天性。劳动技能、艺术创造、制造器皿，这都与猴要上树、鱼要游水、天要下雨、鸟要飞一样，是天性使然。而劳动与制造的对象，木材也好，陶土也好，金属也好，也都有各自的天性、天资与天生的特色。也就是说，我们所说的主体与客体、精神与物质、文化与自然，其实说到底仍然是大自然的产物、“天”的产物。问题在于，有时候人摆不正自己的位置，自命不凡，自作主张，逆天而动，强天所难，如去寻觅不死之药，如为了贪欲而毁坏环境，如为了快感而吸毒……那就是自取灭亡、自找失败。而当你的天性与客体的天性相匹配、相一致、相结合的时候，情况就是最好的了。劳动、创造也是如此，只有当你的创造性、你的工艺与客体、对象的纹理、质地、性能、条件相一致，你才能做出最好的活计。一个政治家，只有他做的一切与历史的规律、百姓的要求，中国古代的说法是民心（即天心），相一致的时候，他才能成功。一个艺术家，只有能够做到最好的师法自然，做到天假其手、如有天助、悲天悯人、惊天动地、海阔天空、妙手天成、大匠运斤、胸有成竹，才能创造出天才的成果。文章得失不由天，这是对的，因为文章是人写出来的，但文章并不是孤立的存在，文章也要道法自然，要生动活泼、行云流水、生气洋溢、生机勃勃。只有作家的天与生活的天、自然的天相重合、相和谐，写起来立意自然超拔，语句自然流淌，情节自然衔接，感情自然汹涌，修辞自然纯正，风度自然翩翩，才能有真正的不凡创造。反之，过分地人为雕琢，小手小脚地弄出点玩意儿是可能的，终不成大器。

东野稷以御见庄公，进退中绳，左右旋中规。庄公以为文弗过也，使之钩百而反。颜阖遇之，入见曰：“稷之马将败。”公密而不应。少焉，果败而反。公曰：“子何以知之？”曰：“其马力竭矣，而犹求焉，故曰败。”

东野稷因为驾车驾得好而被鲁庄公召见，他驾车时，进前退后都是在一条直线上，像绳子拉出来的一样直；左右转弯，则像圆规勾勒的一样圆。鲁庄公认为就是制图画样子也不过如此，于是要他赶上车转一百圈后再回来。颜阖赶上了这个盛况，进见庄公说："东野稷的马将会累垮的。"鲁庄公默不作声。不一会儿，马果然失利而归。鲁庄公问颜阖："你从哪里知道今天的演练笃定会失败呢？"颜阖回答说："东野稷的马力气已经用尽了，可是还要进一步要它干这干那，所以说肯定要累坏的。"

这个故事其实通俗易懂，本来稷的驾车技术无与伦比，你偏要好上加好，至于无限，那就是老子喜欢讲的"物壮则老，是谓不道"（第三十章），达到了极高点之后只能是物极必反，走向反面了。马车能够做到进退笔直、左右绕圈正圆，已经是登峰造极了，你还要它转一百个圈，那就是不把它搞垮不算完，那就是意欲抬高之，实为毁坏之。世间这样的事少吗？永贵大叔本来够优秀，也够幸运的了，记者的报道使他头戴光环、出类拔萃，不算完，非让他原地转一百圈，进入政治局当起副总理来不可，能不败乎？

> 工倕旋而盖规矩，指与物化而不以心稽，故其灵台一而不桎。忘足，屦之适也；忘要，带之适也；知忘是非，心之适也；不内变，不外从，事会之适也。始乎适而未尝不适者，忘适之适也。

能工巧匠倕随手画圆，自然中规中矩，手指自自然然地跟着外物一道运走而不需要用心良苦，所以他的心思专注凝聚，却不使自己拘谨、约束。这如同鞋子合适，自然也就想不起脚来；裤带舒适，自然也就想不起腰来；内心安适、和谐，自然也就忘掉了是非；不需要改变内心的尺度与追求，不需要听命外物的压力与影响力，也就是遇事安适，即没有遇到过什么不愉快的事的标志。从一开始就感到合适而从来没有过不快的感觉，也就做到了最大的安适：忘掉了安适的安适。

头一句话也许可以解释为熟能生巧、恰到好处。指与物化，仍然是庄子的一贯主张与最高理想：泯灭主体与客体的区分、对立、龃龉，人想的，就是天成的；人要的，就是天赐的；人接受的，就是天降的，如此这般，你还有什么苦恼？什么怨言？什么痛苦？什么焦灼？苦海无边，曰贪欲，曰心稽（心放不下，放不开，成了疙瘩，背了包袱），曰不一而桎梏——心乱如麻，如热锅上的蚂蚁，变来变去，曰忘不了脚、忘不了腰、忘不了是非、忘不了适，即说明自己尚不安适、不舒适、不合适。安适了也就忘了，忘是幸福、舒适的标志。好日子过得飞快，因为你忘了日子，好鞋子也就从不考虑足部的感受，身体好的时候往往忘记了对于身体的关照。呜呼，这是幸福的标志，却怎么也令人深长叹息。却原来，幸福、安适的特色是遗忘、是虚空、是虚无、是零、是消解、是释放，而悲哀、烦忧、焦虑才会那么沉甸甸、那么火辣辣、那么刻骨铭心，呜呼哀哉尚飨！

九、修养到了家，该忘的自然就都忘了

有孙休者，踵门而诧子扁庆子曰："休居乡不见谓不修，临难不见谓不勇；然而田原不遇岁，事君不遇世，宾于乡里，逐于州部，则胡罪乎天哉？休恶遇此命也？"

扁子曰："子独不闻夫至人之自行邪？忘其肝胆，遗其耳目，芒然彷徨乎尘垢之外，逍遥乎无事之业，是谓为而不恃，长而不宰。今汝饰知以惊愚，修身以明污，昭昭乎若揭日月而行也，汝得全而形躯，具而九窍，无中道夭于聋盲跛蹇而比于人数，亦幸矣，又何暇乎天之怨哉！子往矣！"

有一个人名叫孙休，一进门就一惊一乍地向他的老师扁庆子诉说："我孙休住在乡下从未让人说过什么不字，遇到危难从没有人说我不勇敢、不敢承担。然而，我种田吧却从未赶上好年头，为君王出力也没有赶上好世道，被乡里人所抛弃，又受地方官驱赶，难道是我曾经开罪于天庭吗？我怎么会这样背呢？"

扁子说："你就没有听到过那种至人（即修养到了家的人）

的德行吗？他们内里忘掉自己的肝胆，向外也遗忘了自己的耳目，无所用心地漫游、徘徊于红尘世俗之外，逍遥自在地生活，不给自己找什么负担、限制与责任，这样的人有了作为也不会自恃自傲，有了成就也从不归功于己。如今你呢，闹出一副才智过人的模样，很有点哗众取宠、惊吓愚氓（即唬人）的意思。你又通过自我修养、爱惜羽毛、洁身自好的途径来对照出他人的污浊低下，觉得你是光芒四射，好像高举着太阳和月亮行进。唉！你现在得以全须全尾，保全着身体躯干，具备着九窍，没有中途遇上聋、瞎、跛各种不顺利，一直居于正常人之中，算是够幸运的了，还有什么闲工夫或者捞到什么碴口去抱怨上天呢！你还是算了吧！”

“饰知以惊愚，修身以明污，昭昭乎若揭日月而行也”，数句妙极，此乃我国自古有之的所谓精英的廉价拔份儿嘴脸。装腔作势，借以吓人，转文卖弄，粉饰包装，自命清高，自恋自怜，胡吹冒泡，自居救世，自命旗帜，哗众取宠，自抬身价，大话连篇，光说不练，怨天尤人，牢骚满腹……这样的所谓精英群相，怎么读起来是如此熟悉？

“揭日月而行”的比喻令人想起高尔基作品中的英雄丹柯。丹柯挖出自己的心，做火炬照亮道路，带领乡亲走出黑暗的大森林，巴金老人常常引用这个故事来讲述作家的使命。这样的说法也令人想起“天不生仲尼，万古如长夜”，这些说法都十分动人、激励人。庄子的说法则是另类，是对以上说法的逆向思维，引人深思，令人嗟叹。

孙子出，扁子入，坐有间，仰天而叹。弟子问曰：“先生何为叹乎？”扁子曰：“向者休来，吾告之以至人之德，吾恐其惊而遂至于惑也。”弟子曰：“不然。孙子之所言是邪？先生之所言非邪？非固不能惑是。孙子所言非邪？先生所言是邪？彼固惑而来矣，又奚罪焉！”

扁子曰：“不然。昔者有鸟止于鲁郊，鲁君说之，为具太牢以飨之，奏九韶以乐之。鸟乃始忧悲眩视，不敢饮食。

此之谓以己养养鸟也。若夫以鸟养养鸟者，宜栖之深林，浮之江湖，食之以委蛇，则平陆而已矣。今休，款启寡闻之民也，吾告以至人之德，譬之若载鼷以车马，乐鴳以钟鼓也，彼又恶能无惊乎哉！”

孙休离去以后，扁子回到房里。过了一会儿，扁子仰天长叹，弟子问道：“先生为什么要叹气呢？”扁子说：“刚才孙休进来，我将关于修养到家的至人的大道理讲给他听，我担心他也许会心慌意乱或者更加迷惑起来。”弟子说：“不会吧。难道孙休所说的话是对的？您老所说的话有错误吗？如果是错误的东西，自然也就不可能搞得正确的东西五迷三道了。要么孙休所说的话是错的，先生您所说的话是对的？那么是他由于自己的错误才迷惑起来，从而来请教释疑解惑的，您教导他几句，又有什么不是呢！”

扁子说：“事情并不是这样简单。你知道那个故事吧？从前有只海鸟飞到鲁国都城的郊区，鲁国国君很喜欢它，以‘太牢’的规格宴请它，奏九韶乐来取悦它。结果，海鸟忧愁、悲伤，眼花耳乱，不敢吃喝。这个事被说成是以自己的那一套（价值观念、生活习性等）来养鸟。而如果是按鸟的那一套来养鸟，就应当让它生活于幽深的树林、飞翔于大江大湖，吃点泥水里爬行的小动物，过得普普通通、自自然然。现今这位孙休，是个孤陋寡闻的人，我却给他讲什么最高端的至人的德行与道理，简直像是调度了宝马香车去拉运一只小鼠，用黄钟大吕的交响乐来请小鴳雀欣赏，他怎么会不心慌意乱呢？”

可以琢磨：首先，扁子在忽悠完了至人之道以后忽有自省，真难得。《庄子》全书读到这里，是道德深的人第一次有所反省。此前，只有道德深的人自命无比优越地教训那些道德浅、不会形而上，只懂人间世不懂逍遥游，只懂是与非不懂齐物，只懂有用之用不懂无用之用的人，把那些有常识而缺少思想火花的人训得五体投地，见一个摆平一个。这回呢，居然是伟大的扁子对自己的高论的是否合适进行反省。

其次，孙休的个人品质至少还过得去，无不良反应，但时运不佳，种地歉收，做官碰壁，不免有点牢骚，这太一般了，太可以理解了，常人中十个至少有八个有孙休式的感叹、抱怨。扁兄高屋建瓴、泰山压顶地猛批了一回，未能百分之百脱俗的老王，读后觉得扁兄未免霸道，为什么不能更温柔和气，对孙某人多一点理解、多一点同情、多一点安慰，再娓娓道来呢？劝慰再加疏导，不是对别人更善良也更有益吗？

最后，如此看来，张口至人闭口至人的扁先生，本人已经是至人了吗？你的谈话显得那样强势、那样自鸣得意、那样高高在上、那样针尖麦芒，毫不留情；你老人家提供了如你所讲的“芒然彷徨乎尘垢之外，逍遥乎无事之业，是谓为而不恃，长而不宰”的范例了吗？你沾点至人的边边了吗？别说什么尘垢之外即看破红尘了，别说什么逍遥无事即纵浪大化了，你连个聆听旁人，叫作洗耳恭听、与人为善、平等讨论，至少是循循善诱也没有做到哇。别说什么“为而不恃，长而不宰”，即谦虚平和、与世无争了，你对孙休这样一个绝无大恶，说不定是相当良善的人都这样盛气凌人，你让人家去吧，算了吧，我看还是您去吧，算了吧。

或谓，孙休是扁子的徒儿，师徒如父子，扁训休是老子教训儿子，是对孙的当头棒喝。也可以将这个因素考虑进去。

养海鸟的情节已见前文，此前，养鸟事嘲笑的是鲁王，是人，是说人太蠢，以己度鸟，名为爱鸟，实系害之。这回故事不改，分析角度却透露了某些巨变的潜质：人固然蠢，鸟也实在是水准太低。你吃的委蛇当然不如太牢的侯国国宴，你游的深林江湖，当然也不如鲁国国宾馆，至于高级音乐，你听不懂，听了受惊，也暴露了你的缺乏学养与现代文明教育。从A到B说完了，再从B往A分析，这是一场思辨的游戏。这很好玩，也启发思想。如果此段是庄周自撰，庄周有这样的逆向与双向思维训练，实在了不起。如果此段是庄周的后人撰写的，那么这位后人的贡献也值得赞美，它使庄周的思想更加丰富多彩、绚丽迷人。

而从扁子的角度思忖呢，你不论规格、境界、理念有多么高，要照顾海鸟，要照顾孙休，要照顾人众，更要照顾落后滞后，这也很重要。越是自命精英的人，越是宣称要成为有机知识分子的人，越要注意这样的照顾，而不是自说自话、念念有词。要明白对牛弹琴的故事里被讽刺的并不仅仅是牛，更是弹琴者，更何况一千个一万个弹琴者中，有几个是肖邦、是李斯特，哪怕只是理查德·克莱德曼呢？你弹的琴本来就低劣，还摆出一副不可一世的蠢态，你除了无用，还有无趣，还能怎么样呢？

老王说：庄子善讲故事，此章更是充满故事、寓言，好不花哨！好不热闹！琳琅满目！遍天焰火！醉者坠车，操舟若神，痀偻者承蜩，不折镆干，不怨飘瓦，临牢说彘，东野稷御，桓公见鬼，呆若木鸡……庄子的思维不亚于孔、孟、黄、老、孙，庄子的忽悠更是大大强于优孟、东方朔……而且，形象大于思想。读了这些寓言，得到的不仅是寓意启发，还包含着幽默、讽刺、巧思、想象力、机智、生活细节的发现、做出不同解释的相对性与可能性。再说寓言派生出了成语，成语却丢掉了寓意。例如呆若木鸡，成语绝对不是形容超级境界与顶尖本领，而是作麻木不仁、情智皆障解。呜呼，庄生大匠运斤，巧舌如簧（无贬义），语出追天，言出惊天。天只是微微一笑，然后经过千年百年，将他惊世骇俗的名言、名理、名故事淡化、浅化、俗化、一般化、普及化了，赞乎叹乎，悲乎喜乎？读者当可会心。

山木：哑雁的尴尬、黄雀的教训、空舟的浩荡

读过《逍遥游》的人忘不了庄子形容的那株大樗树，忘不了庄子对于无用之用的说辞，阔大中不无悲凉，逍遥中不无寂寞：“何不树之于无何有之乡，广莫之野，彷徨乎无为其侧，逍遥乎寝卧其下。”果然，“客心洗流水，余响入霜钟”（李白诗《听蜀僧濬弹琴》），大臭椿的余韵在本章《山木》中再次奏起，而读《山木》如以流水洗心——早在美国人攻击意识形态的对立面搞什么“洗脑”之前，李白已经在描绘洗心了。

什么世道啊，有用乃是被砍伐的理由，而无用的结局是被宰杀。这里的有用，其实不还仍然是无用或者叫作更加无用吗？于是，此处的庄子必须比《逍遥游》中的庄子更空灵，更抓不着、摸不住。这里庄子讲的寓言要更立体、左右逢源、有无通用、空无明光、无端无始。《国际歌》唱的是“莫要说我们一无所有，我们要做天下的主人”，《庄子·山木》说的则是：“明白我们其实一无所有，我们就是天下的至人！”二者虽然风马牛不相及，却都强调了无的无比优越与主动性。

我们当真需要这样做吗？我们当真能够做到这般田地吗？我们当真能够如同一艘空船一样地享受无目标、无用心、无挂牵的生死同格的快乐吗？

一、急中生智的答复：有与无之间

庄子行于山中，见大木，枝叶盛茂，伐木者止其旁而不取也。问其故，曰："无所可用。"庄子曰："此木以不材得终其天年。"夫子出于山，舍于故人之家。故人喜，命竖子杀雁而烹之。竖子请曰："其一能鸣，其一不能鸣，请奚杀？"主人曰："杀不能鸣者。"明日，弟子问于庄子曰："昨日山中之木，以不材得终其天年；今主人之雁，以不材死。先生将何处？"

庄子笑曰："周将处乎材与不材之间。材与不材之间，似之而非也，故未免乎累。若夫乘道德而浮游则不然，无誉无訾，一龙一蛇，与时俱化，而无肯专为。一上一下，以和为量，浮游乎万物之祖。物物而不物于物，则胡可得而累邪！此神农、黄帝之法则也。若夫万物之情，人伦之传则不然：合则离，成则毁，廉则挫，尊则议，有为则亏，贤则谋，不肖则欺。胡可得而必乎哉！悲夫，弟子志之，其唯道德之乡乎！"

庄子在山中行路，看到一棵枝叶繁茂的大树，伐木的人待在树边，却没有动这棵树。问他们是什么缘故，回答说："这棵树没有什么可用之处。"庄子说："这棵树就是因为不成材料才能够享其天年的啊！"庄子走出山地，借住到一位老朋友家中。老友高兴，叫童仆杀鹅来烹调款待他。童仆请示主人："一只鹅会叫，另一只不会叫，请问宰杀哪一只好呢？"主人说："就杀那只不会叫的吧。"第二天，庄子的学生询问庄子："昨天看到山中的大树，因为不成材，反而能终其天年。如今这边主人的鹅，因为不成材就丢了性命。先生您，对待这样的悖论，会怎么样处理呢？"

庄子笑着说："我自己干脆处在成材和不成材的中间。处于成材与不成材之间，好像有点道行，像那么回事啦，其实仍然不够，叫作仍是似是而非。这种'之间'的状态仍然免不了世俗的拖累与麻烦。假如能顺应、依托天生的自然而然的大道玄德而飘浮游走，也就不会有拖累与麻烦了。那时，对于一个人、一件事，没有称誉也就没有非议，有时能腾飞如龙，有时也能爬行如蛇。就是说，能随着时间的推移而变化、更新，随时自我调整，无往而不适，无往而不胜。而主观上无意于一定要怎样怎样，也无意于一定不可以怎么样，这就叫作无为无不为。这样的话，你既可以下滑，又可以上升，能上能下，一切以顺应、和谐作为标准。飘浮游走，保持着万物与自身的原生状态、原生性情，不受人的偏见、执着的阻碍和干扰，能够观察、认识、使用外物，让外物为自己服务，却不被外物所役使、劳累、歪曲，也就是保持主体性，不被异化。那么，怎么可能还受到外物的拖累与麻烦呢？这就是神农、黄帝治世的无为原理。至于说到万物的情状、动态，人伦的传统、传承，就不会只是这样的啦：任何的聚合统一，同时也就包含了分崩离析的契机；任何的成功成就，同时也就包含着毁损、败亡的因子；越是坚持所谓的纯正清白，越是容易碰壁与受到打击。而尊显与高位，一定会受到评头论足、攻讦抹黑，以至于造谣攻击。越是有作为，就越是按下葫芦起了瓢，易于被抓到小辫子和做得不周到的地方；越是贤能就越会受到孤立与计谋的暗算，而窝窝囊囊则更易受到欺侮，谁能说得准什么什么样就必定会有什么后果、会有什么结局呢？可怜的人们！弟子们好好想想吧，恐怕还只有归于大道与玄德的根本才能得救吧？"

这是《庄子》里最有趣的故事之一，比《逍遥游》中大樗树因无用而平安的故事更全面，也更黑色幽默。可不是吗，有用无用，保命丢命，谁能说准，谁能有定？这次因百无一用反而保住了性命，下次却因无用无能、一无所取先丢了脑袋，谁能总结得出规律来？就像躲避地震灾害，有的因仓皇逃窜而保命，有的因奔跑太快而丧生，有的因躲在桌下而幸存，有的因躲在桌下而死无葬身之地。你能制定出良策来？比如股市，有的因吞吐及时而发财，有的因不够沉稳而跳楼，世道凶险，天下大乱，股市（文坛、官场、商场、娱乐圈、体坛等均如是）风云，倏忽万变，你能不喊："悲夫！"

"材与不材之间"，庄子是笑着说的，说别的事并没有怎么笑。看来"之间"说涉嫌狡猾与脚踏两只船，说有用就有用，说装傻充愣就装傻充愣。混乱年代里，关键是谁都得有两手活、两张皮，一龙一蛇，一牛一马，一材一不材，一智一愚……妙哉，无奈哉！

而越是合作就越容易分裂，越是有作为就越容易顾此失彼，越是廉正就越容易受挫折，越是荣显就越是容易被众口铄金……谈得极老到、精彩。盖合作多了，摩擦、碰撞也多，夫妻最亲爱，也最容易争吵，直至反目成仇。一些团体组织的内部斗争远远比外部斗争频仍惨烈。"廉则挫"，这话带几分沉痛意味，一味刚正、清白的人谁能无过，谁能免祸？莫非如材与不材之间一样，人也要处于廉与不廉，至少是廉与难得糊涂之间吗？"尊则议"，您上网浏览一下就知道了，当草民们、弱者们、庸人们与各式怀才不遇和怀忠不遇的倒霉蛋儿们发现了尊者的弱点时，当他们能够在网络上大骂平时他们不能望其项背的"人五人六"们时，他们得到了怎样的可怜的快意！反过来说，那些所谓的成功者，你们已经养富尊荣，你们已经财大气粗，你们已经摇头摆尾，你们还穷神气些什么？你们还要欺侮处境、背景、机缘与智商都比不上你们的人，你们不是自取灭亡吗？

最后，谁也没有把握，只好再来个旱地拔葱，归返于道德之乡。有些无奈，有点岂能尽如人意、天意，但求无愧我心、道心的意思，有点尽人事听天命的意思，有点既然无能为力，只剩下吃斋念佛一种招数啦的意思，却也有玄而又玄、众妙之门的自我牛皮。总之，庄子至此也只能向不讲道理的命运认输、告饶，再求精神胜利了。

庄子机敏善辩，什么都来得快，鼓吹完了无用之用，面对着鹅因无用而丧生，其实庄子的唯无论、唯无用论已经捉襟见肘，应该说他已经由于自己的无用方为有用之论而处境尴尬，便立马来了个处乎材与不材之间的妙论，其实是遁解之论、脱身之论、强辩之论。但仍然是大智，盖世间对立的两端、两极之间，应该还有许多余地、偌大空间。而且，两极也是互相转化、变动的，上学时不材，不等于做事后仍然不材。做职员很不材，做大事、做董事长说不定很是材料。爱因斯坦上学时老师对他评价不好，他不但是大才，而且是天才。菲尔普斯被老师看扁，说他做任何事都不可能成功，然而他在二〇〇八北京奥运会上创造的游泳佳绩令世界惊叹。

庄子且战且退，先说了个“材与不材之间”，马上觉出并不那么是滋味，赶紧找补。只要给自己定了位，就一定有此位的麻烦、拖累，却原来人不但要无为，而且要“无位”。无位之乐，其乐无穷，可惜很多人是退休后才明白过滋味来。于是，他只能一个筋斗云飞出十万八千里，变成了浮游，变成了忽悠，变成了万物之祖、万物之初，回到星云，回到太虚，无誉无訾，一龙一蛇，一上一下，与时俱化，一分算是人，且是“至人”，九分算是神仙……那还能不是东方不败、百战百胜吗？可谓虚胜实败了。

庄周承认他自己与他的历代精神后裔们是这样的吗？

二、知道的多了，难免会犯蠢

> 市南宜僚见鲁侯，鲁侯有忧色。市南子曰：“君有忧色，何也？”鲁侯曰：“吾学先王之道，修先君之业；吾敬鬼尊贤，亲而行之，无须臾离居。然不免于患，吾是以忧。”

市南宜僚与鲁侯相见，鲁侯面带忧愁。市南宜僚问：“我君面带愁容，这是怎么回事呢？”鲁侯说：“我呀，学习先王治国的一套道理，努力做好先君留下的事业；我敬仰鬼神，崇拜先人，尊重贤能，躬身力行，不敢有一刻背离。可是仍然不能免除祸患，我就是因为这个缘故而发愁。”

很好，历史上有许多昏君，荒淫无道，黑白不分，脑残心狠，自取灭亡。但历史上也有一心做明君的人，宵衣旰食，明察暗访，苛求严管，事必躬亲，终于还是一连串败绩，被历史的大潮吞没。例如，崇祯皇帝朱由检。庄周那个时代已经看到了这一点。有为则亏，前一小段已经讲过了。你做得越琐碎细致、力求周全，就越是挂一漏万、捉襟见肘。这样的例子数不胜数。真正的管理者、大人物、大师，必然是有所为有所不为、有抓有放、有细有粗。越细越没完，越精越遗漏，老子、庄子早就看出这个道理来了，可惜一些自我感觉过于良好的人，一些以民之父母自居而不是以人民的儿子自况的人，弄不明白。

> 市南子曰："君之除患之术浅矣！夫丰狐文豹，栖于山林，伏于岩穴，静也；夜行昼居，戒也；虽饥渴隐约，犹且胥疏于江湖之上而求食焉，定也。然且不免于罔罗机辟之患，是何罪之有哉？其皮为之灾也。今鲁国独非君之皮邪？吾愿君刳形去皮，洒心去欲，而游于无人之野。南越有邑焉，名为建德之国。其民愚而朴，少私而寡欲；知作而不知藏，与而不求其报；不知义之所适，不知礼之所将；猖狂妄行，乃蹈乎大方；其生可乐，其死可葬。吾愿君去国捐俗，与道相辅而行。"

市南宜僚说："您的消除祸患的办法也太浅陋了！皮毛丰厚的狐狸和斑纹绚丽的豹子，栖息在深山老林之中，藏身于岩穴、山洞之内，它们已经够沉静的了；它们夜里行走，白天居留，这也算是够警戒、小心的了。即使饥渴难耐，也尽量销声匿迹，远离各种足迹，尽量到少有踪迹的江湖边觅求食物，这也可以说是够有定力的了。然而，它们还是不能免于罗网和机关的杀身之祸，这两种动物的罪过何在呢？是身上的皮毛给它们带来灾难。如今的鲁国，不就是为您鲁君带来灾祸的皮毛吗？我希望您能剖开身体，舍弃皮毛，洗净心术，丢掉欲望，游走、生活于没有人迹的旷野。南方百越地区有个城市，名叫建德之国。那里的百姓愚直纯朴、不动心计，也少有自私与贪欲。他们只知道种植、管理，却不知道储藏、积累，他们只知道给予别人，却并不要求酬报；他们不明白义的目的与效用，不知道礼会带领人们到哪里去；他们自由放纵，行为任意，竟然能各符合大道；他们生时颇觉快乐，死时自然妥善地安息下葬。我希望国君您也能舍去鲁国，放弃俗世，跟着大道相伴而行。”

一部《庄子》多少论述、多少对谈、多少寓言、多少故事，都在讲一个话题，即如何避祸远灾、如何避免死于非命、如何才能终其天年。又是养生，又是达生，又是至乐，又是天道，说下大天来不过求一个苟活。天啊，那个世道也太危险、恶劣了，终其天年竟然成了人生的最高要求，生存权竟然成了最大难题。一会儿说是要无用、要不材、要安时顺变、要与时俱化，一会儿又说是要处于材与不材之间；一会儿说是要像大臭椿一样，要像什么虫、什么鱼一样，一会儿又说是要浮游，而且无心稽留。最后竟然说到，你身上的毛皮太好，必然惹祸，只有扒皮、拔毛，才能全生。为什么越看越像是反话、气话、哀哭号叫之话？它说明的到底是什么问题？是庄子哲学与文章之伟大吗？抑或是中土世道之曾经如何险恶呢？

老庄与孔孟有些主张虽然针锋相对，又有其统一性。二者都赞义贬利、建德轻欲。这里所说的建德之国，“德”是朴是愚，批判的是私是欲，尤其是“知作而不知藏”，只知耕耘不知收获，放在小说、诗歌中大可爱矣，作为社会学、经济学、发展学则匪夷所思。几千年前，我们的祖宗就否定了私利、否定了欲望、否定了收藏与保存、否定了经营与智谋、否定了机械化与“唯生产力论”。我们长久以来是古板而不无浪漫的，建德就建了几千年，而成绩有限。我们常常是高调门、低指标，物质上匮乏得不成样子了，就自命精神文明之巅……搞到二十世纪末拉了啦，全国才悟出了发展是硬道理，才肯定了市场经济，这也算是事出有因。

换一个角度呢，你会发现，把自己身上的那些最最珍贵有用、引以为骄傲、可以待价而沽，甚至是奇货可居，可以令自我身价百倍的东西去掉、忘掉、抛掉，至少是适当隐藏起来、韬晦起来、淡化起来，自己会活得更舒心、更单纯、更轻松、更自由、更逍遥。终其天年并不是全部目标，但是起码的前提，如果在大致正常的情势下，你老连个天年都维持不住，而是过早地命丧黄泉，你还到哪里去讲说研习道德、天地、形而上下表演、秀骚（都是作秀之意，台湾将 show 译为秀，香港则译为骚）去呢？

为什么自己的长处反而需要或可以做到“淡出”呢？原因在于老庄的道论、无论、无为之论、齐物之论。与至高无上的大道相比较，与万物生于有、有生于无的法则相比较，与鲲、鹏、至人、真人、神人相比较，与浮游、逍遥、天籁地籁、大方相比较，狐豹之皮、鲁君之国、个人之欲望声名与所长所傲，又算得了什么！

君曰：“彼其道远而险，又有江山，我无舟车，奈何？”市南子曰：“君无形倨，无留居，以为君车。”君曰：“彼其道幽远而无人，吾谁与为邻？吾无粮，我无食，安得而至焉？”

鲁侯说：“通往那里（建德之国）的道路漫长而又艰险，路途当中还有江河、山岭的阻隔，我没有适用的船和车，怎么办呢？”市南宜僚说：“国君只要能放下架子，也不要贪恋停滞在中途什么地方，便可以解决你舟车的困难。”鲁侯说：“通往那里的道路幽冥漫长，少有人烟，我连个伴儿都找不着呀！我没有粮草，我也没有食品，如何能够到得了那里呢？”

放下身段，再就是不要半途而废，便没有你到不了的地方。不仅是庄子，所有的中华古圣先贤，乃至一直到现当代的一些杰出人物，在各种问题上，在各种困难面前，都喜欢反求诸己、反求诸心，而且是反求诸“理”（这里的诸是“之于”之意）。他们认定，只要自己明白、通透了各种大道理，只要头脑清晰、是非明辨，不搞私心、杂念、偏见，其他技术问题、工具问题就不会存在，就没有任何解决不了的问题。球打不好从思想上找原因，买卖经营不好也是认识问题所造成的。这样的思路极可爱，却又不免天真。

三、空船论当真是千古绝唱

> 市南子曰：“少君之费，寡君之欲，虽无粮而乃足。君其涉于江而浮于海，望之而不见其崖，愈往而不知其所穷。送君者皆自崖而反，君自此远矣！故有人者累，见有于人者忧。故尧非有人，非见有于人也。吾愿去君之累，除君之忧，而独与道游于大莫之国。方舟而济于河，有虚船来触舟，虽有惼心之人不怒。有一人在其上，则呼张歙之。一呼而不闻，再呼而不闻，于是三呼邪，则必以恶声随之。向也不怒而今也怒，向也虚而今也实。人能虚己以游世，其孰能害之！”

市南宜僚说：“请减少你的花费，消减你的欲望，即使没有多少粮食辎重，也仍然是够用的。你走过江河、游过大海，一眼望去看不到岸边，越向前行也就越不知道到哪里才是头。送行的人陆陆续续从河岸边回去，你也就从此离他们越来越远了！所以说，拥有对他人的主宰权的人必定受拖累，负担沉重；被他人拥有与主宰、指挥的人必定会焦虑、发愁。而唐尧呢，既不拥有他人，也不被他人拥有。我所讲的，就是希图能减少你的负担、除掉你的忧愁，使你能够独立地、单独地、不受拘束与影响地跟大道一块儿做伴，遨游于太虚大漠之境地。如并合两条船渡河，有条空船向你们的方舟冲撞过来，这时，即使是脾气偏激、火暴的人也不会动怒。而倘若是有一个人站在那条无礼撞过来的船上，人人都会怒斥，叫来船躲开，呼喊一次没有回应，呼喊第二次也没有回应，于是喊第三次，那就必定会恶声恶气、火冒三丈。请想想看，为什么头里不发脾气而后来上起火来？那是因为头里船是空的，后来却有人在船上，船成了实的了。一个人倘能保持虚无状态，无心而自由自在地遨游于世，谁还能够怪罪他、伤害他呢？”

这是讲无有、无为、无被有、无欲、无累、无忧的妙处，《共产党宣言》也讲，无产者在革命中“失去的是锁链，得到的是全世界”。《庄子》当然与“宣言”是两回事，但《庄子》的说法竟然可以套上这两句名言，着实可喜。

这里还涉及了统治、主奴、自主与非自主等对于当时的人来说是相当超前的问题。有人者累，见有于人者忧，人与人的不平等，人对人的拥有与支配，是累赘与忧虑的根源，是不平与斗争的根源，是人类社会诸多麻烦的集中表现。这从学理上说是相当明确的，而实际情况要复杂得多。没有人类社会的组织与权力、指挥与支配，就没有人间经济的、文化的一切成就。而有了组织与权力的运作，有了指挥、支配与实际的拥有，又给人们找了多少麻烦啊！

这里的累应该主要是拖累、累赘、挂牵、负担的意思，不像现在的北方口语，将累作疲劳解。要摆脱有与被有的累与忧，最好一个人离群索居，越过千山万河，到别人去不了的地方去。当然，这也可以是象征，关键是心里与人众、与社会、与权力保持距离。多远的距离呢？进入无穷大、无边际的大莫（漠）之国，望也望不到边涯，使送行的人无法再送下去，使原来的亲友、社会关系们再也看不见你，使他们纷纷退走遥远，叫作“送君者皆自崖而反，君自此远矣”。有的学者从这样的字里行间读出了悲凉、酸楚，但庄子的意思是这样才能真正地逍遥，真正地无咎、无累、无忧、虚无，另一面则是离不开的、无法摆脱的悲凉。

逍遥、超拔其实离不开悲凉，正像高雅与骄傲离不开失意感、失败感，自由离不开孤独，彻底离不开死亡，而权力离不开死掐，责任离不开忧心忡忡，地位离不开拖累，事业离不开心劳日拙，才华离不开与俗鲜谐、为俗误解……

二十世纪五十年代，人们谈论巴尔扎克、托尔斯泰的时候喜欢讲一个短语，叫作“现实主义的创作方法突破了（反动）世界观的局限”，属于保皇党的巴尔扎克与属于东正教的托尔斯泰，在自己的作品中做出了对于旧世界的彻底的批判，使这种批判为恩格斯与列宁所欢迎和接受。那么，庄周呢？他讲的是脱离君国权力才能逍遥游世，他提倡的是刳形去皮、洒心去欲，是与大道共游、与无穷共处。但是，具体描写上呢，“涉于江而浮于海，望之而不见其崖，愈往而不知其所穷。送君者皆自崖而反，君自此远矣”！读来好不凄凉！文学家的庄周与哲学家的庄周可能并不一致，文学能够视尘垢、凡俗、人世、人情世故、冷暖炎凉、喜怒哀乐、寿夭通蹇、悲欢离合、爱爱仇仇为无物吗？如果无为、无欲、无忧、无争、无私，那么一定要无文学，文学者大道之贼也。文学使人多情、多思、多挂念、多抱怨、多哭天抹泪、多恋恋不舍，文学的庄周其实与哲学的庄周是截然对立的。所有哲学的大而化之，到了文学的字里行间，无不带有无限的依恋与悲哀。无论是乘瓠漂浮、树下酣睡、槁木死灰、鼓盆而歌，还是君处此远矣……无不带有几分无奈与大悲恸。怪不得凡致力于推行某种极端的哲学、意识形态与权力极端化的人，无不视作家为危险分子、为敌手！你想搞三种势力、多种势力吗？你想搞恐怖、分裂、极端、狭隘、狂热……吗？首先翦除你周围充满天生情性与凡俗喜怒哀乐的文学与作家吧！

《庄子》的特色之一是生活化，力图用生活中常见的事例说明一些无人想到的有深度的道理。船的故事何等好玩，以此说明无心最好、无计最妙、无谋最真、无为最安全。船上有人，人对于船的行驶是要负责任的，空船胡乱冲撞，则无人问责，只能是由水流、风向、风力或其他漂浮物体的冲撞负责。所以，人要减掉一切责任、负担，只有与无生命、无意识、无头脑的物体保持一致，只能物化，以物化追求无物的目的。这样说着说着，又似乎确有大悲哀在焉。

这里，鲁君提出的无舟车、无伙伴、无粮无食、道路幽远，本来都是很务实、很形而下的问题，所谓的庄子则是一贯地以虚对实、以高耸对平凡、以内功对事功、以哲理对杂务，讲得你目瞪口呆、五体投地，如醍醐灌顶，其实啥也没有解决。即使是啥也没能解决，却也痛快了不少、逍遥了不少，似乎果真端正了你的心态。绝啦。

四、募捐的关键是真正做到自愿，这个提法很先进也很普适

> 北宫奢为卫灵公赋敛以为钟，为坛乎郭门之外，三月而成上下之县。王子庆忌见而问焉，曰："子何术之设？"
>
> 奢曰："一之间无敢设也。奢闻之：'既雕既琢，复归于朴。'侗乎其无识，傥乎其怠疑。萃乎芒乎，其送往而迎来。来者勿禁，往者勿止。从其强梁，随其曲傅，因其自穷。故朝夕赋敛而毫毛不挫，而况有大涂者乎！"

北宫奢为卫灵公募捐铸造编钟，先在通往郊区的城门下设下祭坛，仅三个月就造好了钟，悬挂在上下两层的钟架上。王子庆忌见到这种情况，便向他问道："你用了怎样巧妙的手段，这样迅速顺利地完成了任务呀？"

北宫奢说："我做钟的态度诚恳专一、实实在在，绝对不敢从中设计操作出什么花招花式。我听人们说过：'做事既要精雕细刻、多多琢磨、下大功夫，又要返璞归真、求本色、求简单、求一贯。'我绝对不把这件事复杂化、扩大化、上纲化、夸张化。我宁可大大咧咧、空空荡荡、从无疑虑、不乱计较，也不折腾。财货募集起来了，而自己却茫茫然并无所谓，任人们与财货有来有去。送多了的不去阻止，过而不入，对我们的募捐之事不予理睬的，也不去找人家的麻烦。来者态度强横的，随他去；态度和蔼谦卑的，咱们也就同样谦和地对待他。人们是各尽其力、各行其是，我是天天募集财货，但没有人觉得受损失，一般人都没有什么不快、不舒服，何况是路子宽广的大人物呢！"

募捐征敛，弄不好这是挨骂的事儿。庄子从中说明与发挥无的妙用命题。"无所设"，就是说诚恳专一，拿它当一件重要、美好的事情来办，才能带动民人的积极性。同时，不要搞自作聪

明的设计，不要把政事复杂化、智谋化，不要老想着耍老百姓，不要动辄想着让百姓上道、上套、入局。

而且，既然是募捐、是征集，那就不是强迫、不是法令义务，也就不需要过分强调、宣扬、咋呼、闹腾，需要多一点自愿、自由，来者不拒，去者不追，这在当时也算很先进、很合理的思想。不像我们现时，有时自由认捐也会变成“大多数”的压力专政，变成网民的人肉搜索，变成集体审判、道德法庭、批倒批臭、道义死刑。先秦诸子，在理论的严整与系统性上，在逻辑与数据的周详性上，可能不如欧洲的古代哲学家。但是，不论何家、何派，他们都力求做到合情合理，并不雷人、吓人。倒是后世，诸如“饿死事小，失节事大”“文死谏，武死战”“论万世不论一生”之类的虽然有其可取之处，仍不免失之夸张、片面的提倡与高调渐渐多了起来。

中国文化注重态度，却不讲究技术。如果是欧美人，他会十分注意募捐的技术问题：名义、理由、账目管理、答谢方式、荣誉鼓励、收据款式、财务监督等。而我们注意的是态度、是精神境界、是给人的感受，是与修齐治平的大道的连接。至今，我们对待法律纪律问题、竞赛竞争成败问题的评估，仍然是十分重视客体的态度表现。这里一个北宫奢先生的募捐铸钟的故事，变成了无为而无不为的故事，这种一通百通的思路，也正是源远流长。

另外，在欧美，有关法制强调的是募捐主持者不得具有任何权力背景，才能使募捐不变味。这一点，竟可以与庄周的此段落得到互文互证之效应。一笑也。

五、不要自我膨胀，不要塑造自己，不要自讨苦吃

孔子围于陈蔡之间，七日不火食。大公任往吊之，曰：“子几死乎？”曰：“然。”“子恶死乎？”曰：“然。”任曰：“予尝言不死之道。东海有鸟焉，其名曰意怠。其为鸟也，翂翂翐翐，而似无能；引援而飞，迫胁而栖；进不敢为前，

退不敢为后；食不敢先尝，必取其绪。是故其行列不斥，而外人卒不得害，是以免于患。直木先伐，甘井先竭。子其意者饰知以惊愚，修身以明污，昭昭乎如揭日月而行，故不免也。昔吾闻之大成之人曰：'自伐者无功，功成者堕，名成者亏。'孰能去功与名而还与众人！道流而不明居，得行而不名处；纯纯常常，乃比于狂；削迹捐势，不为功名。是故无责于人，人亦无责焉。至人不闻，子何喜哉！"

孔子曰："善哉！"辞其交游，去其弟子，逃于大泽，衣裘褐，食杼栗，入兽不乱群，入鸟不乱行。鸟兽不恶，而况人乎！

孔子被人包围在陈国、蔡国之间，七天七夜没有生火煮饭，没有正经饮食。太公任前去慰问他，说："你快要饿死了吧？"孔子说："是啊。"太公任又问："你不会愿意死吧？"孔子回答："那还用说吗？"太公任说："我曾经谈论过保命不死的道理与方法。东海里生活着一种鸟，它的名字叫意怠（意怠，应是起意懒惰，即不常动什么念头，经常处于不起动、未起动、不想起动的状态之意）。意怠这种鸟啊，飞得慢，好像连飞行的本事都没有似的，有别的鸟带领，它们才起飞，有别的鸟停下来，拥挤在一块儿了，它们才歇息。前进时不抢前，后退时不落后；吃食时绝对不先动嘴，常常是吃别的鸟吃剩下的。所以，它们在鸟群中从不与其他鸟发生矛盾，人们也终久不会去伤害它们，也就能够免祸消灾。树木长得太直，就容易被看中而早早地砍伐掉；井水过于甘甜，也就易于先被喝干，见底。你现在的情况是有意识、有追求地表现自己的才智，偏偏要到俗人中去振聋发聩，你标榜清高、显露羽毛，作精英、旗帜等状，以彰显别人的浊秽，你压人一头，大模大样地炫耀着自己，就像是举起了太阳和月亮做旗帜……如此这般，你怎么可能免除灾祸呢？从前我听伟大的老子说过：'自我膨胀的人不会成就多大的功业，功业成就了也就是走下坡路的开始，名声大噪了也就会被评头论足、说三道四。'谁能够做得到抛弃功名而还原到普通人当中呢？大道可以明明朗朗、畅通无阻，而个人则最好销声匿迹。大道需要得到践行，而个人则应该隐忍无名、纯朴纯正、平常平凡，跟没心没肺、疯疯傻傻的人一样。这样的人不闹腾自身的形象，也无意于染指权势，不把功名放在心上。这样也就无求于人，不可能去责备旁人，旁人也不会责备他。这样的人才是至人、境界最高的人。至人不喜欢世俗的那一套，你还去费个什么劲呢？（或者是说，连这样的至高至纯之人的事迹都没有听说过，你还有什么可沾沾自喜的呢？）”

孔子说：“你讲得太好啦！”于是与朋友、故交们告辞，与众多弟子分手，悄悄地来到旷野湿地，穿兽皮、麻布做成的粗衣陋服，吃板栗、橡子等野生果实，进入兽群而兽不受惊扰，进入鸟群而鸟不惊飞。鸟兽都不见外于他，都不与他对立，何况人呢！

说来说去，大同小异，又是一个退则活、退则安，进则亡、进则与众人为敌的事例，更是一个切切不可作精英状的教训。庄周提倡的是不战而退，并且认为只有不战而退才是以退为进，退是进入了逍遥、至人、无咎、遨游、天年的大境界和大胜利。这到底是怎么回事？是我们的李耳、庄周的理论太消极？是我们的民众太不容精英？即使精英以高举日月照亮众生自居，有那么危险吗？是不是我们的诸侯威权者们太不容精英啦？有几个书读多了化不开积在心里成了“痞”、成了病的胡言乱语者，这又有什么危殆？为什么不把他们逼得远遁山林大泽，与鸟兽为伍，不算踏实？抑或当真是中土的精英们自古就坐下了病，怪胎里长满了恶性肿瘤的基因，非把他们消灭干净才能天下太平？再不就是庄周的思想太超前了，他两千余年前已经预见到知识爆炸、科技疯狂、思想演进、言论自由的危险，干脆主张回到森林里做穴居野人去？

目前，西方盛行科学幻想小说，《庄子》的某些章节极富于哲学幻想的意味，尤其是“逃于大泽，衣裘褐，食杼栗，入兽不乱群，入鸟不乱行。鸟兽不恶”的说法，不乏“阿凡达”的味道。说是鸟兽都不讨厌他，而况人乎？却不见得，鸟兽天然地符合大道，只知自然，而人乎人乎，人要折腾起来没个完，你不伤人、不惹人讨厌，但是人要管你的事、当你的家，你是听人的，还是永远听鸟兽的呢？再往较真里说，真做了鸟兽，果真只有快乐与天机吗？生物中、鸟兽中就没有强权、暴力、受惊、歇斯底里、内讧、外讧……以及生理机能、智能方面的差异与差异引发的强梁与压迫吗？子非兽，安知兽之苦？子非燕雀，安知鹰隼之凶恶残忍？其实，赫胥黎在《天演论》中早就论述过，任凭生物的物竞天择、适者生存、优胜劣汰、弱肉强食法则主宰一切，情况不一定妙。

用这套理论匡正儒家倒是有理，儒家太入世，太热心，太热衷于为帝王、诸侯、臣下、将相一直到草民定下规范和礼行。这不能说没有道理，但是未尝不是一厢情愿。大道理、大原则是非常重要的，儒家讲的仁义道德，以德治国，讲仁政，是说得出、道得明、亮得闪闪发光的。然而，所有的大道理、大原则都有一个缺陷，就是有些比较低俗和平庸的东西进入不到大道理、大原则中去，进不了大道大德，却又实际存在，却又作用巨大。那么，你的大道理、大原则就变成了只知其一，不知其二，变成了台盘上的美食，变成了燕窝鲍翅、澳大利亚龙虾、红石斑与牛仔骨的盛宴，却与百姓的糊口需要无涉。

例如，孔孟也好，老庄也好，都不把百姓的物质利益放在眼里，他们都倾向于认为欲望越多、智谋越多，麻烦就越大。他们从不把权力的运作、人员的拉拢与削弱打击之术（即权术），当作正经的话题来讨论、研究。他们从来不讲“权权权，命相连”，相反，他们讲的是大道、大德才高于一切。高则高矣，准是那么管用吗？他们的大道大德，或偏于抽象概括，玄而又玄，或偏于圣贤高大、完美无瑕，却不是特别正视人民的利益，不包含市场的调节与配置作用，不包含人的正当欲望的满足，又不包含对于权力的关心、注重。这样下去，大道、大德华美靓丽，人民生活艰难困窘，掌权者另有心思，裤裆里放屁，几岔里走，岂不容易走上满口仁义道德，一肚子男盗女娼的邪路？

说来可叹，真正的执政者并不百分之百地接受儒家学说，执政者的所谓内圣外王，接受的是法家里多少讲一点的御民弄权之术，而门面上宣扬的多是仁义道德的孔孟之道。老百姓的一部分是真正接受了孔孟之道，大部分是虚与委蛇，例如《红楼梦》中所暴露的，那样一个贵族大家，除了一无所用的贾政，谁把孔孟之道放在心上？而士人的以出世之心行入世之事，则是进则儒，退则道，无非求一个可进可退。有趣啊，经过数千年仍然相当显赫的孔孟老庄，都关心修齐治平，但更多的是为参政议政者所用，却并不当真为执政者所接受。

孔子问子桑雽曰："吾再逐于鲁，伐树于宋，削迹于卫，穷于商周，围于陈蔡之间。吾犯此数患，亲交益疏，徒友益散，何与？"

孔子对桑雽说："我在鲁国一再被驱赶逃亡，在宋国大树下歇凉，受到了伐树的威胁与羞辱，在卫国被人当成阳虎。我只好东躲西藏，在商、周之地无路可走，在陈国和蔡国间受到围堵。我碰到了这么多祸事，亲朋故友一天天疏远，弟子、友人一天天离散，这到底是怎么回事啊？"

不一定是信史，可能有一些夸张，但当年孔子的周游列国相当狼狈应是事实。许多伟人生时多有碰壁，死后高大发扬、战无不胜。孔子是这样，关公也是这样；苏格拉底是这样，伽利略也是这样；詹姆斯·乔伊斯是这样，李商隐、曹雪芹也是这样。就是鲁迅，也有类似的过程。值得一想。

子桑雽曰："子独不闻假人之亡与？林回弃千金之璧，负赤子而趋。或曰：'为其布与？赤子之布寡矣；为其累与？赤子之累多矣。弃千金之璧，负赤子而趋，何也？'林回曰：'彼以利合，此以天属也。'夫以利合者，迫穷祸患害相弃也；以天属者，迫穷祸患害相收也。夫相收之与相弃亦远矣。且君子之交淡若水，小人之交甘若醴；君子淡以亲，小人甘以绝。彼无故以合者，则无故以离。”孔子曰：“敬闻命矣！”徐行翔佯而归，绝学捐书，弟子无挹于前，其爱益加进。

桑雽回答说：“你就没听说过假国人逃亡的故事吗？林回舍弃了价值千金的璧玉，背着婴儿逃难。有人评说道：‘他是为了钱财吗？初生婴儿能值多少财帛？他是考虑如何避免拖累、麻烦吗？初生婴儿的拖累、麻烦要比玉璧多太多了。不管价值千金的璧玉，却背上婴儿逃跑，为了什么呢？’林回说：‘价值千金的璧玉跟我本人是利益的结合，这个孩子跟我则是天性的结合与牵连。’因利益而结合的，遇上困境、祸事、患难与危害就会相互抛弃，谁也顾不上谁。以天性相连的，遇上困境、祸事、患难与危害就会相互融合，谁也离不开谁。相互接受与相互抛弃的差别可就远了去了。再说，君子的交谊恬淡得像是清水一样，小人的交情才甜蜜得像酿酒一样。君子淡泊却心连着心，小人甘甜的深处其实并无情义可讲，他们的关系最终只能是断绝丢弃。大凡无缘无故、无情无义地结合在一块儿的，也会无缘无故、无情无义地分手。”孔子说：“这回我算是恭恭敬敬地聆听了你的教诲啦！”于是从容潇洒地离去，闲散自在地走了回来，停止了办学，丢弃了书卷，不再要弟子前呼后拥。可是，他们对老师的敬爱反而更进了一步。

比较起来，孔子并不是大忽悠，他比较实在，比较尊重常识，比较注意合乎情理、适可而止。他承认并规范人们的尊卑长幼、主张仁者爱人，相信人性的善良，相信政权合乎道德运作的必要性与合理性。但他还是偏于理想化了，所谓天下唯有德者居之，他努力给权力与道德与文明画等号，结果如何呢？他的王道几成空谈，而霸道才是事实上的正统。这又是叔本华的名言：哲学可爱者多不可信，可信者多不可爱。只是后世，统治者发现多讲孔子有利于“长治久安”，才把可爱的理念挂在嘴上，而实践上不可能只用一套拳路。而可爱与可信的分离，也正是“书读得越多越蠢”（读多了“可爱”方面，可信方面却相形之下更缺少了，也就更加不明事理了）的主要原因。

对于自命精英者的揭日月而行的牛皮哄哄状，前文已经有所嘲笑、鞭挞，这里干脆把这样的罪名加到孔子身上。怎么办呢？战胜孔子，说服孔子，让孔子幡然悔悟，撤退十万八千里。但不叫撤退，美其名曰“徐行翔佯而归”，披上了潇洒从容、其乐无穷的外衣，还说什么“其（对孔子之）爱益加进”。细想想，孔子那么辛苦、那么执着，如果被叫停成功，说不定让弟子们、粉丝们长出一口气。但换一个角度，既然说孔子到处奔走推销仁义道德、到处碰壁是类丧家狗的经历，那么庄子此处为之设计的去向，就有点像从丧家狗干脆变成野狗了。

庄子，还有老子，常常主张非文化化、非社会化、非群居化、非知识化、非政府化（还谈不上无政府主义）。这当中有许多潜台词，令人嗟然长叹！

异日，桑雽又曰：“舜之将死，直泠禹曰：‘汝戒之哉！形莫若缘，情莫若率。缘则不离，率则不劳。不离不劳，则不求文以待形，不求文以待形，固不待物。’”

过了几天，桑雽又说：“舜将死的时候，直言不讳地教训夏禹说：‘你要注意啊！身形举止以跟随、顺应、随缘为最好，情感动荡与表露以直率、随性、真挚为最佳。跟随、顺应、随缘就不会背离大道和众人与自身——即不会异化，直率、随性、真挚就不会心劳日拙，不必把精力用在伪饰、作秀上。不背离天性又不劳神吃力，那么也就不需要用礼仪形式来点缀铺染、来安排塑造自身的外表仪态，自然也就不会有期待于、有求于外物了。’”

这也需要道，那也论述道，玄也是道，妙也是道，不能说也是道，说一万年还是讲解道，其实道最简单、真实朴素，原来什么样就是什么样，不悖、不使劲、不摆花架子，不劳、不人为地折腾辛苦自己，随缘而行，随性而为，道也！

是桑某人，也是《庄子》与庄子，那叫手到擒来、俯拾即是、左右逢源、八面来风，如天女散花，如银河泻地。彼等左也是理，右也是理；左也文章，右也文章；左有寓言，右有神话；左有牡丹，右有兰菊；前有事实，后有比喻。要生活就是生活，要玄思就是玄思，怎么说怎么有理。我谓读庄如在豪华的浴缸接受按摩、沐浴，什么高谈阔论、高头讲章、娓娓道来、鞭辟入里、妙喻奇想、横空出世，敲的敲，捅的捅，挠的挠，按的按，冰的冰，烫的烫……把你的各个穴位都刺激到了，让你是又痛又痒、又喜又笑、又服又晕，又想反驳反击又明知不是对手！庄周啊庄周啊，你究竟是何方神圣、何方雄强、何方智慧，何方的创巨痛深，欲哭无泪！

> 庄子衣大布而补之，正緳系履而过魏王。魏王曰："何先生之惫邪？"庄子曰："贫也，非惫也。士有道德不能行，惫也；衣弊履穿，贫也，非惫也，此所谓非遭时也。王独不见夫腾猿乎？其得楠梓豫章也，揽蔓其枝而王长其间，虽羿、蓬蒙不能眄睨也。及其得柘棘枳枸之间也，危行侧视，振动悼栗，此筋骨非有加急而不柔也，处势不便，未足以逞其能也。今处昏上乱相之间而欲无惫，奚可得邪？此比干之见剖心，征也夫！"

庄子穿着打了补丁的粗布衣服，同时用麻绳系好鞋子，去拜见魏王。魏王说："先生为什么这样疲惫不堪呀？"庄子说："我这是贫穷，倒还不是疲惫。士人自以为是悟道怀德而不能够践行推广（像孔子那样），沮丧失意，才会疲惫不堪。衣服坏了、鞋子破了，这只不过是贫穷，并不是疲惫，这种处境可以说是生不逢时，赶错了点儿啦。君王您就没有见过那善于跳跃的猿猴吗？它们生活在楠、梓、豫章等大树林子里，抓住小树枝就像抓住了藤蔓，想怎么跳跃就怎么跳跃，想怎么奔跑就怎么奔跑。在那样的树林中，它们才是王者啊，即使是神射手羿和逢蒙也不敢小看它们，奈何不了它们。如果是生活在柘、棘、枳、枸等刺蓬灌木中呢，它们小心翼翼地行走，不时地东张西望，内心惊惧、哆嗦。这并不是它们筋骨抽搐、发死发紧的表现，而是所处的条件太差、太不方便，无法施展它们的跳跃才能。如今处于上下一起昏乱的时代，要想不疲不惫、振作精神，怎么可能呢？正是在此种情况下，比干这样的忠臣才会被纣王挖心杀戮，这不已经证明了现在是昏乱世道了吗？”

这一段文字有一些自相矛盾及与前文矛盾之处。一个是一上来庄子只承认贫穷，不承认疲惫，但结尾处却讲天下无道、昏乱，欲无惫也不可得，想不疲惫那是根本不可能的。就是说，结论是疲惫必然、疲惫有理。既然疲惫如此有理，为啥庄子一上来只承认贫穷，否认疲惫呢？到底是庄子疲惫了，还是没有疲惫呢？到底此段的立意是疲惫有理论，还是贫而不疲论呢？

其次与前文矛盾。《庄子》前文（如《胠箧》），对于比干并不认同。按照庄子的理念，全生、天年才是至高无上的信条，像比干那样尽忠致死，不是正面的榜样，不宜提倡。怎么到了这里拿着比干说事，拿着比干做债主、苦主来抨击和声讨世道呢？

老王认为，这里有三种解释的可能：

第一，庄子终于流露了他的对于世道的大不满。他批孔也罢，批伯夷、叔齐也罢，批比干也罢，都含有惹不起锅便惹笸篱的背景。他不敢惹春秋五霸、战国七雄，他不敢惹纣王与伐纣的周武王，便去修理、招惹开罪了商纣的比干，与高举抵制、不合作旗帜的前朝人员伯夷、叔齐。但是写到这里，偶尔露峥嵘，庄子显了原形，他终于骂上昏乱之世，干脆将矛头指向君王了。

第二，他这里讲说、批评的仍然不是世道，也不是他自身，而仍然是在批评孔丘、比干之流。对于他们来说，现在的世道就与把猴子扔到了荆棘丛中一样，空有树枝，并无猴儿们跳跃、腾越的空间，如同没有为孔子、比干治国平天下、为万世师留下空间的余地。至于能作《逍遥游》的庄子，无待于物的庄子们、真人们、至人们，他们患贫而不患疲惫，他们永远伟大、逍遥，如鲲如鹏……

第三，庄子时期，人们的逻辑观念并不发达，有些文字到底经过了谁的润色增减、捉刀篡改，天知道。这里的解释就是无法解释。数千年前，论述与忽悠难以区分，前文和后文的连贯与否说不清楚，作者、知识产权与文责谁负，谁知道？有点自相矛盾、前后矛盾，正是文章的真实性、古老性的表现。只要文气充沛、辞藻丰赡、大义凛然就是好文章。如果那时的文章像当今的博士论文一样严整而无趣，注释与正文比赛篇幅，中国还能有先秦诸子时代的辉煌灿烂吗？

> 孔子穷于陈蔡之间，七日不火食。左据槁木，右击槁枝，而歌猋氏之风，有其具而无其数，有其声而无宫角。木声与人声，犁然有当于人之心。

孔子被困在陈国、蔡国之间，整整七天无法生火做热菜、热饭。他左靠枯树，右手以枯枝敲打着，就这样唱起了神农时代的民歌，有敲击的器具却没有音乐的节拍，有歌声上下却没有一定的曲调。但敲击声与歌声听得清清楚楚，它悠然自在地表达了人们的心境。

敲打着枯枝，有敲击而无节拍，有歌声而无曲调（音阶），即无调性、不入调。这个描写很生活，也还有点后现代，是二十世纪后期世界上才兴起的无调性（闹不清是 C 大调还是 G 小调）音乐吗？这样的音乐与歌唱能够更好地表达一个人的心境，或能够更好地令听者找到感觉，这个说法就更后现代了。

《庄子》中常常辩驳孔子，但孔子的形象基本上没有受到损害，这一段对于孔子的描写令人感佩，不但可敬，尤其可亲，而且放射着天才的光辉。这个分寸，这个火候，拿捏得好精彩，好厉害！

> 颜回端拱还目而窥之。仲尼恐其广己而造大也，爱己而造哀也，曰："回，无受天损易，无受人益难。无始而非卒也，人与天一也。夫今之歌者其谁乎！"

颜回端端正正地在一旁侍立，不时转睛地去察看情势。孔子担心他由于把自己的理念看得过于崇高、伟大而膨胀无度，也担心他由于太过爱恋自己、太过顾影自怜而增加了哀伤或惹来了不幸，便说："颜回，不受自然的损害容易，不接受人为的助益与影响就比较困难了。世上的事开了头了，也就不可能不走向结束了。事物开端了，也就等于结束程序启动了。人与天原本就是一回事。那么，现在唱歌的人又能算是谁呢？"

这段话深刻却又跳跃，含义混沌不清。"恐其广己而造大也，爱己而造哀也"，很到位。一个人，尤其是知识分子呀、精英呀、士呀什么的，很容易把自己的理念看得过高、过伟，弄得一口浊气堵在那里，白白要了自己的命。也很容易自恋自怜，闹得酸酸楚楚、悲观颓废，怨天尤人不已。这里的己是指孔子还是指颜回自己，说法不一。老王则认为干脆全指，立意上能指到的全算，岂不更有意味？

下面的话，前贤多解释为不受自然的伤害容易，不受人间的好处困难。与下文比对，这样解释是正确的；与本段比对，则"益"应该还有增加、扩大的意思。孔子担心的是颜回等人包括他自己过度膨胀与自恋，而不受天的损害是容易的，说明他担心的不是这个天损、不是时运不济受困，他担心的是人益，是不受人益太难。这里的人益如果仅仅是得到人间的好处之意，就讲不通了，与困于陈、蔡的背景也靠不上了，因此老王觉得还是加上增益、影响、夸张等含义为好。也就是说，从天命、时运的观点看，陈、蔡之困没有啥了不起，有开始就有结束，怕的是人间的情绪、舆论、俗见的助长加温，以及人间的各种好处、荣华富贵之属，先是自吹自恋，后是贪得无厌，再又碰壁吃瘪，悲观失望……叫作私心涌起、反应过度、解读过度、煽情过度、表达过度……岂不徒增烦恼？

至于讲世上万事万物，有了开始也就是有了结束、进入了结束的过程、程序。第一，这是深刻的哲学命题，是少有发现与研讨的真理。第二，这对于处逆境者说，是很好的自我安慰。有了开始，还怕没有结束吗？有了结束，还怕没有开始吗？严冬的开始也就是严冬逝去的过程的开始，长篇小说的开端也就是通向结尾的开始，任期的开始也就是通向期满退下、期满离职、期中被赶下的过程的开始。雷电交加、天翻地覆的开端，也就是至少常常是草草结束、不了了之的开始……这难道还有什么疑问吗？你找不到这样的例子吗？能这样说话、想事的人，有限儿了，您哪。

> 回曰："敢问无受天损易。"仲尼曰："饥渴寒暑，穷桎不行，天地之行也，运物之泄也，言与之偕逝之谓也。为人臣者，不敢去之。执臣之道犹若是，而况乎所以待天乎？"

颜回说："请允许我冒昧地问一下，什么叫作不受天的损害容易呢？"孔子说："像饥饿呀、干渴呀、严寒呀、酷暑呀，困境的限制使人寸步难行呀，这些都是天地运行、万物变化中间必然会有的动态，我们说的是人要随着天地万物的变化流逝而变化流逝。做臣子的，不敢违拗国君的旨意。这是做臣子的道理，那么做天的臣民的人众呢？我们应该用什么样的态度对待天呢？那还用说吗？应该顺应天意呀。"

类似的话已在《庄子》中读过多次，人与天的关系就好比臣与君的关系，只能顺从，不能抗拒、埋怨。这样一想，就好办一些，活得容易一些了。

> "何谓无受人益难？"仲尼曰："始用四达，爵禄并至而不穷。物之所利，乃非己也，吾命有在外者也。君子不为盗，贤人不为窃，吾若取之何哉？故曰：鸟莫知于鷾鸸，目之所不宜处，不给视，虽落其实，弃之而走。其畏人也而袭诸人间。社稷存焉尔！"

颜回又问："什么叫作不接受人为的助益反而比较困难呢？"

孔子说："开始被任命了一官半职，表面上看有点万事亨通的感觉，办什么事都觉得顺，爵位和俸禄一起到来，再没有什么困难。这些外物的利益，本不属于自己，更不等同于自己，不过是偶然的时运外加给我的罢了。请想一想，君子不会做盗贼，贤人也不会去偷东西，什么意思呢？不属于自己的东西绝对不拿一丝一毫。我要是拿了不属于自身的东西，我成了什么了呢？不是成了盗贼、小偷了吗？从这个意义上说，没有比燕子更聪明的鸟，到了看着不适宜、不合理的地方，绝对不用正眼多看它一眼。即使掉落了食物，也舍弃不顾而飞走。燕子怕人，但还是到人待的地方筑巢，只是将它们的巢窠暂寄于人的房舍罢了，并不是将人的房舍看成自己的。"

两个比喻，一个是讲盗贼、小偷，一个是讲燕子。功名利禄官职，本不属于自己，更不等同于自己，犹自死不放手，头脑发昏，蠢相迭起，丑态百出。这样的人其实与盗贼、小偷一样，是在拿取、占有本不属于自己的东西，这叫窃国窃民窃公众之盗。而燕子呢，看着不一定合适于自身，便不再多看一眼，口衔的食物落在地上，也不再去啄取。燕子明白人造、人居的房屋并不是自己的，它进房筑巢，只不过是暂借一时、暂避一时，是个客情，是个叨扰，所以并不心存非分，一切以不要惹人讨厌为主旨，绝无占便宜没够、吃亏难受之心。与燕子比较，我们封建社会的贪官赃官、奸佞小人们，不是活该身败名裂，绝无好下场的吗？

庄子要告诉人们的是，在人间，在社会上，在官场、商场、各种人为的事务与机构团体中，没有什么东西铁定地永远属于你本人。你只是寄居，你只是暂用，你只是一时赶对了点儿，叫作一时"命有在外"，不过是一时中彩的身外之得、身外之益。你要清醒呢，就要做好把一切人为的助益、扩张、特权、膨胀奉还转让，告老还乡、遁入深山的准备。然后，你才能立于不败之地。

讲到这里，对待困于陈、蔡之类的晦气事儿，你会更心安理得。对待今后可能的"人益"，包括理念推行、名声影响、地位称号、名次排行与荣华富贵，你要看得淡一些，再淡一些。值得一提的还有：从历史上看，到了，孔子一派并没有活着飞黄腾达起来，倒是身后，他老被越捧越高了。这与其说是哲人的贡献，不如说更像是命运的吊诡。同样，老庄也从未有过辉煌入世的战绩。那么，家燕主义的高贵的见解中，就包含着葡萄酸的无奈了。

> “何谓无始而非卒？”仲尼曰：“化其万物而不知其禅之者，焉知其所终？焉知其所始？正而待之而已耳。”
>
> “何谓人与天一邪？”仲尼曰：“有人，天也；有天，亦天也。人之不能有天，性也。圣人晏然体逝而终矣！”

颜回继续问：“什么叫世上的事开了头了，也就不可能不走向结束了，事物开端了，也就等于是结束程序启动了？”孔子说：“事物是变化无穷的，你不可能知道一种事物或一种存在形态将会被什么事物或什么形态所替代，你也不知道你与物在下一个时期会是什么样儿。那么，你又怎么可能知道它们的终极终结？不知道一个事物的终结，又怎么能知道事物的开始？只不过谨守正道跟随事物的变化而已。”颜回继续问：“什么叫作人与天本也是同一回事？”孔子说：“人类的出现，是天道运行的下载。天的出现，也是大道自然而然运行的下载。人不可能拥有对天的支配与占有，这是天道、天性、天然，即天生如此的。圣人对于一切结局与逝去，只能是平安接受，自然而然地顺应变化！”

这里，从存在的开始即告终的开始这样一个辩证的命题上，几经转弯，发展到了世界本无所谓开始也无所谓终结，这样一个关于无穷的论断上来了。就世界来说，就宇宙来说，就永恒与无穷来说，至少你很难划出开端与结束来，开端与结束指的是具体的而不是全体的事物。就是一个具体的事物，你也并不可能真正弄清它的开始与终了。一个人的生卒年月日时本来是最清晰的，但是一个人的思想、事业、影响，还有他或她在母体受孕的时间、成为一枚受精卵的时间、成为受精卵前的精子与卵子的生成时间与再往前溯的情况与根苗，就不好讲了。他或她死后的事就更讲不清，先秦时期尤其讲不明。一个事物，谁讲得清它上一个时间段与下一个时间段存在的形态与本质呢？到那时或在那时，是 B 还是 C 代替 A ？谁也没有绝对的把握。那么，还说什么开始与结束呢？一个人死了是不是一定是结束？一个人降生是不是一定是刚刚开始？一场球赢了或输了，这是结束，抑或是开始？一个作品创造出来了，这是开始，还是终结？

这话当然说得好，“无始而非卒”的伟大判断就有从两方面进行解读的可能：第一，没有什么东西，它的存在的开始不同时是结束的开始；第二，世界上本来就既没有开始也没有结束，一切为了开始而庆贺或者为了结束而悲悼的常人反应，都是在冒傻气。

我还要说，其实第一种解释更深刻。正是这里的《庄子》所杜撰的孔子，先宣示了“无始而非卒”的深刻、伟大的命题。读下来，似乎是谈到这上头来以后，所谓的孔子立即望风而逃，干脆回避了关于开始与结束的辩证关系的讨论。这样的文风、学风，机敏则机敏矣，灵动则灵动矣，可惜不无油滑与诡辩。

六、螳螂捕蝉，黄雀在后

> 庄周游于雕陵之樊，睹一异鹊自南方来者。翼广七尺，目大运寸，感周之颡，而集于栗林。庄周曰：“此何鸟哉！翼殷不逝，目大不睹。”蹇裳躩步，执弹而留之。睹一蝉方得美荫而忘其身。螳螂执翳而搏之，见得而忘其形。异鹊从而利之，见利而忘其真。庄周怵然曰：“噫！物固相累，二类相召也。”捐弹而反走，虞人逐而谇之。

庄周在雕陵栗树林里游玩，看见一只奇异的鹊鸟从南方飞来，翅膀有七尺宽，眼睛足有一寸大，碰到庄子的额头后停在栗树林里。庄周说：“这是什么鸟呀，翅膀大却飞不高，也飞不远，眼睛大却看不清——不然怎么会撞到我的额头呢？”于是，他提起衣裳快步上前，拿好弹弓等待时机。这时又看到一只蝉，正在浓密美好的的树荫里歇息，却忘掉了自身的安全。一只螳螂用树叶挡住自己，打算伺机扑上去捕捉此蝉。螳螂眼看得手，却忘掉了自己的身体和应有的行动准则。那只怪鹊紧随其后，认为对自己最最有利的时机到来了，它看到了对自身有利的一面，却忘记了自身的不善飞翔与眼神不济、忘记了保护自己。庄周见此情景而大受震动，他说："啊，世上的各类事物，原本就是这样相互影响、相互牵累、相互危害的。同样由于利害关系的错综复杂，两种不同的物类之间也就互相吸引着注意。"庄子于是扔掉弹弓转身快步离去，看守栗园的人发现后，跟在他后面追着责问。

这就是脍炙人口的"螳螂捕蝉，黄雀在后"成语故事的本原、原文、原装正宗。万事万物，利害得失，顾此失彼，捉襟见肘，尔知其一，不知其二，尔知其二，尚有其三、其四、其五、其六、其七、其八……这样的事态情理，太多太多了。有多少人在设计别人的时候遭到设计，有多少人在希图侥幸的时候堕入陷阱，有多少胜利的后面紧接着失败，有多少加害的后边是自取灭亡，有多少机遇的背后是危殆！这里的所谓庄生，看清了这一切，却没有想到由于他携带弹弓进入陵园而难逃怀疑与责备。一物降一物，一物害一物，一物笑一物，一物冤枉一物，击人者人必击之，伺机者人必伺之，设局者人必设之。这个世界的安排里不无伟大与崇高，也不无自强与厚德，还不无惆怅与遗憾，更不无嘲弄与警示呢。

大道无形无体，而有味有姿，"螳螂捕蝉"的故事背后，令人有无限的遐想与感叹。与大道相比较，我们这些生灵，怎么会这样浅见、这样可笑、这样危险呢？少一点害人、害物之心吧，多一点质朴与善良，多一点平安与逍遥吧。心术的平安，是生活平安最重要的保证。

庄周反入，三日不庭。蔺且从而问之："夫子何为顷间甚不庭乎？"庄周曰："吾守形而忘身，观于浊水而迷于清渊。且吾闻诸夫子曰：'入其俗，从其令。'今吾游于雕陵而忘吾身，异鹊感吾颡，游于栗林而忘真，栗林虞人以吾为戮，吾所以不庭也。”

庄子返回家里，整整三天心情不快。弟子蔺且跟随一旁问说：“几天来，先生为什么一直不怎么高兴呢？”庄子说：“我注意保持自己的举止外表，却忘记了自身的存在状态。我看到了流水的混浊、污秽，而看不清清澈的渊潭的水文。我失去了清明的头脑与眼睛。而且，我本来从老师那里听说过：‘每到一个地方，就要遵从那里的律令与习俗。’这次我来到雕陵栗园，忘记了自身安危，闹得怪鹊碰上我的额头，游历于粟林时只注意看鹊、螳螂与蝉的怪圈，却迷失了自身的真性。管园的人怀疑我，还责骂、呵斥我，故而我觉得很不舒服。”

守形而忘身，应该是说抓了芝麻，丢了西瓜。只顾了看栗树园，却忘记了自我的安全保护；只顾看人家的戏，却忘记了自己已经变成被防范的对象。看得到混浊却看不清清明，这话极好，有多少人只看得到钩心斗角、蝇营狗苟、见利忘义、龌龊黑暗、愚昧无知，却硬是看不到大道、看不到玄德、看不到希望、看不到恩泽雨露，三人行必有吾师。请问，完全看不到清明的一切，你对于混浊的判断与批评又有什么意义呢？反正都是黑对黑、坏对坏、肮脏纠缠龌龊、阴谋拥抱诡计！是的，仅仅看到了螳螂捕蝉、黄雀在后是不够的，甚至那只是浅薄之见、庸俗之见，只有你面对捕蝉及其后的可笑与可叹事件，同时认识到这样的画面正是大道给你的启示，是大道给你上的一节课，是大道在促使你觉悟明白：有所提高，有所悔悟，有所清明，那才是看到了清渊的水文呀！

那么，游于栗园而忘真呢，同样是由于危险加愚蠢的捕蝉画面搅乱了自己的目光与心灵，自己也陷入了同样的怪圈。全面说起来，应该是螳螂捕蝉，黄雀在后，而庄周的弹弓，更在黄雀（实为怪鹊）之后，守园人的监视的眼光，又在弹弓与庄周的后边。是不是事情到了守园人这里就完了呢？当然不是，谁知道栗树林的老板与当地的官员会怎样要求与评价守园人呢？

至今有说法，人生有一个关系网，人总会有自己的对立面。还有所谓世界上最短的诗，题曰“生活”，全诗只有一个字——“网”。关系网往往是指利益交换的互惠网。《庄子》上的这一段则讲的是危害网、阴谋吃掉别类存在的网。对立面也不仅是个“面”，更是一张错综复杂的网。这个网既是网状的，又是多米诺骨牌式的与线性的，一拉扯一大串，一推搡一个接一个地全线倒塌。例如如果是逆向行驶：蝉一回头看到螳螂，奋勇扑过去，或立即飞走，或惊吓晕厥；螳螂一回头看到黄雀，噌的一下子跳到两米以外；怪鹊一回头看到庄子的弹弓，这回就不是撞额头了，干脆奋勇扑来去啄庄周的眼珠子，当然也可能是吓得拉出了稀屎；而庄周看到的是气势汹汹的守园人，干脆立个门户，摆出一副跆拳道架势……然后高喊造反口号……这样的设想令人不寒而栗。故事要说是真精彩，极富可读性，然而几千年来，谁从中受到教益、得到教训，改变了自身的恶意与愚蠢呢？一代一代的人啊，你们不觉得愧对庄生吗？

七、美者自美，吾不知其美也

> 阳子之宋，宿于逆旅。逆旅人有妾二人，其一人美，其一人恶。恶者贵而美者贱。阳子问其故，逆旅小子对曰：“其美者自美，吾不知其美也；其恶者自恶，吾不知其恶也。”阳子曰：“弟子记之：行贤而去自贤之行，安往而不爱哉！”

阳朱到了宋国，住进旅店。旅店主人有两个妾，其中一个美丽，一个丑陋。长得丑陋的那位女子受到宠爱，位置显得高些，而长得美丽的那位，位置反而低贱。阳朱问店主人是怎么回事。年轻的店主答：“那个长得美丽的妾老是自以为多漂亮，令人厌烦，结果我不觉得她漂亮；那个长得丑些的妾呢，自以为不行，我反而不觉得她不中看。”阳朱转身对弟子说：“弟子们听了！为人行事贤淑良善，但却不摆出一副品行楷模的架势，走到哪里能不受到敬重和爱戴呢！”

这个故事不无勉强，涉嫌极端。美人自娇、自贵，虽然不无浅薄可笑乃至于可厌，仍然是美人呀。丑人谦虚谨慎、纯朴善良，也架不住丑得吓人，令异性敬而远之。至少在庄子时代的两千余年后，国人开始信奉人应该有自信，应该有活力与热情的偏于西方化的新道理，而不是一味自谦、自卑。同时，这一个故事告诉我们，我们的民族文化传统尤其强调满招损谦受益、谦虚使人进步、骄傲使人落后……整个东方文化相对喜欢含蓄，不喜欢张扬吹嘘，这个故事告诉了我们这个秘密。

而今日，我们追求的应该是自信自强与谦虚谨慎的平衡、是诚朴与智慧的结合、是无为与无不为的全面、是争先恐后与冷静观察的恰如其分。

老王说：迎面撞来一艘空船，无论它怎样横冲直撞，你不会责备它。这个故事令人舒服。这个“视频”相当开阔亮敞，应该拍一个超短片表现之。人不可能无人，但可以无心，无心其实是指无偏心、无祸心，无处心积虑，无城府打算。至今，“没心没肺”常常作为自嘲之语来使用，表面是自贬、自谦，实际上常常用来表白自身的诚实与绝无歹意。然后，万事万物就简单化、随意化、自然化、泛漫化了。有无相通，始终相连，家燕筑巢，螳螂捕蝉，无产无心，多么好玩！

田子方：牛啊，庄生

“欲穷千里目，更上一层楼”，这不但是王之涣的两句名诗，也是我古老中华的一种根深蒂固的文化、一种逻辑、一种思想方法，更是一种文章作法。庄子最善此法，先树一个高明的，再树一个更加高明十倍的。先描绘一个令人称奇的，再推倒重来，给你一个更惊心动魄的冲击。这样写出的文章，不但有人性，而且有神性，不但有“有”的恢宏丰赡，而且有“无”的空灵变异、吉祥止止。不但令你读得击节叹赏，而且令你读得疯疯魔魔……本章要与你讨论全德之君子、挥斥八极之至人、充满天地之真人了，洗耳恭听吧，亲爱的读者！

一、田子方两句话，温伯雪子一露面，就把魏文侯、孔丘等摆平了

> 田子方侍坐于魏文侯，数称谿工。文侯曰：“谿工，子之师邪？”子方曰：“非也，无择之里人也。称道数当，故无择称之。”文侯曰：“然则子无师邪？”子方曰：“有。”曰：“子之师谁邪？”子方曰：“东郭顺子。”文侯曰：“然则夫子何故未尝称之？”子方曰：“其为人也真，人貌而天虚，缘而葆真，清而容物。物无道，正容以悟之，使人之意也消。无择何足以称之！”
>
> 子方出，文侯傥然，终日不言。召前立臣而语之曰：“远矣，全德之君子！始吾以圣知之言、仁义之行为至矣。吾闻子方之师，吾形解而不欲动，口钳而不欲言。吾所学者，直土埂耳！夫魏真为我累耳！”

田子方陪坐在魏文侯的旁边，称赞一位名叫谿工的人，说了好几次。文侯问：“谿工是您的老师吗？”子方说：“不是，他是我的同乡。他讲解大道能够说到点儿上，精当准确，所以我称道他。”文侯说：“那么先生没有老师吗？”子方说：“有啊。”问：“先生的老师是哪一位呢？”子方说：“是住在城东的东郭顺子。”文侯说：“但是请问，先生怎么倒从来没有称赞过他呢？”子方说：“他为人纯真，虽然具有常人的外表，但是他的心胸像天空一样虚空旷达，缘随万物，保持真纯，精神高洁清明，能包容万物。他人的言行违背了正道，他端正自身的仪态、举止、风度、容貌，让不合正道的外界自己觉悟，自行改变初衷，收回不适当的意图。我哪里够资格去言说他呀！”

子方离去后，文侯若有所失，有些不安，整天不出声。他招

呼在他面前站立的臣子，对他们说："唉，我真是差得太远啦，哪里比得上那样德行圆满的君子呢？原来我以为听到圣人智慧的言论，树立起仁义行为的标尺，也就到了顶啦。谁知道我听到子方讲他老师的情况以后，真是感到五体投地呀。我的身体再也紧绷不住劲了，嘴巴也像是被紧紧堵住，不愿意再说什么了。我过去所学到的那一套，只不过是粗陋的、没有生命的泥人土偶而已！魏国当真成了我的累赘啦！"

《庄子》里屡屡运用这样的我称作"旱地拔葱"的笔法，先夸奖一个有形、有价值规范、有崇高理念，以及良好记录、有洋洋洒洒的学识与高论的"圣人"——如谿工先生，再树立一个缥缥缈缈、高耸云端、不言而教、不做而功、不劝而阻（对于坏人坏事）、无事而善、无为而无不为、不治而天下太平的半仙之体——如东郭顺子。不但要穷千里目，还要穷人间理、人间词、一切想象与言说。忽地一下子，拔上去了两个台阶，后一个的出现，把前一个高大形象踩得没了影。于是，你无法不肃然凛然、五体投地。不仅是魏文侯，就是二十一世纪的人一听也服服帖帖，全没了脾气。这样的半仙、至人、真人，只在那里一戳，最多是一笑或一叹，多数情况下根本不需要表情，吗事都自然齐啦。后者的高明无比当然是前者所无法比拟的。

为什么这叫旱地拔葱呢？我幼时读的"武侠技击"小说描写有一种轻功，名曰"旱地拔葱"：一个人噌的一下原地跳起——现时的比赛中称为弹跳，然后右脚将左脚脚面一点，再往高里跳一家伙。这里的谿工就是左脚脚面，他只供右脚一点，然后蹿入高空，进入了南郭子的自由王国。是的，谿工虽好，是必然王国的好，是"称道数当"的好，是往好上拼命靠拢、拼命紧跟的好。而南郭子的好，是自由王国的好，是"人貌而天虚，缘而葆真，清而容物"的好，你够得着吗？

人间世中，一切努力都有它的对立面、负面参照，都有它的挂一漏万、顾此失彼、公说公有理婆说婆有理、有的向着灯有的向着火的问题。例如，任何对于仁义的提倡，都益发暴露了不仁不义的现状，强化了对于不仁不义的牢骚，而且成为攻击对立面不仁不义的有力的匕首、投枪，激化了仁义与不仁义之间的矛盾。任何对于圣贤的宣扬，都反衬出非圣非贤的草民，直至大话连篇的“人五人六”们的素质的不尽如人意，反衬出的是圣贤难觅而昏庸辈出。任何对于智慧的普及，都凸显出有待普及智慧的群氓的蠢笨与易于上当，更不要说智者互斗、恶斗的惨状。任何对于先进的表彰，都会引起是否真实、是否公平、是否人为内定的推敲与疑惑。任何拥戴、成功、人气旺盛，都有狡猾手段、收买人心的嫌疑。任何直率天真，都有粗糙、野蛮的迹象。任何敢作敢当、勇于承担、不怕斗争，都可能被认为是虚火上升、野心膨胀。任何慎重全面、统筹兼顾、平衡和谐，都会被攻击为乡愿庸人、八面玲珑、变色小龙。我积七十余年的人生经验，深知任何说出来的话，做出的判断、评论，都不可能严丝合缝、滴水不漏。任何做出来的事、做成了的事，都可能被认为是沽名钓誉、巧而伪、名利双收。凡是没有做出什么成绩的人、凡是受挫甚剧的人，都会以所谓有几分成就获得的人为死敌，他们自然而然地变成了有所成、有所得、有所闻、有所贡献与有一定名声的人的天敌。同时，他们必然被所谓的各色成功者所轻蔑、侮辱……这样的可视、可触、可赞的成功、成就、贡献、名声，又怎么是大仙、半仙、真人、至人们的对手！

孔子的仁义啊、忠恕啊、王道啊、德政啊，是把行政理想化、道德化、君子化、文化（文质彬彬）化，这样的化是必要的，又是一厢情愿地理念化的。同时也是不无空想化，常常会在急于争霸、急功近利的君王与待价而沽的士人面前显得迂腐可笑，至少是碍手碍脚。所以，孔子的经历是奔走兜售而连连失败的经历，是丧家狗的经历。

老庄则是另一套理想主义，更高，更玄，更神奇，更彻底，更高妙无比：无为、无争、无待（无条件）、无惊、无咎、无言、无用、齐物、逍遥、养生、达生、槁木死灰、纵浪大化、飞升，最后干脆把天下、把权力、把王国看作负担、累赘。这样的理论由于过于高妙、难以操作，更多地倾向于出世，倾向于脱离尘垢（红尘），故而从一开头就明明白白地说明，它不是供治国理政、富国强兵所用的，而是更带有为理论而理论、为高妙而高妙、为彻底而彻底、为辩论而辩论、为文章而文章、为艺术而艺术、为逍遥而逍遥的伟大性、高耸性、玄妙性、抽象性，从而是无敌性因素。它们端的是中华古代智慧的奇葩！也许是不结多少果的大丽花。

当然，为艺术而艺术是一种奢侈的精神享受，不是每一个人都有条件进行。温饱都有困难的人，玩不起这样的智力游戏。但同时，庄子的这一套，也适合并不奢侈，全无条件奢侈，甚至穷途末路、走投无路、一筹莫展、近乎完蛋的人享受欣赏。如果你已经无望、无路、无救，不管就里如何、经验教训如何，读读、想想《庄子》，绝对不失为一种精神寄托或者转移。或者，你是半绝望半期待、半槁木死灰半薪尽火传、半无用半有用的树与鹅，那么你可以儒、道互补，用藏在我，舒卷随心，邦有道则智，则服务社会不无小补，邦无道则愚，则愚不可及，则酣睡终日，则亦马亦牛，亦龙亦蛇，则鼓盆而歌，则天天练气功，把真气全部彻底干净地聚拢到脚踵（即脚后跟）上。悲乎喜乎，妙乎蠢乎？几千年的道行啦，不服行吗？

当然，庄子的这一套也挨尽了詈骂，骂到绝顶。你可以认为我们国民性的许多恶劣方面，如精神胜利、自轻自贱、不敢正视（即鲁迅所说的不“睁了眼看”）、孱头、好死不如赖活着、口是心非、诡计多端……与此不无关系。而这一套詈骂，当然并不公平，当然包含了蠢人对于智者的仇视、头脑简单者对于思想家的仇视、一无所成者对于有所成就者的仇视。

一个过分期待伟人的民族，由于他们的成员的依赖性、盲目性、孱弱性、非理性、易变性与缺乏自信与独立判断能力，当然也会轻易地仇视、抹杀与毁坏伟人。从先秦至今，这样的例子无数。

> 温伯雪子适齐，舍于鲁。鲁人有请见之者，温伯雪子曰：“不可。吾闻中国之君子，明乎礼义而陋于知人心，吾不欲

见也。”至于齐，反舍于鲁，是人也又请见。温伯雪子曰：“往也蕲见我，今也又蕲见我，是必有以振我也。”出而见客，入而叹。明日见客，又入而叹。其仆曰：“每见之客也，必入而叹，何耶？”曰：“吾固告子矣：中国之民，明乎礼义而陋乎知人心。昔之见我者，进退一成规、一成矩，从容一若龙、一若虎。其谏我也似子，其道我也似父，是以叹也。”

仲尼见之而不言。子路曰：“吾子欲见温伯雪子久矣。见之而不言，何邪？”仲尼曰：“若夫人者，目击而道存矣，亦不可以容声矣！”

温伯雪子到齐国去，途中住宿在鲁国。鲁国有个人请求见他，温伯雪子说：“不要了。听说中原（鲁国）的君子，说到礼义规矩都挺明白，但是他们了解人心、人性很差，我不想与他们打交道。”到了齐国，回程时又歇脚于鲁国，那个人又来了，请求相见。温伯雪子说：“上次就请求见我，今天又请求见我，此人必定要讲什么话来警示我吧。”于是出面去接待了客人，回来后叹息一番。第二天又去会见客人，回来又叹息起来。他的仆人问道：“每次见到这位客人，您老一定回来慨叹，这是怎么回事呢？”回答说：“我告诉过你：中原这边的人明于知道礼义规矩，但是对于人心、人性的了解相当差。刚刚见我的这个人，进退举止有规有矩，表情状态如龙似虎。他对我好言规劝，客客气气，像儿子给父亲提意见一样毕恭毕敬；他对我指手画脚地讲道理，又像父亲对儿子一样高高在上，所以我才慨叹。”

孔子见到温伯雪子一句话也不说，子路问：“先生想见温伯雪子很久了，见了面却不说话，这是为什么呢？”孔子说：“这样的人，眼光看到哪里就已经在哪里把大道树立起来了，哪里还需要再出什么声音话语呢？”

这一段故事有几分蹊跷。第一次求见被温伯雪子拒绝，第二次才见了面的人是谁？从文章上看，应该就是孔子，却没有明说。也许这反映了温伯雪子从未将孔子当个什么人物，也不认为他的名字足以挂齿。见了面后，温伯雪子却又连连叹息，说明此人仍有其不凡处，哪怕道不同不相为谋，哪怕叹息的内涵是为之遗憾、惋惜，也说明此人有过人处，才值得为之惋惜，为什么他定错了位置、站错了队、走错了方向。说此人——仲尼深懂规矩，有龙的委蛇蜿蜒，有虎的盘辟旋转，就是说礼貌、举止、进退都是一百一地够格儿。礼貌、举止全部优秀，无奈对于大道仍是不通，这不等于说该人是在作秀，是已经变成优秀的戏子了吗？这其实是讽刺吧？像是这么回事。这里讲的龙呀、虎呀与现今常说的龙虎的英武霸气不沾边。然后讲“谏我”像子对父，“道我”像父对子。绝了，劝谕的态度像儿子，坚持自己的价值观则像爹爹。以此来形容孔子，应该说有自己的见地，孔子一方面讲谦逊礼义、文质彬彬，一方面坚持自己的理念，毫不让步。其实，任何人都有像子、像父的两面，或者加上像兄弟、像哥们儿、像讨债、像见了债主、像仇敌的种种可能。

这种又龙又虎、又子又父的风度，是一种居高临下者的最爱。这样的风度至今我们仍有面对的机会。例如，拥有这种风度的人很像是一个善于表演，虽无真才实学，仍然相当专业的名教师、名教授、名学者，如果不说是恰像大老板或老领导式的公众人物的话。一辈子为人师，并好为人师，一辈子给别人正名、树规范、继绝学、开太平的孔子，当然是怎么讲怎么有理，怎么说怎么有派，要虎就虎，要龙就龙，要儿子一样忠顺就儿子一样忠顺，要爹爹一样权威就爹爹一样权威。要不怎么说他的进退都合乎规矩，都合乎标准呢！此亦必然王国的大师标杆也。

此段文字于后边哗啦一响把孔子大名点出来，不无硬树生抬的矫情感。孔子一见温伯雪子的面连声都出不来了，有那样严重吗？若是有那样的震动，孔子不早就改换门庭，投奔温氏了吗？

还有，如果孔子见了温伯雪子一声没出，何来的谏之若子、道之若父呢？何来的温伯雪子那些叹息呢？这不是前后矛盾了吗？

二、颜渊从孔子那里学“忘”的哲学

> 颜渊问于仲尼曰：“夫子步亦步，夫子趋亦趋，夫子驰亦驰，夫子奔逸绝尘，而回瞠若乎后矣！”夫子曰：“回，何谓邪？”曰：“夫子步亦步也，夫子言亦言也；夫子趋亦趋也，夫子辩亦辩也；夫子驰亦驰也，夫子言道，回亦言道也；及奔逸绝尘而回瞠若乎后者，夫子不言而信，不比而周，无器而民滔乎前，而不知所以然而已矣。”

颜渊问孔子说：“先生迈步我也迈步，先生疾走我也疾走，先生快跑我也快跑，先生奔驰如飞，快得连尘土都远远落在后面，而我只能瞪大了眼睛在后面干看着了。”孔子说：“颜回，你说这些是什么意思？”颜回说：“先生迈步我也迈步，是说先生怎样讲说我也就那样讲说；先生疾走我也疾走，是说先生怎样辩论分析我也同样地辩论分析；先生快跑我也快跑，是说先生怎样讲解大道我也同样地讲解大道。及至先生好像奔驰如飞，而我瞪大了眼睛在后面干看，是说先生没有言说而已经为人们所信服，不刻意接近谁而与人亲密，没有功名高位而人们聚集在您的跟前，我不知道您是怎样做到这样，这一切是怎么发生的呀。”

又一个成语“亦步亦趋”的出处出现了。弟子对学生，下属对上级，做到行为、运动上的亦步亦趋——紧跟照办、响应附和——应该说不是太困难。跟着说，跟着辩，跟着讲解，即跟着“为”，都非难事。跟着不做什么，即跟着无为，而且无为比有为能做出更伟大、辉煌的成绩？这就知其然不知其所以然了。又一次旱地拔葱，颜渊紧跟了半天，硬是望孔子之尘莫及。

没有多说什么却能被人众信服，这或许还不算最难。一有身教，二有以往的诚信记录，三有良好的形象：诚挚，朴素，本色，不左顾右盼，不贼眉鼠眼，不挑肥拣瘦，还有嘴唇厚而目光发直……都会给人以好印象。跟着辩论、分析，进入论理的阶段，其实稍难一点。你这个门徒、学生、追随者起码要头脑清晰，懂点逻辑，明白事理，辨别是非，如果你是个浑人、粗人，如果你太迟钝、太弱智，空自以为愚忠如犬，仍是做不好的。跟着讲道，更难了，仅靠亦步亦趋，能趋到道的点子上来吗？不但考验忠诚与智慧，还考验悟性与想象力，考验抽象思维与进行形而上思维的能力。颜回其实已经做得难能可贵了。

毕竟是颜回，才做到了跟随孔子讲道、言道。底下的事，就不是趋不趋的问题了。“不言而信，不比而周”，不去套近乎而能与人无间，令人满意，亲和友善。不比云云，非常重要。靠比、靠作秀来“周”、来套瓷，难以持久。“无器而民滔乎前”，不具备爵位、权力、名号、头衔，却能人气汹涌，威信崇高，吸引力、凝聚力空前，这是比任何靠外力、靠背景、靠钻营、靠条件与运气、靠一时的头衔、官衔、职位、权力所达到的不知高凡几的成就！

这也是《庄子》的一个根本性命题：无待。从《逍遥游》开始，庄子就告诉读者，“列子御风而行，泠然善也”，但还是有差距、有不足，因为他——列子，犹有所待也，他还得等待风才能御风而行。庄子理想的是无待，是“恶乎待哉”，是“乘天地之正，而御六气之辩，以游无穷”，是至人无己、神人无功、圣人无名。就是说，不仅仅不需要待风，也不需要待己、待功、待名，不需要自己使劲、自己争取、自己追求。庄子为什么提出无待？就因为那个时代庄子看够了、看透了、看厌了、看扁了那种有待的可怜巴巴、宠辱皆惊、穷愁潦倒或张狂一时终于死于非命的可叹的读书人。他要树立一个形象、一个榜样，理论上说这并非做不到，就是“不言而信，不比而周，无器而民滔乎前”。也许做到这一点对很多人来说是太难、太理想化了，然而，取法乎上，仅得乎中。如果连这样的目标都没有，岂不是一生只能眼巴巴地等待赏赐、等待运气、等待机会而不可得了吗？

如果硬要抬杠，如果老王也像庄周一样地好辩，就可以提出：所谓“不言而信，不比而周，无器而民滔乎前”，倒是不待言、不待比、不待器了，然而你仍然在待。你待的是民、是人气、是选票、是台缘（此词是指演员在舞台上的人缘）、是粉丝、是时尚、是潮流、是亲民御民之道术。千万不要以为人气、台缘之类的玩意儿一定是理性科学靠得住的，更无须提这种一时的哄抬是不是有远见与英明洞察的啦！

> 仲尼曰："恶！可不察与！夫哀莫大于心死，而人死亦次之。日出东方而入于西极，万物莫不比方，有目有趾者，待是而后成功。是出则存，是入则亡。万物亦然，有待也而死，有待也而生。吾一受其成形，而不化以待尽。效物而动，日夜无隙，而不知其所终。薰然其成形，知命不能规乎其前。丘以是日徂。吾终身与汝交一臂而失之，可不哀与？女殆著乎吾所以著也。彼已尽矣，而女求之以为有，是求马于唐肆也。吾服女也甚忘，女服吾也甚忘。虽然，女奚患焉！虽忘乎故吾，吾有不忘者存。"

孔子说："唉，你可不能不看明白呀！世上最可悲的事情没有超得过心死的，与心死相比，身死只能算第二位的不幸。太阳每天从东方升起而落入西天的地平线，犹如人的生息、动静、显隐，万物便都跟随着这样的出入、生息、动静、显隐的规律而运转。凡有眼有脚的，都是要等待生命的运作而后有所作为。日出就好比出生，日入则好比死亡。万物亦是这样，待造化之往来，按照日出而有生、日入而有死的规律运行。我们一旦秉受天道而具有了生命之形体，就不会脱离而要保持自己的形体穷尽天年（或其意应为：就一直变化着形体直到穷尽天年。原文"而不"应是"莫不"之误）。我们随着、模仿着外物而运动，昼夜不停，却不知道自身终了于何处。气自然而然地聚合成形体，此后，你对于命理、命运哪怕是知道得很多，仍是规划不了未来。我们只是天天与变化俱往，慢慢地走向衰老。我们整天在一起，却像交臂而过一样不能好好认识，无法互相帮助规划未来，或者改变万物与我们自身变化消长的规律，这是不是一种悲哀呢？你着眼于我的比较突出显著的方面，而这些突出显著的东西其实此前已经成为过去时的了，你却仍然起意去追求，并且希望自己也能拥有我的那些突出的优点。这就如同去不可能有马的地方购买马匹一样，那是买不到的。你身上令我喜欢、欣赏的东西，转眼间逝去了，我身上令你喜欢、欣赏的东西，也转眼间逝去了。虽然如此，这又有什么可闹心的呢？虽然旧我随时逝去，并且渐渐被遗忘，毕竟我还有永远不会被忘记的东西存在在那里呀。”

这段文字讲的是时间与存在的关系，不无跳跃与空白，需要我们见仁见智地予以补充与发挥。哀莫大于心死，而身死次之，这是要人们理解，万物都处于消长、生息、存亡、成败、起落、变化、取代、显隐或显幽的过程中，无一例外，就如同日之东升与西落一样。一切运转、运作，都只能本诸天然，顺从自然规律，而不能由自身规划，要这不要那，挑肥拣瘦。不懂这一点，就是心死，就是死心眼，就是迟钝、麻木、糊涂、犯浑犯傻。一切的作为、一切的追求离不开这样一个日夜无隙地变化着的规律。你颜回方才讲的孔丘我的那些过人之处，其实已经是过去时了，不足挂齿。这个说法很像我们这个地方对于金牌运动员的教育：金牌只属于过去，而下一步的训练与新的成绩才是要操心、要注重的。孔子教育颜回要明白万物变动不羁的道理，要有超前的眼光，要有永恒的眼光。颜回看到的孔子身上那些伟大的东西，什么公信力呀、亲民呀、人气旺呀都是转瞬即逝的浮面的玩意儿，是一时的效果，而不是本质、本源、本体。那么，本质是什么呢？文本里没有说，窃以为应该是指大道，孔子本来更多的是讲仁义的，那么这里讲的就是仁义。或者，这里虚构的孔子与颜回的谈话是为庄所用，就是讲大道也说得通。不要追求那些表面的并非永存的东西，不要羡慕那些转瞬即逝的过眼烟云，不要为一时的成就而陶醉，这里头还是有些深层次的、值得思考的货色。

然后是“女奚患焉！虽忘乎故吾，吾有不忘者存”，你有什么不安的呢？逝去的、你可以忘掉的是过往的我，我身上毕竟还有永远，还有不会变化、不被忘记，并不随着时光而流逝的优秀方面存在。这里的孔子牛着呢！这是孔子之牛，也是人类的可能之牛。太阳出来了，还要落下去，但是世界仍然存在，落下的太阳还要升起。孔子会衰老、会辞世，会成为古代记忆的一部分，并遭受误解，至少是批评与挑战，但孔子的言论与影响，连同他的天晓得的标准像永存。对于“不忘者存”的解释可以各不相同，科学家留下的是发明创造、原理定则，文学家留下的是著作，作曲家留下了乐谱，画家留下了绘画，政治家留下了业绩、成就、名声，企业家留下了企业与遗产，而老庄留下了《道德经》与《庄子》，都是“不忘者存”，都是永久。奚患焉？你有什么想不开的呢？

这还使我想起个人的一个经历。一九八〇年，我首次访美，一次公开讲演活动中，一位美国教授问道：“请问王先生现在与当年写《组织部来了个年轻人》的时候相比，有哪些相同？有哪些不同？”这也是一个麻烦的吾与故吾的问题，我简单然而并非应付地回答说：“相同之处在于，那时我是王蒙，现在我仍然是王蒙。不同之处在于，那时我二十二岁，现在我四十六岁。”

作为文学经典，这一段写人生，颇有些豁达的伤心与高远的悲叹。哀莫大于心死，这也是成语，也是一恸。身死次之，莫非您老认定身死了心也不能死吗？这会不会更加悲哀呢？究竟是怎么样更令人感到悲凉呢？是吾丧我，是形如槁木、心如死灰好些呢，还是身虽死而雄心犹存，还要谆谆嘱咐“家祭无忘告乃翁”（陆游诗）好些呢？

失之交臂的话也很动情，万物运转，川流不息，什么能完全不失之交臂呢？童年、双亲、青春、爱情、事业、机遇、学问、经历，你已经与多少多少失之交臂了啊。

“薰然成形，知明不能规乎其前”，一个薰然，有多少无奈，又有多少礼赞！

“吾有不忘者存”，这是一个积极的态度，却仍然流露出了忘川的奔流不息、强大无比。人最宝贵的是生命，然而人对自身的生命与生命的遭遇、机缘（命运）知之不多，常感无可奈何。

而且，一切莫不是彼已尽矣，求马唐肆，吾服女甚忘，女服吾也甚忘……一切的一切，莫不是一个“忘”字的下场。不过，至忧无忧，至忘无忘，既然什么都忘了，能不把“忘”字忘记吗？忘川呀忘川，既然你的力量使一切都被遗忘了，你这个忘川本身，你这个心死或未死，你这个失之交臂，你这个待尽却又不知所终，不也是大可以一忘了之了吗？

依照庄说，一忘了之，是大境界。

三、老子的终极关怀当然能摆平孔子

> 孔子见老聃，老聃新沐，方将被发而干，慹然似非人。孔子便而待之。少焉见，曰：“丘也眩与？其信然与？向者先生形体掘若槁木，似遗物离人而立于独也。”老聃曰：“吾游心于物之初。”孔子曰：“何谓邪？”曰：“心困焉而不能知，口辟焉而不能言。尝为汝议乎其将：至阴肃肃，至阳赫赫。肃肃出乎天，赫赫发乎地。两者交通成和而物生焉，或为之纪，而莫见其形。消息满虚，一晦一明，日改月化，日有所为，而莫见其功。生有所乎萌，死有所乎归，始终相反乎无端，而莫知乎其所穷。非是也，且孰为之宗！”孔子曰：“请问游是。”老聃曰：“夫得是，至美至乐也。得至美而游乎至乐，谓之至人。”孔子曰：“愿闻其方。”

孔子去见老聃，老聃刚洗完澡，披头散发等着晾干，蔫蔫地站在那里，不像一般的活人。孔子便稍稍等了一下。过了一会儿，二人相见，孔子说：“是我眼花了吗，还是真的如此呢？刚才先生挺立不动，像枯树一般，您遗弃了万物，也脱离开众人，特立独行，甚是奇异。”老聃说：“我的心思是运转在万物的初始状态上。”孔子说：“这该怎么理解呢？”老聃说：“说起万物的初始状态，心灵会感到困惑而抒发不了，嘴虽然张开了，却说不出话来。让我试着给你粗线条地议论一下它的大略：极致的阴冷之气肃肃杀杀，极致的阳刚之气赫赫扬扬。阴冷之气本是地气，却又能出之于天，阳刚之气本出于天，却又能行于地。二者相互交会和合而生成万物，人们将这阴阳理解为万事万物的纲纪，却看不到它们的形体。消亡了再生发，盈满了又空虚，一暗一明，一明一暗，每天改变，每月转化，日日有所作为，但是你判断不清它有什么事功效果，你不知道这些变化呀、盈虚呀、晦明呀、赫赫肃肃呀究竟是在搞些什么，你无法用目的论来解说它们。生自然是有所萌发之源，死自然是有所归宿之处，生之源与归之处方向相反，都找不到头，找不到终端，不知其穷尽。如果事情不是这样的话，请问，什么是它们的终极、根源与归宿呢？”孔子说：“那么，您说的心思运转在这些终极与初始上，又是个什么状态呢？”老聃说：“能使心思运转在这万物的初始状态上，那可是至美至乐的精神享受呀。获得了至美而游于至乐，那就叫作至人啦。”孔子说：“我想请教能够做到如此境界的方略。”

庄子其实非常重视人的外表形象，至人和神人光是外表也够令人敬佩、羡慕、崇拜的。老子的形象甚至还加上了“披肩发”的元素。形如槁木，是庄子的一贯鼓吹，形容站得直而且稳，挺拔持重，超凡脱俗，不动声色，不露痕迹。还有不为所动，即不轻易对外界做出反应。这很被中土大家所推崇。喜怒不形于色，这是一个很正面的描写。

为什么老聃能做到这样的形象奇绝呢？解释是他老在“游心于物之初”，他原来无时不在搞什么终极关怀、终极眷顾。这未免矫情，洗完澡晾干头发，难道就不考虑与身体清洁有关的洗浴环境与必要设备，还有清洁与干燥、通风与气味，以及沐浴后要不要进食饮水等俗事？你老只知道个物之初与物之终，你老只抓两头，不管中间？那还洗什么澡？物之初岂需要洗澡、洗头与披肩干发？物之初是未有天地之时、恍兮惚兮之时、混沌未开之时，物之终是已无天地之时，是重新回到混沌与惚恍之时，人已不存，何洗浴为？

物之初是什么状态呢？阴气肃肃，阳气赫赫，万物生焉，相反乎无端，莫知乎所穷。总而言之是稀里糊涂，是恍恍惚惚，是看不见、摸不着、说不清，心慌了却理不出头绪，张大了嘴硬是说不出话来。原来，模糊也是一种美、一种魅力、一种期待和进程，何况是终极，是无穷、无极，是超越一切与主导一切的呢。形而上的思考是会带来无穷的快乐的，它让你拥有作为人类灵性拥有者的独特精神享受，它带来开阔、大气、沉稳与冷峻。当然会有很多人享受不了，有什么办法呢？

这一段与其说是所谓的老子在讲大道、讲终极，不如说是老子在宣传对于终极的享受、受用、崇拜、激动、审美状态、巅峰状态。老子要的不是道理、不是逻辑、不是论证，而是跪拜，是“得至美而游乎至乐”的满足感、充实感、极端感，是痛哭流涕与手舞足蹈的结合，是如醉如痴与云中漫步的结合，是痛快淋漓与目瞪口呆的结合。世界上至少有两种人会有类似的体验：一种是吸毒者，从这样的狂喜走向疯狂、堕落，乃至彻底灭亡；一种是思想家与学问家，从这样的狂喜走向真理、走向科学，也走向天国、走向大彻大悟的解脱与欢欣。

> 曰：“草食之兽，不疾易薮；水生之虫，不疾易水。行小变而不失其大常也，喜怒哀乐不入于胸次。夫天下也者，万物之所一也。得其所一而同焉，则四支百体将为尘垢，而死生终始将为昼夜，而莫之能滑，而况得丧祸福之所介乎！弃隶者若弃泥涂，知身贵于隶也。贵在于我而不失于变。且万化而未始有极也，夫孰足以患心！已为道者解乎此。”
>
> 孔子曰：“夫子德配天地，而犹假至言以修心。古之君子，孰能脱焉！”老聃曰：“不然。夫水之于汋也，无为而才自然矣；至人之于德也，不修而物不能离焉。若天之自高，地之自厚，日月之自明，夫何修焉！”孔子出，以告颜回曰：“丘之于道也，其犹醯鸡与！微夫子之发吾覆也，吾不知天地之大全也。”

老聃说："食草的兽类，不为更换湿地草场而发愁；水生的虫类，不因为改换江湖水域而难受。因为那只是实行小小的调整，并没有抛掉它们主要的与经常的生活方式，喜怒哀乐得失之情、之虑也就不会影响它们的精神和心胸。至于天下，是万物共同生息的地方，是万物的同一性的根本。认同这天下的万物、万象、万事，包括生死祸福的同一性，而不再计较小的变化差异，那么尘世、尘垢、微尘也就等同于我们的四肢百体（脏器），尘土可能化为形体、器官，形体、器官可以化为尘土。同在尘世，处境彼此同一，无大差异，不需要特别地予以区分。而死生终始，也将如昼夜之交替，不可能混乱，交替互变没商量，又有什么得失祸福的计较可言？那算得了什么！遗弃附属于自己的东西，如同抛弃泥垢，这是由于认定自身贵于附属于自身之物。知道自身的珍贵，却不应该因此拒绝随着时间变化，你不会因变化就失去自身的珍贵。何况这样的变化是永远的、是没有头的。这又有什么可忧心、闹心的呢？已经致力于大道的人是会明白这个道理的。"

孔子说："先生之德与天地同辉，还要借重至理佳言来修养心性。古之君子谁又能不致力于学习修为呢？"老聃说："不见得。清水是澄澈的，由于水的无为才能自然而然地做到这一点；至人的德行，不需要修养而自然形成，从来不会与之脱离。就像天自然就是高的，地自然就是厚的，日月自然就是明亮的，又用得着什么修为呢？"孔子出来，把这些告诉颜回，说："我对于道的认识，就如同腌菜瓮中的蠛蠓飞虫一样渺小！如果没有老聃先生破除我之俗见，我根本就不可能从整体上、从全局上接近天地古今的大道理啊！"

《庄子》是讲究认同的，与世界即与天下认同，与生老病死、祸福通蹇的种种生存状态认同，与世界的本质、本源（即大道）认同，对永远既不封顶又不保底的时间、变化认同，对万物的寿夭、美丑、时运、品性的多样性认同，并从而淡化对于万物的不同处的计较，在这一节讲得尤其新鲜、生动、深广。来到世上，生而为人，与世上万物的关系本来就是大同小异，生也罢死也罢，富也罢贫也罢，贤也罢愚也罢，伯夷也罢盗跖也罢，都是大同小异。对于世上的各种选择与处境的探讨及歧义，从大道的观点来看，都是小是小非、小小调整。就像本来就是吃草的动物挑拣草场，本来就是水生的动物挑拣江湖。这话厉害，尤其在东周那个群雄争霸的时期，闹得再凶，能有什么大分歧？不都是争霸、争权、争旗号、争一统天下吗？从个人尤其是士来说，不都是争官职、争地位、争功业、争名声吗？谁又有什么新鲜可言！

这样的命题起着釜底抽薪的作用，有着灭火弭灾的用心。再往彻底里说，既然生在这个世界上了，也就意味着必然死在这个世界上，生死本为一体，变化与不变本为一事儿，你有什么可忧心、可不安、可闹腾、可磨叽的呢？

人无完人，论无完论，孔子的理论辛辛苦苦、磨磨叽叽、吭吭哧哧，弄不好会是酸文假醋、口是心非、装点门面。万世师表了几千年，终于闹出一个积贫积弱、封建腐朽的旧中国。呜呼，难道还没明白过滋味吗？老庄的理论高明则高明矣，深邃则深邃矣，弄不好也会成为玄学空论、忽悠自欺，成为阿Q们的精神祖先。孔子强调人要修养，老聃驳了他，令人无奈。我们的现当代，也有刘少奇强调修养，却在“文革”中遭批的故事。看来就是修养一说，也是此亦一是非，彼亦一是非，仅仅读书、讲书、学堂讨论，你一辈子也闹不清楚的。没有人生内涵、人生意蕴的高论，说到底也是终无大用，终无是非、真伪可言的呀。

读到孔子强调修养，而老子说是“天之自高，地之自厚，日月之自明，夫何修焉”，令人略感不太舒服。合着老子是靠吹大话压倒了孔子的，闹得孔子自认是腌菜瓮中的蠛蠓飞虫一般。孔子倒挺谦虚。天不需要修养而自高，天还不用吃饭而自饱呢！什么都照搬天空或大地，行吗？中土圣贤从先秦时代就都重视精神境界的高大全了，高大全却很容易变成牛皮大言。这是一种危险，也是一种老病根子了。

四、摆平鲁哀公，然后一个又一个、一堆又一堆地摆平

> 庄子见鲁哀公，哀公曰：“鲁多儒士，少为先生方者。”庄子曰：“鲁少儒。”哀公曰：“举鲁国而儒服，何谓少乎？”庄子曰：“周闻之：儒者冠圜冠者知天时，履句屦者知地形，缓佩玦者事至而断。君子有其道者，未必为其服也；为其服者，未必知其道也。公固以为不然，何不号于国中曰：‘无此道而为此服者，其罪死！’”于是哀公号之五日，而鲁国无敢儒服者。独有一丈夫，儒服而立乎公门。公即召而问以国事，千转万变而不穷。庄子曰：“以鲁国而儒者一人耳，可谓多乎？”

庄子与鲁哀公见了面，哀公说：“鲁国有很多读书明理的儒学之士，但很少信奉与传播先生您那一套道术的。”庄子说：“我看鲁国儒学之士其实很少。”哀公说：“全鲁国的人都穿着儒者的服装，怎么说少呢？”庄子说：“我听说，穿儒服的人中，戴圆帽，表示他通晓天时；穿方形鞋子，表示他懂得地理；佩戴彩色丝带，还系着玉佩、玉玦，表示遇事能够决断，即富有决策能力。其实我的看法呢，君子人掌握了高明的道行，未必就一定穿戴那样的服饰。而穿戴儒者的服饰，未必意味着真掌握了多少道行。鲁公您如果以为不一定是这样，不妨发布一个号令，只要说明是：‘不掌握一定的道行而穿戴那种服饰的，要处以死罪！’”于是，哀公发布了这样的命令。五天以后，鲁国基本上没有敢穿儒服的人。唯独有一位汉子，身着儒服立在哀公门外。哀公立马召他进宫，问以国事，千变万化地提问，却难不倒他。庄子说：“这么大的鲁国，只有一个儒者，能说是儒者多吗？”

穿儒服的人未必通儒学，这事理很平常。看来，古代已经有类似时尚：哪里哪里流行什么服装的现象。鲁国原来流行过儒服，说明孔孟之道对当地的服装业、当地的穿衣时尚有相当大的影响。这至少说明，在鲁国，而且很可能不止鲁国，儒学对于士人与百

姓的影响远远大于道家。庄子不服，认为从穿什么上判断学派、学术影响是靠不住的，这也有理。何必当年的鲁国呢？今天穿西装的人不一定懂外语，穿军装的人不一定会打仗，穿唐装的不一定通传统文化，穿运动服的不一定多么善于体育运动。这有什么新奇吗？

底下庄子出的招则太矫情，甚至不无恶劣。穿戴某种衣服饰物，表达对某种学问或某个学者的尊崇，这是好事，至少无可厚非，不懂或并非精通而尊崇之，这没有什么太不好的，这是常情。中国当代尊崇孙中山、毛泽东、鲁迅、钱锺书直到季羡林的人不少，其中有几个人说得清楚孙毛鲁钱季？说不清又何罪之有？采取吓人乃至杀人战术，太不像话了。鲁哀公接受这样的主意，只能说明哀公乃是白痴。

百里奚爵禄不入于心，故饭牛而牛肥，使秦穆公忘其贱，与之政也。有虞氏死生不入于心，故足以动人。

百里奚不把官爵俸禄（即级别、待遇）放在心里，所以他牛养得好，长得很肥，使秦穆公忘记了他出身低贱，而委任他治国行政。虞舜则从小就碰到家庭的问题，后母等家人三番五次要害他，但他不把生死放在心上，所以能感动、说服他人。

估计安心养牛、将牛养肥的人不止百里奚一人，但不是每人都有从政的机遇。遭遇无良后母，只得不顾死活尽孝的人，可能比将牛养壮、养肥的人少一些，但也不会仅仅是虞舜一人，也不见有他人得到唐尧的女儿与天下。这几句话里的故事有些牵强，道理仍是可取的。你想有所建树、有所成就吗？不要怕出身微贱，不要怕幼时遭难，不要怨天尤人，不要忧虑成病，不要计较太多，不要自惭形秽，踏踏实实该干什么干什么，能干什么干什么，也许不同的机遇正在向你走来。而如果你急于求成、你哭天抹泪、你牢骚满腹、你走向极端，也许你更加是自取灭亡。

《庄子》中屡屡以劳动为例讲述大道，解牛、养牛、捕蝉、驾船、木工……都讲得出神入化，令人钦佩、着迷。此处甚至暗示，某一样活计做得好的人，他的心态道性，完全可以用来治国平天下，依靠他们去治国，也就会闹得很好。这里尊重劳动的观点倒是不恶。

> 宋元君将画图，众史皆至，受揖而立，舐笔和墨，在外者半。有一史后至者，儃儃然不趋，受揖不立，因之舍。公使人视之，则解衣般礴裸。君曰："可矣，是真画者也。"

宋元君要画个画，众位画师都到了，行礼作揖受命，站在那里，润笔研墨做着准备。人太多，一半人站到了大门外。有一位画师到得晚一些，他安闲自在，不慌不忙地走来，受命拜揖后也不站下来，而是向馆舍住处走去。元公派人去看，见他脱掉上衣，赤裸上身，盘腿静坐着。元公说："行了，这位才是真正的画师。"

可不是前文讲得太具体、太实在了，连忙跟上去说点玄乎的，以免太俗。

从战略上说，中国人讲究的是以出世的心态做入世的事业，该干什么当然不能不干什么，但还是讲要虚静，要无心，要满不在乎，要保持自身精神世界的独立性、自由性、自主性，绝对地抵制异化，不能让要做的事情主宰做事情的主体——自己。不管遇到什么、获得什么（委托、荣誉、信任、负担、压力等）都要若无其事，该是什么样还是什么样。这样才能进入最佳状态，才能得到最好的发挥。

略嫌过分、稍有矫情的是此段故事中，画画的事例嫌小了些。小事反而用不着大摆其风度、风格。画个画，牛什么？以出世的心情当宰相，别人会非常佩服你。以出世的心情做跟班，做二十七级见习科员，不但可笑，而且理应革职。

其他画师，恭恭敬敬地作揖站立，显出来了紧张与拘谨。结果是，一脸无所谓，没有任何认真与积极表现的人反而气势高人一等，他反倒吃得开，而诚惶诚恐、殚精竭虑的"敬业者"被轻视。大大咧咧、我行我素，应该说是不无狂妄自大与满不在乎的才子傲气的后来者征服了君王，这靠谱吗？果真是有什么普遍规律在其中吗？这样的经验是牢靠的吗？如果赶上这位君王脾气另类或脾气更一般化一些，如果此位君王最讨厌文艺人的狂妄粗疏，最痛恨文化人不敬长上、不服领导管束，会不会勃然大怒，干脆拉他出去斩首呢？只怕是说不大准的吧。一个绘画才能超群，然而冒险精神不足、怕风险的画师，宁可随众站立，宁可淹没在庸众之中却不愿冒冒犯君王的险的人呢？他该不会选择那步险棋的吧？

五、周文王既有眼光又能玩花招，接着摆平下去吧

> 文王观于臧，见一丈夫钓，而其钓莫钓；非持其钓有钓者也，常钓也。文王欲举而授之政，而恐大臣父兄之弗安也；欲终而释之，而不忍百姓之无天也。于是旦而属之大夫曰："昔者寡人梦见良人，黑色而髯，乘驳马而偏朱蹄，号曰：'寓而政于臧丈人，庶几乎民有瘳乎！'"诸大夫蹴然曰："先君王也。"文王曰："然则卜之。"诸大夫曰："先君之命，王其无它，又何卜焉。"遂迎臧丈人而授之政。典法无更，偏令无出。三年，文王观于国，则列士坏植散群，长官者不成德，斔斛不敢入于四竟。列士坏植散群，则尚同也；长官者不成德，则同务也；斔斛不敢入于四竟，则诸侯无二心也。文王于是焉以为大师，北面而问曰："政可以及天下乎？"臧丈人昧然而不应，泛然而辞，朝令而夜遁，终身无闻。颜渊问于仲尼曰："文王其犹未邪？又何以梦为乎？"仲尼曰："默，汝无言！夫文王尽之也，而又何论刺焉！彼直以循斯须也。"

周文王到臧地去巡视，看到一位钓鱼的老人，虽说是在垂钓，却既无弯钩又无鱼饵。他经常以这种独特的方式钓鱼。文王想提

升他，把政事交他治理，却怕大臣和父兄们不肯安然接受。干脆不用他吧，又不忍心老百姓得不到好的指引与保护。于是，他就在次日清晨对他的大夫们说："昨天夜里，我梦见一位形象美好的人，肤色黧黑，长满络腮胡须，骑的杂色马有一只蹄子是红色的。这位很有气派的人命令我说：'就把你的国事委托给臧地老人去处理吧，老百姓差不多就能解除痛苦了！'"诸位大夫大受震动，他们说："这是先王在托梦啊！"文王说："要不让我们占卜一下看看？"众大夫说："先王下了命令，您就不要想别的了，何必再占什么卜。"就这样，文王迎来了臧地那个直钩钓鱼的老者，委以国家政事。这个人掌权以后，没有更改过往的典章、法令、规矩，也没有发布什么特别有新意的命令。三年之后，文王巡视、考察了领地，看到的是各种文士、武人结成的私党集团都散了摊子，官长们也不致力于求名、求功德、求政绩，无人敢将与此地标准不一的不合格的量器带入国境之内。私党派别解散，也就做到了团结、合作、统一；官长不追求个人政绩，也就共同致力于办实事；与这里标准不一、不合乎统一标准的量器不敢入境，则诸侯们也就没有二心——自成体系之心了。文王于是赞道，臧丈人可真是伟大的老师呀，他站到北面（下首）而恭立请教说："您的这种行政的风格与效用能够推行、推广到普天下吗？"臧丈人默默地不言不语，空空泛泛地说了几句推辞的话而去。早晨，他还在发号施令，晚上就不见了，终生不再有他的消息。颜渊问孔子说："文王觉得自己说了还不够吗？何必要假托于做梦呢？"孔子说："别作声，你不要说了！文王已经做得很完美了，你又何必议论、讥刺呢？他只是使用了一些权宜的办法迎合当时的需要罢了。"

直钩去饵，这里的象征意义也许大于实际意义，文学性大于管理学性。直钩钓鱼，这太像是行为艺术，而不是生活，更不是职业差事。可能其意在说明一个人可贵的是无私心、无贪欲，万事听从自然之道，那你还去钓个什么劲儿？不是猪鼻子插葱——装象吗？仅凭此就任命他掌握行政，不免有点悬乎。编个瞎话说是先王托梦，还不许颜回议论，这里透露的是政治中的猫腻之多。有点黑呀。权宜手段？说的是实话。

三项效果一跳就出现了。第一项是结党营私的没了，利益集团瓦解了，这很好，避免了治下的四分五裂。但如何能做到这一点？将鱼钩撅直就能成？并不令人放心。权力运作完全脱离党派、集团、山头，这既是很好的原则，又不完全现实，尤其是在先秦，那时并无无产阶级大公无私的意识形态出现。毛泽东有名言：“党外无党，帝王思想；党内无派，千奇百怪。”

第二项是官员不“成德”，不追求个人的政声、政绩与势力了，这个境界就更高了。有的将此解释为官员不施恩泽，还有的解释为不显功德，与我所说的不求政绩的含义接近。说成不求政绩，有点现代化的意味，有点借今释古或借古喻今的嫌疑，也是可以理解的。他山之石可以攻玉，读书，读经典，读古人，都会、都必须联系现实的今人的生活与经验。本来臧丈人在周文王手下干得很好，结果周文王没事去正儿八经地请教，把臧丈人吓跑了。也许这里另有含义，文王姬昌生活于商代，其时，他只是一个“伯”爵。当时，整个商朝的统治者是纣王，他要把臧丈人之政向天下推广，牛皮大了，是否有不臣之心的流露，从而使得丈人不辞而别、闻风而逃？对此不知为何从未见前贤论及。至于文王云云，则还是武王革命成功后才给他老爹加上的封号。

第三项是度量衡趋向统一，不敢走私、进口、私称、私斗、私尺度了，境界高了能压服地方非法势力，倒也有趣。

后面孔子与颜渊的对话也极有趣，颜渊天真诚信，是尚未出道的年轻人，孔子就有点人情练达、世事洞明了。他立即要封住颜渊的口，他理解某些权宜、猫腻的不可避免性。怎么说呢？孔子却原来如此世故！这段从正文里岔出来的尾声，究竟意在夸奖还是讽刺孔丘呢？

列御寇为伯昏无人射，引之盈贯，措杯水其肘上，发之，适矢复沓，方矢复寓。当是时，犹象人也。伯昏无人曰：“是射之射，非不射之射也。尝与汝登高山，履危石，临百仞之渊，若能射乎？”于是无人遂登高山，履危石，临百仞之渊，背逡巡，足二分垂在外，揖御寇而进之。御寇伏地，汗流至踵。伯昏无人曰：“夫至人者，上窥青天，下潜黄泉，挥斥八极，神气不变。今汝怵然有恂目之志，尔于中也殆矣夫！”

列御寇给伯昏无人演习射箭，他把弓拉得满盈，倒一杯水放在自己的胳膊肘上，开始放箭。一箭射出，后面的另一支箭已经端端正正地扣在弦上，连续发射，连续置箭，运转不停。此时，列御寇矗立在那里，就像座雕像般稳重。伯昏无人说：“这是一心射箭之射，不是无心射箭之射。如果我与你一起登高山、踩险石，贴近百仞深渊，你还能射箭吗？”于是，伯昏无人登上高山，踏上险石，背对着百仞深渊慢慢往后蹭，直到脚下有十分之二悬空到了石外，在那里给列御寇作揖行礼，请他上前射箭。列御寇吓得趴到地上，冷汗流到脚跟。伯昏无人说：“作为至人，上可探看青天，下可潜入黄泉，伸展徜徉于四面八方，而神情、心态始终如一。可现在你呢，心惊肉跳，头晕眼花，你精神已经垮了，还上哪儿去射中目标呀！”

真是寓言集锦呀。奇哉妙也，神乎其神，天外有天，山上有山，旱地拔葱，更上一层楼。列御寇就够厉害的了，然而只是一般的厉害，“能御寇”的厉害，而伯昏无人，是形而上的厉害，是又“昏”又“无人”的厉害，后者当然永远高于前者。美丽主义，整体主义，东方神秘主义，空无崇拜，以及很难说没有的强词夺理，尽在文中。先树一座昆仑，再挑它的毛病、短处，三言两语，三比画两招，也许是花拳绣腿，立个门户，亮个相，超而过之，压而倒之，当然，你手里捧起来的就是珠穆朗玛峰了。

一上来对列御寇射箭的描写气势不凡。在前撑弓的胳臂伸得直直的，稳如泰山，放上一杯水也洒不出来，亏他想得出！一支箭射出去，另一支箭已经搁好，这也是一种对于“无间”性即连贯性、一体性、不可分性的崇拜。但细想想，又有点忽悠。很简单，箭射得好不好，一看准确，二看力量，三看速度。百步穿杨，说的是力量；射中红心或获得多少环，说的是准确度；速射，一分钟射多少箭，说的是速度；肘上放水，则是花式子，是作秀，不是射箭运动比赛。

伯昏无人的思路就更加不凡，列御寇的射箭，是有心、有意为之，是有技有法、有紧张度、有程序、有目的的努力的结果，而我们的祖先，尤其是老庄，更崇拜的是无心无意、无技无法而毫无紧张、全不在意、全不努力，一切听其自然、完美无缺的“天成”。他拉上列御寇去登山履险，按当今运动竞技的理论，这至多是登山比赛，与射箭风马牛不相及。敢于玩悬的，半空登临峡谷，恐怕也难进奥林匹克竞技的大雅之堂。那么，伯昏无人的思路何在呢？“夫至人者，上窥青天，下潜黄泉，挥斥八极，神气不变。”箭射得好不好是小事，是技术问题，是“术”。是不是至人，能不能上探青天、下入黄泉，能不能将精神的力量、生命的力量张扬发挥到上下左右、东南西北，则是道的问题、品质的问题、自我掌控的问题、能否无往而不胜的问题。这也是国人喜好整体性思维而忽视具体、忽视细节的一例。

表述或显夸张，不能说没有点道理。人是有可能进入这样的境界的，即最高的技巧是无技巧，大道无术，不但进行肌肉、骨骼的刻苦训练，而且进行意志、品质的难度训练。被训练者不仅用躯体器官接受训练，而且用心神悟性接受大道的启迪，这样才可能做到一通百通。一个运动员、一个艺术家，乃至一个政治家都会有这样的过程，先是战战兢兢、如临深渊、如履薄冰、千难万险、千辛万苦，做出一点成绩，创造一点纪录。随着时间的推移，随着悟性的空前提高，随着客观条件的转化，天命在我，天佑有道，同时随着熟练化、成熟化、主体化的进展，他或她能全身心地投入到事业或竞技中，相当放松，变苦为乐，变难为易，左右逢源。于是俯拾即是、信手拈来，皆成佳绩；行云流水，若有神助，不射之射，射遍天下无敌手也！

六、真人当然不将官职放在眼里

肩吾问于孙叔敖曰："子三为令尹而不荣华，三去之而无忧色。吾始也疑子，今视子之鼻间栩栩然，子之用心独奈何？"孙叔敖曰："吾何以过人哉！吾以其来不可却也，其去不可止也。吾以为得失之非我也，而无忧色而已矣。我何以过人哉！且不知其在彼乎？其在我乎？其在彼邪亡乎我，在我邪亡乎彼。方将踌躇，方将四顾，何暇至乎人贵人贱哉！"

仲尼闻之曰："古之真人，知者不得说，美人不得滥，盗人不得劫，伏戏、黄帝不得友。死生亦大矣，而无变乎己，况爵禄乎！若然者，其神经乎大山而无介，入乎渊泉而不濡，处卑细而不惫，充满天地，既以与人己愈有。"

肩吾问孙叔敖说："您三次当了令尹也没显出荣华富贵来，三次被罢官也没有什么倒霉相。我初始对您的表现心存疑惑，不太理解也不怎么相信，现在见到您喘气均匀、轻松活泼，太有趣了，您的思路到底是怎么个意思呢？"孙叔敖说："我没有什么地方能够超过旁人。我觉得官职既然来了，就难以推辞，官运去了，也无法挽留。我觉得官职俸禄、得得失失本来就不归我，这样也就用不着为它发愁了，如此而已。我上哪里去比他人强去啊。况且，我也压根儿就不明白，所谓的荣华显贵是令尹这顶官帽子呢，还是已经当过几次官儿的我本身呢？如果是令尹这个官衔荣华显贵，那与我又有什么关系？如果是我自身有什么可荣可华可贵之事，那和我当不当令尹有什么关系？当了什么什么，我时不时地要思考、选择、忖度、计划，我时不时地要顾及四面八方、了解诸事诸理，哪有工夫去琢磨个人的富啦、贱啦的去！"

孔子听后评论说："古时候的真人，智者不能说动他，美女不能扰乱他，强盗不能抢劫他，伏羲、黄帝这样的帝王也不能把他拉过去。死生是够大的事了，并不能使他改变自己的精神与操守，官爵俸禄又何足挂齿！这样的人，他的精神超越大山而无障碍，进入深渊、湿地而不沾湿，遭遇贫贱而不萎靡，与天地同在同格，一心奉献别人而自己越发富有。”

中国之官本位，由来已久。孙叔敖讲的道理其实非常平实，是大实话，但是人们硬是想不明白，更做不到。人与位（职、级、衔、封号）到底哪个重要，哪个起决定作用？孙叔敖说得多么好，荣华显贵如果是从我这个人身上得来的，与官职、头衔无关，我既然具有了荣华显贵的种种条件与资源，丢官能对我有什么损失？荣华显贵如果针对的是特定的官职，那与我本人、本体又有什么关系？人家捧你不是因为喜欢你，而是由于人家不能不承认你混上了个什么破官职——例如令尹。人家管你令尹长令尹短地叫唤着，行着礼，说着阿谀奉承的话，都是对官职的，都不是对你的。早晚你会与此官职分离，到时你吗也不是，吗荣华显贵也不会存留。真透彻呀！

官迷自古有之，于今尤烈。原因之一在于自信的人太少，真正有本事、本钱、本领的人太少，而因衔成事、因位成事、因职成事、因运气成事的人太多。官迷愈多，愈说明人的孱弱、没有出息、没有头脑、不清醒、不自知。真正有品德、有智慧、有操守的人会害怕丢官吗？丢官才提供了自身真正一显身手的平台！孙叔敖三起三落，神清气闲，连鼻孔的呼吸都那么清新、舒畅，善矣哉！再看看官场内外的蝇营狗苟的丑态！其高低、美丑、贤愚立见。

> 楚王与凡君坐，少焉，楚王左右曰“凡亡”者三。凡君曰：“凡之亡也，不足以丧吾存。夫凡之亡不足以丧吾存，则楚之存不足以存存。由是观之，则凡未始亡而楚未始存也。”

楚王与凡国君王坐在一起交谈，一会儿，楚王左右的臣子多次过来报告凡国灭亡的事。凡国之君说：“就算凡国灭亡了，并不等于我就不存在了。既然凡国灭亡并不能使我灭亡，那么楚国的存在也不等于保证楚王您的存在。这么说，凡国也就没有什么灭亡，而楚国也不一定就一准存在。”

个体的生命有他的独立性与重要性，不一定是随国亡而亡，随国存而存。这样一个说法至今仍然十分敏感，也仍有歧义。一种说法是，覆巢之下岂有完卵？皮之不存，毛将焉附？《红灯记》里的唱词则是：“山河破碎我的心肝碎，日月不圆我的家难圆。”在这个信念下，出了多少仁人志士。但在无义战之时，在乱世，凡君提出来，我的国亡了我没有亡，你的国没亡也不等于你一定不亡，这边亡了那边存在了，有那么大意义吗？这确实提得很大胆、很出格，也很值得一想。

再说，按庄子的观点，存与亡并非绝对对立，而是可以齐物、可以统一起来的。你的存不一定意味着什么都存、永远都存、时时事事存。你的楚国天天有人消亡，天天有事做不成，天天有文物、学理、物质与非物质遗产被抛弃和遗忘。我的凡国天天都有人生下来、活下来，天天都有物质的与非物质的文化遗产得到保护、记忆、传承，不是说明它仍然存在吗？夏、商、周、秦、汉、晋、隋、唐、宋、元、明、清，哪个朝代没有存过？哪个朝代没有亡过？庸夫俗子，对于存亡、兴衰、成败之事，你能知道多少，你能言说多少？歇着吧，您！

老王说：老庄，尤其是庄，喜欢一种神秘主义。你有多少人间公认的功夫、成绩、修为、资源……全不算数，它们即使亦步亦趋，仍然是与大道失之交臂。那么，要看你的无为而无不为、无言而无不至、不钓而钓、不射而射、有荣华而无荣华、去荣华而无忧色、无存而存、亡而不亡、无生无死……这样庄子带给我们的就不仅仅是思辨，而且是信仰、是浪漫、是激情、是崇拜、是梦境、是顿悟，是精神上的巅峰体验，是此岸与彼岸的高度融合，是天上与人间的互通互补。

牛啊，庄生！神啊，庄生！美啊，庄生！

知北游：天地有大美而不言

《知北游》是外篇的最后一章，其内容完全适合作全书的最后一章，比现时以杂篇的《天下》结束更能收拢得住。它充满玄思——抽象的、阔大的、神秘的与超验的思想。它集中谈论天与道、生与死、知与不知、物与我、言与不言这些激动人心而又令人彻悟也令人发狂的大问题。它充满微妙感、智力的优越感乃至伤感：欲言忘言；天地大美；澡雪精神；“乐未毕也，哀又继之”；人生在世，白驹过隙……读之如嚼橄榄，余味深长。

我们无法推测此书章节安排编辑的过程，可能这只是巧合，可能那时并无在结尾处小结全书的思路，那就更妙了。内篇第一章是《逍遥游》，本章是《知北游》，全书只此二章名“游”。“游”是动感，是庄子对于人生的总结，是非常吸引人的一个字。当然，二游不同，一游是北溟南溟，九万里，扶摇羊角，而这里的二游更多是认知，是精神思想上天入地、前始后终之游。读庄谈庄，让我们共同体会这种神游的激情与风度吧。

一、道是可知与可言的吗

> 知北游于玄水之上，登隐弅之丘，而适遭无为谓焉。知谓无为谓曰："予欲有问乎若：何思何虑则知道？何处何服则安道？何从何道则得道？"三问而无为谓不答也，非不答，不知答也。知不得问，反于白水之南，登狐阕之上，而睹狂屈焉。知以之言也问乎狂屈。狂屈曰："唉！予知之，将语若，中欲言而忘其所欲言。"知不得问，反于帝宫，见黄帝而问焉。黄帝曰："无思无虑始知道，无处无服始安道，无从无道始得道。"

有个叫知（代表心智）的人向北面游历，来到玄水岸上，登上名叫隐弅的山丘，恰好在那里遇上了无为谓（代表无为、无谓、无言、不可言说的大道）。知问无为谓说："我有些问题想向你请教：应该怎样去思索、去考虑，才能知晓、懂得大道？怎样生活、怎样自处、怎样行事，才能符合大道？根据什么、沿着什么途径，才能获得大道？"问了几次，无为谓都没有回答，不是不回答，而是不知道怎样回答。知从无为谓那里得不到答案，便返回白水的南岸，登上名叫狐阕的山陵，在那里遇到了狂屈（又狂又屈，是特立独行、稀奇古怪的意思吧）。知把此前问无为谓的话向狂屈提出来请教，狂屈说："唉，我明白了，我会给你说一说。只是我心里确实想与你谈，却又忘记了这心里想说的话语。"知从狂屈那里也是一无所获，转回到黄帝的宫舍，见到黄帝，他就把这些问题说了。黄帝说："不要思想，不要考虑，才能够懂得大道；不去处理，不去行事，方才能够符合大道；没有根据，没有来源，也没有途径，方才能够获得大道。"

把概念人格化，把概念上的歧义变成人际讨论或争论，这实在很特别，也很天真，所以至今我们还讲什么京剧要姓京，或者姓社、姓资的讨论应该如何把握等。

一个是知，就是知识与智慧、智谋。一个是无为谓，就是无为并且无言。一个是狂屈，疯狂？狂热？佯狂？屈枉？委屈？屈弯？总而言之，有点变形，或者有点与众不同，与庸众拉开了不小的距离。

道不可言，这既是妙不可言、玄而又玄，又不妨予以探讨。关键在于，道基本上不是一个经验的与逻辑推理或数学计算所产生的概念。道是思辨，是突破经验层面的万物万象、一时一地、天地六合（三维空间）、生灭存亡、彼此是非正误的限定，达到本质、本源、永恒、无限、整体、全体、超越、齐物、融会贯通、至高无上的终极概念。道是思辨也是信仰，是微积分也是激情，是分析也是了悟，是总括也是飞跃，是思维能力的创造也是独具慧眼的感受，是冷冷的沉思也是匍匐赞美的崇拜，是入情入理的思考论辩，也是乃至更是想入非非的神灵、神光、神性。逻辑、思辨、经验、分析……这些是大致可说的，但也不可能说得准确、详尽与毫不走样。而信仰、激情、慧根、了悟、想象、崇拜……都不是讲得清、说得明的。道啊道，你的超级伟大也给你带来了超级的困难，一言不发不完全像是大道，因为聋哑并非大道的表现，说出来呢，有可能越讲越不明白、越讲越走样。古往今来，谈老庄、谈道论禅、谈道教的书籍言论汗牛充栋，会不会有时产生出越发糊涂以至于荒谬绝伦的功效来呢？用不着我多说了吧。

所谓无为谓，如果能当真对之有所体悟，倒也不简单。它意味着你产生了混沌感、顿悟感、整体感，尤其是对于无穷大的感受，是数学、哲学、神学的大成与巅峰，是思辨的极致进入了非思辨的境界，而非思辨（激情、崇敬、信仰、感动、满足等）的极致进入了思辨。这不同于无知、愚昧的迷信，又不同于小手小脚的钻牛角尖。

当然，过分地强调不能说、不能想、不能讨论、不能研究、不能做、不能行、不能止、不能有所遵循……又多少有点洒狗血的嫌疑。无为谓是大道，对于哲人来说它是哲学，对于智者来说它是智慧，对于信徒来说它是信念，对于中低档智商来说，它完全可能变成狗血。我感到道教中有极美好的理念与修为，也有狗血式的喷洒与傻气乱冒。有什么办法呢？

准确一点讲，对于道的研习应该是在说与不说、做与不做、讨论与不讨论之间。首先还是要学习、要研究，但又不仅仅是一个研习的问题。生活、研习、思考、体悟，这是分不开的，不能厚此薄彼。

> 知问黄帝曰："我与若知之，彼与彼不知也，其孰是邪？"黄帝曰："彼无为谓真是也，狂屈似之，我与汝终不近也。夫知者不言，言者不知，故圣人行不言之教。道不可致，德不可至。仁可为也，义可亏也，礼相伪也。故曰：'失道而后德，失德而后仁，失仁而后义，失义而后礼。礼者，道之华而乱之首也。'故曰：'为道者日损，损之又损之，以至于无为，无为而无不为也。'今已为物也，欲复归根，不亦难乎！其易也，其唯大人乎！"

知于是问黄帝："我和你知道了这些道理，无为谓和狂屈却不知道你刚才讲的这些说法，那么，谁是正确的呢？"黄帝说："那个无为谓是真正正确的。狂屈吗，差不多好像也是正确的。我和你却始终没有贴近于大道。有知、有智的人是不多说话的，说话多了，正是无知、无智的表现。所以说，圣人要身体力行，正是不用言说而有所感染与教育。道不可能靠言词来获得，德不可能靠谈话来达到。至于仁，那是必须有所作为的，仁可能是做出来的。而讲求义，是可能亏损残缺的，是可能打折扣的：恰恰是有了欠缺才闹出个义来没完没了。而礼的那一套常常只是表面文章，大家相互作伪罢了。所以说：'失去了大道就只好去讲究德（价值观念、良心感受），失去了德就只能讲究仁（爱心、亲民、形象），失去了仁而后闹腾义（人际诚信或圈子拉扯），失去了义就只剩下礼（礼貌、形式、走过场、做样子）。礼，乃是道的伪饰与遮蔽，而且是搞乱思想的祸首。’所以说：‘进行道的修习的人每天都得清除、删减自身上的非道的元素，删减再删减，以至于达到无为的境界，达到无所作为的境界也就是万物无不自然而然地在那里运动作为了。’如今，你已经由于违背道的原则而异化了，想要再返回根本，不是很困难吗？假如能比较容易地改变而回归根本，恐怕只有得道的伟大人物吧！”

英谚“沉默是金”，与《庄子》的这一段似乎可以相互呼应。“无为”，沉默，未必是毫无表现，知去请教无为谓，说明无为又无谓者已经表现了自己的得道。不能讲解道的人多了，知并未见一个请教一个。既无为又无谓，这已经表现了道行。正如传染病情报中零病例、零报告也是疫情的重要情报一样，零发言、零行为也是一种发言与行为的元素。

“仁可为也，义可亏也，礼相伪也。”这几句话很厉害，庄子认为具体的美德都是可以做出来的，是能够人为地作伪的，也是可能打折扣的。我们早就有这一类的词，说明我们早就见识到了这样的人和事：曰沽名钓誉，曰收买人心，曰欺世盗名，曰装腔作势，曰虚与委蛇，曰巧伪人，曰伪善，曰假仁假义……近世，甚至有以写日记，在日记中夸张自己的先进思想与先进事迹为登龙奇术的。怪不得老庄都渴望人们能够更朴直一些啊。

“今已为物也，欲复归根，不亦难乎！”或译为人如今已处于万物之中了，或道已经下载为物了，再回到道之根本上去，大不易了。我则欲释为“已经异化了”。这不仅是为了将庄学现代化，而且，从庄学的观点看，人生、万象、万物，即一切具体的物的出现，既是大道的下载，也是大道的异化。因为出现了生也就是出现了死，出现了我也就是出现了物，出现了万象也就是出现了区分与争执，出现了万物也就是出现了大小长短得失美丑的计较，出现了人类社会也就出现了各种人的毛病：贪欲、自傲、自私、自是、强权、虚伪、狭隘、智谋、诡计，尤其是各种概念、语词、忽悠乃至胡说八道。世界是大道的花朵、大道的展现、大道的证明，也是大道的对立面，是大道的歪曲，是大道的异化，是大道的庸俗化、局限化、模糊化与摇摆化。已经进入了花样翻新、千奇百怪、乱哄哄的物的世界，再追本溯源，意欲回到无为无谓、至高至上的大道中去谈何容易！

让我们再往玄里想一想，一个人在他或她没有出生以前，是大道的一部分，与大道在一起，与大道同行、同格、同质、同项。一旦出生，就与万物在一起了，就是物了，就不恒等于大道了，就要日夜悲啼于对于大道的似有似无、似合似分、似得似失、似生似灭的感受了。这时，又能在有生之年对大道有所感受、有所体悟、有所依傍、有所崇拜，当然本身就是大人了，就了不起了。

“为道者日损，损之又损之，以至于无为”，这话大致是从老子那里引用过来的。这使人联想到今日的减肥，无论是从美容美体还是从保健祛病出发，都要减肥，减而又减，以至于无赘肉与多余的脂肪、多余的体重。过肥，是对现代人的极大威胁。老庄他们要做的是精神与心智上的减肥，贪欲、权欲、争执、计谋、焦虑、妒忌、张扬……它们对人、对群体的害处超过赘肉脂肪又多多了。

> “生也死之徒，死也生之始，孰知其纪！人之生，气之聚也；聚则为生，散则为死。若死生为徒，吾又何患！故万物一也，是其所美者为神奇，其所恶者为臭腐；臭腐复化为神奇，神奇复化为臭腐。故曰：‘通天下一气耳。’圣人故贵一。”

“生的过程也就是死的过程，生的因素也就是死的因素，生乃是死的一个组成部分，而死的同时是新的生命的开始，死是新生的一个开端。就像鸡生蛋蛋又生鸡一样，谁能理出它们的头绪、顺序与因果承继关系！人的出生，是气的聚合的结果。气聚合了，于是出现了生命，而气的分离散去，便是死亡的到来。如果死与生是互为同类，谁也离不开谁，是一体化的，是一件事的两个方面，是一个东西的两面，那么对于死亡，我们又有什么好害怕的呢！我们说，万物万象其实是同一的。只有人为的偏见才使它们对立冲突起来。是人，把他们认为美好的东西视为神奇，把那些他们所讨厌的东西看作臭腐（或是万物，是世界，把它们喜好的东西变得神奇，而把它们厌倦的一切化为臭腐）。然后，臭腐的东西还会再转化为神奇，神奇的东西还会再转化为臭腐。神奇与腐朽也是互相一体的。所以有道是：'同样的一个气，在整个天下运转不休。'圣人也因此非常重视万物的同一性。"

强调天下万物万象的同一性，淡化它们的差异性，这是《庄子》的特色之一。有一个原因，就是他看够了那些大同小异的人与思想观念、利益集团、血缘集团直至诸侯王国之间夸大其词的纷争，如以暴易暴，以片面斥片面，以牛皮嘲牛皮，以昏反昏，以恶对恶。他也看够了人们为自己不可抗拒的变化与命运而忧心忡忡、焦虑迷狂，像没头的苍蝇一样乱撞，火上浇油，自取灭亡。他还看透了万物万象归一的大趋势。寿夭终难逃一死，贵贱常互为表里，腐朽与神奇也并非势不两立，仁政与暴政都有自己的仁与暴。庄子的这个思路，比强调差异与斗争的理论看得远些，或嫌消极，却又有利于休养生息与和谐安稳。当然，不利于睁了眼睛看。知道有这样的绝门之论，体会先秦大家的想象力、表达力与中华民族的惊人头脑，与之共舞几圈，诚然可喜可庆。至于二十一世纪，当然一个庄子、一个孔子远不够用，我们需要的思想、精神、学问、资源、成果、创造与新意，多着呢！

"通天下一气耳"的说法像是天才的小儿科道理。那个时候还不懂得物质三态的理论。其实，万物都可能呈现出汽化的状态，因此称之为"一气耳"是天才的。气给庄子时候的国人的印象当然是易于交通变易，将世界的原始状态设想为一团气，贴谱。生死互徒而无纪，就更高明了。是有了生才有死？是有了死才有生？想不到先有鸡还是先有蛋的问题这样深邃、有趣。

知谓黄帝曰："吾问无为谓，无为谓不我应。非不我应，不知应我也。吾问狂屈，狂屈中欲告我而不我告，非不我告，中欲告而忘之也。今予问乎若，若知之，奚故不近？”黄帝曰：“彼其真是也，以其不知也；此其似之也，以其忘之也；予与若终不近也，以其知之也。”

狂屈闻之，以黄帝为知言。

知对黄帝说：“我问过无为谓，无为谓他不予回应，不是诚心不回应，是硬是不知道如何回应。我问过狂屈，狂屈衷心地要告诉我点什么，却没有告诉，不是不肯告诉，是衷心想着告知我，却同时忘记了该怎样说。接下来，我来请教你，你是知道我所提出的问题的答案的，为什么却说我们是离道越来越远了呢？”黄帝说：“真正了解大道的，他对于大道是什么也不知道的；差不多接近于道的，是忘记了如何解说大道的；我和你终究不能靠近于道，是因为我们什么都知道啦。”

狂屈听说了这件事，认为黄帝的话是最智慧的关于道的言论。

知道就是不知道，什么都不知道才是知道。曾经以为自己知道，终于是忘记了，这也是接近于知道，好似知道。这个说法很好玩。在特定的情况、条件下，这个话很精彩，至少比认定自己确实有所知道更精彩。在混乱中，在非理性的狂潮中，在完全无奈之中，在客观世界向你提出的问题大大超出了人的认知水准的时候，承认自己的无知，也许才是有知的表现。而越是夸夸其谈，越是对答如流，越是巧舌如簧，就越要丢丑、越要永被恶名。邦有道则智，邦无道则愚，愚也不可及，这也是一种超高级的不知。当问答进入了形而上的层面，进入了超智力的层面，你最好的选择也是承认无知、选择无言，长叹而且无为、勿为、不为。与此同时，你可以在风度上下功夫，可以在气色上下功夫，在日常生活中下功夫，无为而无不为，无所用心而事事、时时呈现出得道者的高度。

有什么办法呢？许多人之倒霉、之吃瘪、之愚蠢、之害人害己，不是由于他的无知、无言、无谓，而是他一瓶子不满半瓶子晃荡，是由于他的强不知以为知，自以为知，自以为是，他的有害的知识、言语、行为与计较太多。为什么傻人更有傻福？为什么三缄其口常常成为摆脱困境的最佳法门？为什么人们将藏拙视为美德，而将张扬视为幼稚？能不慎乎？

但同时有一个问题，人不是承认自己无知与无为谓就至此结束了，就万事大吉了。人的特点，人生的意义之一在于，既老老实实地承认无知，又渴望有所知，渴望有所探索、有所发明、有所前进、有所积累。第一你是不知，第二你正在知，第三你渴求知，第四你确实在知上有不小的前进，第五，前进了半天，该承认无知的还是无知，该承认说不出来、道不明白的也仍然是如此。什么叫明白，什么叫糊涂呢？这几方面都厘得清、想得顺，就基本明白，否则仍然是糊涂人。

二、从伟大的美丽出发，探求万物的道理

> 天地有大美而不言，四时有明法而不议，万物有成理而不说。圣人者，原天地之美而达万物之理，是故至人无为，大圣不作，观于天地之谓也。

天地具有全面、足够、宏大的美德与美丽，却从来没有什么自我表述；四时运行具有明确的规律与章法，却从来没有进行过什么议论；万物的存在变化具有既定的道理与格局，却从来用不着加以解说。达到顶峰的圣人，从天地伟大的美丽出发，从而获得万物存在变化的道理，所以说圣人无为、大圣不作，这是我们对于天地做了深入观察之后得出的判断。

“天地有大美而不言”，这是《庄子》中最美丽的句子之一，是脍炙人口的名句，是中华民族古代学人“天地颂”的主台词。吟咏于此，确实令人感觉到人类的浅薄与浮躁。每个人，至少是很多人，往往是说得比做成的多，说得比唱得好听，更不要说比做到的好听了。而天地的形象、天地的境界、天地的功能——大德，

却给人们提供了真正恢宏、谦逊、自信、博大而且沉潜的榜样。“四时有明法而不议”，说到底仍然是不争论，不说空话，不要没完没了地搞论坛、搞研讨、搞辩论、搞上院下院的意思。如果你做的事符合自然规律、客观规律，就别没完没了地掰扯了，你要干的事能有四季变化那么广泛深入与巨大反差吗？四时交替，并不需要事先辩论，不需要正反两方唇枪舌剑，该变的不就变了吗？该取代的不就取代了吗？为什么人类把自己的生活搞得这样复杂乃至于惨烈！

语言与文字的使用是人作为万物之灵的标志，它们是文化的载体、是历史的保存、是人类活动的花朵也是果实，但也是人类的灾难：多少时间、多少生命、多少财富、多少智慧都浪费在空谈、假话、夸张、作秀、恐吓、诱惑、语言暴力、语言误导、语言骗局当中！

中华传统文化似乎自古就有不特别提倡自由讨论、争论、辩驳、解说的传统，这与儒家的对于尊、卑、长、幼、纲、目的秩序的维护与保守有关，也与道家的齐物、无为、一切听其自然的主张有关。天地有大美而不言，这确实很感人，你可以创作出大合唱来赞颂这样的不言的天地。但是人呢？一个诸侯，一个帝王，一个将相，一个老师、先生，一个商家、工艺师……只是不言，一定能证明他或她的管用与伟大吗？还是证明他或她的脑残或智障呢？

再搬搬杠，天与地果然绝对地无言吗？虎有虎啸，龙有龙吟，庄稼拔节时会咔咔地响，水有水文，天有天文，地有地貌，还有阴晴雨电、狂风惊雷、巨寒酷热、洪涝干旱、地震泥石流、雪崩塌方，当然也有风调雨顺、花明柳媚、天清地阔、万物欣欣向荣的美好局面，这不就是天地之言吗？天地不作人言，不等于它们永远无声无息。禽有禽言，兽有兽语，天有天音、天籁、天谴，地有地籁、地动山摇、海啸，还有钱塘江涨潮千军万马般的呼啸。所以，古代中国皇帝遇有天灾地祸，都要下罪己诏，他们认定上天与大地会因人事不妙而向他们发出黄牌警告。

> 今彼神明至精，与彼百化。物已死生方圆，莫知其根也。扁然而万物自古以固存。六合为巨，未离其内；秋豪为小，待之成体。天下莫不沉浮，终身不故；阴阳四时运行，各得其序。惛然若亡而存，油然不形而神，万物畜而不知。此之谓本根，可以观于天矣。

它（天地，或言大道，或如后文之言本根）的神奇与明澈精深微妙，与宇宙万物一起变化无穷。万物已经各有其存在的方式：死了的，是已经死了；生了的，也已经生出生长了。它们可能是方块带角，可能是圆球无端……我们无法确切地知道万物，所以如此生生死死、方方圆圆，所以千差万别的根由。翩翩万物、芸芸众生，从古代就自行早已存在。“六合”算是十分巨大的吧，却始终不能超出它的囊括；秋天的毫毛算是细小的了，也还得仰赖于它的充实，方才能成就其小小的形体。天下万物万象时时都在沉浮变易，不会永远保持自身的故态；阴阳与四季也永在运行，各有自己的秩序。它是那么糊涂幽暗，仿佛业已消失，实际上却又无处不在，生气洋溢；它并没有自身的确定形象，却体现了充足的精神，万物被它养育却一点也未觉察。这一切都是来自本根，感悟到了本根，就可以用它来观察自然之道了。

这一段文字的主语用的是代名词：彼、其、此。有的老师将彼译作大道，有的老师将之解释为天地，其实最好的解释文本已经告诉了你，就是本根。本根就是根本，根是根源、根由、根基。本是本体、本身、本质，应该还包括本色与本真。本根是大道的一个重要属性、大道的一个值得歌颂乃至膜拜的优越性、大道的一个重要品格。大道之所以是大道，在于它的本根性、根本性。但本根并不完全等同于大道。大道不仅是本根，而且是法则、是缘起、是归宿、是覆盖、是总和，是无穷与永恒。但谈本根必然通向大道。天地则是大道的表现，大道的硬件、硬体或下载。从对天地的观察与歌颂出发，下一步就是寻找感悟天地的本根，寻找本根。壮哉，通向大道的精神旅程开始了。

天地万物，这里谈到了它们的很多特色：多样、有序、自然、宏伟、沉浮、不言、无定形、变动不羁、惛然若亡。它们的主心骨是大道，它们的本质与本体是大道。以大道为纲，对天地万物的认识豁然贯通。当然，这里头有中国文化的一个重大轻小、重总括轻分析、重人文并混合文史哲而轻自然科学尤其是技术科学的传统在内，有一个自古以来人们信奉的“抓牛鼻子”论在里头。这样的理论颇可享受、颇可共舞，与之合唱、对唱，但有极大的片面性。它忽视了另一个通向大道、通向真理的路径：分门别类，从具体分析，从现象出发，从感觉、感性、感知出发，达到综合与抽象，达到概括与本质。相对于西方文化，我们忽略自然科学，忽略具体事物、学科的千差万别，这无论如何是中国文化的一个不幸。

“六合为巨”，至大矣，但是“未离其内”，仍处于本根——大道之内。“秋毫为小，待之成体”，是本根的元素使纤细渺小的秋毫具备了形体，就是说本根——大道又成为构建细小的秋毫的一个因素，本根乃是在秋毫之内，如老子所论述的以“无有入无间”（第四十三章）。原因就在于，六合——上下东南西北的三维空间，巨则甚大矣，仍然是有形的世界属性，即世界的空间性。而本根的思考，是无形的，是思辨的花朵，是神性（形而上、精神、超验性、先验性、彼岸性——在人生的此岸、活人的具体具象的世界中接触不到，或存在于生前死后的另一个世界之中）的概念。无形的神胜于有形的物，比六合更巨大，比秋毫更细微，于是玄而又玄，众妙之门的赞叹吟咏，又出来了。

三、一谈就入睡，这才是道吗

> 啮缺问道乎被衣，被衣曰：“若正汝形，一汝视，天和将至；摄汝知，一汝度，神将来舍。德将为汝美，道将为汝居，汝瞳焉如新生之犊而无求其故！”

> 言未卒，齧缺睡寐。被衣大说，行歌而去之，曰："形若槁骸，心若死灰，真其实知，不以故自持，媒媒晦晦，无心而不可与谋。彼何人哉！"

齧缺向被衣请教对于大道的领悟，被衣说："请先做到端正你的形态外表，集中你的注意力，使之专一。这样，天生的和顺的气息与状态机制便会出现在你这里；还请收敛你的智巧，齐一你的忖度，神采、神力就会驻留在你的心中。玄德将因为你的纯朴而凸显其美好，大道将因为你的虚静而与你同在。你的目光、你的眸子就像初生的小牛犊那样纯洁，不会去在意外在的任何事件！"

被衣话没说完，齧缺已经睡着了。被衣见了十分高兴，唱着歌儿离去，说："身形犹如干枯的骨头架子，内心犹如死灰，朴实无华，单纯本真，不因为任何缘故和任何事情而装腔作势、有所矜持，浑浑沌沌，昏昏暗暗，没有任何心计，谁也不可能与之共谋。这是什么样的有道之人啊！"

这个故事我愿意戏称之为"内愚一"主义。第一，它重视的是内存的省视，是忘记客观世界、忘记对象，以枯骸或槁木（即枯树死灰）的心情忽略外物，要做到死猪不怕开水烫、死人不怕鞭尸、死狗不馋骨头的境地。它认定，大道会出现于内心，只要你不搅扰它、不去分散它、不去冲击它，心中自有大道，心中自有本根，心中自有天地，心中自有大美与玄德。一头是天与地、是六合、是四时、是万物万象，一头是内心，而把中间的一大块，尤其是人间一大块、社会一大块全部抹掉、忘掉。

第二，重视愚，而智是苦恼与败坏、纷争与仇恨的根源。怎么个愚法？这一段颇有新意，庄子喜欢的愚的特点是速可眠、是舒乐安定、是睡大觉主义。高人善睡，刘备三顾茅庐，碰到的山人诸葛孔明，叫作"大梦谁先觉，平生我自知。草堂春睡足，窗外日迟迟"。诸葛亮向读者的第一次亮相是他的充足的、绝无神经衰弱的睡态。齧缺刚请教完，听了几个字就睡着了，因而获得被衣的高度称赞。这个“愚”字包含了经常处于高度抑制状态的意思，即绝不兴奋、绝不张扬、绝不显摆。

将失眠与否不是当作神经系统或精神系统的健康状况来做临床诊断，而是当作一种精神境界来看，这也是中土独有的思路。至人无梦，前文中已有说法，即已经从是否善睡上看火候看修养、看道行了。

《孟子·公孙丑下》有道是“得道者多助，失道者寡助”。当然，孟子讲的道与庄子的道不相同，但《知北游》中的这一段描写不妨说成是“得道者多眠，失道者寡眠”，比孟子更通俗。反过来推论，是不是读通《庄子》有利睡眠呢？说不准的，现代性被许多有识者诟病的问题之一，是神经紧张、失眠的人越来越多，患抑郁症的人越来越多。请他们读读庄子，读读与老王共舞的庄子吧。读者一笑。

明白无误地提倡愚，批评乃至谴责知与智，是老庄学说的一个特点。中土哲学的非智反智主义，看来源远流长。孔子没有太多的非智，但《论语》中对于巧言令色的批判、对于巧伪的说法，也让人觉得还是愚一点好。《三字经》里讲“首孝弟（悌），次见闻”，明确见闻（智、才）远远不像孝弟——德那样重要。这和中国悠久的封建制度有关，人们愚一点，有利于口喊万岁，见了君王就叩头如捣蒜。

当然，我们也可以考虑到，古代对于愚的解释也许包括了更多的积极、正面的东西，例如返璞归真，例如说一不二，例如不搞阴谋诡计等。于是，有些喜爱老庄的学者，努力为之做出解释，说是这里的“愚”字不是傻与蠢，而是诚实、朴素，其实不必，傻、蠢也可能通向诚实、朴素，同时更多地通向“愚”。

我们还要考虑到一个说法：大智若愚。起码世界上有两种愚，一种是弱智脑残，一种是超级的智慧与聪明，像孔子所说的宁武子那样“邦有道则知，邦无道则愚”。邦无道，是说这个邦国天下大乱，人们不按牌理出牌，只有超低调、潜龙在渊、一问三不知，才能庶几有所等待、有所自保、有所回旋，至少是有所不为，即无为，即沉默是金。在那种邦无道的情势下，你还特别表现自己，特别想出风头、闹腾一气，结果必然是搭错车、上贼船，一失足成千古恨。“文革”中我国就有这样的人物，与其说他们是智，不如说他们是聪明过头，机关算尽太聪明，反误了卿卿性命。

与大智若愚并列，也会有大愚若智的情况，我们传统的说法叫作愚而诈，自命机灵鬼，诡计多端，小丑罢了。

另外，此处的说法也表明了庄子提倡的愚与弱智状态的巨大区别：抱元守一，精神向一处拢，注意向一处聚，视听走同一个方向，心智只认一个大道，自然不会焦虑也不会失眠，不会闹心也不会置气，以一抵御杂、多、邪、故（事端）还有贪欲之类的各种非道性侵扰。

四、汝身非汝有也

> 舜问乎丞曰：“道可得而有乎？”曰：“汝身非汝有也，汝何得有夫道？”舜曰：“吾身非吾有也，孰有之哉？”曰：“是天地之委形也；生非汝有，是天地之委和也；性命非汝有，是天地之委顺也；孙子非汝有，是天地之委蜕也。故行不知所往，处不知所持，食不知所味；天地之强阳气也，又胡可得而有邪？”

舜向丞请教：“道可以获得并且归自己拥有吗？”丞说：“你的身体都不是归你所有，又怎么能获得大道，并据为己有呢？”舜说：“什么，我的身体不归我所有？那么，是哪一个能够拥有我的身体呢？”丞说：“是天和地把形体委派下来、下载下来，成就了你的身体；你的生长、生活也不是归你个人所有的，那是天地委派、下载下来的阴阳之气，凝聚合和，成就了你的生机；性命也不是你所自有的，那是天地把平顺运转之气委派、下载给你了；即使你的子孙也不是归你所有的，那是天地所委派、下载给你，供你蜕变替代所用的。所以，一个如你这样的人，你行走，但是你准知道去哪里吗？你居住，你知道在把持与守护什么样的空间吗？你吃喝，你知道你的饮食滋味到底是怎么来的，到底是怎么回事吗？一个人的行走、居住和吃喝都不过是天地之气的运转而成，天地的生生不已与运转无休的阳气是这样强大、活跃，又怎么可以由某个人获得并据为己有呢？”

这一段讲非私论、非有论、非私有论，叫作走向透彻、走向想得开。老子讲了，“吾所以有大患者，为吾有身，及吾无身，吾有何患”（第十三章），连自己的身体都不归自己私有了，还有什么可以患得患失的呢？《庄子》这里讲的是你的生死、性命、子孙都是天地之气结合形成的，是天地委托、委派给你的，是天地暂时给你使用、借用、代理、经管、照顾的。天与地是董事长、董事会，你最多是科室或项目经理，一般只是见习学徒、科员，是被委托、被委任的代理人或候补代理。这个委托是有时限的，期满停止委托，你的生死、性命、子孙，都再不归你经管，你的委托失效作废。这样说来，何必还那么私心盈满、计较不休、争夺惨烈？同时，委托期内的这个是我的那个是他的等歧义，又哪里有那么严重，你占有的东西越多，天地收回去的也就越多。如果你确立一个一切“我的”并非吾有的观念，你会不会变得大气一些、豁达一些、开阔一些呢？

当然，一切问题也不是随着一念的转变就迎刃而解的。老子讲的是“生而不有，为而不恃，长而不宰”。老庄，甚至加上孔子，都喜欢讲天地不言——“有大美而不言，四时有明法而不议，万物有成理而不说”。就是说，你的生死、性命、子孙虽然是归天地所有，但是天地并不占有你、并不把持你、并不主宰你，你仍然是自由的，至少在你的有生之日暂时是自由的。完全否定自己对自己的所有权、支配权，就那么正确吗？

五、没有足够的陶醉与向往，你怎么可能体悟大道

孔子问于老聃曰："今日晏闲，敢问至道。"

老聃曰："汝齐戒，疏瀹而心，澡雪而精神，掊击而知！夫道，窅然难言哉！将为汝言其崖略。"

"夫昭昭生于冥冥，有伦生于无形，精神生于道，形本生于精，而万物以形相生，故九窍者胎生，八窍者卵生。其来无迹，其往无崖，无门无房，四达之皇皇也。邀于此者，四肢强，思虑恂达，耳目聪明。其用心不劳，其应物无方。天不得不高，地不得不广，日月不得不行，万物不得不昌，此其道与！"

孔子问老聃说："今天，我们安闲无事，可以安安静静地坐下来，我想我是不是可以请问您关于对大道的认知的问题。"老聃说："那得先请你斋戒，疏导、通畅你的心灵，像用雪洗澡一样（或洗得像雪一样纯净）地清洁、振奋你的精神，打破你的心智成见！大道，真是深邃奥妙难以讲解啊！要不我给你说个概略吧。"

"清清楚楚的东西是从幽幽冥冥、昏昏暗暗中产生出来的，有抓挠有端绪有次序、摸得着首尾把柄的东西则产生于混沌无形，精神产生于大道，形体产生于精髓、精气。万物是通过不同的形体演变而产生的（或谓万物的存在都是从具有一个形体而开始的）。例如，具有九个孔窍的动物是胎生的，具有八个孔窍的动物是卵生的。（按，可能是指七窍加大小便的孔道，而鸟类、鱼类大小便出自一个孔窍，故比胎生动物少一窍。）它的到来不留痕迹，它的离去没有边际——你不知道它自何处来、到何处去，你不知道它从哪儿出出进进，也不知道它在哪儿居住、停留，它却能够通向壮阔辽远的四面八方。能追随与认同这样的伟大的道，与之一致、一体，这样的人四肢会比较强健、思维会比较通达，

耳聪目明。他们虽然运用心思却不会疲惫不堪，应对外物也不会死板、固执。天得不到它便不能高悬覆盖，地得不到它便不能广阔宏远，太阳和月亮没有它便无法运行，万物没有它便不可能昌盛发展，这是什么呢？这就是大道啊！”

又是一段颂歌，没有歌颂之心、崇拜之心，没有对于终极与虚空的陶醉与向往，你对于大道的理解与认知是不会到位的。“昭昭生于冥冥”，此话甚美。是的，日月星辰似乎都是从黑暗中升起来的，而不是自来悬挂在光天之上的。动物从母亲的身体中出生，也是昭昭出于冥冥。人的精神体验也是如此，只有冥冥中才能产生智慧之光的照耀，无奈中才能产生光辉的选择，科学发现与神机妙算的光照产生于无计可施与苦心钻研、产生于困境黑洞。无门无房无崖无方，正是这一切空间结构与特征的皆无，成就了它的无为而无不为，无能而无不能，无形而无不成。

关于卵生动物比胎生动物少一个窍穴的说法很实在、细致，具象的形体的意义，在这里得到了高度的承认。然而，得到承认的结论却是它们的并不重要，重要的是驱动，是本根，是大道、大同、大一。抽象高于具象，形而上高于形而下，大道高于万物，冥冥高于光曜，无高于有。中华古国的思想家有一种对于抽象与幽冥的崇拜与敬畏，甚至有时超过了对于光明的礼赞。

> “且夫博之不必知，辩之不必慧，圣人以断之矣。若夫益之而不加益，损之而不加损者，圣人之所保也。渊渊乎其若海，魏魏乎其终则复始也，运量万物而不匮。则君子之道，彼其外与！万物皆往资焉而不匮，此其道与！”

“再说博读经典的人不一定意味着具有真知灼见，喜欢辩论的人不一定意味着分外聪慧（或者是说博闻并不需要智知，辩论并不需要聪慧），圣人对此是断然不取（或断然认定）的。至于有人想去增益它（大道），其实不可能对之再有什么真正增益；想去减少它，其实不可能对之有什么真正减少（或者是说，世上的许多自认为有所增益，其实并无增益；自认为有所减少，其实并无减少），那正是圣人坚持认为的。汪洋浩荡呀，大道它像大海一样；高大雄奇呀，它的任何过程的结束也正是另一过程的开始。万物运动，推移变易，但是大道从不因为这些变动而缺少什么、亏损什么。那么，世俗君子所推崇的大道，都是那些外在的东西罢了！大道对万物做出自己的贡献，从不会因之感到匮乏，这才是道啊！”

这是中国式的物质不灭与能量不灭定律。对于大道，你无法增减、损益，对于万物万象，你其实也无法增减、损益。南水北调，你北面的水增加了，南面的水减少了，有一部分水在路途中渗漏了。一个城市进行增雨操作，必然使另一个地方的降水有所减少。而大道本身的能量与存在是∞——无穷大，资助多少、使用多少对之全无影响。尤其是人类的那些表现、表演，博学未必多知，善辩未必聪慧，人的表演常常是坐井观天、是隔靴搔痒、是表层的小打小闹。但人们闹哄得厉害，常常自己把自己镇唬住，自以为闹出了多大动静，闹成了多大气候，可悲呀。也是难得有个庄子早就看到了这一方面，并致力于给人类降温呀。

老子还好一点，庄子则是对于大道的赞美太多太多，而来自大道的依靠、运用、参考、资助太少太少。对于一个伟大的东西，如果只剩下礼赞的份儿了，是不是也会影响心气呢？

> “中国有人焉，非阴非阳，处于天地之间，直且为人，将反于宗。自本观之，生者，喑醷物也。虽有寿夭，相去几何？须臾之说也，奚足以为尧桀之是非！果蓏有理，人伦虽难，所以相齿。圣人遭之而不违，过之而不守。调而应之，德也；偶尔应之，道也；帝之所兴，王之所起也。”

“中土好地方，有条件让人类栖居，他们处在天地之间，不偏于阴，也不偏于阳。说是人，也就一下子成了人形、人体啦，暂时成了人形、人体啦。最后，人们还是要返归他们的本原老根——

阴阳天地大道上去。从根本上说，人的产生，不过是一时的气的聚合。虽然有长寿与短命的区分，其实所差又能有多少？说起来，个体生命的存在只不过是须臾之间，又哪里搞得明白什么唐尧和夏桀的大是大非！瓜果的生长自有一定的规律和秩序，人伦关系被人们搞得很复杂，也还可以有一个秩序。圣人碰上、遭遇上什么情况，并不较劲，而错过了、漏掉了什么事物，也就不会留恋、嘀咕。碰上就碰上啦，丢弃也就丢弃啦。能够随时调整适应，这就是德；无心、随机却也能顺应、回应，这就是道。做到了德与道，帝业就能兴旺，王侯也能崛起。”

用一种平顺无心，即无可无不可的态度对待人生万事，包括对待生死，这是东方哲人的一个讲法，与西方强调胜利、成功、征服、竞争的说法有所区别。以大道为参照系，寿夭、是非、成败、顺逆、去留的区别似乎不足挂齿。如钱锺书的诗：“弈棋转烛事多端，饮水差知等暖寒。如膜妄心应褪尽，夜来无梦过邯郸。”（谓世事繁杂，棋局多变，饮水自知，暖寒岂有大异？抛掉不切实际的那种蒙蔽着自身、像一层薄膜一样的幻想吧，虽然车过邯郸，也不要做梦了吧。您老！）正在到来的一切，不需要欢迎，也不需要抗拒。不管你欢迎或抗拒，该来的都要来，迎为多余，脱裤子放屁；拒为愚蠢，为螳臂当车、以卵击石、自欺欺人。正在逝去的一切，你也不必挽留、哭泣，留也留不住，哭也哭不赢，更不必动辄摆出守护、守卫、与之共存亡的虚张声势。

万物万事万理，本来是增之不会多、减之不会少的存在，你能守个鸟！不留不守，那么用不用为某些旧的过程的逝去而欢呼跳跃呢？《庄子》这一段没有说，显然也是不必要。不留不守、不迎不拒了，少许多麻烦，但是做到这样通达与高瞻远瞩，是不是又显得冷血、过分随波逐流，乃至于混世了呢？

对于大道、宇宙、永恒与无穷大来说，个体的生命确实是渺小的，然而对于每一个个体来说，有生之年又是重要的，是享受也是奉献，是苦恼也是欢乐，是忧虑也是事功，是欲望也是圆满，是价值追求也是听其自然。与无相比、与零相比，生命是大而又大的机遇与馈赠，是最最珍贵的东西。

寿与夭，赫赫成就与一事无成，流芳百世与遗臭万年，当然不同，当然要有欢迎与拒绝的选择。过分贬低个体与生命，这是庄子无法不让人感到遗憾的地方。

> “人生天地之间，若白驹之过郤，忽然而已。注然勃然，莫不出焉；油然漻然，莫不入焉。已化而生，又化而死。生物哀之，人类悲之。解其天弢，堕其天袠。纷乎宛乎，魂魄将往，乃身从之，乃大归乎！不形之形，形之不形，是人之所同知也，非将至之所务也。此众人之所同论也。彼至则不论，论则不至。明见无值，辩不若默。道不可闻，闻不若塞，此之谓大得。”

“人生于天地之间，就像骏马（或谓日光）掠过孔隙，不过是转眼间的事。万物聚集蓬勃，会有各种各样的存在发生与出现。同时，万物自行变化，会有各种离去（进入无穷）与消失。变化而成为生命人形，来到世上，又会因变化而离开——死去。活着的生命为之哀哭，同类的人们也为之悲叹。可是，所谓的死去，无非是解脱了天地收藏、聚拢你的外鞘包裹，也就是打破了天地对你的桎梏。变化推移，魂魄就要这样走了，身形也将随之而去，这就是最终的回本归宗啊！人本来没有形体，等到后来有了形体，又会发生变化，最后仍是没有了形体，这是人们都知晓的，却不是人们所追求、所期待的。这也是人们所共同谈论的话题和说法。懂得了有无生死变化之理，就不必纠缠不休地去议论、掰扯；没完没了地讨论这些天地自然的道理，就永远说不清、道不明这样深刻的大道理。越是要求把一切弄个清楚明白，你就越是得不到什么有价值的认识，宏辞雄辩常常不如沉默不语。道不可能通过言说而听闻，期待听闻不如塞耳内省、沉默内视，才能有最大的收获。”

在《庄子》乃至古今中外的种种典籍之中，这一段谈生与死的文字既沉郁又豁达，既实际又开通，甚至比内篇《大宗师》中所讲的子祀等四友以无为首、以死为尻，还有快死了设想化左臂为鸡、化右臂为弹等的忽悠感人得多，有说服力与感染力得多。人生如白驹过隙，这样的叹息不可谓不沉重。“忽然”“注然”“勃然”……无奈而又不能不为之赞叹。“莫不出焉”“莫不入焉”，你必须认可这事实、这规律、这天意、这大道。“大归”的说法既实在又健康得多了，“天弢”“天袠”之说，虽然高超，仍然在理，仍是实情，你接受起来就容易多了，比说死后左臂变为司晨公鸡贴谱多了。最后说是不必扯得太明太清，也很实在，与一味幽冥、一味抽象不同。庄子《庄子》，是善于旱地拔葱的，极漂亮，但有时拔得过高、过快、过玄。而这一段拔得比较恳切实诚，博大而不失其性情，渊深而不失其情理，超拔而不失其平常、正常、有常。好！

六、道亦在屎溺，同时又是无问无应，无法问答

> 东郭子问于庄子曰：“所谓道，恶乎在？”庄子曰：“无所不在。”东郭子曰：“期而后可。”庄子曰：“在蝼蚁。”曰：“何其下邪？”子曰：“在稊稗。”曰：“何其愈下邪？”曰：“在瓦甓。”曰：“何其愈甚邪？”曰：“在屎溺。”东郭子不应。

东郭子（或指住在城市东郊的一位先生）向庄子提问说：“人们所说的道，究竟是存在在哪里呢？”庄子说：“大道无所不在。”东郭子说：“总得指出个具体的地方让我听听吧。”庄子说：“就在蝼蚁、小虫之中。”东郭子说：“怎么你讲的是这样低下、卑微？”庄子说：“在稻田的稗子杂草里。”东郭子说：“怎么越发低下了呢？”庄子说：“在瓦块砖头中。”东郭子说：“怎么越来越低下呢？”庄子说：“在大小便里。”东郭子听了后不再说话了。

这无非是用一种极端的说法来说明道之无处不在，后来的禅宗，也是用同样的方法讲佛法的无处不在。能用极严肃的态度对待屎尿（溺）的，可能不限于东方哲学与神学，例如西方医学，就极重视对于屎尿的检验，不仅重视屎尿，甚至也重视排气即放屁，大手术后必须有了排气之后才能进食。而捷克作家米兰·昆德拉喜欢钻屎尿的牛角尖，以屎尿的存在挑战耶稣的神性，其论说层次似不如庄、禅承认屎尿的道性（即神性）更高明。在科学、医学、哲学面前，一切平等，屎尿完全没有被轻视的理由。随着改革开放与生产力的发展、生活的提升，城乡的厕所与粪尿处理等问题也日益提到议事日程上来，其为道也，大矣哉。

中国的儒家是比较强调上下尊卑长幼大小内外之别的，不知那种谈屎尿就极不屑的感觉是否与这种非平等论有关。按庄子的主张，反而能视万物万象平等齐一一些。一、万物万象不平等，这是事实，故而西方时兴一句话："人生并不公正，但是仍然可爱。"二、万物万象其实又是平等的，其存在权、合理性、规律性（道性）、变易性、具体性与暂时性，其实是统一的。两者都照顾到了，才是好。

> 庄子曰："夫子之问也，固不及质。正获之问于监市履狶也，每下愈况。汝唯莫必，无乎逃物。至道若是，大言亦然。周遍咸三者，异名同实，其指一也。尝相与游乎无何有之宫，同合而论，无所终穷乎！尝相与无为乎！澹而静乎！漠而清乎！调而闲乎！寥已吾志，无往焉而不知其所至，去而来而不知其所止，吾已往来焉而不知其所终。彷徨乎冯闳，大知入焉而不知其所穷。物物者与物无际，而物有际者，所谓物际者也。不际之际，际之不际者也。谓盈虚衰杀，彼为盈虚非盈虚，彼为衰杀非衰杀，彼为本末非本末，彼为积散非积散也。"

庄子说："先生关于道在何处的提问，并没有触及道的品质。

这正如一个名叫获的管理市场的官吏要从屠夫那里了解猪的肥瘦，最好是顺着猪腿的部位往下摸索，越是往下（即不长多少肥肉）的地方，也就越能探知肥瘦的真实情况。（意即往下都有很多肥肉，此猪之肥则无疑矣。道也是这样，我方才越是往低下、卑微里说，越是希望你能理解道的普遍性。）如果你不是逃避对于大道的追寻盘问，也就不必回避任何存在与事物，没有什么东西不可以用来体悟道的。至道——最高端、最根本的大道是这样，最伟大的言说，即哲人关于道的概括、探索、形容与摹写，人类对大道的认知、感悟也是这样。道是无所不在的，周、遍、咸三者说明了大道的特点，这三个用词名称不同，而实际内容却是同一的。让我们与它们一道，即带着对于大道的周、遍、咸的认识到无何有的王国去游历吧，让我们用混同合一的观点来理解世界与大道吧。宇宙万物的存在与变化是没有边际也没有穷尽的啊！让我们与大道一样无为而游吧！淡泊而又静谧吧！广漠而又清明吧！调谐而又安闲吧！我的心志业已虚空寥廓，无意到达什么地方，也不知道将会去到哪里。去了总还要回来，我并不知道将会停留在什么地方。我已经体验到了在人间的来来往往，却并不了解哪儿是我最后的归宿。我彷徨、逡巡在虚旷的太空，大智已经进入我们的头脑（或是进入了冯闳太空），我们不知道我们将会获得一个什么样的结局。将外物当作外物的人类主体，其实本身也是外物之一，跟万物本身并无边际分野，而外物之间的所谓分野，其实是人们认知与讲述上的分野所造成的。这些乃是没有分野的分野，也就是有了分野的其实并无分野。人们所说的盈满、虚乏、衰退、消亡，也都是人的说法，说是盈满或虚乏未必就是真正盈满或虚乏了，说是衰退或消亡也未必真是衰退或消亡了。同样，说什么是根本、什么是细枝末节，未必就当真弄清了啥是根本、啥是细枝末节，认为是积聚或离散的，也完全可能并不就是真正的积聚或离散。”

讲人生——尤其是学道悟道者的寥廓感、淡泊感、澹静感、清闲感，以及模糊感、茫然感，都极到位。不知所至，不知所止，不知所穷，不际之际，际之不际，盈虚非盈虚，衰杀非衰杀，本末非本末，讲得如诗如歌、如琴如箫、如雾如雨、如云如霞、如醉如痴。只有最聪明、最文学的人才会有这种最伤感、最音乐又是最哲学，乃至于最富立体几何学、作图学、建筑学的感受。生而为华夏子孙，与庄周同类同族同文，读其文而思其人，不禁击节赞赏，怆然泪下，摇头摆尾，吟咏长叹，思绪幽幽，深情无限。庄周老儿，待老王把你拉到现今共舞翩跹，也不枉为中华读书人一世也！

> 婀荷甘与神农同学于老龙吉。神农隐几阖户昼瞑，婀荷甘日中奓户而入曰："老龙死矣！"神农隐几拥杖而起，嚗然放杖而笑，曰："天知予僻陋慢訑，故弃予而死。已矣，夫子！无所发予之狂言而死矣夫！"

婀荷甘和神农一同以老龙吉为师学道。神农大白天靠着几案关上门睡觉，中午时分，婀荷甘推门进来说："老龙吉死了！"神农一惊，抱着拐杖猛地站了起来，接着啪的一声丢下拐杖笑了，说："老天知道我见识浅陋、理解迟钝、心志不专，所以（让老龙吉）丢下我走了。完了，我的先生！没有用至道的非凡言论来启发教导我，你就死去了啊！"

老师死了，学生内疚，把死因归在自己的鲁钝上，这个思路比较勉强，不那么可信，也就不能感人、动人。中国士人讲究谦虚、自省、返求诸己，过头了就令人觉得不舒服。神农（不是三皇五帝中的神农氏）扶着拐杖、睡着大觉上学，显然是成人教育、老年教育，而不是儿童入学。一听老师死了，猛地站了起来，是受了惊，这是很自然的，再坐下大笑，不自然。坐得突兀，自己也有点难受，以至丢下了拐杖。闻死而惊，是道法自然，闻死而笑，是后天学到的道，应该算是伪道。再有神农睡得正香，出来一个婀荷甘（这个名字干脆不像汉族）砰地推开了门，说明了老龙吉是猝死。如果老龙吉已经病了很久，神农与婀荷甘也就不大可能师从他老人家了。总之，这个故事的破绽较多，是以意为之，不是从生活出发的生动、活泼的故事。至少从文学性上看，劣于《庄子》中的其他故事。

> 弇堈吊闻之，曰："夫体道者，天下之君子所系焉。今于道，秋豪之端万分未得处一焉，而犹知藏其狂言而死，又况夫体道者乎！视之无形，听之无声，于人之论者，谓之冥冥，所以论道，而非道也。"

弇堈吊听说了此事以后，说："能够体悟大道与大道一体的人，天下的所有君子都要依靠他。如今，老龙吉对于道，连秋毫之末的万分之一也未能得到，尚且懂得隐藏有关的非惯常所能接受的谈吐而死去，又何况真正做到了与大道一体的人呢！大道看上去没有形状、听起来没有声音，人们谈论起道来，感受到的是昏昏暗暗、模糊不清，人们谈论的道，实际上恐怕并不是真正的道。"

先说老龙吉对于道的体悟连秋毫末梢的万分之一都不够，这个量的表述趋向于零，这其实就是说他全未得道。一个令神农反省、内疚的老师，而且是已经作古的人，却被弇堈吊贬到如此程度，够令人丧气的了。唰地翻一个个儿，却原来是欲扬先抑，先把老龙吉的悟道贬成近于零，再说他懂得隐藏自己的狂言——与众不同的道论，予以肯定，反过来说那些整天侈谈大道的人，连老龙吉都差得远着呢。文章的论述，摇摆多姿，略嫌夸张，还能凑合着看。

前贤一般认为狂言即是至言，这个解释当然有理，但是明说狂言也并非《庄子》通例，此前还讲过大言等词，强调狂或许是讲那些有志于大道却对大道的了解尚不够火候的人与言论，是隔着一层的对于大道的体悟。真正够了火候了，就不怎么讲说了，也不会怎么狂狷疏放了，更多的会是无言与吾不知也了。

大道是不能讲说的，一讲就难免狂狷疏放，也许可以从这个角度来体会狂言的含义。

> 于是泰清问乎无穷曰："子知道乎？"无穷曰："吾不知。"又问乎无为，无为曰："吾知道。"曰："子之知道，亦有数乎？"曰："有。"曰："其数若何？"无为曰："吾知道之可以贵，可以贱，可以约，可以散，此吾所以知道之数也。"
>
> 泰清以之言也问乎无始曰："若是，则无穷之弗知与无为之知，孰是而孰非乎？"无始曰："不知深矣，知之浅矣；弗知内矣，知之外矣。"于是泰清仰而叹曰："弗知乃知乎！知乃不知乎！孰知不知之知？"

于是，泰清向无穷提问："你知道什么是道吗？"无穷回答："我不知道。"又问无为，无为回答说："我知道道。"泰清问："你知道道，那么道是有定数、有规律的吗？""有。"泰清说："道的定数与规律是怎么样的呢？"无为说："我知道道可以为尊贵于上，也可以卑贱于下，可以凝聚结合，也可以脱离分散，这就是我所了解的道的定数与规律呀。"

泰清把上述的问答告诉无始，并询问无始的看法，说："如果这样说来，那么无穷的不知道和无为的知道，两种说法谁对谁错呢？"无始说："说不知，其实是知道了大道的深邃玄奥，说知道，则只是知道比较肤浅的一些东西；不知道是处于大道内里的感受，而所谓的知道，却是从外面观察、思索大道的感受。"于是，泰清仰起头来叹息说："原来，不知道才是真正的知道啊！而知道就是真正的不知道啊！又有谁能体悟到这种不知道的真知道呢？"

这样的辩证法是很容易把自己与别人同时绕糊涂的。知道道其实是不知道，后来又说是只知道很浅薄、很表面的道。知之浅矣，说明浅处仍然有道，道仍然有深浅之别，而浅处的道比较易于知之，那就还是知道道了，浅一点，但是知，不是丝毫不知。不知深矣，则比较麻烦，越不知越是知道的深，深知干脆等同于不知，白痴等于大知，好讲下去吗？

无始曰：“道不可闻，闻而非也；道不可见，见而非也；道不可言，言而非也。知形形之不形乎！道不当名。”

无始说：“道不可能听到，听到的就不是道；道不可能看见，看见的就不是道；道不可以言说，言说出来的就不是道。要知道化生了一切形体的道，本身却是无形的啊！这样的道也就不可以命名了。”

从数学的意义上理解，可以说道恰恰是连接了数学概念的两端，一端是零，一端是无穷大。道的形状、称述、讨论、定义、意志、开端、终极……都往零上发展，道的作用、意义、囊括的方面、时间与空间的伸延，都往无穷大上靠拢。正因为它是零形体、零称述、零讨论，它才是无处不在、无处不有、无处不起作用的，才是可以以无有入无间的。无间，即无距离、无缝隙，什么也进不去，但道是没有的，它不占任何地方，它不属于任何特定的时间，所以它是无穷的与永恒的。它不可以言说，所以它怎么说都是对的或都是不对的，你怎么崇拜它、信仰它、想象它、感悟它都是有理的。正因为它什么具体问题也不解决，所以它什么问题都解决了。

再概括一下，道的根本品质在于“无”字上。万物生于有，有生于无，大道的特点是无色无形、无心无忧、无欲无惊、无为无争、无名无言、无私无恃、无咎无忧、无知无谋、无取无失、无区别无歧义，最后到了无为无不为的境界。这个“无不为”有人解释为“有为”，即老子等人说了半天无为其实还是有为的，至少是便利万物能够自然而然地什么都为了嘛。这样的解释不无道理，但是并不全面详尽。请细细琢磨，无不为与有为的含义并不相同，这里不能简单地负负得正，而是螺旋形的否定之否定。无不为中的不为，可能尚包括对于为的刻意躲避、拒绝、推脱、恐惧的意思。正像佛家讲无，一直讲到无无上去，即那个无也无须死死把持，无须刻意无之。你既然什么都无了，也就不必老在那儿作无状、练无功、说无语、闹无字真经了。天天喊忠的“文革”时期，绝对少有真的忠。天天喊民主的地方，绝对缺失民主。天天闹腾健康的人，绝对不够健康。真正的无是无无的。

我们最最需要明白的是：既然无那个有，自然无那个无。从本质上说，如果无是本原，那还有什么无要特别强调、要钻研、要论辩、要急赤白脸地闹腾的呢？有无相生，只有有“有”的前提，谈无才是必要的。恐龙原来是有的，后来由于它们身躯过于庞大、消耗过于大量，还有什么什么原因，被淘汰绝了种，大家才说恐龙是无了。否则，一个根本就没有存在过的物种，又有什么变无的可能呢？

无为，是说你不要主观主义地刻意作为。无不为，则是说你也不必刻意吃力地不作为。例如你可以无欲，不使自己陷入欲望的火坑，但也可以无禁欲。欲望来了，如果自然、合理、正常、健康、有限度……也不以为欲、不以为意、不足为欲、不足较劲。人渴了喝一口水，不会认为这是一种欲望的煎熬、趋迫与满足。官员领到月薪，也不会意味着欲壑难填。男大当婚，女大当嫁，不是神经病，谁会责备他们的性欲呢？没完没了地酗酒与搂钱，靠权和钱玩弄异性，则是最恶劣的欲、最腐烂和愚蠢的“有为”了。

无之伟大在于，你彻底地钻研、体悟起无来了，你就要无不为、无逃避、无做作、无不在（无所不在）、无不有（无所不有）、无不胜、无无、无无无，以至于无穷、无限、无涯、无际了。也就是说，你将拥有最大的无之有、无之王国、无之天堂了。

任何的无，都是另一个方面的有，无为的另一方面是无挂碍、无对手，是有自然、有大道、有万物的和谐。无争的另一方面是有大同、有包容、有此亦一是非彼亦一是非的闲暇与从容。无惊的另一方面是稳定与平和。无知的另一方面是有朴素、有谦逊、有调整充实的足够空间。无虑的另一方面则至少有深深的呼吸吐纳与踏实的睡眠。无私更不用说了，无私者才有大大方方的风度与宽广公正的胸怀。没有无，哪儿来的有？没有有，哪儿来的无？生命亦是如此，没有死，哪儿有生的定义、生的珍惜、生的记忆与生的留恋？没有生的短暂，哪儿来的死的永恒与不尽滋味？

> 无始曰："有问道而应之者，不知道也。虽问道者，亦未闻道。道无问，问无应。无问问之，是问穷也；无应应之，是无内也。以无内待问穷，若是者，外不观乎宇宙，内不知乎大初，是以不过乎昆仑，不游乎太虚。"

无始说："有人问大道便给以应答的，恐怕是并不知道什么是道。同时，那位热心地到处询问大道的人，他也不可能听闻大道的玄奥。道没什么可问的，问了也没有什么可答的。没的可问还要问，这是在询问穷途末路，也是询问本身的穷途末路；没的回答却勉强回应，这说明自己心里没有什么内容内存，或是说明他对大道的了解远未登堂入室。以空洞的内心回应穷途末路的提问，像这样的人，对外不能观察广阔的宇宙，对内不能了解自身的本原。所以他的精神境界不能超过那巍峨的昆仑，也不能遨游于清虚宁寂的太虚之境。"

这里抨击对于大道的问答，在当时应该是有针对性的，但我辈不知其详。问穷云云，含义应该相当于今日北方口语中仍有的所谓"穷问"。"穷问个啥？"嘲笑的是那种无意义的、没话找话的、自己也不知询问的目的与要求的无聊提问，也是询问者缺少最最起码的知识与经验准备的提问，例如一个文盲向教授提问科学与学科。看来提问题也要有点前提和基础，否则如现今某些传媒的采访提问，如问一个小英雄："你当时是怎么想的？"或问一个在灾难中失去亲人的孩子："你想不想你的亲人呢？"或问一位老人："你是否感到自己老了？"令人听了起一身鸡皮疙瘩，真格的是"穷问"啊。"游乎太虚"的说法令人想起《红楼梦》，宝玉梦到的太虚幻境，名称不是起源于《庄子》吗？

可以设想，老庄对于大道的宣讲，比起孔孟对于仁义的宣讲更抽象也更艰难，老庄应该不会少有这种被穷问、被问穷、闻无内、无内闻的遭遇。这一段大讲无问无应的道理，也是在吐着苦水。

七、从有个无到连这个无也无了

> 光曜问乎无有曰："夫子有乎？其无有乎？"光曜不得问，而孰视其状貌，窅然空然，终日视之而不见，听之而不闻，搏之而不得也。光曜曰："至矣，其孰能至此乎！予能有无矣，而未能无无也；及为无有矣，何从至此哉！"

光曜——光辉照耀，问无有——虚空无所有："先生，你是存在呢，还是不存在呢？"无有不出声，光曜得不到回答，便仔细观察没有的形状和相貌，晦暗、深邃、空无，看了一天也看不到什么，听了一天也听不到什么，摸了一天也没有找到什么。

光曜说："到了头儿啦，谁能够达到这样的高端呢！我能够领会到'无'了，但是不能领会到连无也无啦，即'无无'啊；我的'无'仍然是无这个'有'罢了，从哪儿能够提升到不但无有而且无无的至高无上的境界呢！"

果然，说到无无就讲起无无来了。什么叫无有？一个官员被奉承、被献赠礼品，他告诉自己不可收礼、不可相信谀词，他做到了谦虚谨慎、两袖清风，他是无有不良趋向的。如果他的清名已经昭著，社会风气因之已经有所改变，他走到哪里从无任何人生行贿、送礼、阿谀、拍马、讨好之念，本人除奉公守法地为人民服务外也根本不用考虑如何避开陷阱，这就差不多是无无了。如果你那里民风朴实，道德高尚，官员基本应卯即可，无事可做，无政可施，无话要讲，无错要纠。按照庄子的理想就当真做到无无了。

而如果你是一个文人，你能不因争名夺利而嫉妒、生事、出丑、伤人、作秀、吹嘘、投机、大言欺世，你做到了无有这些劣迹，比多数文人已经高出一大截。但你还要时时有所预防、有所警惕、有所矜持、有所反省与自我洗涤，你最多是无有。你提高一步，从此对这些东西见若未见、闻若未闻，名利引诱等对于你根本不存在，动机不存在，无耻无聊的行为元素不存在，为自己打算的想法不存在，看着别人不顺眼的可能性也不存在，标榜自己的必要也不存在，你向着无无便靠近了一步。

光曜问无有，绝了。光曜美哉，然而他是一个有，他照到哪里哪里亮，照不到哪里，哪里不亮，漆黑黢黑。无有自然漆黑，他无意使之漆黑，是自然漆黑。无有自然无界，不是他开疆拓土、扩大四界，而是压根没有边界。无有没有冲撞，不是疏导有方，腾出了大路,亮出了绿灯,而是压根谁也碰撞不到谁。光曜看无有，吗也看不见，不是无有隐身，而是他本来就一不亮二无物三无形四无色五无声六无痕迹，你看个什么劲儿呢？看就是穷看，听就是穷听，问就是穷问，对话就是穷说。无有不回答提问，不是不回答，而是他根本不会说话。到了头儿啦。

这里还有一个认识的过程，无非无，什么意思？万物生于有，有生于无。无中包含着有的因素,有中包含着无的因素。这个好说，人生下来是有了，但最后要死，这是无的因素存在的铁证。世界上本来并无银河系,后来有了；本来没有太阳系与地球,后来有了；本来没有生命，后来有了；本来没有庄子，后来有了；本来没有本书，后来老王写了，书也接受编辑出版了，这些都是无中生有。（不是如后世所传，无中生有乃造谣生事、凭空诬陷意。）无无，则两面都解得通，一个就是说连这个可能生有的另一个无也无有了；一个是既然任何无都可能生有，也就不必强调什么无不无的了。当然，从理论上说，这没有完，你只有无无无无……下去才能保证无有，然而，这样下去，也就是还是会有的了。老庄有天才的理念，然而太彻底，永远做不到，做不到还要讲究这种理念，可供参考，可供阅读，可以提供最好的精神享受，也可以馈赠你永远的糊涂与迷茫。它是精神上的仙丹，也是精神上的茅台与人头马。

> 大马之捶钩者，年八十矣，而不失豪芒。大马曰："子巧与，有道与？"曰："臣有守也。臣之年二十而好捶钩，于物无视也，

非钩无察也。是用之者，假不用者也，以长得其用，而况乎无不用者乎！物孰不资焉！”

大司马家捶制带钩的师傅，年已八十，做起活来从不会出现丝毫的误差。大司马问：“你是特别手巧吗，还是有什么道的讲究呢？”捶制带钩的老人说：“我是有我坚持守护的原则的。我二十岁时就喜好捶制带钩这件工作，对于其他无关的事物我连看也不多看一眼，不是带钩就不会招引我关心。我用心于此，是把本来可能用于他物、他事的精力全用在捶制带钩上了（即不旁骛那些于我无用亦无可用心之事），因而使我的心思、精力得到更好的发挥和运用，何况是无所不用心呢？能够这样，外物怎么会不帮助我顺利做事呢？”

是的，即使仅仅从集中注意力的角度也可以看出有所不为有所放弃的重要性。你集中注意力于学问，就不可过于分心于流俗利害、小得小失。你集中于创造，就不可过于分心于他人的一时反应、接受还是不接受。你集中于事业，就不可过于分心于个人利益的最大化。你集中于A，就不可分散精力于B。

但事物也有另一面，有些是相辅相成的。爱因斯坦是物理学家，同时他热爱演奏小提琴。一辈子制作带钩，似乎难以达到出神入化之境，除非他有另外的理念、学问与高端的修习。

冉求问于仲尼曰：“未有天地可知邪？”仲尼曰：“可，古犹今也。”冉求失问而退。明日复见，曰：“昔者吾问‘未有天地可知乎’，夫子曰：‘可，古犹今也。’昔日吾昭然，今日吾昧然，敢问何谓也？”仲尼曰：“昔之昭然也，神者先受之；今之昧然也，且又为不神者求邪！无古无今，无始无终。未有子孙而有子孙，可乎？”冉求未对。

冉求问孔子说：“天地产生以前的情况，我们可以知道吗？”孔子说：“可以啊，古时候的情况就像今天一样，观察今天就可以了解过往。”冉求觉得没得到满意的回答，也没的再问了，便退去了。第二天再次相见，说：“昨天我问‘天地产生以前的情况，我们可以知道吗’，先生回答说：‘可以啊，古时候的情况就像今天一样。’昨天，我心里还明白，今天越想越糊涂了，请问先生您说的是什么意思呢？”孔子说：“昨天，你觉得明白，是因为你的精神先期有所接受。今天，你越来越糊涂了，是因为又离开了精神，而去追究具体形迹去了。没有古就没有今，没有开始就没有终结。从来不曾有子孙，却突然有了很多的子子孙孙，可能吗？”冉求不能回答。

始终如一，古今一体，知古则可知今，知今则可知古，这是事物与认识论的一个方面。没有原先的子孙，就不会有今日的子孙，这也证明了古今之不可分割。但事物又有另一方面，古今大异其趣的事多着呢。否则，老子、庄子，有时候还有孔子，又何必动不动就怀念先王之治呢？

求其精神，求其神似，则古今如一；求其形象，求其具体，则茫然不知其解。这样一说，高妙则高妙矣，又有些打马虎眼的味道。大而化之，马而虎之，物而齐之，岂止古今如一，呼牛即牛，呼马即马，呼龙则龙，呼蛇则蛇，牛马龙蛇都一体化了，还说啥呢？

> 仲尼曰：“已矣，未应矣！不以生生死，不以死死生。死生有待邪？皆有所一体。有先天地生者物邪？物物者非物。物出不得先物也，犹其有物也。犹其有物也，无已。圣人之爱人也终无已者，亦乃取于是者也。”

孔子说：“算了，不必再回答了！我们无法为了生而使死者复生，也不可能为了死而使生者死去。人的死和生是互相等待着的吗？其实，它们是一个整体。有先于天地而生出的物类吗？使万物成为万物的并不是具有同样形体的物本身。先于万物而产生的不可能是同类的物体，而是大道。我们的感觉是本来就有物，既然本来就有物的存在，物的存在也就没有终了了。圣人为什么对于人的仁爱始终没有终结呢？也就是取法于万物的永恒存在。”

生与死，物与物，还有最早的先于天地的物体，这又是一个先有鸡还是先有蛋的问题。这里虚拟的孔子认为，生与死本来就是一体的，鸡与蛋本来就是一体的，古与今本来就是一体不可分的，物的存在压根就是这样的。这种说法，从天体史与地球史上看不准确，但是从物质不灭定律与能量不灭定律来说，是有道理的。

这里努力探求比物更本原的存在，如果物的本原是同样的物，那就没有本源、本原可说。“物物者非物，物出不得先物”，就是说使万物成为万物的不是某一个物，某一种物的出现不可能先于一切的物，那么这里能够给予解释的只有道。道既是物的本原，也是物的总体，同时是物的法则，是物的道理、规律，是天地的本根。其实到了这里，物与道已经一致了。

八、在森林和原野是多么逍遥

> 颜渊问乎仲尼曰：“回尝闻诸夫子曰：‘无有所将，无有所迎。’回敢问其游。”
>
> 仲尼曰：“古之人外化而内不化，今之人内化而外不化。与物化者，一不化者也。安化安不化，安与之相靡，必与之莫多。狶韦氏之囿，黄帝之圃，有虞氏之宫，汤武之室。君子之人，若儒墨者师，故以是非相鳌也，而况今之人乎！圣人处物不伤物。不伤物者，物亦不能伤也。唯无所伤者，为能与人相将迎。山林与，皋壤与？使我欣欣然而乐与！乐未毕也，哀又继之。哀乐之来，吾不能御，其去弗能止。悲夫，世人直为物逆旅耳！夫知遇而不知所不遇，知能能而不能所不能。无知无能者，固人之所不免也。夫务免乎人之所不免者，岂不亦悲哉！至言去言，至为去为。齐知之所知，则浅矣。”

颜渊问孔子说：“我曾听先生说过：‘对于一切事物、人员，不必有所送行，也不必有所迎接。’请问先生，这样讲的缘由何在（或应该怎样最恰当地因应活动）？”

孔子说：“古时候的人，外表变化很多但内心却一如既往；现在的人，内心不断变化而外表却保持一贯，不露声色。与外物一起变化的人，内心一贯，并不随波逐流，可以跟随着外界不停地变化，也可以依然故我不变、不化。与外在环境相顺应，有所调整是安然的，必定要变化了，被迫有所变化了，也并不觉得多出了点什么，有多少不同。狶韦氏的苑囿，黄帝的果林，虞舜的宫室，商汤、周武王的殿舍，都还是恰到好处，原来多大就是多大，不会因变化而追求扩张（或缩小）。而到了儒家、墨家之流的时期，就以是非、好坏来相互争论不休了，何况现时的人，更不像样子啦！圣人与万物相处，不伤害外物，也没有取于外物。不伤害外物的人，外物也不可能伤害他。正因为相互无所伤害，也就能够与外物自然而然地相送相迎。是山林吗，是旷野吗？同样使我感到舒畅欢乐！可是，欢乐还未消逝，人生的悲哀又会接着到来。悲哀与欢乐的到来，我无法抵御，悲哀与欢乐的离去，我也不可能挽留。可悲啊，世上的人们只不过是外物临时栖息的旅舍罢了（或，万物只不过是世人的旅舍罢了）。人们知道的是他遇到的事物，而不知道他所不曾遇到的事物。人们只能做到他能做的事情，而做不到他所不能做的事情。有所不知、有所不能、有所不遇，这本来就是人们所不可避免的尴尬。希图避开人人所不能避开的困境，难道不是太可怜了吗？最好的言论是取消言说，最好的行动是停止行动。一般人的知识和认知，实在是很浅陋啊。”

大千事物，来了去了，来的时候无须欢迎，不管你欢迎不欢迎，该来的都要来；去的时候无须送行，不管你送行不送行，该走的都要走。这就是说，对待万物的消长、变化，要采取随它去的态度，要承认这是不以人的意志为转移的。这里似乎与唯物论有相通处，也就不需要主观的跟着闹哄。

然后说是古人外变内不变，今人内变外不变，证明古人人心永古，前后一贯而外表无所谓，不得不与时俱化。今人人心不古、言行不一、前后不一、表里不一，而外表不动声色。世风日下，人心不古，九斤老太式的牢骚在中国从先秦到现当代从未消失过，至今不变。向后看的人文情怀，在我国真是源远流长。

提到了几处古代建筑园林，未说明用意何在，应该也是说古人的古、古人的适可而止与随遇而安，批评今人的贪得无厌、骄奢淫逸与自取灭亡。

不伤害外物，也不被外物侵害，这是理论，这是理念，这也是幻想，因为无论是自然界、生物界，还是人类，都不可避免地产生矛盾、产生摩擦，存在生存竞争、优胜劣汰、弱肉强食，这是无法否认的现实。作为理想，互不相扰，当然是好。中华文化的一大特点是淡化与压制竞争，其可能的问题是影响社会进步与历史发展，也影响儒家教化的可行性、现实性，弄不好就成为“满口仁义道德，一肚子男盗女娼”。可取处是强调和谐有序，强调个人的主观感受，诸如逍遥自在、潇洒无愧、适可而止，不驱动过多的向外扩张、侵略。

“山林与，皋壤与？使我欣欣然而乐与”——在森林，在原野，我是快乐欣然的；“乐未毕也，哀又继之”——欢乐还没有结束，悲哀已经袭上了心头。直至“悲夫，世人直为物逆旅耳”，这一段是极好的诗句或散文，而且似曾相识。用这么简单的五十来个汉字，浓缩了人一生的良多感受。人生活在大自然中，似乎应该有一种天然的欢欣畅快，然而，“乐未毕也，哀又继之”，人无百日好，花无千日红，天有不测风云，人有旦夕祸福、生老病死、祸福通蹇、沉浮兴衰、聚散离合、恩怨情仇、天灾人祸……孰能无哀，孰能无憾？孰能一红到底？孰能芝麻开花节节高、入云霄再入九霄？李白为夜宴桃李园作序，乃叹曰“天地者万物之逆旅，光阴者百代之过客”。此情此语，直接出于《知北游》。而一部《红楼梦》里反复吟咏的“喜荣华正好，恨无常又到”“厚地高天，堪叹古今情不尽”，也可以从这五十来个字中找到源头。这五十来个字表现的正是人生的“情不能尽”也。

不但中国文学中有这样的说法，欧洲也有。这五十来个字恰恰像脍炙人口的丹麦民歌《在森林和原野》所唱：

在森林和原野是多么逍遥，
（山林与，皋壤与？使我欣欣然而乐与……）
这是多么美丽呀多么美丽呀，
鸟儿们在歌唱，
鸟儿们在舞蹈，
少女呀，你为什么苦恼又悲伤？

这不就是丹麦版的“乐未毕也，哀又继之”吗？瞧，鸟儿们又唱又舞，甚至人们还有了逍遥感，少女却是苦恼而且悲伤起来！

《知北游》与丹麦民歌如此共鸣，甚至中译歌词用了《庄子》的“逍遥”二字，太令人欢乐也令人落泪了。

老王说：终极眷顾是神学的主旨、是宗教的本质。哲学、文学、艺术、科学、数学其实也有自己的终极眷顾。对于俗人来说，终极的探索使之恐惧。对于哲人来说，终极的思辨令人心旷神怡而又心怀严肃。对于科学家来说，终极的探讨是永远前行的驱动、是永远的理性的光辉。对于宗教信徒来说，终极的道性，就是佛陀，就是上帝，就是主，就是天堂——完美与激情的巅峰——永远的家园。

后　记

本书讨论的对象是《庄子》外篇文本，尽管对外篇的来历与著者有不同的说法，其内容与文字仍然是极有兴味与深度的，是值得为之写一本或不止一本书的。

本书在结构上主要分三部分，一部分楷体字排印的，是《庄子》原文。接下来部分，是笔者老王的现代汉语转述。其他的文字，是老王的读后感、借题发挥、质疑与切磋。为什么不讲什么白话翻译而讲转述呢？我深感亦步亦趋地译下来，即使都译得“对”，仍然给人以文似断简、字如天书的感觉。读过白话译文，常常不是明白了，而是更加莫名其妙了。文言与白话之间，并不存在绝对的字对字、词对词、句对句的对应关系，需要有所分析、有所连接、有所破解，乃至不可能完全没有猜测。我最喜欢的是庄子对于古书好比古人的鞋印的说法。鞋印不是鞋，更不是脚丫子，离活人很远。但庄周的最大魅力是他的超级活性。老王追求的不仅是考察鞋印，而且是恢复庄周这个大活人，比活人还活百倍的智者，让我们一起去号他的脉搏，去听他的心跳，去与他抬杠，去给他鼓掌，去与他推推搡搡，也搂搂抱抱，说得更好一点就是与庄共舞。与庄共舞，其乐何如！

2010 年 7 月